权威·前沿·原创

皮书系列为
"十二五""十三五"国家重点图书出版规划项目

贵州省哲学社会科学创新工程2017年项目（CXTD15）

贵州蓝皮书
BLUE BOOK OF GUIZHOU

贵州地理标志产业发展报告（2017）

THE DEVELOPMENT REPORT OF GUIZHOU GEOGRAPHICAL INDICATION INDUSTRY (2017)

主　编／李发耀　黄其松

社会科学文献出版社
SOCIAL SCIENCES ACADEMIC PRESS (CHINA)

图书在版编目（CIP）数据

贵州地理标志产业发展报告.2017／李发耀，黄其松主编.--北京：社会科学文献出版社，2017.8
（贵州蓝皮书）
ISBN 978－7－5201－1244－4

Ⅰ.①贵… Ⅱ.①李… ②黄… Ⅲ.①地理－标志－产业发展－研究报告－贵州－2017 Ⅳ.①F760.5 ②F127.73

中国版本图书馆 CIP 数据核字（2017）第 195986 号

贵州蓝皮书
贵州地理标志产业发展报告（2017）

主　　编／李发耀　黄其松

出 版 人／谢寿光
项目统筹／邓泳红　陈　颖
责任编辑／陈　颖　周爱民

出　　版／社会科学文献出版社·皮书出版分社（010）59367127
　　　　　　地址：北京市北三环中路甲29号院华龙大厦　邮编：100029
　　　　　　网址：www.ssap.com.cn
发　　行／市场营销中心（010）59367081　59367018
印　　装／三河市尚艺印装有限公司

规　　格／开　本：787mm×1092mm　1/16
　　　　　　印　张：24.25　字　数：365千字
版　　次／2017年8月第1版　2017年8月第1次印刷
书　　号／ISBN 978－7－5201－1244－4
定　　价／98.00元

皮书序列号／PSN B－2017－646－10/10

本书如有印装质量问题，请与读者服务中心（010－59367028）联系

▲ 版权所有 翻印必究

本书作为贵州省社会科学院创新工程的一部分，专门得到贵州大学公共管理学院的大力支持。

在此表示衷心感谢！

《贵州地理标志产业发展报告》
编　委　会

编委会主任　金安江　吴大华　任刚建　索晓霞
委 员 单 位　贵州省社会科学院　贵州大学
执 行 单 位　贵州大学公共管理学院
　　　　　　　贵州省地理标志研究中心
　　　　　　　贵州省欠发达地区政府治理体系和治理能力
　　　　　　　协同创新中心
主　　　编　李发耀　黄其松
副 主 编　许　鹿　李　波　曾仁俊　秦礼康　石　明
统　　　稿　李发耀　黄其松
审　　　稿　黄旭东
作　　　者　黄其松　李发耀　姚　鹏　彭渊迪　曾仁俊
　　　　　　　钟　蕾　宁秋实　刘清庭　卢业敏　许　鹿
　　　　　　　李　波　段忠贤　张　燕　邹　宇　李顺雨
　　　　　　　敖茂宏　张云峰
文 字 注 解　曾仁俊　张　燕
图 片 摄 影　叶　娇　徐　静　敖茂宏
图 片 编 辑　叶　娇　徐　静

主编简介

李发耀 贵州省贞丰县人。贵州省社会科学院研究员，贵州大学教授、硕士研究生导师，贵州省地理标志研究中心执行主任，贵州省地理标志研究会会长，中国民族地区环境资源保护研究所研究员，贵州省委宣传部第三批"四个一批"理论人才，贵州省苗学会副秘书长。联合国开发计划署UNDP—ABS中国西南区项目专家。主要研究领域为：民族地区社会经济与社区可持续发展，环境资源的社会、经济和法律机制，地理标志保护与实施，地方标准体系制定，文化遗产与文化产业等。出版专著《多维视野与传统知识保护机制研究》《贵州：传统学术思想世界重访》《生态档案：跨越时空的生态历史记忆》《反贫困的历史征程：来自普定生态文明报告》等。发表学术论文60余篇，如《地理标志制度框架下遗传资源获取与惠益分享研究》《地理标志制度对生物资源的保护及可持续利用分析》《论传统知识积极性保护机制研究》等。主持联合国课题（如：全球环境基金"赤水河流域生态补偿与全球重要生物多样性保护示范项目"——促进企业参与赤水河流域保护的生态标签机制设计活动）、国家社科基金课题（如：地理标志制度视野下西南山区特色产业发展模式研究）、国家环保部等部委课题（如：地理标志遗传资源研究）、省长基金课题（如：贵州地理标志产业发展研究）、省科技厅（知识产权局）地理标志课题、中药现代化课题、省级软科学课题等多项，以及与地理标志相关的地方文化及社会经济可持续发展项目等多项。接受过美国《科学》杂志社亚太分社、中央电视台2频道与7频道、新华社、《当代贵州》、《贵州日报》、《经济信息时报》等国内外20多家媒体的专题采访。

黄其松 四川省富顺县人，政治学博士、博士后，贵州大学公共管理学院院长。中国政治学会理事，贵州省公共管理学会常务副会长，贵州省科学社会主义暨政治学学会副会长；中共贵州省委"服务决策专家智库"成员，第十二届贵州省人大常委会咨询专家。2012年至今，在《政治学研究》《世界民族》等学术期刊和《光明日报（理论版）》等重要报纸发表学术论文近20篇；主持教育部文科项目、国家社科基金青年项目、博士后基金面上和特别资助项目、贵州省软科学项目等科研课题；科研成果获贵州省哲学社会科学优秀成果一等奖1次、三等奖2次。

摘 要

贵州地理标志产业发展报告是针对全省地理标志基本情况的分析报告，由总报告（含趋势分析）、各地州分报告、专题报告、附录等部分组成。

贵州地理标志工作涉及的政府部门较多，主要涉及省质量技术监督局、省农业委员会、省工商行政管理局、省出入境检验检疫局、省科技厅（知识产权局），以及地州县（市）相应的系统直属部门和合并单位。各部门开展的地理标志内容不一样，省质量技术监督局与省出入境检验检疫局根据国家质检总局第78号令《地理标志产品保护规定》（2005年7月15日施行）推进地理标志工作，其中省质量技术监督局根据《标准化法》和《产品质量法》管理地理标志产品，省出入境检验检疫局侧重于进出口管理。省农业委员会按照农业部《农产品地理标志管理办法》（2008年2月1日施行）开展地理标志工作，依照《农业法》推进地理标志工作，侧重于初级农产品保护。省工商行政管理局按照《商标法》（2001年修改，2013年再次修改）推进地理标志工作，侧重于市场流通产品的证明商标管理和集体商标管理。省科技厅（知识产权局）主要从科技兴省与产业强省的层面加强地理标志协调工作、地理标志产业化工作、地理标志知识产权品牌工作，利用省政府知识产权联席会议制度办公室统筹加强地理标志管理工作。

总报告包括：贵州地理标志产品保护概况、贵州地理标志产品保护工作推进情况、贵州地理标志产品保护发展建议与对策、贵州地理标志产品保护情况预测、贵州地理标志产品与地方产业发展情况预测、地理标志产品保护推进贵州社会进步变化预测。

区域篇包括：贵阳市地理标志产业发展报告，遵义市地理标志产业发展报告，安顺市地理标志产业发展报告，毕节市地理标志产业发展报告，铜仁

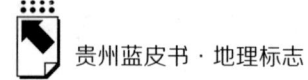

市地理标志产业发展报告，六盘水市地理标志产业发展报告，黔西南布依族苗族自治州地理标志产业发展报告，黔南布依族苗族自治州地理标志产业发展报告，黔东南苗族侗族自治州地理标志产业发展报告。

专题篇包括：贵州地理标志公共政策研究，贵州地理标志公共技术研究，贵州地理标志公共服务研究，贵州地理标志产品保护示范区建设研究，贵州地理标志保护模式比较研究，贵州地理标志产品与中欧地理标志产品互认研究，贵州地理标志产品标准化目标与任务研究。

附录主要针对贵州地理标志产品统计（截至2016年12月），贵州地理标志大事件，地理标志相关法律法规。

Abstract

The data of geographical indications registration announced by the State Administration of Quality Supervision, the Ministry of Agriculture and the State Administration for Industry and Commerce show that there are a total of 169 pieces of geographical indication products in Guizhou province currently by the end of December 31st, 2016. Among them, there are 109 national geographical indication products approved by the State Administration of Quality Supervision, accounting for about 55% of the total number approved by all the three departments, 35 geographical indication of agricultural products registered by the National Ministry of Agriculture, about 18% of the total number, and 54 certification marks of geographical indication products registered by the State Administration for Industry and Commerce, about 27% of the total number. Since there are 25 products protected by two or three departments at the same time, there are totally 169 pieces of geographical indications in Guizhou province.

Geographical indications accelerate the flourish of characteristic economy in Guizhou. According to the survey, more than 70% of the market price of the products with the protection of geographical indication has risen over 20%, some even over 50% in average. At present, the value of Guizhou geographical indication industry exceeds RMB 110 billion, which benefits most cities in the province as well as mobilizes 119 provincial regional key enterprises and more than 2000 manufacturing enterprises and 2 million employees. So to speak, Guizhou Geographical Indication Research Center plays an important role in promoting the development of geographical indications in the integration of primary, secondary and tertiary industry and supply – side adjustment of the provincial economy. With regard to think tank serving the development of regional economy, it adds new impetus to geographical indications for stimulating the development of Guizhou poverty alleviation, green economy and region – based tourism, etc.

The government departments involved geographical indication work mainly include Guizhou Bureau of Quality and Technical Supervision, Guizhou Agriculture Committee, Administration for Industry and Commerce of Guizhou, Guizhou Entry – Exit Inspection Quarantine Bureau, Guizhou Department of Science and Technology (Intellectual Property Office) and related subordinate departments and merged departments. The work of geographical indication carried out by each sector are different. According to Decree No. 78th, Provisions of The Product Protection of Geographical Indications (come into force on 15th July, 2005) by State Administration of Quality Supervision, Guizhou Bureau of Quality and Technical Supervision and Guizhou Entry – Exit Inspection Quarantine Bureau promote the geographical indication. The Guizhou Bureau of Quality and Technical Supervision manages the product of geographical indication according to standardization law and product quality law while the Guizhou Entry – Exit Inspection Quarantine Bureau puts particular emphasis on imports and exports management. According to Management Method of Geographical Indication for Agricultural Products (come into force on February 1st, 2008) issued by The Ministry of Agriculture of the People's Republic of China, Guizhou Agriculture Committee carries out the geographical indication work and puts particular emphasis on the protection of primary agricultural products according to Agricultural Law. According to Trademark Act (modified in 2001 and re-modified in 2013), the Administration for Industry and Commerce of Guizhou promotes the geographical indication work by putting particular emphasis on the management of mark certification and collective mark of the products in the market. Guizhou Department of Science and Technology (Intellectual Property Office) mainly enhances the geographical indication work by coordinating it as a whole and using the government intellectual property joint conference system office to enhance the industrialization of geographical indication.

序

李发耀

地理标志是现代知识产权制度重要的组成部分。地理标志从一百多年前出现开始，其制度内容就不断超越知识产权的边界，真正体现了知识产权开放发展的演变特征。地理标志模式在国际上有美国式"私权"和欧盟式"公权"的区别争论，从本质来看，地理标志有两只手，一只手保护传统产地标记的无形财富，另一只手通过技术条件保护有形资源财富。知识产权一般是指无形知识财富的制度，而地理标志则是有形与无形财富相结合的制度。传统知识产权主要保护私有知识财富，主体是个体特征，而地理标志的出现，则体现了现代知识产权不断兼容集体财富保护的特征。与此同时，地理标志又涉及文化价值、生态环境、资源保护、权利主体、惠益分享等社会存在的本原问题，可以说，地理标志法人类学的色彩日益浓厚。

地理标志关注的内容远远多于其本身的定义。从内容看，国际公约《与贸易有关的知识产权协议》（TRIPS）对地理标志的定义："地理标志是指证明某一产品来源于某一成员国或某一地区或该地区内的某一地点的标志。该产品的某些特定品质、声誉或其他特点在本质上可归因于该地理来源。"地理标志的基本内容包括产品名称与产品品质，而扩展内容则涵盖品牌产品、质量产品、文化产品、旅游产品、生态产品、扶贫产品等六位一体的多层次内容组合。目前，随着全球化的进程加快，地理标志的国际化和本土化速度也日益加快，建立一个符合多方共同利益的地理标志制度呼之欲出。

地理标志不是单纯保护产品的制度，而是一个大的公共管理平台。从其扩展内容来看，地理标志已经跨越到保护文化遗产、传统价值、传统工艺、传统标记、民俗活动、产地环境等，与地理标志相关的公共管理则是公共政策、公共技术、公共宣传、公共服务，而这些内容，都离不开社区、群体、权利、资源、产品、市场等。从这一层意义上讲，地理标志又是"土"和"洋"结合保护"土特产"的制度。说其"土"，地理标志是一个立足于脚下的制度，离不开创造土特产的产地环境和产地人群。一方面，地理标志的保护对象是名副其实的"土特产"，是各地与人文因素和环境因素密切相关的标志性产品，就是俗话说的各地方拿得出手的"好东西"，地理标志就是保护这个"好东西"的产地标记名称、产品特色质量、产地人群权利、产地环境控制；另一方面，地理标志以地理名称的真实性，标明了商品或服务的真实来源地，以"好产品"真真切切的存在让消费者感知、认同、拥有，地理标志所标示的商品品质、声誉或其他特点，来自特定区域的历史沉淀，属于特定环境共同创造、传承、发展，地理标志为市场所认知，地理标志就是传统社区的一笔财富。说地理标志"洋"，因为地理标志制度的出现、发展、定形、共识又是一个国际化的过程，为各国所接受和遵守。地理标志通用的技术路线规范，如名称、分类、种源、范围、生产控制、产品特点等，是一个共同约定的标准，WTO成员都共同认识到地理标志就是财富的制度，都有必要和有义务推进地理标志在本国或本地区的落实。

　　贵州省地理标志产品的环境条件好。地理标志产品离不开地理环境，贵州从滇东高原到湘西丘陵，正处于一个大斜坡地带，地势西高东低，最高处是赫章县珠市乡韭菜坪，海拔2900.6米，最低处是黔东南州黎平县地坪乡水口河出省界处，海拔为147.8米。全省地貌可概括分为高原、山地、丘陵和盆地四种基本类型，素有"八山一水一分田"之说，是全国唯一没有平原支撑的省份。气候方面，贵州属亚热带湿润季风气候，四季分明、春暖夏凉、雨量充沛、雨热同期，各种生态系统丰富多样，历史上讲贵州"一山有四季，十里不同天""天无三日晴，地无三尺平"，正是生态系统多样化的写照。也正是这样一个地理环境，形成了植物生长周期长、动植物地方品种多、地理标志产品内含物质丰富、产品质量特点突出等特色。如贵州茶叶，"三高一低"的质量特点——氨基酸高，浸出物高，茶多酚高，灰分含量低，使得贵州茶叶在全国独树一帜。

贵州省地理标志产品的人文因素独特，贵州地域文化有大杂居和小聚居的特点，全省有十七个世居少数民族：苗族、布依族、侗族、土家族、彝族、仡佬族、水族、回族、瑶族、白族、壮族、畲族、毛南族、蒙古族、仫佬族、满族、羌族。少数民族在贵州分布较集中，如全省苗族人口占全国苗族总人口的49.8%；布依族人口占全国布依族总人口的97.3%；侗族人口占全国侗族总人口的55.7%；仡佬族人口占全国仡佬族总人口的98.2%；水族人口占全国水族总人口的93.2%。贵州有"文化千岛"的美誉，历史上说贵州"五里不识人，十里不同音"，这又是文化多样性的表现。贵州许多地理标志产品，都打上"贵州文化"的印记，如"朵贝茶""黎平香禾糯""凯里红酸汤""安顺蜡染""三都水族马尾乡"等，产品上永远留着大山深处的符号。

地理标志是贵州的福音，今天，贵州地理标志产品泉涌天下，天下财富必定泉聚贵州。

李发耀

2017年6月

关于《贵州地理标志产业发展报告》的一些技术说明

曾仁俊

一 数据来源

地理标志产品的注册、登记和管理，目前国内有国家质检总局、国家工商行政管理总局、农业部等三个部门系统涉及该项工作。本报告中的地理标志相关统计数量，主要来源于这三个地理标志部门所公布的地理标志数据信息。

二 统计时间范围

本报告对贵州省现有的地理标志产品保护数量统计，上限时间为贵州地理标志工作开始，下限时间为2016年12月31日，2017年地理标志数据，并未整理与统计。

三 数据整理分类统计

本报告主要根据三家部门分类，对贵州省所获得的地理标志产品进行整理统计。通过对国家质检总局、农业部、国家工商行政管理总局公布的地理标志数据进行收集、整理，截至2016年12月31日，贵州省经国家质检总局获批的国家地理标志产品有109件，经农业部登记的农产品地理标志产品为35件，经国家工商行政管理总局注册的地理标志证明商标为54件。

四　重复不计说明

截至2016年12月31日,因重复不计,贵州省现有169件地理标志产品。所谓重复不计,是指同时获得两个部门或三个部门保护的同一地理标志产品,以1件计之;各部门数据不进行叠加,不再作重复统计。如正安白茶获国家质检系统与国家工商系统地理标志双重保护,但只以1件计之;又如长顺绿壳鸡蛋,获得国家质检总局、农业部、国家工商行政管理总局三家部门同时保护,也只以1件计之。

五　新增产品补充说明

2017年1月至6月,贵州地理标志产品保护数量在2016年的基础上新增加了11件。其中,经国家质检总局获批的国家地理标志产品新增了8件。据2017年5月31日国家质检总局(2017年第39号)公告,通过质检渠道新增加了遵义红茶（遵义红）、湄潭翠芽、桐梓蜂蜜、花秋土鸡、习水红茶、习水麻羊、核桃箐核桃、普定高脚鸡共8件国家地理标志保护产品。经农业部登记的农产品地理标志新增了3件。据2017年1月10日中华人民共和国农业部第2486号公告,新增加了贵州绿茶、凯里水晶葡萄和都匀毛尖茶3件农产品地理标志。

表1　2017年1月至6月初贵州地理标志新增加产品数量统计

申请部门	国家质检总局	农业部
获批产品	遵义红茶(遵义红)、湄潭翠芽、桐梓蜂蜜、花秋土鸡、习水红茶、习水麻羊、核桃箐核桃、普定高脚鸡	贵州绿茶、凯里水晶葡萄、都匀毛尖茶
小计	8件	3件
总计	11件	

目 录

Ⅰ 总报告

B.1 贵州地理标志产业发展概况与2017~2020年
趋势预测 ·· 李发耀 黄其松 / 001
    一 贵州省地理标志产品保护概况 ·· / 002
    二 贵州省地理标志产品保护工作推进情况 ···························· / 014
    三 贵州省地理标志产品保护发展建议与对策 ························ / 024
    四 贵州省地理标志产品保护情况预测 ································· / 031
    五 地理标志产品保护与地方产业发展情况预测 ···················· / 035
    六 地理标志产品保护推进贵州社会进步变化预测 ················ / 037

Ⅱ 区域篇

B.2 贵阳市地理标志产业发展报告 ····················· 姚 鹏 / 043
B.3 遵义市地理标志产业发展报告 ····················· 刘清庭 / 063
B.4 安顺市地理标志产业发展报告 ············· 邹 宇 钟 蕾 / 091
B.5 毕节市地理标志产业发展报告 ····················· 曾仁俊 / 115
B.6 铜仁市地理标志产业发展报告 ····················· 宁秋实 / 136

B.7 六盘水市地理标志产业发展报告 ……………………… 卢业敏 / 155

B.8 黔西南布依族苗族自治州地理标志产业发展报告
　　　…………………………………………… 张筑平　曾仁俊 / 177

B.9 黔南布依族苗族自治州地理标志产业发展报告 ……… 彭渊迪 / 196

B.10 黔东南苗族侗族自治州地理标志产业发展报告
　　　……………………………………………… 钟　蕾　张云峰 / 222

Ⅲ 专题篇

B.11 贵州地理标志公共政策研究 ………………… 黄其松　李发耀 / 243

B.12 贵州地理标志公共技术研究 ………………………… 许　鹿 / 255

B.13 贵州地理标志公共服务研究 ………………………… 段忠贤 / 264

B.14 贵州地理标志产品保护示范区建设研究 …………… 钟　蕾 / 270

B.15 贵州地理标志保护模式比较研究 …………………… 曾仁俊 / 288

B.16 贵州地理标志产品与中欧地理标志产品互认研究
　　　……………………………………………… 李发耀　黄其松 / 299

B.17 基于地理标志分析贵州省地理标志产品标准化目标与任务研究
　　　……………………………………… 曾仁俊　李发耀　姚　鹏 / 305

Ⅳ 附　录

B.18 贵州省地理标志大事件 ……………………………… 张　燕 / 318

B.19 2016年贵州省地理标志产品数量统计 ……………… 张　燕 / 328

B.20 地理标志保护法律法规 ……………………………… 张　燕 / 331

B.21 后记 ……………………………………………………………… / 360

CONTENTS

Ⅰ General Report

B.1 General Situation of Guizhou Geographical Indication Industry and Forecast of Trend from 2017 to 2020   *Li Fayao, Huang Qisong* / 001
  1. Profile of Geographical Indication Products Protection in Guizhou Province   / 002
  2. Present Situation of Geographical Indication Products Protection in Guizhou Province   / 014
  3. Suggestions and Strategies for Geographical Indication Products Protection in Guizhou Province   / 024
  4. Forecast of Geographical Indication Products Protection Development in Guizhou Province   / 031
  5. Forecast of Geographical Indication Products Protection and Local Industry Development   / 035
  6. Forecast of Geographical Indication Products Protection Promoting Social Development of Guizhou   / 037

Ⅱ Regional Subjects

B.2 The Development Report of Guiyang Geographical Indication Industry   *Yao Peng* / 043

B.3　The Development Report of Zunyi Geographical Indication
　　Industry　　　　　　　　　　　　　　　　　　Liu Qingting / 063
B.4　The Development Report of Anshun Geographical Indication
　　Industry　　　　　　　　　　　　　　　Zou Yu, Zhong Lei / 091
B.5　The Development Report of Bijie Geographical Indication
　　Industry　　　　　　　　　　　　　　　　　　Zeng Renjun / 115
B.6　The Development Report of Tongren Geographical Indication
　　Industry　　　　　　　　　　　　　　　　　　Ning Qiushi / 136
B.7　The Development Report of Liupanshui Geographical
　　Indication Industry　　　　　　　　　　　　　　Lu Yemin / 155
B.8　The Development Report of Geographical Indication Industry in
　　Qianxinan Buyei and Miao Autonomous Prefecture
　　　　　　　　　　　　　　　　　　Zhang Zhuping, Zeng Renjun / 177
B.9　The Development Report of Geographical Indication Industry in
　　Qiannan Buyei and Miao Autonomous Prefecture　　Peng Yuandi / 196
B.10　The Development Report of Geographical Indication Industry in
　　Qiandongnan Miao and Dong Autonomous Prefecture
　　　　　　　　　　　　　　　　　　　　Zhong Lei, Zhang Yunfeng / 222

Ⅲ　Special Subjects

B.11　Study on Public Policy of Guizhou Geographical Indication
　　　　　　　　　　　　　　　　　　　　Huang Qisong, Li Fayao / 243
B.12　Study on Public Technology of Guizhou Geographical Indication
　　　　　　　　　　　　　　　　　　　　　　　　　　　Xu Lu / 255
B.13　Study on Public Service of Guizhou Geographical Indication
　　　　　　　　　　　　　　　　　　　　　　　Duan Zhongxian / 264
B.14　Study on the Construction of Demonstration Areas of Guizhou
　　Geographical Indication　　　　　　　　　　　　Zhong Lei / 270

CONTENTS

B.15　Comparison of Protection Patterns of Geographical Indication
　　　　　　　　　　　　　　　　　　　　　　　　Zeng Renjun / 288

B.16　Study on the Guizhou Geographical Indication Products and
　　　　EU-China Mutual Recognition　　　*Li Fayao, Huang Qisong* / 299

B.17　Study on the Tasks and Objectives of Standardization of
　　　　Geographical Indication Products in Guizhou Province
　　　　from the Perspective of Geographical Indication
　　　　　　　　　　　　　　　Zeng Renjun, Li Fayao and Yao Peng / 305

IV　Appendix

B.18　Big Events of Guizhou Geographical Indication　　*Zhang Yan* / 318
B.19　Statistics on Guizhou Geographical Indication Products (2016)
　　　　　　　　　　　　　　　　　　　　　　　　Zhang Yan / 328
B.20　Geographical Indication Protection Regulations　*Zhang Yan* / 331
B.21　Postscript　　　　　　　　　　　　　　　　　　　　　/ 360

总报告

General Report

B.1
贵州地理标志产业发展概况与 2017~2020年趋势预测

李发耀 黄其松[*]

摘　要： 本文包括产业报告部分与发展趋势部分。产业报告部分包括贵州地理标志产品保护概况、贵州地理标志产品保护工作推进情况、贵州地理标志产品保护发展建议与对策，发展趋势部分包括贵州地理标志产品保护情况预测、贵州地理标志产品保护与地方产业发展情况预测、地理标志产品保护推进贵州社会进步变化预测。

关键词： 贵州省　地理标志　品牌保护

---

[*] 李发耀，贵州省社会科学院地理标志研究中心执行主任，研究员；黄其松，贵州大学公共管理学院院长，教授。

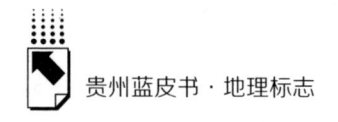

一 贵州省地理标志产品保护概况

贵州具有得天独厚的自然环境条件与丰富的历史人文底蕴。优越的环境条件孕育了贵州丰富且极具价值的特色产品资源群。酒、茶、道地药材、果蔬、畜禽产品、小杂粮、传统特色食品及手工艺品等特色产品资源丰富，其产品量大、质优，构成了贵州经济发展的精品。通过地理标志制度进行名称品牌保护与质量技术控制，一个优质的地理标志产品可以引导一个产业快速发展，多个优质的地理标志产品可以引发一个区域的经济跨越式发展，全省的地理标志战略实施可以影响和促进贵州的历史性跨越。

（一）贵州地理标志产品在各部门保护情况

历经二十多年的发展，我国地理标志保护现已逐渐形成了具有我国特色的制度体系。目前在我国，主要有三个国家部门对地理标志进行注册、登记和管理：国家质检总局的"中华人民共和国地理标志保护产品"（简称"国家地理标志产品"）、农业部的"农产品地理标志"、国家工商总局商标局通过集体商标或证明商标的形式进行法律注册和管理。

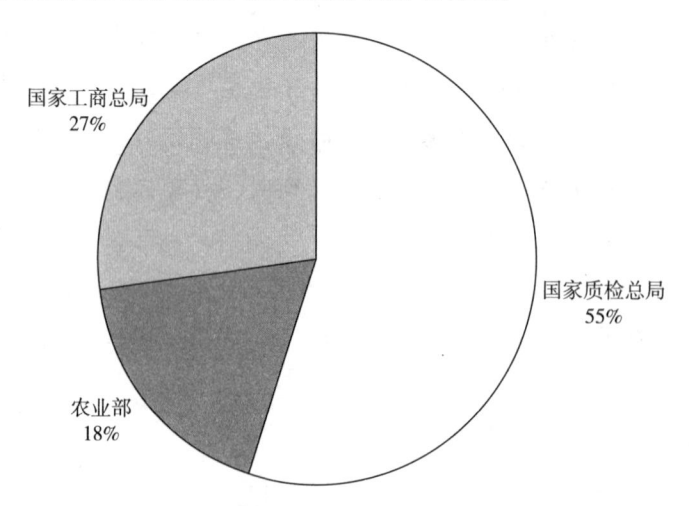

图1 贵州地理标志产品各部门分布

截至 2016 年 12 月 31 日，国家质检总局、农业部、国家工商总局公布的地理标志注册、登记数据显示，贵州省目前共有 169 件地理标志产品。其中，经国家质检总局获批的国家地理标志产品有 109 件，在三个部门总数中约占 55%；经农业部登记的农产品地理标志为 35 件，在三个部门总数中约占 18%；经国家工商总局注册的地理标志证明商标为 54 件，在三个部门总数中约占 27%。因有 25 件产品获两个部门或三个部门同时保护，故重复不计，实际贵州九个地州市地理标志产品数量总计为 169 件。

表1 2016 年贵州省地理标志产品各部门保护情况（截至 2016 年 12 月 31 日）

序号	地区	国家质检总局	国家工商总局	农业部
1	贵阳市	清镇黄粑、清镇酥李、开阳富硒茶、红岩葡萄、开阳富硒枇杷、修文猕猴桃	贵阳折耳根、修文猕猴桃	花溪辣椒、永乐艳红桃、息烽西山贡米
2	遵义市	茅台酒、余庆苦丁茶、凤冈富锌富硒茶、赤水金钗石斛、虾子辣椒、茅贡米、绥阳金银花、鸭溪窖酒、正安娃娃鱼、正安白及、正安野木瓜、正安白茶、习酒、道真玄参、道真洛党参、桐梓方竹笋、道真灰豆腐果、道真绿茶（道真硒锶茶）、务川白山羊、赤水晒醋、习水红粎、白果贡米、遵义杜仲	余庆苦丁茶、仁化酱香酒、湄潭翠芽、遵义红（茶）、遵义朝天椒（腌制）、遵义朝天椒（蔬菜）、正安白茶、绥阳金银花、绥阳土鸡、凤冈锌硒茶、道真玄参	赤水竹乡乌骨鸡、凤冈锌硒茶、湄潭翠芽、黔北黑猪、黔北麻羊、遵义烤烟
3	毕节市	织金竹荪、大方天麻、大方漆器、威宁党参、大方圆珠半夏、赫章半夏、赫章核桃、织金续断、织金头花蓼、金沙回沙酒、禹谟醋、威宁荞麦、大方冬荪	威宁洋芋、威宁荞酥、织金竹荪、毕节白萝卜、毕节白蒜	大方皱椒、金沙贡茶、湾子辣椒、毕节可乐猪、赫章黑马羊
4	安顺市	镇宁波波糖、黄果树毛峰、朵贝茶、白旗韭黄、黄果树窖酒、黄果树矿泉水、安顺蜡染、梭筛桃、关岭火龙果、关岭桔梗	平坝灰鹅、坡贡小黄姜、紫云花猪、紫云红芯红薯、上关六月李	安顺山药、紫云花猪、安顺金刺梨、关岭牛、关岭火龙果、平坝灰鹅
5	六盘水市	盘县火腿、岩脚面、四格乌洋芋、水城猕猴桃、盘县刺梨果脯、六盘水苦荞米、六盘水苦荞茶、水城春茶、水城小黄姜、六枝龙胆草、落别樱桃、水城黑山羊、保基茶叶、盘州红米、妥乐白果	郎岱酱	水城猕猴桃、盘县核桃、牛场辣椒、六枝月亮河鸭蛋、保田生姜

续表

序号	地区	国家质检总局	国家工商总局	农业部
6	铜仁市	梵净山翠峰茶、德江天麻、铜仁红薯粉丝、石阡苔茶、沙子空心李、玉屏茶油、江口萝卜猪	玉屏箫笛、思南黄牛、德江天麻、石阡苔茶、江口萝卜猪、沿河山羊、梵净山翠峰茶、沿河沙子空心李、松桃苗绣、印江苔粉	铜仁珍珠花生、石阡苔茶、梵净山茶
7	黔西南布依族苗族自治州	连环砂仁、顶坛花椒、兴义饵块粑、兴仁薏（苡）仁米、册亨茶油、南盘江黄牛、普安四球茶、普安红茶	顶坛花椒、仓更板栗、望谟黑山羊、安龙金银花、晴隆绿茶、兴仁薏仁米、品甸生姜、晴隆糯薏仁	—
8	黔南布依族苗族自治州	都匀毛尖茶、罗甸艾纳香、长顺绿壳鸡蛋、龙里刺梨、罗甸火龙果、独山盐酸菜、惠水黑糯米酒、惠水黑糯米、贵定益肝草凉茶、罗甸玉、龙里刺梨干、三都水族马尾绣	都匀毛尖茶、贵定云雾贡茶、荔波蜜柚、长顺绿壳鸡蛋、牙舟陶	贵定云雾贡茶、长顺绿壳鸡蛋、罗甸脐橙、贵定盘江酥李、龙里豌豆尖
9	黔东南苗族侗族自治州	从江香猪、黎平香禾糯、丹寨硒锌米、剑河钩藤、三穗鸭、锡利贡米、黎平茯苓、榕江小香鸡、雷山银球茶、凯里红酸汤、雷山乌杆天麻、榕江葛根、麻江蓝莓、思州柚、塔石香羊	从江香猪、三穗鸭、从江椪柑、施秉太子参、施秉头花蓼、白洗猪、麻江蓝莓	从江香猪、从江香禾糯
小　计		109件	54件	35件
总　计		169件（获多部门同时保护的产品以1件计,重复不计）		

注：①获两个部门或三个部门同时保护的产品，以1件计。

②因保护范围不同及产品类别保护有差异的产品，分别计之。如产品保护类别不同：遵义朝天椒（腌制）与遵义朝天椒（蔬菜）；梵净山翠峰茶与梵净山茶（保护范围不同）。

（二）贵州地理标志产品各地州市保护情况

在贵州省九个地州市中，贵阳市地理标志产品有10件，遵义市地理标志产品有33件，安顺市地理标志产品有18件，毕节市地理标志产品有22件，铜仁市地理标志产品有14件，六盘水市地理标志产品有20件，黔西南布依族苗族自治州地理标志产品有14件，黔南布依族苗族自治州地理标志产品有18件，黔东南苗族侗族自治州地理标志产品有20件。其中，遵义市为目前贵州省地理标志产品数量最多的地区，毕节市次之，六盘水市与黔东南州居第三，贵阳市地理标志产品最少。

表2 贵州省各地州市地理标志产品保护情况

单位：件

序号	地区	国家质检总局	国家工商总局	国家农业部	小计（多部门保护产品以1件计）
1	遵义市	23	11	6	33（6件获多重保护）
2	毕节市	13	5	5	22（1件获多重保护）
3	六盘水市	15	1	5	20（1件获多重保护）
4	黔东南苗族侗族自治州	15	7	2	20（3件获多重保护）
5	安顺市	10	5	6	18（3件获多重保护）
6	黔南布依族苗族自治州	12	5	5	18（3件获多重保护）
7	铜仁市	7	10	3	14（5件获多重保护）
8	黔西南布依族苗族自治州	8	8	—	14（2件获多重保护）
9	贵阳市	6	2	3	10（1件获多重保护）
	总计		169件		

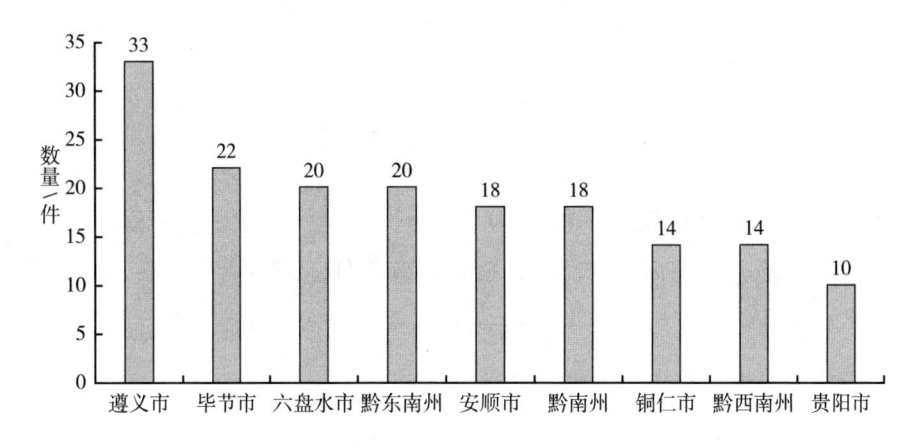

图2 贵州省各地州市地理标志产品保护数量统计

（三）贵州地理标志产品保护类别情况

根据地理标志产品类别的划分，地理标志产品大致有果蔬类、中药材类、茶叶类、粮油类、养殖类、食品饮料类、酒类、工艺品类及其他等类别。

在全省现已获得的169件地理标志产品中，酒类有7件，茶类有22件，中药材类有24件，粮油类有18件，果蔬类有45件，养殖类有24件，食品饮料类有21件，工艺品类有7件，其他类有1件（遵义烤烟）。

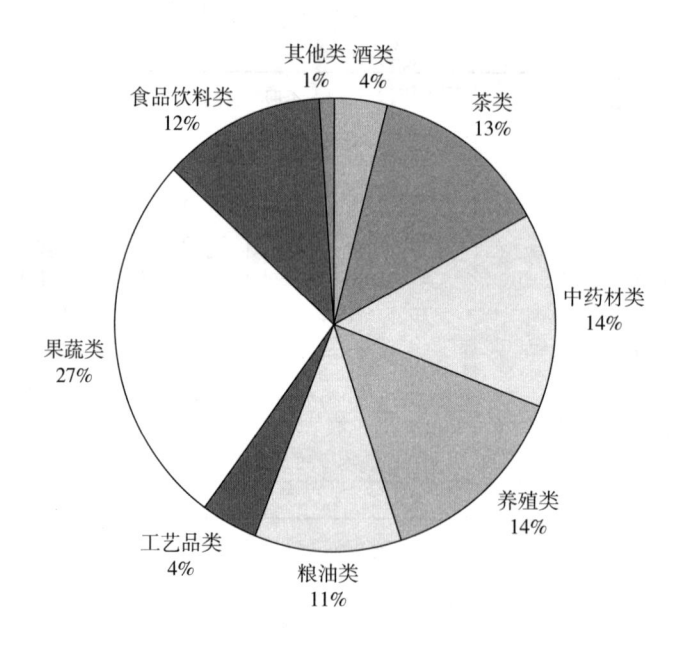

图3 贵州地理标志产品分类

1. 贵州酒类地理标志产品保护情况

在7件酒类地理标志产品中，遵义市有4件：茅台酒、习酒、鸭溪窖酒、仁化酱香酒；安顺市有1件：黄果树窖酒；毕节市有1件：金沙回沙酒；黔南州有1件：惠水黑糯米酒。

表3 贵州酒类地理标志产品保护情况

序号	地区	产品	数量/件
1	遵义市	茅台酒、习酒、鸭溪窖酒、仁化酱香酒	4
2	毕节市	金沙回沙酒	1
3	安顺市	黄果树窖酒	1
4	黔南布依族苗族自治州	惠水黑糯米酒	1
总计			7件

2. 贵州茶类地理标志产品保护情况

在22件茶类地理标志产品中，贵阳市有1件：开阳富硒茶；遵义市有6件：余庆苦丁茶、凤冈富锌富硒茶、正安白茶、道真绿茶（道真硒锶茶）、湄潭翠芽、遵义红（茶）；安顺市有2件：黄果树毛峰、朵贝茶；毕节市有1件：金沙贡茶；铜仁市有3件：石阡苔茶、梵净山翠峰茶、梵净山茶；六盘水市有3件：六盘水苦荞茶、水城春茶、保基茶叶；黔西南州有3件：普安红茶、普安四球茶、晴隆绿茶；黔南州有2件：都匀毛尖茶、贵定云雾贡茶；黔东南州有1件：雷山银球茶。

表4　贵州茶类地理标志产品保护情况

序号	地区	产品	数量/件
1	贵阳市	开阳富硒茶	1
2	遵义市	余庆苦丁茶、凤冈富锌富硒茶、正安白茶、道真绿茶（道真硒锶茶）、湄潭翠芽、遵义红（茶）	6
3	安顺市	黄果树毛峰、朵贝茶	2
4	毕节市	金沙贡茶	1
5	铜仁市	石阡苔茶、梵净山翠峰茶、梵净山茶	3
6	六盘水市	六盘水苦荞茶、水城春茶、保基茶叶	3
7	黔西南州	普安红茶、普安四球茶、晴隆绿茶	3
8	黔南州	都匀毛尖茶、贵定云雾贡茶	2
9	黔东南州	雷山银球茶	1
总计		22件	

3. 贵州中药材类地理标志产品保护情况

在24件中药材类地理标志产品中，遵义市有6件：赤水金钗石斛、绥阳金银花、道真玄参、正安白及、道真洛党参、遵义杜仲；安顺市有1件：关岭桔梗；毕节市有6件：大方天麻、大方圆珠半夏、赫章半夏、威宁党参、织金续断、织金头花蓼；铜仁市有1件：德江天麻；六盘水市有1件：六枝龙胆草；黔西南州有2件：连环砂仁、安龙金银花；黔南州有1件：罗甸艾纳香；黔东南州有6件：黎平茯苓、雷山乌杆天麻、剑河钩藤、榕江葛根、施秉太子参、施秉头花蓼。

表5 贵州中药材类地理标志产品保护情况

序号	地　区	产　品	数量/件
1	遵义市	赤水金钗石斛、绥阳金银花、道真玄参、正安白及、道真洛党参、遵义杜仲	6
2	安顺市	关岭桔梗	1
3	毕节市	大方天麻、大方圆珠半夏、赫章半夏、威宁党参、织金续断、织金头花蓼	6
4	铜仁市	德江天麻	1
5	六盘水市	六枝龙胆草	1
6	黔西南州	连环砂仁、安龙金银花	2
7	黔南州	罗甸艾纳香	1
8	黔东南州	黎平茯苓、雷山乌杆天麻、剑河钩藤、榕江葛根、施秉太子参、施秉头花蓼	6
	总　计	24件	

4. 贵州粮油类地理标志产品保护情况

在18件粮油类地理标志产品中，贵阳市有1件：息烽西山贡米；遵义市有3件：茅贡米、习水红稗、白果贡米；毕节市有2件：威宁荞麦、威宁荞酥；铜仁市有1件：玉屏茶油；六盘水市有3件：岩脚面、六盘水苦荞米、盘州红米；黔西南州有3件：兴仁薏仁米、册亨茶油、晴隆糯薏仁；黔南州有1件：惠水黑糯米；黔东南州有4件：黎平香禾糯，丹寨硒锌米，锡利贡米、从江香禾糯。

表6 贵州粮油类地理标志产品保护情况

序号	地　区	产　品	数量/件
1	贵阳市	息烽西山贡米	1
2	遵义市	茅贡米、习水红稗、白果贡米	3
3	毕节市	威宁荞麦、威宁荞酥	2
4	铜仁市	玉屏茶油	1
5	六盘水市	岩脚面、六盘水苦荞米、盘州红米	3
6	黔西南州	兴仁薏仁米、册亨茶油、晴隆糯薏仁	3
7	黔南州	惠水黑糯米	1
8	黔东南州	黎平香禾糯、丹寨硒锌米、锡利贡米、从江香禾糯	4
	总　计	18件	

5. 贵州果蔬类地理标志产品保护情况

在45件果蔬类地理标志产品中，贵阳市有7件：修文猕猴桃、开阳枇杷（开阳富硒枇杷）、红岩葡萄、清镇酥李、贵阳折耳根、花溪辣椒、永乐艳红桃；遵义市有3件：虾子辣椒、正安野木瓜、遵义朝天椒（蔬菜）；安顺市有8件：坡贡小黄姜、紫云红芯红薯、上关六月李、安顺山药、白旗韭黄、梭筛桃、关岭火龙果、安顺金刺梨；毕节市有8件：威宁洋芋、织金竹荪、赫章核桃、大方皱椒、湾子辣椒、大方冬荪、毕节白萝卜、毕节白蒜；铜仁市有1件：沙子空心李；六盘水市有7件：四格乌洋芋、水城猕猴桃、水城小黄姜、落别樱桃、妥乐白果、盘县核桃、保田生姜；黔西南州有2件：顶坛花椒、品甸生姜；黔南州有6件：罗甸火龙果、罗甸脐橙、龙里豌豆尖、贵定盘江酥李、荔波蜜柚、龙里刺梨；黔东南州有3件：麻江蓝莓、思州柚、从江椪柑。

表7 贵州果蔬类地理标志产品保护情况

序号	地区	产品	数量/件
1	贵阳市	修文猕猴桃、开阳枇杷（开阳富硒枇杷）、红岩葡萄、清镇酥李、贵阳折耳根、花溪辣椒、永乐艳红桃	7
2	遵义市	虾子辣椒、正安野木瓜、遵义朝天椒（蔬菜）	3
3	安顺市	坡贡小黄姜、紫云红芯红薯、上关六月李、安顺山药、白旗韭黄、梭筛桃、关岭火龙果、安顺金刺梨	8
4	毕节市	威宁洋芋、织金竹荪、赫章核桃、大方皱椒、湾子辣椒、大方冬荪、毕节白萝卜、毕节白蒜	8
5	铜仁市	沙子空心李	1
6	六盘水市	四格乌洋芋、水城猕猴桃、水城小黄姜、落别樱桃、妥乐白果、盘县核桃、保田生姜	7
7	黔西南州	顶坛花椒、品甸生姜	2
8	黔南州	罗甸火龙果、罗甸脐橙、龙里豌豆尖、贵定盘江酥李、荔波蜜柚、龙里刺梨	6
9	黔东南州	麻江蓝莓、思州柚、从江椪柑	3
总计		45件	

6.贵州养殖类地理标志产品保护情况

在24件养殖类地理标志产品中,遵义市有6件:正安娃娃鱼、务川白山羊、绥阳土鸡、赤水竹乡乌骨鸡、黔北黑猪、黔北麻羊;安顺市有3件:平坝灰鹅、紫云花猪、关岭牛;毕节市有2件:毕节可乐猪、赫章黑马羊;铜仁市有3件:江口萝卜猪、沿河山羊、思南黄牛;六盘水市有2件:水城黑山羊、六枝月亮河鸭蛋;黔西南州有2件:望谟黑山羊、南盘江黄牛;黔南州有1件:长顺绿壳鸡蛋;黔东南州有5件:从江香猪、榕江小香鸡、三穗鸭、白洗猪、塔石香羊。

表8 贵州养殖类地理标志产品保护情况

序号	地区	产品	数量/件
1	遵义市	正安娃娃鱼、务川白山羊、绥阳土鸡、赤水竹乡乌骨鸡、黔北黑猪、黔北麻羊	6
2	安顺市	平坝灰鹅、紫云花猪、关岭牛	3
3	毕节市	毕节可乐猪、赫章黑马羊	2
4	铜仁市	江口萝卜猪、沿河山羊、思南黄牛	3
5	六盘水市	水城黑山羊、六枝月亮河鸭蛋	2
6	黔西南州	望谟黑山羊、南盘江黄牛	2
7	黔南州	长顺绿壳鸡蛋	1
8	黔东南州	从江香猪、榕江小香鸡、三穗鸭、白洗猪、塔石香羊	5
总计			24件

7.贵州食品饮料类地理标志产品保护情况

在21件食品饮料类地理标志产品中,贵阳市有1件:清镇黄粑;遵义市有4件:桐梓方竹笋、道真灰豆腐果、赤水晒醋、遵义朝天椒(腌制);安顺市有2件:镇宁波波糖、黄果树矿泉水;毕节市有1件:禹谟醋;铜仁市有3件:铜仁红薯粉丝、印江苕粉、铜仁珍珠花生;六盘水市有4件:盘县火腿、盘县刺梨果脯、郎岱酱、牛场辣椒;黔西南州有2件:兴义饵块粑、仓更板栗;黔南州有3件:贵定益肝草凉茶、龙里刺梨干、独山盐酸菜;黔东南州有1件:凯里红酸汤。

表9 贵州食品饮料类地理标志产品保护情况

序号	地 区	产 品	数量/件
1	贵阳市	清镇黄粑	1
2	遵义市	桐梓方竹笋、道真灰豆腐果、赤水晒醋、遵义朝天椒(腌制)	4
3	安顺市	镇宁波波糖、黄果树矿泉水	2
4	毕节市	禹谟醋	1
5	铜仁市	铜仁红薯粉丝、印江苕粉、铜仁珍珠花生	3
6	六盘水市	盘县火腿、盘县刺梨果脯、郎岱酱、牛场辣椒	4
7	黔西南州	兴义饵块粑、仓更板栗	2
8	黔南州	贵定益肝草凉茶、龙里刺梨干、独山盐酸菜	3
9	黔东南州	凯里红酸汤	1
	总 计	21件	

8. 贵州工艺品类地理标志产品保护情况

在7件工艺品类地理标志产品中，安顺市有1件：安顺蜡染；毕节市有1件：大方漆器；铜仁市有2件：玉屏箫笛、松桃苗绣；黔南州有3件：牙舟陶、三都水族马尾绣、罗甸玉。

表10 贵州工艺品类地理标志产品保护情况

序号	地 区	产 品	数量/件
1	安顺市	安顺蜡染	1
2	毕节市	大方漆器	1
3	铜仁市	玉屏箫笛、松桃苗绣	2
4	黔南州	牙舟陶、三都水族马尾绣、罗甸玉	3
	总 计	7件	

（四）贵州地理标志产品地方标准制定情况

在地理标志产品保护过程中，地理标志产品省级地方标准的制定是一个不断转化的过程。申请人在原有专用标准或技术规范的基础上，依据国家质检总局公告中的"质量技术要求"规定，制定省级地方标准。国家质检总局在《地理标志产品保护规定》中，明确规定了地理标志产品标准制定的要求和程序。并在《地理标志产品保护工作细则》第十八条中要求："（保护申请）批准公告发布后，省级质检机构应在 3~6 个月内，组织申请人在批准公告中'质量技术要求'的框架下，在原有专用标准或技术规范的基础上，完善地理标志产品的标准体系，一般应以省级地方标准的形式发布，并报国家质检总局委托的技术机构审核备案。"

地理标志产品地方标准的制定，对地理标志产品的产地环境、保护范围、生产加工技术及工艺、产品质量特色要求、检验方法、检验规则、包装、标签、运输、贮存等环节进行了严格的规范，以形成一个完整的地理标志产品从生产、销售到管理的规范体系，为地理标志产品的生产、销售、检验和质量保证提供了技术支撑，进一步有效地促进了地理标志产品的保护与开发，推动地方特色产业的发展。

表11 贵州省地理标志产品地方标准清单
（截至 2016 年 12 月底根据贵州省质监局发布数据统计）

序号	标准名称		标准编号
1	地理标志产品	正安白茶	DB52/T 835 - 2013
2	地理标志产品	剑河钩藤	DB52/T 751 - 2012
3	地理标志产品	威宁党参	DB52/T 850 - 2013
4	地理标志产品	沙子空心李	DB52/T 914 - 2014
5	地理标志产品	丹寨硒锌米	DB52/T 553 - 2014
6	地理标志产品	盘县火腿	DB52/T 863 - 2013
7	地理标准产品	岩脚面	DB52/T 889 - 2014
8	地理标志产品	赫章半夏	DB52/T 933 - 2014
9	地理标志产品	赫章核桃	DB52/T 934 - 2014
10	地理标志产品	龙里刺梨	DB52/T 936 - 2014
11	地理标志产品	罗甸艾纳香	DB52/T 937 - 2014
12	地理标志产品	茅贡米	DB52/T 938 - 2014
13	地理标志产品	铜仁红薯粉丝	DB52/T 939 - 2014
14	地理标志产品	惠水黑糯米酒	DB52/T 935 - 2014
15	地理标志产品	修文猕猴桃	DB52/T 985 - 2015
16	地理标志产品	锡利贡米	DB52/T 1054 - 2015

续表

序号	标准名称		标准编号
17	地理标志产品	罗甸火龙果	DB52/T 1059-2015
18	地理标志产品	大方漆器	DB52/T 946-2014
19	地理标志产品	习酒	DB52/T 1029-2015
20	地理标志产品	凯里红酸汤	DB52/T 986-2015
21	地理标志产品	鸭溪窖酒	DB52/T 738-2013 代替 DB52/T 738-2011
22	地理标志产品	黎平香禾糯	DB52/T 541-2014
23	地理标志产品	凤冈锌硒茶	DB52/T 489-2015
24	地理标志产品	石阡苔茶	DB52/T 532-2015 代替 DB52/T 532-2007
25	地理标志产品	雷山银球茶	DB52/T 713-2015 代替 DB52/T 713-2011
26	地理标志产品	从江香猪及其系列肉制品	DB52/T 987-2015
27	地理标志产品	施秉太子参	DB52/T 991-2015
28	地理标志产品	凤冈锌硒茶加工技术规程	DB52/T 1003-2015
29	地理标志产品	石阡苔茶加工技术规程	DB52/T 1014-2015
30	地理标志产品	雷山银球茶加工技术规程	DB52/T 1015-2015
31	地理标志产品	正安白茶加工技术规程	DB52/T 1016-2015
32	地理标志产品	黎平茯苓种植技术规程	DB52/T 1056-2015
33	地理标志产品	绥阳金银花	DB52/T 1060-2015
34	地理标志产品	红岩葡萄	DB52/T 1061-2015
35	地理标志产品	织金头花蓼	DB52/T 1062-2015
36	地理标志产品	织金续断	DB52/T 1063-2015
37	地理标志产品	白旗韭黄	DB52/T 1064-2015
38	地理标志产品	道真玄参	DB52/T 1065-2015
39	地理标志产品	道真洛党参	DB52/T 1066-2015
40	地理标志产品	兴仁薏(苡)仁米	DB52/T 1067-2015
41	地理标志产品	朵贝茶	DB52/T 1070-2015
42	地理标志产品	水城春茶	DB52/T1076-2016
43	地理标志产品	水城小黄姜	DB52/T1075-2016
44	地理标志产品	盘县刺梨果脯	DB52/T1079-2016
45	地理标志产品	六盘水苦荞米	DB52/T1077-2016
46	地理标志产品	六盘水苦荞茶	DB52/T1078-2016
47	地理标志产品	四格乌洋芋	DB52/T1080-2016
48	地理标志产品	普安红茶	DB52/T1162-2016
49	地理标志产品	普安四球茶	DB52/T1163-2016

二 贵州省地理标志产品保护工作推进情况

贵州省的地理标志产品保护工作，以质监、工商、农业、知识产权等地理标志管理部门为主线，齐抓共管，统筹谋划，促进了地理标志产品保护工作的深入开展，取得了明显经济效益、社会效益与生态效益。目前，贵州已经进入后发赶超、加快全面建成小康社会的重要阶段，又面临着守住"两个底线"（发展的底线和生态的底线）的新时期工作要求。这一方面对地理标志产品保护工作提出了严峻挑战，另一方面也孕育了大好机遇。根据省委省政府"大力构建品种丰、品质优、品牌强的贵州特色产品供给体系"的总要求，多措并举统筹推进地理标志产品保护，助推贵州地理标志产品特色资源优势转化，全省地理标志产品保护正呈现保护规模稳步扩大、综合质量状况平稳的发展态势。地理标志产品保护是一项有利于农民脱贫、农村致富、农业增收的重要特色资源保护制度。

（一）贵州省地理标志产品保护工作机构与机制

全省涉及地理标志产品工作的政府职能部门主要有省质量技术监督局、省农业委员会、省工商行政管理局、省出入境检验检疫局、省科技厅（知识产权局）。

省质量技术监督局地理标志工作机构目前由科技与规划处承担（最早由法规处承担），负责地理标志产品保护的申报和管理工作。省质监局的地理标志工作开展得比较早，1999年7月30日国家质量技术监督局局务会议通过《原产地域产品保护规定》，1999年8月17日国家质量技术监督局第6号令发布施行。省质监局随即开展原产地域产品保护工作，主要是宣传、推介、展开示范性实施。2005年，国家质量监督检验检疫总局第78号令废止该规定，同时实施《地理标志产品保护规定》。省质监局开始全面实施地理标志产品保护工作，由点向面全面展开，形成全省地理标志产品保护工作的重点牵头单位。由于省质监局的地理标志产品保护工作推动较早，相关地理标志产品保护配套工作目前也比较成熟，从申报到应用，以国家质检总局发布的质量技术要求为核心，省级配套实施省级地方标准，推进地理标志标识的应用管理，在地理标志工作方面的成绩也较为明显。

省农业委员会地理标志工作机构由省农产品质量安全监督管理站承担，负责农产品地理标志的申报和管理工作。省农委的地理标志工作开展得稍晚，2007年，《农产品地理标志管理办法》（2007年12月6日农业部第15次常务会议审议通过，2008年2月1日起施行）出台。农业部的地理标志主要针对初级农产品的生产流通保护，由农业部发布农产品地理标志的控制技术规范，指导县级农业部实施地理标志保护。

省工商行政管理局地理标志工作机构由商标监督管理局承担，负责地理标志证明商标的申报与管理。省工商行政管理局的地理标志证明商标工作开展得比较早，根据2001年10月27日第九届全国人民代表大会常务委员会第二十四次会议《关于修改〈中华人民共和国商标法〉的决定》（第二次修正）和2013年8月30日第十二届全国人民代表大会常务委员会第四次会议《关于修改〈中华人民共和国商标法〉的决定》（第三次修正），第三条对证明商标的解释为，是指由对某种商品或者服务具有监督能力的组织所控制，而由该组织以外的单位或者个人使用于其商品或者服务，用以证明该商品或者服务的原产地、原料、制造方法、质量或者其他特定品质的标志。这解决了地理标志产品的特殊性（县级以上地名＋产品名）的法律保护需求。

省科技厅（知识产权局）地理标志工作机构由战略处负责拟订知识产权战略，并组织实施相关推进计划，开展知识产权战略实施的考核和评估工作，指导基层知识产权战略实施工作，开展地理标志、传统知识等特定领域的知识产权工作，开展知识产权普及和培训工作，承担省人民政府知识产权办公会议办公室工作。由于地理标志属于知识产权制度的一部分，省科技厅（知识产权局）地理标志工作职能主要是协调，其工作重心是开展地理标志品牌与产业化促进工作。

省出入境检验检疫局近年来由于重心工作转移，地理标志工作开展较少。

（二）贵州省地理标志产品保护工作推进措施与推进成效

近年来，为进一步加快贵州省地理标志产品保护，推动贵州省地理标志保护工作的稳定发展，贵州省人民政府推动省知识产权局、省质监局、省农委、省工商局、省出入境检验检疫局等多个部门采取多项措施，大力促进了贵州省地理标志产品的保护与发展。

1. 省人民政府办公厅出台了《关于加强农特产品地理标志工作　大力促进我省农特经济发展的意见》（黔府办发〔2009〕2号）

2009年1月14日，省人民政府办公厅下发了《关于加强农特产品地理标志工作　大力促进我省农特经济发展的意见》（黔府办发〔2009〕2号）（以下简称《意见》）。《意见》共分四部分，在强调了地理标志制度促进现代农业发展的重要意义和明确了推进农特产品地理标志工作的指导思想和主要目标后，提出了推进农特产品地理标志工作的相关措施，设定了全省农特产品地理标志保护的目标，决定全省经过五年至十年的时间，建立起对全省农特产品实行有效管理和保护的地理标志保护体系。

2. 省知识产权局、省农委、省工商局、省质量技术监督局、省出入境检验检疫局等5部门，联合制定并出台了《贵州省农特产品地理标志管理工作指导意见》（黔知发〔2009〕42号）

2009年，省知识产权局、省农委、省工商局、省质量技术监督局、省出入境检验检疫局等5部门联合制定并出台《贵州省农特产品地理标志管理工作指导意见》（黔知发〔2009〕42号）。《贵州省农特产品地理标志管理工作指导意见》进一步明确了全省地理标志产品保护工作统筹协调机制，明确了跨行政区域分布情况下的地理标志产品申请和管理机构确定制度。

3. 制定《贵州省地理标志产品保护建议目录》（黔知发〔2009〕7号）

2009年2月，省知识产权局、省农委、省工商局、省质量技术监督局、省出入境检验检疫局等5部门联合发布了《贵州省地理标志产品保护建议目录》（以下简称《建议目录》），该《建议目录》覆盖了全省9个市（州、地）和90%以上的县（市、区、特区）。《建议目录》分三个层次编制，包括全省重点推进的地理标志农特产品、各市（州、地）重点推进的地理标志农特产品和各地可择机推进的地理标志农特产品；其中，省级重点30个，市（州、地）重点136个，择机推进的有121个。

4. 建立了全省统一的地理标志电子信息平台

2009年12月，贵州省地理标志信息平台——贵州地理标志信息网建成开通。设立贵州地理标志信息网的主要目的是推介贵州省地理标志产品，宣传普及地理标志基础知识和发布地理标志工作政策措施、新闻动态及贵州省地理标志保护建议名录。贵州地理标志信息网使全省地理标志工作统筹协调机制有了具体的电子信息平台，使得多口管理的地理标志工作有了统一的对外宣传网络平台。该平台功能的进一步发挥需要对全省地理标志工作的统筹协调及对信息平台的具体工作设定明确的工作目标和考核标准。

5. 出台了《贵州省地理标志产品产业化促进工程项目管理暂行办法》，贵州省实施了地理标志产品产业化推进工程

目前，贵州省科技厅（省知识产权局）按照《贵州省地理标志产品产业化促进工程项目管理暂行办法》对地理标志产品进行产业化实施资助，已启动并实地验收完成6批，实施期内各个项目均发布地理标志产品贵州地方标准；制定并出台了地理标志产品管理办法和专用标志准入机制；开展各类地理标志专题培训、专利申请，促进企业使用地理标志专用标志等，产品产值较实施前出现大幅增加。

6. 贵州省质监局下发了《关于进一步加强地理标志产品保护监管工作的通知》

2011年3月，贵州省质监局下发了《关于进一步加强地理标志产品保护监管工作的通知》，要求各市（州、地）质监部门强化地理标志的宣传推广和管理工作，规范地理标志保护管理工作，保证地理标志保护产品的质量和特色。

7.《中国地理标志产品大典（贵州卷）》的编写与发布

2015年1月1日，由国家质检总局主编，中国质检出版社、中国标准出版社出版的《中国地理标志产品大典（贵州卷一）》正式发行。本书以宣传普及地理标志产品、弘扬民族传统文化为立足点，主要从地理环境、文化背景、文化积淀、品牌建设、知识链接等版块对地理标志产品进行了详细的介绍。"贵州卷地理标志产品大典"丰富而具内涵地描绘了贵州茅台酒、惠水黑糯米酒、凯里红酸汤、三穗鸭、镇宁波波糖等多个地理标志产品，给读者展现了一个具有独特而别样魅力的多彩贵州。

8. 贵州省地理标志产品保护示范区创建工作的推动

2015年6月30日，为贯彻落实省委、省政府主基调主战略，主动适应经济发展新常态，以实施质量兴省为主线，加强国家地理标志产品保护对贵州经济贸易发展促进作用，激励保护积极性，推广保护经验，培育国家级示范区，扎实推动贵州地理标志产品保护工作科学发展，省质监局发布了《贵州省地理标志产品保护示范区创建工作指导意见（试行）的通知》（黔质技监科〔2015〕80号）。

9. 贵州省国家地理标志保护产品助推贵州大扶贫战略行动培训会

2016年4月6日，贵州省国家地理标志保护产品助推贵州大扶贫战略行动培训会在贵阳召开。会上，国家质检总局科技司副巡视员裴晓颖、省质监局分管领导出席会议并讲话，四川省地理标志保护专家何功义作了经验性交流发言，黔南州人民政府副州长杨从明受邀作了题为"地理标志保护助推扶贫战略"的工作交流发言。会上，省质监局分管领导强调，要充分认识地理标志保护工作的重要性，并对"十三五"时期地理标志保护工作作了部署和安排，要求各级质监部门要主动作为，积极组织地理标志产品培育、申报、宣传引导及推广应用，努力挖掘地理标志保护产品在贵州精准扶贫工作中的潜能，为贫困地区脱贫致富全面建成小康社会发挥最大效用。

10. 省质监局"十三五"期间发布重点培育的地理标志产品及保护示范区遴选目录

2016年9月，贵州省质监局发布《贵州省质监局"十三五"期间重点培育的地理标志产品遴选目录》和《贵州省质监局"十三五"期间重点培育的地理标志产品保护示范区遴选目录》。两个目录的出台，是省质监局为深入推进省委、省政府大扶贫战略行动，精准挖掘本省地理标志产品资源，夯实"十三五"期间贵州地理标志产品保护精准扶贫基础，促进资源优势尽快转化为经济优势而实施的重要举措之一。该两个目录在各市（州）、县政府积极自主申报，经省质监局组织专家遴选审查确定，包含全省61个具备一定的地理标志产品保护属性的产品和8个地方政府地理标志产品保护工作推进良好、产品对周边和其他相关产业发展能起到示范带动作用的区域。纳入目录的产品和示范区，将获得省质监局在国家地理标志保护产品培育申报和国家地理标志产品保护示范区申报创建方面的重点帮助和支持。

（三）贵州省地理标志产品保护工作推动思路与举措

1. 重申报与重管理并举

（1）重申报。贵州地理标志产品资源丰富，省政府、省知识产权局、省质监局、省农委、省工商局等多个部门通过宣传、培训、鼓励，推动出台了一系列支持地理标志产品申报的措施与政策，全省上下掀起了地理标志产品保护的高潮，近年来地理标志产品申报的数量逐年加速增长，质量方面也不断提升。截至2016年12月31日，全省获得地理标志保护的产品已有169件。其中，通过国家质检总局获得国家地理标志保护产品为109件，较"十一五"末增加了近4倍，产品保护数列全国第4位。全省获保护的地理标志产品涉及酒类、茶叶、中药材、果蔬、粮油、养殖、食品饮料、工艺品等八大类型，涵盖了贵州省绝大部分的特色优势产业，以酒、茶、中药材和小杂粮等特色产品为主体，加上近几年新批准保护的安顺蜡染、罗甸玉等传统民族产品和工艺品，保护产品的结构日趋多样化，彰显了贵州省名特产品产业和黔山秀水文化资源特色。

（2）重管理。在地理标志"用"的思想指导基础上，省、地、县联动，建立了地理标志产品后续管理的可持续机制。首先，从标准制定工作入手，改变单一申报地理标志产品保护的工作局面，组织申报单位制定地方标准，促进地理标志产品保护的标准化、规模化与产业化。其次，逐步完善地理标志标识使用管理，加大标识使用工作力度，增强企业专用标识使用意识。规范地理标志产品专用标志的申请、使用和管理。组织相关企业进行定期培训，掌握并了解专用标识申报流程及意义，争取新获批保护的地理标志产品两年内使用标识。再次,推进地理标志产品监督管理,维护地理标志产品的特色质量。每年组织地理标志产品专项抽查,保证地理标志产品按批准公告和制定的地方标准进行生产管理。充分发挥各部门职能以形成打假合力,维护地理标志产品的质量、信誉和消费者合法权益。最后,推进地理标志产品检测体系的建立,检测体系建设中针对不同产品出厂和抽查检测指标不同,对检测人员进行相关培训,做好检测培训记录。完善检测体系组织机制,使检测有据可循,实现检测体系的规范管理。

2. 品牌保护与产业促进并重

(1) 地理标志产品品牌效应有力提升。推进地理标志公共区域品牌建设。省政府、省知识产权局、省质监局、省农委、省工商局等部门采取各种措施,大力宣传地理标志品牌意识,加大宣传培训力度。拓宽宣传渠道,利用报刊、电视、网络等多种平台,推广普及地理标志保护产品有关知识,有计划地对地理标志产品生产、经营和管理者进行地理标志产品保护基本知识、标准化和质量安全培训。指导地理标志申报单位确立各地理标志产品公共区域品牌的母子品牌架构,健全组织体系、质量管理、市场管理等管理办法,维护地理标志产品的生产经营秩序,确保地理标志产品的品质和特色。全省涌现了不少产业带动能力强、市场占有率高、国内乃至国际上都有一定知名度的地理标志保护品牌。贵州茅台酒、都匀毛尖茶、盘县火腿、镇宁波波糖、习酒等一大批地理标志产品获得了"贵州名牌产品"殊荣和有机、绿色等产地认证。更为喜人的是,在2015年12月12日中央电视台中国品牌价值评价信息发布会上,贵州茅台酒以2729.75亿元的品牌价值在地理标志保护区域品牌评价中名列第一;都匀毛尖茶以181亿元的品牌价值在茶叶类地理标志保护区域品牌中位列第二。同时,朵贝茶、德江天麻、盘县火腿、余庆苦丁茶等4个产品也荣登此次品牌价值发布榜。

(2) 产业带动作用日益凸显。地理标志产品在促进区域产业发展、延伸产业链条、提高产业竞争力等方面发挥了十分重要的作用,特别是在推进精准扶贫、助力县域经济转型发展方面更是发挥了不可替代的作用。各地以"地理标志+龙头企业+基地+农户"为主要模式,通过充分发挥龙头企业带动作用，积极推动使用保护产品专用标志提升产品附加值，使资源比较优势就地转化为经济优势，探索了农民脱贫致富的有效路径。地理标志保护对经济发展的贡献率正在不断提升，真正发挥了"培育一个产品，做好一个保护，带动一个产业，搞活一地经济，富裕一方百姓"的作用。目前，全省范围内已实施信息化管理的地理标志产品正在逐年增加，地理标志产业化发展速度日益加快，特别是与省科技厅（知识产权局）进行工作协调，每年选取一部分产品进行产业化促进工程项目实施。

3. 示范推进与重点培育并行

为深入贯彻落实省委、省政府主基调主战略，主动适应经济发展新常态，以实施质量兴省战略，加强全省地理标志产品保护对贵州经济社会发展的促进作用，激励各地地理标志产品保护积极性，推广保护经验，全省大力开展了地理标志产品保护示范区的培育工作与地理标志产品高质量申报工作。根据质检总局有关规定和要求，在全省范围组织开展"贵州省地理标志产品保护示范区"（以下简称"示范区"）创建工作和产品培育遴选工作，示范区方面重点坚持"注重特色，保护传承"的原则，注重被保护地理标志产品特色与质量品质；坚持"提质增效，促进发展"的原则。选择地方政府重视、质量安全稳定、知名度高、出口导向好、人文历史丰富、旅游关联密切、经济潜力大、带动性强、特色显著的被保护产品，生产地域成区连片，有一定生产规模，有集约化、产业化发展优势，产品具有国际竞争潜力。通过创建示范区，增强地理标志保护意识，建立地理标志保护产品的标准体系、检测体系和管理体系，保障保护产品的质量安全；提高示范区经济、社会、生态效益，增加企业、农民收入，发挥示范带动作用。通过县区申报、市级局推荐、省局召开专家会议审查，在全省遴选了8个地理标志产品示范区进行培育，有力地推动了地理标志工作跨越式发展。

4. 上下联动机制与保障服务能力的不断加强

（1）上下联动机制的不断完善。全省地理标志保护联动机制的形成与完善。省知识产权局支持地理标志战略制定以及相关知识产权保护工作；省质量技术监督局支持地理标志产品地方标准制定以及地理标志保护实施；省农委部门支持农产品地理标志申报实施；省工商局支持地理标志产品证明商标注册申请与保护实施。同时，各级政府对地理标志工作的重视程度和积极性不断提高，已经形成了主要领导亲自担任申报机构负责人，亲自向专家委员会做陈述报告的良好机制；企业主体地位和主导作用发挥得越来越明显，一批龙头企业将此工作当作分内的事，积极承担责任，付出了相当的精力、财力，成为推动地理标志产品保护工作发展的源头活水。各地农、林、畜牧等业务主管部门配合有力，在产品培育、专家指导和申报把关等方面全方位支持；省知识产权等部门投入专项经费，通过项目、产业支持和产业化推广立项的方式，解决了地理标志产品产业发展的一些急迫问题。

（2）保护和服务能力不断加强。通过省政府、省知识产权局、省质监局、省农委、省工商局等多个部门的认真履职尽责，各地州市、县地理标志保护部门的积极协调配合，全省地理标志保护工作的保障与服务能力不断加强，逐渐建立健全了地理标志保护使用、管理等制度，完善地理标志产品保护体系，建立起由技术标准、管理标准和工作标准有机构成的标准体系和检验检测体系。

（四）贵州省地理标志产品保护工作的成效

1. 经济效益不断提升，有力助推贵州大扶贫工作

地理标志产品保护工作开展以来，全省涌现出一大批致富果、致富茶、致富米、致富药、致富酒、致富猪。如脱贫致富的"黄金果"修文猕猴桃，自2014年12月获批保护以来，截至2016年修文猕猴桃种植面积已跃居世界第五、全国第三，达16万亩（挂果6.7万亩）；产量居全国第六，达7万吨；总产值达10.7亿元，比获得地理标志保护产品前增长了5.25亿元；产地均价达30元/千克，比获得地理标志保护产品前每千克增加5元。全国重要天麻基地——德江，全县天麻栽种面积由地理标志产品保护前5000亩增长到3万亩，带动周边市县2万亩，产量由保护前750吨发展到4500吨以上，销售单价由30元/千克增长到60元/千克，产值2亿元以上，带动了农户1万户以上，产区群众种植天麻已是家庭的重要经济来源。目前县内已有

6家专业从事天麻栽培和产品初加工、深加工的企业，有1家天麻生产协会和8家分会，10家天麻专业合作社，基本形成了生产、初加工、精深加工和销售产业链。湄江流域的茅贡米，获地理标志保护后，产业迅速发展壮大，带动农户10万户以上，每年为农户增收上千万元。兴仁薏仁米从2012年的15万亩发展到2015年的30万亩，带动了周边安顺、六盘水、毕节、黔东南等地薏仁米产业及相关旅游、运输等产业的发展。全州薏仁米产业化经营龙头企业直接和间接带动12万户农户、30万农民投入薏仁米产业。中国南方小香猪"从江香猪"，养殖基地建设覆盖从江县西部8个乡镇，118个行政村，288个自然寨。发展从江香猪饲养的农户19000户已从香猪养殖中受益。

2. 社会效益日益显著，地理标志产品保护提升贵州大旅游发展

（1）增加就业。通过地理标志保护产品特色产业的发展，增加了社会就业，并辐射带动了酒产业、茶产业、中药材产业、水果产业、蔬菜产业、畜牧产业及相关食品行业、运输业、餐饮业与旅游业的快速发展。茅台酒和习酒等产业的发展，均吸纳了生产、研发、管理的多层次人才，分别直接和间接增加就业岗位几万余人，带动了其他产业、企业及相关领域经济的发展。茅贡米获地理标志产品保护后，产业迅速发展壮大，带动农户10万户以上，每年为农户增收上千万元。大方天麻的发展，惠及40余家农民专业合作社及9300余户种植户，增加了就业岗位。

（2）推动贵州大旅游发展。山地全域旅游业是贵州省的优势旅游业发展方向，贵州近年来强力推进以大旅游为龙头的多产业融合发展，地理标志产品在旅游业发展中起了重要作用。如地理标志产品水城猕猴桃，以猕猴桃为观光点的乡村旅游蓬勃发展，农家乐、休闲山庄等随处可见，进一步扩大了猕猴桃产业的附加值，多渠道地增加了农民收入。全省努力培育"山地公园省，多彩贵州风"旅游品牌，旅游业进入快速发展的阶段。2016年上半年，贵州全省接待海内外游客2.57亿人次，同比增长39.2%；实现旅游总收入2241.35亿元人民币，同比增长41.1%，其中安顺蜡染、普安四球茶（古茶）、罗甸玉、红岩葡萄等地理标志产品明显助推了大旅游业的发展。

2016年全省旅游资源普查，旅游资源在国家划分的8个主类基础上，特别增加了具有贵州特色的乡村旅游、健康养生、红色旅游、山地体育4个主类，形成12个主类、53个亚类、210个基本类型。截至目前，贵州已完成旅游资源单体登记58734处，目前已经开发或正在进行规划、开发的旅游资源单体17936处，占比39.5%；未规划、未开发旅游资源单体27452处，占比60.5%。其中大部分旅游资源都与地理标志产品资源有密切关系。

3. 生态效益不断凸显，地理标志产品保护加快贵州绿色产业发展

地理标志产品是绿色产品，这是由地理标志保护制度内容决定的，通过产地环境保护和质量标准控制，地理标志能有效实现保护范围内生态恢复与地力上升形成良性循环，加快贵州绿色产业发展。如茅台酒、习酒等地理标志产品从原材料高粱种植到产地环境控制，一切按照规范化的生产以标准化来保证产地环境的保护，包括产地生产用水及水环境保护、植被生态保护、工业污染治理等。"关岭火龙果""关岭桔梗"等地理标志产品，不仅拓宽了农民的增收渠道，而且综合治理了石漠化，实现了"产地环境保护—生态恢复—地力上升—生产发展"的环境保护循环，达到保护环境的目的，实现经济与生态环境的可持续发展。地理标志产品在进行石漠化治理的同时，大力发展特色农业，通过发展草地畜牧业，发展种植花椒、金银花等适合喀斯特地区的特色农业产业，既达到石漠化治理的目的，改善了日益严重的石漠化环境，又真正走出一条经济效益、社会效益、生态效益俱佳的特色农产品发展之路。著名的"顶坛模式"，就是种植花椒治理石漠化，保护范围内荒坡、台地、退耕，以天然土地作为花椒种植园区，花椒根系发达，植株健壮，枝叶茂盛，大大增加植被覆盖率，是典型的绿色经济。大量地理标志产品按照生态系统的生态承载量规律促进了绿色产业发展，如"黎平香禾糯""三穗鸭"等品种资源与遗传性资源，实现生物多样性保护的同时又推进了生态环境可持续性保护开展。

三 贵州省地理标志产品保护发展建议与对策

"十三五"时期是贵州省在经济新常态背景下，以创新、协调、绿色、开放、共享的发展理念为引领，按照四个全面战略布局，推动贵州省经济社会发展提质增效、结构转型、跨越赶超的关键时期，是推进贵州省质量迈进"大质量时代"的重要时期，大力实施"质量兴省"战略的重要机遇期，迈进"质量时代"与全国同步建成小康社会的决胜期。

《贵州省"十三五"质量发展规划（2016～2020年）》将加快推进地理标志产品保护作为促进大扶贫战略行动实施和品牌带动战略实施的重要任务，面对"十三五"新常态、新变化、新要求，2016年，全省各级地理标志保护工作部门紧紧围绕省委省政府供给侧结构改革确定的重点任务，坚持以保护全省地理标志资源、打造贵州特色品牌为核心，以壮大地方特色产业、服务地方发展大局为目的，聚焦精准扶贫，以组织开展地理标志产品保护助推精准扶贫专题调研、强化培训助推精准扶贫、精心遴选重点培育全力打造地理标志产品保护助推大扶贫战略新引擎、积极打造贵州省地理标志产业发展高地和区域品牌、积极开展地理标志产品保护质量提升、强化监管维护地理标志产品特色品质、加大宣传力度提升贵州省地理标志产品知名度和美誉度为着力点和落脚点，加快推动地理标志产品数量、质量"双提升"，助推贵州特色地理标志产品实现生态优先绿色发展。

（一）促进地理标志产品产业化发展，建立地理标志特色产业发展示范基地

选择具有代表性的不同类型的地理标志产品建立特色产业发展基地，在基地内结合地理标志制度制定相关保护办法，包括从产品原料到质量标准、包装标识（包装上需明确标注"地理标志保护产品△△△"等字样）等配套技术规程，总结经验，结合地方经济社会发展水平，推广应用地理标志制度。实施地理标志产品特色产业发展集群战略，结合省市县产业发展情况，规划省市县地理标志产品相应的产业集群发展战略，该战略包括：地理标志产业发展布局、地理标志产业链形成、企业集聚与发展、资源集聚与配置、经济集聚与增长、产业集聚与评估、地理标志产业群与地理标志经济圈等。结合地理标志制度资源，建立全省地理标志产品完善的保护体系，包括法规

标准体系、质量控制体系、检测体系和监督管理体系等。促进地理标志产品出口，加快地理标志产品在国内外获得声誉，建立与地理标志相配套的财税政策，对地理标志保护的产品给予更多的倾斜和支持。

（二）加强地理标志保护产品的质量监管

1. 提高地理标志产品申报的产品标准、技术规范、生产流程的科学化水平

一是通过专业机构对拟申报的地理标志产品的标准和技术规范、生产流程进行科学论证，在规范、程序上，有利于地理标志产品申报的审查批准；在实体上，有利于地理标志产品获批后的产业化发展和质量的稳定。同时按照科学标准，对产品加工工艺、安全卫生要求、加工设备的技术要求进行严格论证。二是除申报主体参加外，产品标准和技术规范、生产流程的制定也应有该产品行业的业务主管部门、质量监督部门、科研机构等参加，以保证其制定的科学性；同时，还应有该产品的现有生产者代表参加，以保证其制定的合理性。三是在对获批地理标志进行后续管理过程中，亦应根据科技进步和市场发展的更高要求，严格修订原有标准和技术规范、生产流程。

2. 在地理标志保护产品获得批准后，加强该产品的标准和技术规范的贯彻执行力度

一是地理标志产品的管理机构应按照相关监督管理制度落实地理标志产品质量控制措施，制定落实和保障该地理标志产品标准和技术规范的相关操作指引，引导该地理标志产品的生产者进行统一的、科学的质量控制。二是地理标志产品管理机构要加强对使用地理标志成员企业的考核，制定考核办法和细则，形成地理标志使用成员的进出机制。三是在地理标志使用成员中，建立落实地理标志产品标准和技术规范奖罚机制。对于模范按照相关标准和规范进行地理标志产品生产和销售的企业进行奖励，对于执行地理标志产品标准和规范不力的企业，进行罚款或清除出地理标志使用成员队伍。

3. 在地理标志保护产品流通过程中，严格相关流程和技术标准，确保该产品原有的品质

一是集合地理标志使用成员企业力量、行业力量和政府力量，在严格地理标志产品生产规范的同时，加强地理标志产品流通环节的质量控制。可以通过与资信较高的物流企业合作，保证流通环节的质量环境的稳定；可以通过与专业的特色产品销售企业合作，保证出售环节的质量稳定和控制。二是加强地理标志产品保质技术的研发。地理标志产品由于原产地的限制，其产业规模的扩大将受到保质技术的影响。可以以管理机构名义对外进行招标，加强地理标志产品保质技术研发，费用由全体地理标志产品生产者按生产规模承担；也可以由地理标志产品生产者自行研发，管理机构进行相关协调和指导，使得实力较强的地理标志产品生产企业的产品获得与其更多投入相适应的更大市场机会。

（三）突出基层社会组织主体功能

基层组织是地理标志产品保护的主体，发挥农民协会、专业合作社等基层社会组织的主体作用，指导确定地理标志申报主体，政府推动制定地方标准、行业标准、企业标准工作，全面推进特色产品地理标志申报与实施。在"地理标志产品质量技术要求"的基础上，转化为特色产业发展的标准体系，对于推动地理标志产品标准制定的，给予一定物质奖励。基于当前许多地方在经济发展中常常出现政府与民争利的情况，在地理标志产品申报过程中，严格实施监督主体与实施主体的分离，防止运动员与裁判员合一的局面，这方面的工作按照地理标志管理办法，建立以协会、农民专业合作社为主体的地理标志产品申报与实施制度，总体来说，政府做好管理者就行，对于公司为主体申报的一定要严格把关。从历史上看，基层社会组织在贵州农村社会发展建设中始终起着重要作用，农村地区大多数公共工程建设、公共产品提供、基层社会治理、农村经济发展、社会秩序建设等，大到政府工程如修建驿道、挖河筑坝，小到村落日常生活、社会发展等，都离不开基层社会组织。发挥基层社会组织的主体性作用，在另一个层面也能激发山区农村的发展活力。

（四）充分发挥第三方市场专业中介组织的专业作用

地理标志内容丰富，是一项跨学科、跨部门、专业色彩浓厚的团队工作。从地理标志产品对象来看，其涵盖了粮油类、果蔬类、养殖类、食品饮料类、茶类、酒类、中药材类、工艺品类等八大类；从地理标志产品保护内容来看，包括规范名称、品种认定、范围划定、立地条件、种植/养殖技术、病虫害防治、疾病防治、加工工艺、感官指标、理化指标、产品检测分析、标准制定、标识监督管理；从地理标志品牌与产业发展来看，包括LOGO设计与保护、品牌VI设计与应用、产品包装设计、产品技术手册、产品宣传手册、地理标志公共政策、地理标志公共技术、地理标志公共服务、地理标志公共宣传、地理标志示范区等。

基于上述地理标志内容特点，地理标志工作的推动需要各学科各行业的专家参与，特别是市场第三方专业中介组织的介入。地理标志管理政府职能部门可以采取"培育、发展、引导、鼓励、规范"的思路整合市场专业中介组织推动地理标志工作。

（五）大力推动地理标志信息化战略

地理标志产品产业发展方向的"好产品"路线，应该紧密结合当前贵州绿色优质农产品"黔货出山，风行天下"的好局面与好势头，推动各地方的地理标志信息化平台建设，发挥和建设"互联网+地理标志""大数据+地理标志""特色馆+地理标志""绿色农产品+地理标志"等平台，具体内容包括：地理标志信息平台结构与美工设计、新闻中心（地方新闻、行业新闻）、地理标志管理、产品介绍与检测报告、地理标志产业发展、地理标志可追溯、地理标志政策法规、地理标志招商引资、办事指南与在线商城等。链接形式：网络、电视、LED屏幕、手机、微信、微窗口等。

（六）全面启动地理标志公共品牌建设

地理标志是百分之百的公共品牌，这是由地理标志的权利特征决定的。地理标志属于区域传统资源，主体权利属于地方人民政府，主体权利的执行人是集体组织，因而开展地理标志的公共品牌建设不仅是一项产业品牌建设，更是一项民生工程建设。

具体内容主要有：《地理标志公共品牌运用标准及实施细则》（地方政府统一发布实施）、《地理标志公共品牌激励机制与办法》（地方政府统一发布实施）、《地理标志公共标识 LOGO 使用及管理细则》（政府职能部门牵头）、《地理标志公共品牌 VI 系统应用设计及制作》（宣传系统、办公系统、包装系统，形式上覆盖纸质媒体、电子媒体、网络、广告设计与发布、新闻发布会设计等，政府职能部门为牵头单位）。

（七）有步骤推动地理标志产品可追溯质量管理

地理标志制度是一整套完整的质量管理制度，在当前贵州省委省政府大力提倡绿色优质农产品的背景下，可以快速有步骤地推动地理标志产品可追溯质量管理，帮助实现绿色农产品风行天下。可追溯质量管理要求：生产有记录、信息可查询、流向可追踪、责任可追溯。实现可追溯的记录管理、标识管理、查询管理和监督管理功能，构建县、乡、村三级地理标志质量安全可追溯管理网络。可追溯质量管理的目标是：实现地理标志产品美山、美水、美人文、美产品的一体化本质，建立全天候的地理标志质量管理控制机制，向市场即时展示地理标志产品的原生态、原产地、大质量的产品动态窗口，全面建立地理标志产品溯源管理系统联网管理、展示气象及墒情信息自动采集、展示多媒体视频监控、推进多媒体触控展示系统等。以品质控制为特点、以标准执行为核心开展可追溯质量管理建设。

（八）建设和开放地理标志资源数据库

协调地理标志职能部门，建立和开放地理标志资源数据库。

目前已建成和开放的地理标志资源数据库有省质量技术监督局，省农委、省工商局、省出入境检验检疫局、省知识产权局的地理标志资源数据库，但尚不完善。

地理标志资源数据库包括：地理标志产品介绍、产业介绍、地理电子地图、质量控制、标准执行情况、产品检测、产地出口管理、市场入口管理、市场流通管理等。推进多家地理标志平台的端口对接建设。紧密结合当前社会最为关心的食品生产安全信息与食品管理安全信息，跟进食品安全的全程化管理。同时，建立地理标志产品安全信息的评估制度，建立地理标志产业风险隐患的控制分析制度，建立地理标志公共事件的处理机制等。

（九）推进地理标志产品保护的属地管理

进行地理标志制度宣传工作与人才培养工作，促进特色产业快速发展，需要推进地理标志属地管理。以各地的地理标志工作领导小组、地理标志申报主体为核心，加快建设地理标志属地管理系统。

有计划和有统筹地安排地理标志宣传，增强地理标志属地管理规范意识，增强各级政府、企业、农户对地理标志工作的认识，为地理标志工作的进一步实施打好基础。可以有计划地举办地理标志培训班，采取通俗易懂的形式和生动活泼的实例，切实提高特色产品生产者、经营者和消费者的地理标志保护意识，普及特色产品地理标志保护的有关知识；定期以简讯或简报的方式向相关部门通报地理标志工作信息和动态，及时调整地理标志工作的政策细节，为地理标志产业健康发展保驾护航。加快培养地理标志方面的专业人才，从当前现状分析来看，地理标志专业人才很少，这影响了地理标志制度的实施。从另一个层面讲，有效运用地理标志保护制度，是落实科学发展观，开发利用传统特色资源，实现资源利益最大化，打造特色经济体系的重要制度保障和有效途径。由于各级部门对地理标志制度的功能、作用和意义都缺乏正确的认识，因此地理标志管理工作尽管近年来有所发展，但并未形成全社会的"好产品管理"共识，也未充分发挥地理标志制度功能。

可以根据《商标法》《地理标志产品保护规定》《农产品地理标志管理办法》相关内容规定，结合《反不正当竞争法》《产品质量法》《消费者权益保护法》《农业法》等，结合地理标志产业发展阶段和地方实际情况，鼓励地方政府制定地理标志产品保护条例或办法等，实现地理标志的真正属地管理。

（十）加强地理标志宣传和地理标志人才培养

推进地理标志工作，当前一个重要工作是加强地理标志保护的专业人才培养。

地理标志制度出现较晚，从原产地域产品保护、原产地标记、证明商标、地理标志产品、农产品地理标志，地理标志历史也就十多年，与此同时有多家部门涉及地理标志工作。地理标志也宣传不够，当前的现状是大部分消费者与生产者迷茫地理标志，小部分地理标志工作者不理解地理标志。

一是加强全省地理标志宣教工作。职能部门牵头开展地理标志宣传进社区、进农村、进校园、进企业、进市场，加强全省地理标志产品电视广告宣传推介工作。维护好全省地理标志信息网，使之成为地理标志产品电子商务信息交换平台、地理标志保护工作宣传平台、地理标志产品生产者发展平台。二是加强地理标志专业人才培训。面对今后全省日益增多的地理标志申报和产业化形势，可以通过系列途径予以加强，与高校合作，定向培养地理标志人才；与地理标志研究机构合作，开展地理标志实务培训；与地理标志产品生产、营销企业合作，建立地理标志观察员制度。

四 贵州省地理标志产品保护情况预测

（一）保护产品数量不断增加，增长速度进一步加快

为深入贯彻落实习近平总书记对贵州提出的"守住发展和生态两条底线"的重要指示精神，全面落实"创新、协调、绿色、开放、共享"五大发展理念，围绕省委省政府"大力构建品种丰、品质优、品牌强的贵州特色产品供给体系"总要求、大扶贫战略行动计划和大力发展现代山地高效农业工作部署，各地理标志产品保护管理部门将采取多项战略与发展举措，多措并举共同推进贵州地理标志产品保护工作，助推贵州地理标志特色资源

优势转化。

面对"十三五"新常态、新变化、新要求，2017年以后全省各地理标志产品保护管理部门将紧紧围绕省委省政府供给侧结构改革确定的重点任务，坚持以保护全省地理标志资源、打造贵州特色品牌为核心，以壮大地方特色产业、服务地方发展大局为目的，精心遴选重点培育一批地理标志产品，积极打造贵州省地理标志产业发展新高地，积极开展地理标志产品保护质量提升，强化监管维护地理标志产品特色品质，加大宣传力度提升贵州省地理标志产品的知名度和美誉度，加快推动贵州省地理标志产品数量与质量的"双提升"。

截至2016年12月31日，贵州省已完成地理标志产品保护数量为169件。其中，从2003年至2011年底为止，完成地理标志产品保护数量为32件；到2012年底为止，共完成地理标志产品保护数量为50件；至2013年底，完成地理标志产品保护数量为74件；到2014年底为止，完成地理标志产品保护数量为114件；到2015年底，完成地理标志产品保护数量为135件；至2016年底为止，共完成地理标志产品保护数量为169件。

2012年完成的地理标志产品数量比2008~2011年的32件新增加了18件，同比增长56.25%；2013年完成的地理标志产品数量比2012年的50件新增加了24件，同比增长48%；2014年完成的地理标志产品数量比2013年的74件新增加了40件，同比增长54.05%；2015年完成的地理标志产品数量比2014年的114件新增加了21件，同比增长了18.42%；2016年完成的地理标志产品数量比2015年的135件新增加了34件，同比增长了25.19%。

根据全省各地理标志保护管理部门对地理标志保护的重视程度，在今后地理标志保护工作的积极推进下，全省的地理标志产品保护数量将实现新的发展。根据全省各年度地理标志产品保护数量的增长率来看，预计2017年贵州省地理标志产品保护数量将突破200余件。在保护力度进一步增强的基础上，预计2017年可完成新增加地理标志保护产品40余件。

（二）保护产品对象多元化，产品类别覆盖面进一步扩大

贵州具有得天独厚的自然环境条件与丰富的历史人文底蕴。优越的环境条件孕育了贵州丰富而极具价值的特色产品资源群。酒、茶、道地药材、果蔬、畜禽产品、小杂粮、传统特色食品及手工艺品等特色产品资源丰富。

在全省现已获得的169件地理标志产品中，酒类产品有7件，茶类有22件，药材类有24件，粮油类有18件，果蔬类有45件，养殖类有24件，食品饮料类有21件，工艺品类有7件，其他类有1件。根据全省现已获得的169件地理标志产品来看，现地理标志产品类别主要集中在果蔬类、药材类、茶叶类、养殖产品类、食品饮料类及粮油类。其中，果蔬类产品最多，酒类产品与工艺品类地理标志产品较少。因此，在今后地理标志产品保护工作中，应充分发挥贵州省优质的环境优势，大力挖掘贵州省优质酒类产品及优质的特色手工艺品。在2017年以后的地理标志产品保护工作中，预计酒类地理标志产品和特色手工艺类地理标志产品将进一步增加，而果蔬类、药材类、茶叶类、养殖产品类、食品饮料类及粮油类产品也将持续、有效、稳定地增长。

（三）地理标识使用数量逐年增加，标识使用监督管理越来越规范

1. 获批使用的地理标志专用标识数量将不断增加

目前贵州省共完成地理标志产品保护数量为169件，现已有600余家企业获批使用地理标志产品专用标识。随着全省地理标志产品保护数量不断实现新的发展与突破，预计在以后的地理标志产品保护中，将有更多的企业在国家质检总局、农业部及国家工商总局获批使用地理标志的专用标识。

其中，"国家地理标志产品（PGI）"标识的申请须提交地理标志产品专用标志使用申请书、产品生产者简介、产品（包括原材料）产自特定地域的产地证明、指定产品质量检验机构出具的检验报告、申请专用标志企业汇总表；"农产品地理标志（AGI）"标识的申请须满足生产经营的农产品产自

登记确定的地域范围、已取得登记农产品相关的生产经营资质、能够严格按照规定的质量技术规范组织开展生产经营活动、具有地理标志农产品市场开发经营能力;"中国地理标志（GI）"标识的申请须提交《集体商标、证明商标注册和管理办法》中所规定与要求的相关文件及材料。

2. 企业使用的地理标志专用标识将越来越规范

获得使用专用标志资格的生产者，应在产品包装标识上标明地理标志产品标识的相应字样及产品名称。针对专用标志的使用，可直接加贴或吊挂、印刷在产品或包装物上。获国家质检总局批准的地理标志产品将标明"国家地理标志保护产品"字样以及地理标志产品名称、总局批准公告号等，并使用专用标志。获农业部批准使用的"农产品地理标志"，应当按照生产经营年度与登记证书持有人签订农产品地理标志使用协议，在协议中载明使用的数量、范围及相关的责任与义务。获国家工商总局批准使用的专用标志的基本图案由中华人民共和国国家工商行政管理总局商标局中英文字样、中国地理标志字样、GI的变形字体、小麦和天坛图形构成，绿色和黄色为专用标志的基本组成色；同时，已注册地理标志商标的合法使用人可以同时在其地理标志产品上使用该专用标志，并可以标明该地理标志注册号。

3. 对地理标志专用标识使用的监督管理将越来越严格

在今后的工作中，为进一步加强地理标志保护产品的监督与管理，各地区将进一步规范企业使用地理标志保护产品专用标志行为。对符合条件申请使用地理标志产品专用标识的企业，将根据有关规定和条例，授予企业使用地理标志专用标识。同时，根据专项监督检查情况对不按规定使用地理标志产品专用标志的核准企业予以通报。对造成严重不良影响的，将撤销相关企业地理标志产品专用标志使用资格。

（四）地方标准制定需求不断增加，有力地保障了地理标志产品质量

地理标志产品保护是对与某一产地特殊的自然因素和人文因素密切关联的，且具有明显的质量、声誉或其他特性的产品保护。地理标志产品专用

标识使用的背后，是依据相关的产地环境标准、种植技术规范、加工技术规程、产地环境要求、卫生条件标准等一系列标准化措施来对产地环境、产地范围、生产技术、质量要求、检验方法、检验规则、包装标签、采收、运输、贮存等环节做出严格的规定与要求，从而保障地理标志产品质量，维护产品品质特色与声誉。因此，为了有效保障地理标志产品质量，为地理标志产品的生产、销售、检验和质量保证提供技术支撑，需制定较为完善的地理标志产品地方标准，以形成一个完整的地理标志产品从生产、销售到管理的规范体系。截至2016年12月底，据贵州省质监局发布数据统计，现贵州省已批准发布的地理标志产品地方标准共有55项。预计在2017年的地理标志产品保护中，将有近20项地理标志产品地方标准的组织与制定。

（五）各地方地理标志产品管理办法纷纷出台，有效促进地理标志制度化管理

为了有效保障地理标志产品的品质与特色，促进地理标志产品专用标志的申请、使用和管理，规范地理标志产品的生产经营与市场秩序，维护使用者、经营者和消费者的合法权益，有效推动地理标志产品与产业及地域经济的发展，各地方纷纷结合自身实际情况，不断制定出适合自身地理标志产品与产业发展的地理标志产品保护管理办法。如：《威宁荞麦地理标志产品保护管理办法》《岩脚面地理标志产品保护管理办法》《朵贝茶地理标志产品保护管理办法》《安顺蜡染地理标志产品保护管理办法》等。

五 地理标志产品保护与地方产业发展情况预测

（一）产品质量进一步提高，产品价值有力提升，地方产业市场竞争力进一步增强

地理标志产品是经过历史检验，具有良好声誉并经官方认可的高质量产品。地理标志产品有质量、特性方面的硬性要求，对区域原材料选定、生产工艺、加工安全卫生都有严格的标准，通过感观标准和品质特色、功能方面的质量控制，地理标志产品达到稳定的质量和相关国家及企业标准。通过地理标志产品标准化，既有利于把好生产资料质量关，杜绝不合格产品进入市场，也有助于保证地理标志产品在生产环节中符合相关技术规程，更好地提升地理标志产品的质量水平。在产品质量保证及提升的基础上，可以有效提升产品价值，促进产品市场占有率的提升，增强地理标志产品的市场竞争力。

（二）产业结构进一步优化调整，产业链逐渐延伸，有力实现产业化发展

通过地理标志产品保护，能有效调整产业结构，进一步延伸产品产业链，实现集中资源以推动产业延伸，促进企业产业化发展与生产，从而进一步增加企业经济效益，促进地方经济的增长。

（三）促进地方产业规模化生产和经营，实现产业规模化和标准化发展

地理标志产品的生产原料由农户和生产基地供应，"公司+农户"、"公司+农民合作组织+农户"、"公司+基地+农户"，是其联系上游农户和生产基地的主要途径；产品靠物流市场销售，下游市场是农业产业化企业发展壮大的依靠，生产、加工、销售整个产业链互为一体。在地理标志的统领作用下，将分散的企业、农户和专业合作社有机地整合起来，集合地理标志产品、公司、专业合作社和农户为一整体，公司通过收购农户的产品或租用农户的土地和雇用农户的形式来发挥作用，专业合作社通过统一政策指导、统一技术支撑、统一原料供给等功能，根据国家标准、地方标准或企业标准，为农户的种植、生产甚至加工提供帮助，使农户能提供符合质量要求的产品以满足公司的需要，从而进一步保障了产品的质量稳定，实现产品的标准化，进一步促使企业实现产业化、规模化经营。

（四）有力推进地方产业品牌打造，实现"名牌"效应

地理标志产品具有严格的地域性，要享受地理标志带来的权益，必须是在保护范围内的产品，一旦脱离了特定的地域环境特征，那么产品也就失去了作为地理标志产品的价值，而享有的权益离开了特定的区域也不再存在，因此侵权行为比较容易认定。所以不同地区都制定了严格的管理监督机制，促进地理标志产品品牌战略实施。地理标志产品与众不同的地理环境、气候和技术工艺决定了地理标志产品独特的品质特点与质量优势，地理标志产品相较于其他产品而言，具有明显的知名度和比较优势，此种优势有利于增加产品知名度与美誉度，提高消费者对地理标志产品信誉的认同感，增强地理标志产品品牌竞争力，在促进地理标志产品市场占有率提升的同时，实现"名牌"效应。

（五）有利于实现产业集群发挥聚集效应，进一步推进地方产业快速发展

在某一特定区域中，大量产业联系密切的企业及相关支撑机构按照一定的经济联系在空间上集聚，能形成一定的且稳定的持续竞争优势。地理标志保护能有效地将某一地域空间下的特定主导产业及与该产业密切联系的关联企业和机构集聚在这一特定区域内。通过集群内大量的同行业企业和相关企业之间发展高效的竞争与合作关系，形成高度灵活、专业化的生产协作网络，具有极强的内生发展动力，可以为地域品牌发展提供有力的产业支撑。

六 地理标志产品保护推进贵州社会进步变化预测

（一）产地保护意识进一步提升

地理标志产品作为一种区域性下的原产地产品，它与地域环境下的海

拔、土壤类型、pH值、有机值含量、日照、气温、降雨量、水质条件等因素密切关联。若产地环境遭受严重的破坏，将严重影响地理标志产品的生长与质量。而通过地理标志产地环境保护，可以有效实现保护范围内生态恢复与地力上升形成良性循环。因此，为了实现在某一特定区域内形成某一独具质量特色的地理标志产品，各地理标志产品生产企业及各地理标志保护管理部门的产地保护意识不断增强，将通过有关产地环境保护措施有力保护可持续的产地绿色生命系统。

（二）产品质量意识进一步提高

地理标志产品是一种具有鲜明质量特点与品质特色的产品。与同类产品相比，地理标志产品具有更强的质量优势和产品品质优势。随着人们产品质量意识的进一步增强，为有效保护地理标志产品质量，各地理标志保护管理部门及各地理标志产品生产企业或协会都非常重视地理标志产品的质量工作。一方面，各企业积极推进地理标志产品地方标准的制定，以通过相关的产地环境标准、产品质量标准、生产技术标准以及包装、储运、标签等相关标准来有效控制与保护地理标志产品的质量；另一方面，各地理标志保护管理部门严格履行自身职能，采取相关措施对地理标志产品进行依法监管与管理，有效监管地理标志产品质量。

（三）生态产品意识不断增强

在农业现代化进程中，由于化肥、农药等农用化学品的大量使用，使环境和大量农产品受到不同程度的污染，自然生态系统遭到破坏，土地生产能力持续下降，严重危及农产品质量安全。舌尖上的安全，已经成为民众普遍关心的问题。因此，随着社会生活水平的日渐提高和消费观念的转变，人们的生态产品意识不断提高，对营养健康、生态绿色的产品越来越重视。而地理标志产品保护能通过相关产地环境保护措施、地方标准制定及质量技术规范，对原材料、产地环境、生产加工、污染控制等方面严格按照生态系统的承载量进行合理的控制与监管，能够有效保护遗传性资源与生物多样性，实现生态效益。

（四）文化产品意识不断提高

地理标志产品的特殊品质通常与产地的历史人文因素有关，进行地理标志产品保护，宣传和推介具有文化内涵的地理标志产品，实际上也就是在推介产地优秀的历史和文化。通过地理标志统筹全省优势地理标志农产品资源，大力宣传和推介具有文化价值的地理标志产品，可以让这些特色产品带着贵州传统的民族灿烂文化走出贵州，走向全国，走向世界，增强贵州文化影响力，提高"贵州品牌"的形象和地位。

（五）品牌宣传与建设意识不断提升

在现今日益激烈的市场竞争环境中，品牌是一个产业和企业生存和发展的重要基础。为了进一步增强地理标志产品及产业的市场竞争力，人们的品牌宣传与建设意识不断提高。通过地理标志专用名称的使用，通过"地名+产品名"的特殊表达方式，明确表明产品的生产地，使地理标志产品与市场上同类的产品更容易区分，更易在市场中获取消费者很好的口碑，增加市场上消费者的辨识度、认可度、知名度与美誉度。

（六）特色产业扶持意识与力度进一步加大

为进一步促进全省特色产业发展，省人民政府办公厅出台了《关于加强农特产品地理标志工作　大力促进我省农特经济发展的意见》（黔府办发〔2009〕2号）；省知识产权局、省农委、省工商局、省质量技术监督局、省出入境检验检疫局等5部门，联合制定并出台了《贵州省农特产品地理标志管理工作指导意见》（黔知发〔2009〕42号）；省知识产权局、省农委、省工商局、省质量技术监督局、省出入境检验检疫局等5部门联合发布了《贵州省地理标志产品保护建议目录》；省知识产权局在全省开展了地理标志产业化推进工程，出台了《贵州省地理标志产品产业化促进工程项目管理暂行办法》，对地理标志产品进行产业化实施资助。同时，根据省委省政府"大力构建品种丰、品质优、品牌强的贵州特色产品供给体系"总要求、大扶贫战略行动计划和大力发展现代山地高效农业工作部署，在今后的地理标志产品保护工作中，各地理标志保护管理部门将多措并举推进地理标志产品特色产业保护与发展，助推贵州地理标志特色资源优势转化。

（七）经济效益日益明显，进一步推进贵州经济快速发展、跨越式发展

为谋求跨越式发展，时任贵州省委书记栗战书提出"两加一推"的发展战略，即"加速发展、加快转型、推动跨越"的战略，寻求新的"突围之路"。一方面，地理标志是一种非常特殊的特色经济。发展地理标志已经成为壮大区域经济的重要途径。通过地理标志保护统筹全省地理标志资源，发展特色产品，有利于形成具有竞争优势的特色产业集群，促进地方特色经济的快速发展。另一方面，地理标志已成为促进地方经济发展的强有力的助推器。地理标志制度本身就是一种经济行为安排，这种经济又是典型的绿色经济。通过地理标志产品保护，有利于贵州经济增长方式的转变，由劳动密集型向技术增长型转变，由粗放增长向集约增长转变，进一步提升产品附加值，促进农民增收，增加农民收入，带动与壮大产业发展，促进贵州省特色产品产业化、市场化与规模化，推动区域经济快速发展。因此，通过地理标志统筹全省地理标志资源，能有效打造贵州地理标志品牌，提升产品价值，促进贵州经济又好又快，更好更快地发展，实现贵州经济的跨越式发展。

（八）社会效益作用日益显著，进一步推动贵州社会发展与进步

一方面，地理标志产品产业的发展、产业链的诞生自然会促使产品加工企业的产生，加工企业的出现会进一步提升就业人口的增长，增加当地的就业率，从而解决一部分农村闲散劳动力问题，缩小城乡差距，促进城镇化的建设发展。就业人口的增加，有利于带动当地农户脱贫致富，实现地理标志产品精准扶贫。另一方面，通过地理标志产品保护大力发展酒类、蔬菜、茶叶、精品水果、中药材、生态畜牧业、特色传统食品及手工艺产品等几大特色产业。通过地理标志产品特色产业的发展，将有效直接带动酒产业、茶产业、中药材产业、水果产业、蔬菜产业、畜牧产业等产业的发展与壮大。此外，通过地理标志产品产业的直接发展，将间接地辐射带动相关食品行业、运输业、餐饮业与旅游业及有关服务业的快速发展。同时，有效地将地理标志产业与文化产业及旅游业进行深度融合，形成农文旅一体化协同发展。随着地理标志产品产业及相关产业与领域的发展壮大，对加快贵州社会发展的步伐，促进贵州经济发展与社会发展实现新的飞跃具有重大的意义与作用。

（九）生态效益不断凸显，有力推进贵州经济转型发展

习近平总书记在贵州调研时强调，"要守住发展和生态两条底线"。这不仅是对贵州经济社会发展的明确要求，也是对全国各地的殷切希望。在生态文明建设的今天，地理标志产品保护有利于统筹地方特色产品资源，是深入落实科学发展观，合理促进资源配置，正确处理人与自然、社会环境、资源协调发展的共生方式，能有效做到在发展中保护，在保护中发展，让贵州在经济社会发展中做到"守住发展和生态两条底线"。通过地理标志产品保护中的相关规定与限制性条款，严格守住生态红线，实现"既要金山银山，又要绿水青山，让绿水青山带来金山银山"，有效推动贵州现代农业与经济转型发展。

一是地理标志保护通过对地理标志产品与该地域环境下的海拔、土壤类型、pH值、有机值含量、日照、气温、降雨量、水质条件等因素进行综合分析，对地理标志产品的立地条件与产地环境进行严格的控制。二是地理标志保护通过产地保护范围的确定，划定适合对某一地理标志产品进行保护和品质特色控制的产地保护范围，以此进一步加强对产地环境的保护与控制。三是地理标志保护通过对地理标志产品特殊的质量与品质特色进行控制，从而在保障质量与该地理环境因素关联性的基础上，加强促进该地理标志产品具有鲜明质量特色的产地环境治理与维系，进一步促进生态环境的保护。四是地理标志保护依据地理标志产品省级地方标准的制定，以标准化手段对地理标志产品的产地环境（如海拔、温度、降水、光照、土壤条件、水质

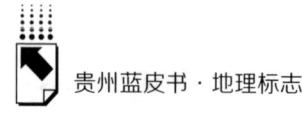

等)、产地范围、生产技术、质量要求(感官特色与理化指标等)、检验方法及规则、包装、采收、运输、贮存等环节进行了严格的规范,以实现标准化生产促进产地环境保护。五是地理标志保护通过对有关产地的污染控制、重金属控制及农药残留控制等方面制定相应的公共管理政策与措施。在地理标志保护产品产地范围内,对涉及污染产地环境的,且对地力上升造成严重破坏的,制定相应的公共管理政策进行严格的管理与惩处,并进行污染治理,以进一步地维系产地生态平衡,促进生态保护。

区域篇
Regional Subjects

B.2
贵阳市地理标志产业发展报告

姚 鹏*

摘 要： 贵阳市于2009年开始逐步开展地理标志产品申报工作，2009年12月"清镇黄粑"获国家质检总局国家地理标志产品保护，为贵阳市第一件地理标志保护产品。通过近几年的组织申报，截至2016年12月31日，贵阳市共有清镇黄粑、清镇酥李、修文猕猴桃、开阳富硒茶、开阳富硒枇杷、红岩葡萄、贵阳折耳根、花溪辣椒、永乐艳红桃、息烽西山贡米10件地理标志产品。在10件地理标志产品中，果蔬类占到7件，其他3件分别为粮油类、加工食品类及茶类。

关键词： 贵阳市 地理标志

---

* 姚鹏，贵州省社会科学院历史所助理研究员。

贵阳市位于我国云贵高原东部，贵州省中部，是贵州省省会城市。贵阳因位于贵山之南而得名，已有四百多年历史，贵阳是一座"山中有城，城中有山，绿带环绕，森林围城，城在林中，林在城中"的具有高原特色的现代化都市，被誉为"中国首个国家森林城市"、"循环经济试点城市"、"中国避暑之都"。全市面积8034平方千米，占全省总面积的4.56%。全市总人口445万，汉族人口占大多数，布依族次之，苗族人口居第三位。现贵阳市城市行政区划辖六区：云岩区、南明区、白云区、乌当区、花溪区、观山湖区；一市：清镇市；三县：修文县、开阳县、息烽县。

一 贵阳市地理标志产品环境因素概况

（一）自然地理环境

贵阳市因其优越的气候环境，以温度适宜、风速有利、紫外线辐射低、空气清洁、水质优良等环境优势被中国气象学会授予"中国避暑之都"称号。因森林覆盖率在全国省会城市中最高，又得名"林城"。贵阳市处于费德尔环流圈，常年受西风带控制，属于亚热带湿润温和型气候，年平均气温为15.3℃，年极端最高温度为35.1℃，年极端最低温度为-7.3℃，年平均相对湿度为77%，年平均总降水量为1129.5毫米，年平均阴天日数为235.1天，年平均日照时数为1148.3小时，年降雪日数少，平均仅为11.3天。夏季平均温度为23.2℃，最高温度平均在25~28℃；冬季最冷一月上旬，平均气温4.6℃。

贵阳地处黔中山原丘陵中部，长江与珠江分水岭地带，其地势西南高、东北低，苗岭横延市境，岗阜起伏，剥蚀丘陵与盆地、谷地、洼地相间。平均海拔高度在1100米左右，最高海拔1659米，最低海拔880米。地貌为以山地、丘陵为主的丘原盆地地区，其中山地面积4218平方千米，丘陵面积2842平方千米，坝地912平方千米。中部层状地貌明显，主要有贵阳—中曹司向斜盆地和白云—花溪—青岩构成的多级台地及溶丘洼地地貌，峰丛与碟状洼地、漏斗、伏流、溶洞发育，较平坦的坝子有花溪、孟关、乌当、金华、朱昌等处。

贵阳市水资源主要源于天然降雨，全市年天然径流546～640毫米，平均每平方千米产水56.3万立方米，水资源总量为53.4亿立方米。市域境内10千米以上河流共98条，其中长江流域90条，珠江流域8条，主要河流有长江水系的乌江、南明河、猫跳河、鸭池河、暗流河、鱼梁河、谷撒河、息烽河和洋水河以及珠江水系的蒙江。人工湖泊主要有红枫湖、百花湖、阿哈水库、花溪水库等，境内水资源丰富。

（二）历史人文环境

贵阳历史悠久。春秋时期今贵阳属牂牁国辖地。战国时属夜郎国范围。汉初为西南夷辖地。汉武帝开拓西南夷，贵阳始属中央管辖。两汉至隋朝隶属牂牁郡。唐朝在乌江以南设羁縻州，贵阳属矩州。宋代宣和元年（1119）更矩州为贵州。明洪武四年（1371）设贵州宣慰使司，司治贵州（今贵阳）。明洪武十五年，置贵州都指挥使司。明永乐十一年（1413），置贵州等处承宣布政使司，贵州建省，贵阳成为贵州省的政治、军事、经济、文化中心。隆庆三年（1569）三月，改新迁程番府为贵阳府。清顺治十六年（1659）设贵州巡抚驻贵阳军民府。康熙五年（1666）移云贵总督驻贵阳。乾隆十四年（1749）贵阳府辖贵筑县、贵定县、龙里县、修文县、开州、定番州、广顺州和长寨厅（今属长顺县）。民国3年（1914）废贵阳府设贵阳县。1941年7月1日，撤贵阳县设贵阳市。1949年11月15日，贵阳解放。同年11月23日成立贵阳市人民政府。

贵阳是一座有着百年历史且具有独特人文气息的城市，以它悠久的历史，厚重的文化和秀丽的风景而享有盛名。作为贵州的省会城市，其不但是贵州省的政治、经济中心，更是文化中心。贵阳市是一个多民族杂居的城市，其必然也是多种文化汇集交流融合的城市，独特的少数民族文化、夜郎文化、阳明文化等的融合，孕育了贵阳这座依山傍水，四季如春，旖旎无限的魅力之地。正是多种文化在贵阳扎根融合发展及继承，为当地的生产生活赋予了鲜明的地域特征，也为当地的各类特色产品打下了独特的烙印。走进贵阳文化的历史长河，我们能看见别具一格的民间工艺，也能闻到贵阳地区美食的十里飘香。作为高原腹部的中心城市，贵阳沿承不息的多种文化融合，继往开来，在这些优秀文化基础上，林城贵阳将以一种全新、独美的面貌倾说这千百年来云贵大地上的事事点滴。

二 贵阳市地理标志产品保护概况

截至2016年12月31日，贵阳市现共有清镇黄粑、修文猕猴桃、红岩葡萄、开阳富硒茶、花溪辣椒等10件地理标志产品。

经国家质检总局批准的国家地理标志保护产品有6件，分别为：清镇黄粑、清镇酥李、开阳富硒茶、红岩葡萄、开阳枇杷（开阳富硒枇杷）、修文猕猴桃；

经国家工商总局批准的地理标志证明商标有2件，分别为：贵阳折耳根、修文猕猴桃；

经农业部批准农产品地理标志为3件，分别为：花溪辣椒、永乐艳红桃、息烽西山贡米。

其中，在以上成功申报的地理标志产品中，修文猕猴桃获国家地理标志保护产品和地理标志证明商标双重保护，实际贵阳市地理标志数量总计为10件。

表1 贵阳市地理标志产品数量统计

申请部门	国家工商总局	国家质检总局	农业部
获批产品	贵阳折耳根、修文猕猴桃	清镇黄粑、清镇酥李、开阳富硒茶、红岩葡萄、开阳枇杷（开阳富硒枇杷）、修文猕猴桃	花溪辣椒、永乐艳红桃、息烽西山贡米
小计	2件	6件	3件
总计	10件（修文猕猴桃获双重保护）		

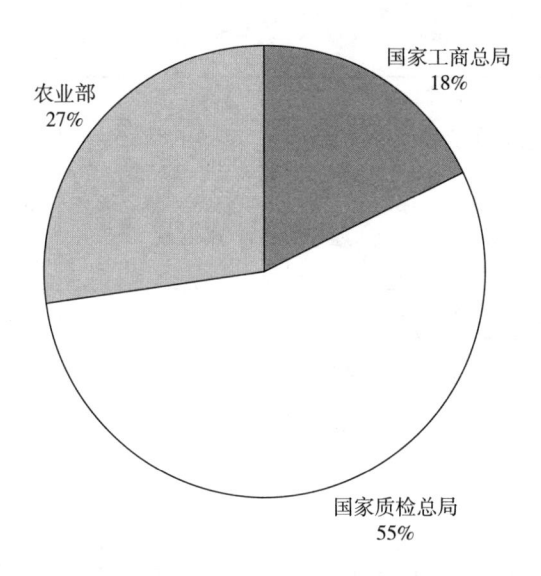

农业部 27%
国家工商总局 18%
国家质检总局 55%

图 1　贵阳市地理标志各部门分布

表 2　国家质检系统国家地理标志产品

序号	产品名称	品质特色	保护范围	受理公告	批准公告
1	清镇黄粑	粑角端正,捆扎松紧适当,黄粑无外露;剥去黄粑叶,黄粑表面黄亮油润,有光泽;外形完整、光滑、无裂纹;甜味适中,具有糯米、大豆固有的香味及包裹叶的清香。糯而不烂,去除包裹叶后,不粘手、不稀皮	清镇市青龙街道办事处、红枫湖镇、站街镇、卫城镇、新店镇、流长乡、犁倭乡、王庄乡、暗流乡、麦格乡、百花湖乡等11个乡镇街道办事处辖行政区域	2009.4.22 2009年第29号	2009.12.28 2009年第128号
2	清镇酥李	果皮淡黄色,皮薄肉厚,味甜汁多、酥脆离核;有芳香味、微带苦涩味,单果重≥25g	清镇市青龙街道办事处、红枫湖镇、站街镇、卫城镇、新店镇、流长乡、犁倭乡、王庄乡、暗流乡、麦格乡、百花湖乡等11个乡镇现辖行政区域	2010.2.14 2010年第13号	2010.9.3 2010年第93号
3	开阳富硒茶	外形匀齐,色泽绿润,香气纯正,滋味鲜醇,汤色绿亮,叶底匀整。硒0.25～4.00mg/kg,水浸出物≥36.0%,总灰分≤7.0%	开阳县现辖行政区域	2013.2.20 2013年第27号	2013.12.10 2013年第167号

047

续表

序号	产品名称	品质特色	保护范围	受理公告	批准公告
4	红岩葡萄	穗形完整,圆柱形。果粒饱满,皮薄透亮,圆形或椭圆形。果面淡黄绿色,果粉明显。果实具有浓郁的蜜香味,肉厚,汁多,甜酸适口	息烽县小寨坝镇、西山乡、鹿窝乡共3个乡镇现辖行政区域	2013.7.31 2013年第108号	2014.4.8 2014年第39号
5	开阳枇杷（开阳富硒枇杷）	果形近圆形,色泽金黄,近橙红色,果肉鲜嫩多汁,酸甜适口。单果重≥25g,可溶性固形物含量≥9.0%,总酸(可滴定酸)含量≤0.6%,硒含量为0.01~0.05mg/kg	开阳县现辖行政区域	2014.6.24 2014年第66号	2014.9.2 2014年第96号
6	修文猕猴桃	果形长圆柱形,表皮棕褐色,色泽均匀,果肉细嫩,呈翠绿色,色泽均匀,肉质多浆,酸甜适度,清甜爽口	修文县龙场镇、扎佐镇、久长镇、六屯镇、谷堡乡、小箐乡、洒坪镇、六广镇、大石乡、六桶镇共10个乡镇现辖行政区域	2014.7.25 2014年第85号	2014.12.24 2014年第139号

表3 国家工商系统地理标志证明商标

序号	商标名称	商品/服务列表	注册人	注册号	专用期限
1	贵阳折耳根	折耳根(新鲜蔬菜)	贵阳市蔬菜技术推广站服务中心	7786031	2010年11月21日~2020年11月20日
2	修文猕猴桃	猕猴桃	修文县猕猴桃协会	8749776	2011年03月21日~2021年03月20日

表4 农业部农产品地理标志

序号	产品名称	申请人	划定的产地保护范围	批准公告
1	花溪辣椒	贵阳市花溪区生产力促进中心	花溪区贵筑办事处、清溪办事处、溪北办事处、青岩镇、石板镇、久安乡、麦坪乡、燕楼乡、党武乡、高坡乡、湖潮乡、孟关乡、黔陶乡、马铃乡等;地理坐标为东经106°27′00″~106°52′00″,北纬26°11′00″~26°34′00″	2012年8月3日中华人民共和国农业部公告 第1813号
2	永乐艳红桃	贵阳生产力促进中心南明分中心	永乐乡水塘村、石塘村、羊角村、柏杨村、罗吏村、永乐村、干井村等7个行政村;地理坐标为东经106°45′00″~106°56′00″,北纬26°32′00″~26°40′00″	2012年8月3日中华人民共和国农业部公告 第1813号

续表

序号	产品名称	申请人	划定的产地保护范围	批准公告
3	息烽西山贡米	息烽县农业技术开发服务中心	息烽县所辖西山、鹿窝、小寨坝、九庄等4个乡镇;地理坐标为东经106°34′~106°37′,北纬27°05′~27°11′	2015年7月22日中华人民共和国农业部公告 第2277号

三 贵阳市地理标志产品保护分析

（一）贵阳市地理标志各区县情况

贵阳市各区县在已成功申报的地理标志产品中，云岩区为1件，即地理标志证明商标"贵阳折耳根"；南明区为1件，即农产品地理标志"永乐艳红桃"；花溪区为1件，即农产品地理标志"花溪辣椒"；清镇市为2件，即国家地理标志产品"清镇黄粑"、"清镇酥李"；修文县为1件，"修文猕猴桃"也是截至目前贵阳市唯一一个获双重保护的地理标志产品；开阳县为2件，即国家地理标志产品"开阳富硒茶"、"开阳枇杷（开阳富硒枇杷）"；息烽县为2件，即国家地理标志产品"红岩葡萄"、农产品地理标志"息烽西山贡米"；其他各县区即乌当区、观山湖区、白云区暂未成功申报地理标志产品。

表5 贵阳市地理标志各区县情况统计

地 区	国家工商总局	国家质检总局	农业部	小计/件
云岩区	贵阳折耳根	—	—	1
南明区	—	—	永乐艳红桃	1
乌当区	—	—	—	0
花溪区	—	—	花溪辣椒	1
观山湖区	—	—	—	0
白云区	—	—	—	0
清镇市	—	清镇黄粑、清镇酥李	—	2
修文县	修文猕猴桃	修文猕猴桃	—	1
开阳县	—	开阳富硒茶、开阳枇杷（开阳富硒枇杷）	—	2
息烽县	—	红岩葡萄	息烽西山贡米	2

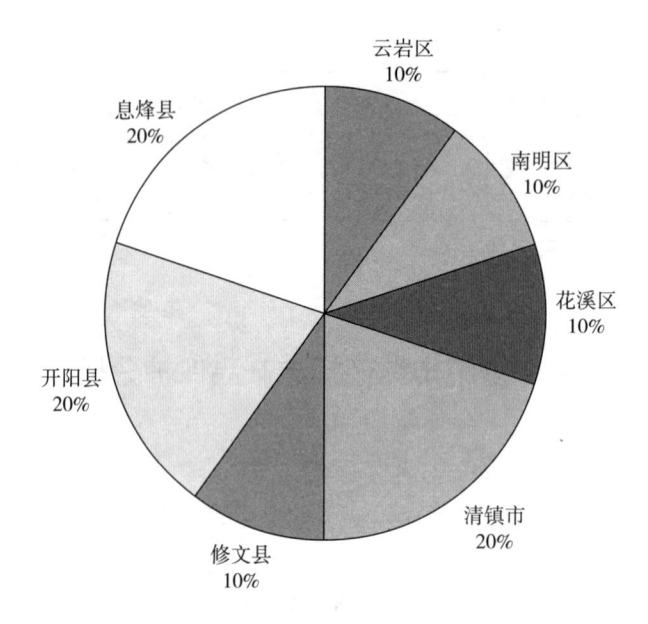

图2 贵阳市地理标志各区县比例

（1）在地区分布上，贵阳市现有地理标志产品主要集中在开阳县、息烽县和清镇市。南明区、花溪区、云岩区、修文县各有1件地理标志产品。目前，白云区、乌当区、观山湖区尚未有产品获地理标志保护。

（2）在申请渠道上，贵阳市的10件地理标志产品分别在质检、工商和农业部这三个渠道均获得了地理标志的保护。

（3）在保护力度上，修文猕猴桃获国家质检总局国家地理标志产品保护和国家工商总局地理标志证明商标的双重保护。

（二）贵阳市地理标志各年度情况

贵阳市于2009年逐步开展地理标志产品申报工作，同年12月根据国家质检总局2009年第128号公告，"清镇黄粑"荣获国家质检总局国家地理标志产品保护；2010年9月，根据国家质检总局2010年第93号公告，"清镇酥李"荣获国家质检总局国家地理标志产品保护，同年11月"贵阳折耳根"成功申报为地理标志证明商标；2011年3月，"修文猕猴桃"成功申报为地理标志证明商标；2012 年 8 月，根据中华人民共和国农业部公告第 1813 号，"花溪辣椒"及"永乐艳红桃"成功申报为农产品地理标志；2013 年 12 月，根据国家质检总局 2013 年第 167 号公告，"开阳富硒茶"荣获国家质检总局国家地理标志产品保护；2014 年 4 月、9 月、12 月，根据国家质检总局 2014 年第 39 号、第 96 号、第 139 号公告，分别有"红岩葡萄"、"开阳枇杷（开阳富硒枇杷）"、"修文猕猴桃"荣获国家质检总局国家地理标志产品保护；2015 年 7 月，根据中华人民共和国农业部公告第 2277 号，"息烽西山贡米"成功申报为农产品地理标志。

表 6 贵阳市地理标志各年度统计

年份	国家质检总局/件	国家工商总局/件	农业部/件	小计/件
2009	1	—	—	1
2010	1	1	—	2
2011	—	1	—	1
2012	—	—	2	2
2013	1	—	—	1
2014	3	—	—	3
2015	—	—	1	1

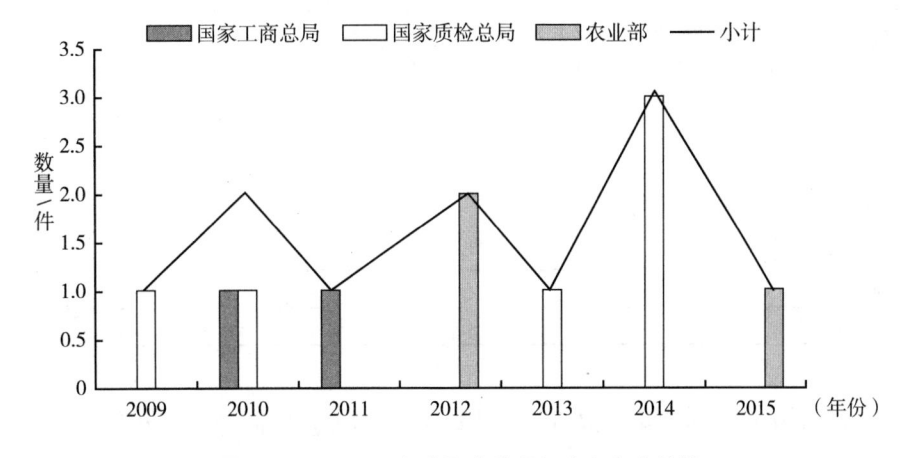

图 3 2009~2015 年贵阳市地理标志各年度统计

（1）与全省其他地区相比，目前贵阳市地理标志产品总体数量还比较少，发展速度较慢。2009年，清真黄粑通过国家质检总局获国家地理标志产品保护，为贵阳市第一件获批地理标志产品。2009～2015年的六年期间，贵阳市地理标志数量总计为10件，相当于每年增长1.5件，地理标志发展速度较慢。

（2）由图3可见，从2010年开始，在2010～2014年期间，贵阳市地理标志的申报与推进工作有所发展。2010～2011年，贵阳市地理标志证明商标注册3件；2012年，贵阳市农产品地理标志产品达到2件；2013～2014年，是贵阳市国家地理标志保护产品迅速发展的一个阶段，增长了4件。

（三）贵阳市地理标志分类情况

根据地理标志产品的类别，地理标志产品大致有果蔬类、中药材类、茶叶类、粮油类、养殖类、食品饮料类、酒类、工艺品类等类别。从贵阳市获批的10件地理标志来看，果蔬类有7件，茶叶类有1件，粮油类有1件，食品饮料类有1件。

表7 贵阳市地理标志分类统计

分 类	国家质检总局/件	国家工商总局/件	农业部/件	小计/件
果蔬类	修文猕猴桃、开阳枇杷（开阳富硒枇杷）、红岩葡萄、清镇酥李	贵阳折耳根、修文猕猴桃	花溪辣椒、永乐艳红桃	7
中药材类	—	—	—	0
茶叶类	开阳富硒茶	—	—	1
粮油类	—	—	息烽西山贡米	1
养殖类	—	—	—	0
食饮类	清镇黄粑	—	—	1
酒 类	—	—	—	—
工艺品类	—	—	—	—

（1）从表7和图4可以看出，贵阳市地理标志产品主要集中在果蔬类，其次为茶叶类、粮油类及食品饮料类。贵阳市地处黔中地带，属于亚热带湿

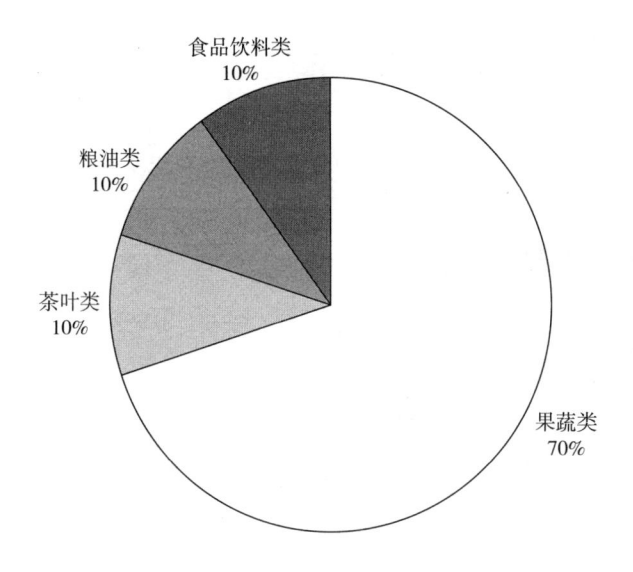

食品饮料类 10%
粮油类 10%
茶叶类 10%
果蔬类 70%

图4　贵阳市地理标志分类

润温和型气候，年平均气温为15.3℃，年平均相对湿度为77%，年平均总降水量为1129.5毫米，年平均阴天日数为235.1天，年平均日照时数为1148.3小时。夏季平均温度为23.2℃，冬季平均气温是4.6℃。境内气候温和湿润、雨量丰富、光照充足，优越的自然环境条件有利于猕猴桃、葡萄、酥李及枇杷等果蔬类产品的种植与生长。

（2）境内地区独特的环境特点，塑造了开阳富硒茶优异的品质特点。开阳富硒茶茶产区内植被完整，森林覆盖率高，植被生长茂盛，山间小溪密布，江河峡谷纵横交错，森林湖泊、暗河泉水星罗棋布，并且没有工业污染，茶生长所需的水源都是来自无污染的洁净水源，正是这些得天独厚的自然条件和良好生态，共同形成了开阳富硒茶生长的特殊地理环境，茶产品中富含硒元素，另外浸出物含量也非常理想。

（3）贵阳地区是一个多民族杂居的地方，汉族人口占大多数，布依族次之，苗族人口居贵阳第三位，除此之外，还有回族、侗族、彝族、壮族等20多个少数民族。多民族的构成成分，创造出许多独具民族特色与地方特色的特色食品。如：清真黄粑等。

（四）贵阳市地理标志使用情况

表8　核准使用国家地理标志产品专用标志企业名单

序号	产品名称	企业名称	地址	法人代表
1	清镇黄粑	清镇市刘姨妈风味食品厂	清镇市前进路415号	吴茂云
2	清镇黄粑	清镇市金谷籽黄粑厂	清镇市前进路419号	郭吉瑶
3	清镇酥李	清镇市卫城镇致富酥李种植农民专业合作社	清镇市卫城镇平桥村	刘登照
4	修文猕猴桃	修文县怡铭生态农场	贵阳市修文县谷堡乡平寨村	罗黎艾
5	修文猕猴桃	贵州修文猕香苑生态农业科技发展有限公司	贵阳市修文县龙场镇碧景苑四栋一单元402	彭鹰
6	修文猕猴桃	贵州黔林生态农业种植有限公司	贵阳市修文县久长镇石安新村	高峰
7	修文猕猴桃	贵州省贵阳市鹏盛通农业有限公司	贵阳市修文县龙场镇明河花园D栋1层4号	陈泰安
8	修文猕猴桃	贵阳友集生态农业科技有限公司	贵阳市修文县龙场镇阳明大道	汪云峰
9	修文猕猴桃	贵州圣地有机农业有限公司	贵阳市修文县龙场镇朝阳东路阳光家园	路阳春
10	修文猕猴桃	修文东航生态果蔬种植有限公司	贵阳市修文县久长镇茶山村一组	聂向品

资料来源：据国家质检总局发布公告整理。

（五）贵阳市地理标志标准情况

1. 贵阳市国家地理标志保护产品标准制定情况

国家质检总局在《地理标志产品保护工作细则》第十八条中要求："保护申请批准公告发布后，省级质监机构应在3~6个月内，组织申请人按照公告中'质量技术要求'规定，在原有专用标准或技术规范的基础上，完善地理标志产品的标准体系，一般应以省级地方标准的形式发布，并报国家质检总局委托的技术机构审核备案。"

2. 贵阳市农产品地理标志质量控制技术规范

农业部《农产品地理标志管理办法》第九条第四款规定："符合农产品地理标志登记条件的申请人，可以向省级人民政府农业行政主管部门提

表9 贵阳市国家地理标志保护产品标准制定

序号	产品名称	标准制定
1	清镇黄粑	a. 贵州省地方标准：DB52/T567－2009《清镇黄粑》 b. 国家质检总局批准公告中关于清真黄粑的质量技术要求
2	清镇酥李	a. 贵州省地方标准：DB52/T727－2011《清镇酥李》 b. 国家质检总局批准公告中关于清真酥李的质量技术要求
3	开阳富硒茶	a. 2007年开阳县制定的县级地方标准《富硒茶标准体系》 b. 贵州省地方标准：《地理标志产品 开阳富硒茶（草案）》 c. 国家质检总局批准公告中关于开阳富硒茶的质量技术要求
4	红岩葡萄	a. 国家质检总局批准公告中关于红岩葡萄的质量技术要求 b. 贵州省地方标准：DB52/T1061－2015《地理标志产品 红岩葡萄》
5	开阳枇杷 （开阳富硒枇杷）	a. 贵州省地方标准：《地理标志产品 开阳枇杷（开阳富硒枇杷）（草案）》 b. 国家质检总局批准公告中关于开阳枇杷（开阳富硒枇杷）的质量技术要求
6	修文猕猴桃	a. 国家质检总局批准公告中关于修文猕猴桃的质量技术要求 b. 贵州省地方标准 DB52/T985－2015《地理标志产品——修文猕猴桃》

出登记申请，并提交产地环境条件、生产技术规范和产品质量安全技术规范。"可见，农业部对农产品地理标志的登记审核有"质量控制技术规范"的硬性要求。

表10 贵阳市农产品地理标志质量控制技术规范

序号	产品名称	质量控制技术规范	质量控制技术规范编号
1	花溪辣椒	《花溪辣椒质量控制技术规范》	AGI 2012－02－970
2	永乐艳红桃	《永乐艳红桃质量控制技术规范》	AGI 2012－02－971
3	息烽西山贡米	《息烽西山贡米质量控制技术规范》	AGI 2015－02－1711

四 贵阳市地理标志产品产业发展情况

1. 修文猕猴桃

近年来，为促进猕猴桃产业发展，修文县委、县政府制定了相关政策，并联合有关科研院所对关键技术进行研究，通过政府引导、行业主导，大力发展修文猕猴桃产业。2016年修文猕猴桃种植面积已跃居世界第五、全国第三，达16万亩（挂果6.7万亩）；产量居全国第六，达7万吨；总产值达10.7亿元。7家企业（合作社）获批使用修文猕猴桃地理标志产品专用标志。13企业（合作社）获得有机认证，认证面积7000余亩；5家企业获得绿色认证，认证面积近6000亩；32家企业和合作社取得无公害认证，认证面积8.8万亩。目前拥有苗圃培育公司5家、专用投入品店1家、全程技术服务公司1家、加工企业2家、销售公司9家，已建成冷库12座、筛选设备4条。2016年，全县9家企业在贵州出入境检验检疫局申请出口果园注册登记，相继与中国台湾、俄罗斯、日本客商签订购销协议，协议金额达600万美元，出口产品1200吨。实现出口零的突破，修文猕猴桃正跨出国门、走向世界。地理标志产品精准扶贫促进富民增收，使修文猕猴桃真正成为脱贫致富的"黄金果"。

2. 贵阳折耳根

贵阳折耳根极受当地人的喜爱，每天的销量都能达到三万斤左右，因其带有一股鱼腥味，又名鱼腥草。根据贵阳有关记载，1980年，花溪农民开始正式进行折耳根人工栽培，两年后，乌当东风镇龙井村也开始人工栽培。1984年，贵阳全市大面积栽培折耳根。到2015年，贵阳市折耳根的人工栽培面积已达6万亩，年产新鲜折耳根12万吨。如今在北京、上海等全国各地的不少餐馆内，折耳根都是口味奇特的"名菜"。

3. 花溪辣椒

为了进一步把花溪辣椒的资源优势变为市场优势，花溪区依托花溪辣椒"调味剂"的特征，大力引进辣椒加工企业，采取"公司+基地+农户"的模式，逐步扩大规模，增强产业辐射力。目前，花溪区辣椒种植面积已近3万多亩，年产量4000多吨，总产值2700万元，辣椒种植户达1万余户，贵阳以辣椒为主要原料的食品工业正在向产业化方向发展，已形成"老干妈"、"凤辣子"、"辣椒王"等名牌产品，远销日本及东南亚等国家和地区。

4. 永乐艳红桃

永乐乡的桃子产业作为当地支柱产业，种植面积近1万亩，其中以艳红桃最为出名，总产量达 1.2 万吨以上，产值约 4000 万元，产品远销云南、四川等地。桃产业在增加农民收入的同时，也带动永乐乡乡村旅游产业的发展。除了单纯地种植桃，永乐乡还以桃为"媒"，大力发展休闲观光农业。每到桃花盛开、桃子成熟的季节，永乐乡总会以独特的桃园魅力，吸引广大市民、游客前来赏桃花、品桃子，同时，以此为载体，如雨后春笋般建立起来的农家乐生意更是火爆。为让休闲观光农业走得更远，永乐乡还为其注入了文化元素，自 1999 年举办第一届桃园文化节活动以来，该乡已连续举办10 余年。活动以"游桃园、品鲜果、赛鲜桃、看表演、促宣传"等为主要内容，内容丰富、形式多样，届届活动吸引上万人游玩参与，颇具影响力。

5. 息烽西山贡米

早在清朝嘉庆年间，朝廷律定西山贡米"代代耕食，岁岁纳贡"，为贡奉朝廷之珍品。虽然西山乡有生产贡米的悠久历史，但生产技术含量不高，管理不规范，品质、产量都不理想。针对这一现状，息烽县远教办、西山乡人民政府以提高产值和品质为突破口，及时与贵州大学农学院、贵州省农业科学院水稻所等科研单位沟通合作，提升种植技术含量，提高息烽西山贡米的产量及内在质量，帮助当地农民群众增收致富。

6. 开阳枇杷（开阳富硒枇杷）

据道光年间《贵阳府志》记载："枇杷，冬华春实夏熟。实如金丸。又云，实大如弹子。熟实色如黄杏，微有茸，核大如毛栗，青褐色。开州通产，府境名播。"开州即为今天的开阳县，当时枇杷已是远近闻名的特产。在当地政府的推动下，开阳富硒枇杷产业发展很快，因优越的地理条件和产品质量该品牌得以迅速发展。伴随枇杷市场对富硒产品的青睐，开阳富硒枇杷价格逐年上涨，也因为富硒而成为贵州枇杷中的珍品。开阳富硒枇杷也成为旅游产业发展中不可缺少的组成部分，富硒枇杷的核心产区就在该县著名风景区十里画廊与南江峡谷一带。沿线壮观亮丽，每年赏花、采果的游客络绎不绝，开阳富硒枇杷品牌的知名度也因此得到快速传播。自 2007 年开始，开阳富硒枇杷节已经连续举办了 7 届，每年枇杷节之际，省内外游客在此云集，赏开阳美景，吃富硒枇杷。让游客在赏花、品果、爬山、漂流中体验到

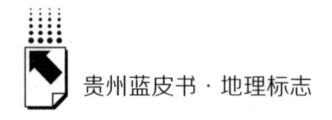

布依文化和乡村观光农业的情趣。

7. 开阳富硒茶

近年来，开阳县依托独特的自然资源、人文资源优势，实施旅游业、文化业、体育业"三业互动"的战略，立足富硒特色，进行茶产业的基地升级、加工工艺提升、产品提升、品牌提升，将茶产品转化为新型旅游产品。目前，开阳县引进茶叶生产企业34家，建成茶叶生产基地8.64万亩，其中投产茶园近1.6万亩，年产干毛茶约230吨，年产值近亿元，涉及9乡4镇21个村78个组，带动群众增收1.5亿元。建有加工厂房17栋安装加工生产线31条。全县34家茶叶生产企业中，通过QS认证的有13家，通过有机茶园基地认证的有2家，通过无公害产品产地认证的有6家，省级龙头企业2家，市级龙头企业9家，推出产品45个，参加茶事活动获奖次数15次，其中金奖5次，银奖2次，"名优产品"称号8次。

8. 红岩葡萄

近年来，在地方党委和政府的大力支持下，红岩葡萄迎来发展的契机，其产业发展也极其迅速，红岩葡萄是贵州著名的葡萄品牌，同时葡萄文化也愈加厚重，红岩已经连续举办了五届内容丰富多彩的"红岩葡萄文化节"，吸引省内外很多游客前往红岩，每年葡萄节期间，游客络绎不绝，前往红岩品尝葡萄，欣赏红岩葡萄文化，让很多游客流连忘返。2010年，息烽县政府与中央电视台合作在北京召开"红岩葡萄文化节"新闻发布会，向国内外推介了红岩葡萄的优异的品质特点，轰动一时，备受国内外葡萄界相关人士瞩目。为将该产业壮大，从2000年开始政府投入大量资金，对种植户进行扶持。现已从原有的几十亩增加到6000余亩，其中挂果面积达4000亩，其余处于幼苗期。种植农户逐年增加，种植面积已在逐年扩大。到现在已有种植户400多户，平均亩产葡萄2000余斤，亩产值4000多元，为当地经济社会发展起到较好的示范效应。为搞好产前、产中、产后服务，种植户自行成立了红岩葡萄种植专业技术协会，现有会员100余人，在葡萄的生产过程中，形成了产、供、销一条龙服务。目前基地建设规模在不断扩大，每年新增种植面积都不断扩大，预计整个基地建设将扩大到5000亩。

9. "清镇黄粑"

"清镇黄粑"是清镇市的地方特色传统食品，也是"贵阳八大名小吃"之一，被评为"贵阳市旅游特色商品"、"贵州省食品工业知名品牌"等众多荣誉称号。该产品现已销往北京、上海、广东、云南、江苏、湖南、重庆、四川等十几个省份。近年来，清镇黄粑的加工销售增长极快，清镇东门桥一带甚至成了"黄粑一条街"，"十二五"期间，清镇市在青龙办高科技产业园，建年产1万吨黄粑生产线，着力促进黄粑生产企业和产业化发展。

10. "清镇酥李"

"清镇酥李"是在清镇市特有的地理环境下生产的脆肉型中国李优良品种，清镇市李树优良品种，有300多年的栽培历史。清镇酥李市场售价高，经济效益可观，是近几年来农民习惯性种植较多的农家水果品种之一，也是农村产业结构调整，加速地方经济发展，促进农民致富增收的骨干经济作物品种。全市农户自发种植酥李已达2万余亩，其中早熟酥李约5000亩，中熟酥李约5000亩，晚熟酥李约4000亩，成片种植约5000亩。据不完全统计，每年到酥李的成熟季节，就新店镇集贸市场一处每天的酥李成交量都在3000～5000千克以上，全市酥李年成交量高达上万吨，为老百姓创收6000万余元，有力地推进了新农村的建设。

五　贵阳市地理标志产品保护效益

（一）经济效益

上述10件贵阳市当地特色产品在成功申报为地理标志产品后，其知名度及销售价格都得到一定程度的提高，正是地理标志的成功申报为其知名度及产业的扩大发展提供了绝佳的契机，知名度的扩大及产业的快速发展为产品赋予了更多的附加值，产品价格也是日益提升。如：修文猕猴桃在申报地理标志产品前知名度较弱，销售价格相对于普通猕猴桃还要低，现在修文猕猴桃不但已打造成当地的特色名片，其销售价格也远远高于其他产区猕猴桃，达到均价30元/千克，比获得地理标志保护前每千克增加5~10元；贵阳折耳根从以前的平均0.8元/千克提升到现在4~5元/千克，价格上涨了4~5倍；开阳富硒茶申报地理标志后，辖区茶叶企业规范执行相关质量技术要求，统一包装，使得"开阳富硒茶"价格飙升，价格保持在800元甚至1500元以上，是以前的5~10倍。产品价格的上升直接调动了当地农户、合作社及企业的种植、加工、生产的积极性，也为各企业针对产品的进一步研发带来了活力，延长了产业链，使产业更趋于良性发展。清镇酥李在成功获得国家地理标志保护产品后，其种植面积由此前的3000余亩扩大到现在的20000亩，产值由此前的近1000万元上升到现在的6000余万元；红岩葡萄在获得国家地理标志保护产品后，由以前的个体松散种植几十亩发展到现在基本上是整个红岩村全村种植，面积达到6000余亩，产量的增加也为葡萄的深加工提供了条件，现当地政府正在着力引进葡萄加工企业，准备开发出葡萄汁饮料、葡萄酒及葡萄干等红岩葡萄衍生产品，增加其附加值，为红岩葡萄带来更大的发展空间；清镇黄粑在申报地理标志产品前，其生产加工模式主要为家庭小作坊、个体户零散加工，受加工原料价格波动及加工工艺不统一的影响较大，产值产量较不稳定，在申报地理标志产品成功后，当地政府大力扶持"清镇黄粑"产业发展，规范原料使用及加工工艺流程，培育当地"清镇黄粑"加工龙头企业，现已有清镇黄粑加工企业数十家，其中以清镇市金谷籽黄粑厂、清镇市刘姨妈风味食品厂两家作为龙头企业，每年总产值达3000万元。

（二）社会效益

贵阳市已成功申报的10件地理标志产品中有9件为种植类产品，1件为加工类产品，其地理标志产品产业的发展，产量的增加将直接为当地种植农户带来经济效益，提高种植该产品农户的收入，带动当地农户脱贫致富，实现精准扶贫。地理标志种植类产品产业的发展，产业链的诞生自然会促使产品加工企业的产生，加工企业的出现会提升就业人口的增长，从而解决一部分农村闲散劳动力问题，缩小城乡差距，促进城镇化的建设发展。

"贵阳折耳根"、"修文猕猴桃"、"永乐艳红桃"、"花溪辣椒"、"息烽西山贡米"、"清镇酥李"、"开阳富硒枇杷"、"开眼富硒茶"、"红岩葡萄"地理标志产品产量的增加将直接为该产品的种植户带来经济收入的增长；且上述地理标志产品作为初级农产品的进一步发展，也急需深加工企业的引入，提高产品的附加值，提升产业技术含量，拉动产业总产值的增长。产品深加工企业的入驻也会为当地带来较大的就业窗口，增加当地的就业率，也使该产业的发展更趋于稳定。"清镇黄粑"产量的增加将直接为当地带来更多的就业机会，且为黄粑原料种植户带来直接经济收入。将地理标志产业与旅游业进行深度融合，形成农旅一体协同发展，也是贵阳市地理标志产业发展的重要方向，同时也会带动当地运输业、餐饮服务业各行业的发展。

（三）生态效益

地理标志产品由于其自身的内在属性及特征，对当地的生态环境具有显著效应，其种植类产品在对水土保持、提升森林覆盖面积等方面具有积极作用。如在上述贵阳市的地理标志产品中，修文猕猴桃、红岩葡萄、清镇酥李、开阳富硒枇杷、永乐艳红桃、开阳富硒茶的种植面积扩大不但增加了当地种植农户的经济收入，更是提高了当地森林覆盖面积。同时，地理标志通过产地环境保护和质量标准控制，有效实现保护范围内生态恢复与地力上升形成良性循环。各种技术规范及生产规程按照生态系统的生态承载量进行合理安排，严格保护品种资源与遗传性资源，实现生物多样性保护与生态环境可持续性保护，推进生态文明建设，实现生态效益与经济效益及社会效益的有机结合。

六 贵阳市潜在的地理标志产品保护资源

贵阳市优越的自然环境和生态条件，特色产品资源丰富。除已获地理标志保护的10件地理标志产品外，贵阳市潜在的特色产品众多。贵阳市潜在的地理标志产品资源，为推进贵阳市新的地理标志产品的培育提供了重要的资源优势。如：贵阳大曲、贵酒、清镇米酒等酒类产品；琊珑毛尖、羊艾毛峰、羊艾红茶、百花湖白茶、赵司贡茶、久安古茶、息烽虫茶、清镇苦丁茶等茶类产品；小河火炭杨梅、乌当阿粟阳梅、党武辣椒、贵阳香葱、红枫葡萄、清镇救心菜等果蔬类产品；开阳富硒米等粮油类产品；开阳富硒鸡蛋、花溪白鹅等畜禽水产品；青岩猪脚、青岩豆腐、青岩醋、青岩水盐菜、青岩玫瑰糖、息烽阳朗辣子鸡、清镇凉水井老腊肉、贵阳老干妈油辣椒、马鞍面条、白宜糟辣椒、燕楼鸡哈豆腐等特色食品产品；花溪苗族挑花等手工艺品类产品。

表 11　贵阳市潜在地理标志产品保护资源名录

类　别	产品名称
酒　类	贵阳大曲、贵酒、清镇米酒
茶　类	琊珑毛尖、羊艾毛峰、羊艾红茶、百花湖白茶、赵司贡茶、久安古茶、息烽虫茶、清镇苦丁茶
果蔬类	小河火炭杨梅、乌当阿粟阳梅、党武辣椒、贵阳香葱、红枫葡萄、清镇救心菜
粮油类	开阳富硒米
养殖类	开阳富硒鸡蛋、花溪白鹅
食品饮料类	青岩猪脚、青岩豆腐、青岩醋、青岩水盐菜、青岩玫瑰糖、息烽阳朗辣子鸡、清镇凉水井老腊肉、贵阳老干妈油辣椒、马鞍面条、白宜糟辣椒、燕楼鸡哈豆腐
手工艺品类	花溪苗族挑花

B.3
遵义市地理标志产业发展报告

刘清庭*

摘　要： 目前遵义市地理标志工作取得显著成效。截至2016年12月31日，遵义市现共有33件地理标志保护产品，为全省地理标志保护产品最多的地区。其中，获国家地理标志产品保护的有23件，获农产品地理标志登记的有6件，获工商总局地理标志证明商标的有11件（其中6件产品获多重保护，重复不计，故共计33件）。在所获得的33件地理标志产品中，多数集中在酒、茶、中药材这三大类，并且这三类所获地理标志产品数量居贵州榜首。遵义市地理标志产品分布集中，凸显遵义酒文化、茶文化和中药材资源丰富的资源优势，对当地经济、社会、生态起到重要的推动作用。

关键词： 遵义市　地理标志

遵义位于贵州省北部，云贵高原东北部，是贵州省第二大城市、新兴工业城市和重要农产品生产基地。遵义地区北依大娄山，南临乌江，古为梁州之地，是由黔入川的咽喉。"遵义"出自《尚书》："无偏无陂，遵王之义"，是首批国家历史文化名城。遵义以生产国酒茅台、习酒、董酒、湄潭翠芽而驰名中外，是中国著名的酒文化名城，有名的"西南茶乡"。全市总土地面积30762平方千米，占全省土地面积的17%，总人口800万。现遵义市行政区划

---

* 刘清庭，贵州省社科院地理标志研究中心助理研究员。

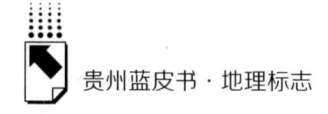

辖3个区：红花岗区、汇川区、播州区；7个县：桐梓县、绥阳县、正安县、凤冈县、湄潭县、余庆县、习水县；2个民族自治县：道真仡佬族苗族自治县、务川仡佬族苗族自治县；2个市1个区即仁怀市、赤水市和新蒲新区。

一 遵义市地理标志产品环境因素概况

（一）自然地理环境

遵义市处于云贵高原向湖南丘陵和四川盆地过渡的斜坡地带，在云贵高原的东北部，地形起伏大，地貌类型复杂。海拔高度一般在1000～1500米，在全国地势第二级阶梯上。全市山间平坝面积占7.4%，丘陵占30.7%，山地占61.9%。大娄山山脉自西南向东北横亘其间，成为天然屏障，是市内南北水系的分水岭，在地貌上明显地把遵义市划分为两大片：山南是贵州高原的主体之一，以低中山丘陵和宽谷盆地为主，一般耕地比较集中连片，土地利用率较高，是粮食、油料作物的主要产地；山北以中山峡谷为主，山高谷深，山地垂直差异明显，以丹霞地貌为代表，耕地比较分散。

境内气候属亚热带季风气候，年均气温14.7℃，年均降水量1200毫米，无霜期270天，受季风影响显著，春季春暖风和，夏季多雨，秋季凉爽，冬季无严寒，阴雨寡照时有凝冻。境内土壤类型：低山丘陵盆地地区，主要分布着黄壤、石灰土、水稻土、潮土，土地利用率较高；海拔1400米以上的山区，主要分布着黄棕壤，多为林牧用地。境内水资源丰富，遵义市河流以大娄山山脉为分水岭，把遵义市河流分为乌江、赤水河和綦江三大水系，均属长江流域。南北分属乌江区和长江上游干流区两大水系，长江上游干流区包括赤水河干流及主要支流如牛渡水、桐梓河、习水河等，乌江区包括偏岩河、湘江河、余庆河、芙蓉江等。

遵义地区是富庶的黔北粮仓，出产茅贡米等优质大米。粮、油、烟、畜等农副产品产量均居全省前列。在遵义市各种产品占全省指标中，粮食占25%、茶叶占30%、肉类占30%、蚕桑占30%。楠竹、杜仲、棕片多年来产量居全省之首，乌桕籽占全省五分之三，五倍子占全省二分之一，油桐籽占全省三分之一。竹笋、蘑菇、木耳均为贵州省内主产区。此外，还盛产名贵中药材，其中杜仲、黄连、天麻、黄檗、吴萸为贵州五大著名药材。境内独特优越的自然地理环境，决定了遵义市发展粮油、中药材、茶叶和酒类地理标志产品的优势。

（二）历史人文环境

遵义历史源远流长。在春秋时期，遵义属巴、蜀、鳖、鰼等邦国。战国时期属夜郎国范围。秦汉时期置犍为郡。唐贞观十三年（639）为播州。唐贞观十六年（642），将播州所领的罗蒙县改名遵义县。这是"遵义"名称最早的出现。播州从唐末到明末的725年间，为杨氏土司所世袭统治。明万历二十八年（1600年）"平播之役"后，取消土司制度，实行"改土归流"；明万历二十九年（公元1601年），改置遵义军民府（隶四川）和平越军民府（隶贵州），分别隶属四川、贵州两省。清康熙年间取消"军民"二字，直称遵义府。清雍正五年（1727年），遵义府由四川省划归贵州省管辖。辛亥革命后，废除"府"的建制。民国24年（1935年），贵州省设11个行政督察区，黔北为第5行政督察区，专员公署先设桐梓，后迁遵义县城（今红花岗区）。1949年11月，黔北各县先后解放，先置遵义专区，后称遵义地区，1997年，遵义撤地设市改为今遵义市。

遵义地区人文历史丰富，会集巴蜀文化、夜郎文化、土司文化及红色文化于一身。汉代"三贤"盛览、舍人、尹珍，奠定了遵义市在贵州汉文化先驱的地位；清代出现了郑珍、莫友芝、黎庶昌三位著名的儒学大师，史称清代"三儒"。近代国立浙江大学西迁，促进了遵义地区各界文化的活跃和发展。遵义人民在长期的革命和建设中，形成了以长征精神为依托的红色文化。因其历史和地域的独特性，遵义形成了以"酒文化"和"茶文化"为主线的独特地方文化特色。西部赤水河流域的仁怀、习水、赤水，有享誉闻名的"酒乡"称号。遵义是中国著名的酒文化名城，出产包括茅台酒、习酒、董酒、珍酒在内的众多名酒。遵义因湄潭、凤冈、绥阳、余庆等县盛产

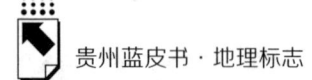

茶叶而形成了独特的茶文化。在遵义东北部的9个县是遵义地区产茶的富集地，湄潭更是茶叶文化的中心。

遵义地区境内民族成分丰富多样，有土家族、彝族、白族、傣族、壮族、苗族、回族、仡佬族、傈僳族、纳西族、瑶族、藏族、景颇族、布朗族、布依族、阿昌族、哈尼族、锡伯族、普米族、蒙古族、怒族、基诺族、德昂族、水族、满族、独龙族等民族分布。在悠久的历史长河中，各民族创造了丰富多彩的民族民间文化。有仡佬族的祭山节、苗族踩山节等传统民俗，傩戏、黔北花灯、文琴坐唱等民间艺术，赤水竹编、遵义通草堆画、湄潭永兴背带、余庆泥牛黄以及藤编等工艺品，道真灰豆腐、正安野木瓜、遵义鸡蛋糕、遵义羊肉粉、绥阳空心面等特色食品。汉族、仡佬族等各民族在悠久的历史长河中，通过各族人民的智慧创造出各种精彩纷呈的民族文化，促进了遵义地区名酒名茶及优质大米与名贵中药材等特色产品资源的发展。

二 遵义市地理标志产品保护概况

截至2016年12月31日，遵义市共有33件产品获地理标志保护。

经国家质检总局批准的国家地理标志保护产品有23件，分别为：茅台酒、余庆苦丁茶、凤冈富锌富硒茶、赤水金钗石斛、虾子辣椒、茅贡米、绥阳金银花、鸭溪窖酒、正安娃娃鱼、正安白及、正安野木瓜、正安白茶、习酒、道真玄参、道真洛党参、桐梓方竹笋、道真灰豆腐果、道真绿茶（道真硒锶茶）、务川白山羊、赤水晒醋、习水红稗、白果贡米、遵义杜仲；

经国家工商总局批准的地理标志证明商标有11件，分别为：余庆苦丁茶、仁怀酱香酒、湄潭翠芽、遵义红（茶）、遵义朝天椒（腌制）、遵义朝天椒（蔬菜）、正安白茶、绥阳金银花、绥阳土鸡、凤冈锌硒茶、道真玄参。

经农业部登记的农产品地理标志为6件，分别为：赤水竹乡乌骨鸡、凤冈锌硒茶、湄潭翠芽、黔北黑猪、黔北麻羊、遵义烤烟。

其中，有6件产品获得多个部门的同时保护，正安白茶、余庆苦丁茶、绥阳金阳花和道真玄参获国家地理标志产品保护和地理标志证明商标双重保护,湄潭翠芽获地理标志证明商标与农产品地理标志两个部门同时保护,凤冈锌硒茶获国家质检总局、国家工商总局和农业部三个部门同时保护。

表1 遵义市地理标志保护产品数量统计

申请部门	国家质检总局	国家工商总局	农业部
获批产品	茅台酒、余庆苦丁茶、凤冈富锌富硒茶、赤水金钗石斛、虾子辣椒、茅贡米、绥阳金银花、鸭溪窖酒、正安娃娃鱼、正安白及、正安野木瓜、正安白茶、习酒、道真玄参、道真洛党参、桐梓方竹笋、道真灰豆腐果、道真绿茶(道真硒锶茶)、务川白山羊、赤水晒醋、习水红稗、白果贡米、遵义杜仲	余庆苦丁茶、仁怀酱香酒、湄潭翠芽、遵义红(茶)、遵义朝天椒(腌制)、遵义朝天椒(蔬菜)、正安白茶、绥阳金银花、绥阳土鸡、凤冈锌硒茶、道真玄参	赤水竹乡乌骨鸡、凤冈锌硒茶、湄潭翠芽、黔北黑猪、黔北麻羊、遵义烤烟
小计	23件	11件	6件
总计	33件(6件产品获多部门同时保护)		

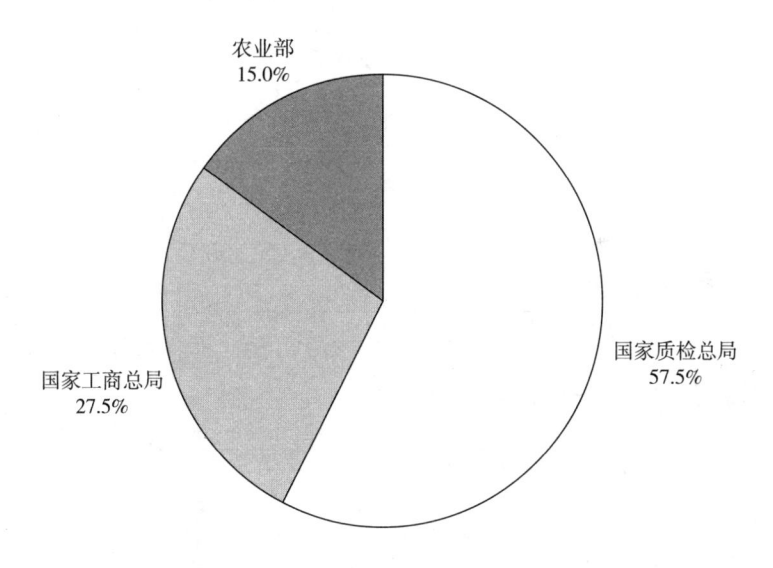

图1 遵义市地理标志产品各部门分布

在遵义市所获的33件地理标志产品中,通过国家质检总局获国家地理标志产品保护的有23件,通过国家工商总局获地理标志证明商标的有11件,通过农业部获农产品地理标志登记的有6件。其中,国家地理标志保护产品占到总数的57.5%,地理标志证明商标占27.5%,农产品地理标志为15.0%。

表2 国家质检系统国家地理标志保护产品

序号	产品名称	品质特色	保护范围	受理公告	批准公告
1	茅台酒	53%vol：无色（或微黄）透明、无悬浮物、无沉淀、酱香突出、幽雅细腻、空杯留香持久、醇厚丰满、回味悠长 52%vol：微黄透明、无悬浮物、无沉淀、酱香突出、幽雅细腻、醇厚、丰满、老熟香味舒适显著、回味悠长、空杯留香持久 43%vol：清澈透明、无悬浮物、无沉淀，具有贵州茅台酒独特风格	贵州省仁怀市茅台镇内，南起茅台镇地辖的盐津河出水口的小河电站为界，北止于茅台酒厂一车间的杨柳湾，并以杨柳湾羊叉街路上到茅遵公路段为北界，东以茅遵公路至红砖厂到盐津河南端地段为界，西至赤水河以赤水河为界，约7.5平方千米。从该范围往南延伸，地处赤水河峡谷地带，东靠智动山、马福溪主峰，西接赤水河，南接太平村以堰塘沟界止，北接盐津河小河口与原范围相接，延伸面积约7.53平方千米,总面积共约15.03平方千米	2000.12.15 2012.5.15 2012年第76号	2001.3.29 2001年第4号 2013.3.28 2013年第44号
2	余庆苦丁茶	色泽翠绿，香气嫩香持久，滋味微苦甘醇，条索紧结	贵州省余庆县现辖行政区域	2004.8.4 2004年第102号	2005.8.25 2005年第120号
3	凤冈富锌富硒茶	毛尖茶条索紧细、翠芽茶扁平直滑、色泽绿润、香气清高、汤色绿亮、滋味醇厚、叶底嫩绿鲜活	凤冈县现辖行政区域	2005.7.29 2005年第107号	2006.1.24 2006年第10号
4	赤水金钗石斛	（1）鲜品：根茎圆头状，略膨大；茎下部圆柱状，中部起呈压扁状，顶端钝尖；有时全体细长，近圆柱状或不明显的压扁状；叶鞘灰白色，膜质；总状花序，花1至4朵，白色而带淡紫红色；色泽由浅灰绿色、绿色至绿黄色 （2）干品：多呈小弯曲条状或弯曲条状，无根头，无叶鞘；具纵棱条及皱缩；色泽黄色	贵州省赤水市旺隆、长期、官渡、长沙、葫市、元厚、大同、复兴、丙安、白云、石堡、两河口等12个乡镇现辖行政区域	2005.7.29 2005年第107号	2006.3.23 2006年第39号

续表

序号	产品名称	品质特色	保护范围	受理公告	批准公告
5	虾子辣椒	果为圆锥形、指形、樱桃形。青果绿色,老熟果深红色。形状均匀,肉厚质细;圆锥形果实味中等偏辣,指形果实味辣,樱桃形果实辣味适中	贵州省遵义县南白镇、龙坑镇、三岔镇、苟江镇、三合镇、乌江镇、虾子镇、三渡镇、新舟镇、永乐镇、龙坪镇、喇叭镇、团溪镇、新民镇、鸭溪镇、石板镇、乐山镇、松林镇、毛石镇、山盆镇、芝麻镇、平正仡佬族乡、洪关苗族乡等31个乡镇现辖行政区域	2008.12.10 2008年第135号	2009.12.28 2009年第131号
6	茅贡米	米粒油润晶莹洁白,呈半透明状;米饭油光泛亮,不散不渣,香味浓郁,口感绵软有弹性,冷后不回生且保持良好光泽	贵州省湄潭县永兴镇、湄江镇、复兴镇、洗马乡、黄家坝镇、抄乐乡、兴隆镇、天城乡等8个乡镇现辖行政区域	2010.7.29 2010年第76号	2010.12.3 2010年第135号
7	正安野木瓜	果形为长椭圆形或近圆形,果皮黄色或黄绿色,果肉白色,具有皮薄、肉厚、香气浓的特点,单果重≥200g,总糖≥4.0%	贵州省正安县凤仪镇、安场镇、瑞溪镇、新州镇、小雅镇、庙塘镇、和溪镇、土坪镇、流渡镇、格林镇、中观镇、乐俭乡、谢坝乡、市坪乡、班竹乡、桴焉乡、碧峰乡、杨兴乡、俭坪乡19个乡镇现辖行政区域	2010.12.10 2010年第143号	2011.5.12 2011年第69号
8	正安白茶	外形肥壮、挺直;色泽嫩白雪亮;香气高香、浓郁;滋味甘醇、清爽;汤色绿润;叶底明亮有光泽。如玉之在璞,融天地精华,纯净之美,白碧无瑕	贵州省正安县凤仪镇、安场镇、瑞溪镇、新州镇、小雅镇、庙塘镇、和溪镇、土坪镇、流渡镇、格林镇、中观镇、乐俭乡、谢坝乡、市坪乡、班竹乡、桴焉乡、碧峰乡、杨兴乡、俭坪乡19个乡镇现辖行政区域	2010.12.10 2010年第143号	2011.5.12 2011年第69号
9	鸭溪窖酒	无色或微黄,清亮透明,无悬浮物,无沉淀杂质;窖香幽雅、陈香馥郁、空杯留香;绵柔醇厚、甘爽细腻、尾净悠长、有酱味感	贵州省遵义县鸭溪镇现辖行政区域	2011.11.30 2011年第171号	2012.7.18 2012年第102号

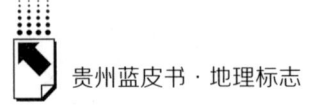

续表

序号	产品名称	品质特色	保护范围	受理公告	批准公告
10	绥阳金银花	气清香,表面绿棕色至黄白色,质稍硬,手捏之稍有弹性,味淡、微苦。总花梗集结成簇,开放者花冠裂片不及全长之半。花蕾长瘦,呈棒状,上粗下细,略弯曲	洋川镇、郑场镇、旺草镇、蒲场镇、风华镇、茅垭镇等绥阳县的15个乡镇	2012.9.20 2012年 第115号	2013.12.11 2013年 第167号
11	正安娃娃鱼	背部褐黑色,麻花纹均匀明显,尾部修长,肉质细嫩	贵州省正安县现辖行政区域	2013.2.20 2013年 第27号	2013.12.11 2013年 第167号
12	正安白及	气微,味淡而微苦,嚼之有黏性。横切面呈半透明角质状。干燥块茎略呈掌状扁平,表面黄白色,有细皱纹,上面有凸起的茎痕,以茎痕为中心,有棕褐色同心环纹。质坚硬,不易折断	贵州省正安县现辖行政区域	2013.2.20 2013年 第27号	2013.12.11 2013年 第167号
13	习酒	酒体无色或微黄,清亮透明,酱香突出,醇厚丰满,细腻体净,回味悠长,空杯留香持久	贵州省习水县习酒镇黄金坪村、翁坪村共2个行政村现辖行政区域	2013.6.13 2013年 第76号	2014.4.8 2014年 第39号
14	道真玄参	呈圆锥形,表面灰黄色或灰褐色,有明显的纵沟和横向皮孔;断面乌黑色,微有光泽;具焦糖气,味甘、微苦;以水浸泡,水呈墨黑色	贵州省道真县现辖行政区域	2013.7.31 2013年 第108号	2014.4.8 2014年 第39号
15	道真洛党参	长圆柱形,稍弯曲。表面黄白色至棕褐色,有不规则纵沟及皱缩;根破碎处可见黑褐色胶状物。质柔润,皮部较厚,常有裂隙。气香,味甜,嚼之无渣。无木质化	贵州省道真县现辖行政区域	2013.7.31 2013年 第108号	2014.4.8 2014年 第39号
16	桐梓方竹笋	(1)鲜笋:结构致密,质地脆嫩,不软绵,鲜嫩爽口,入口烂。(2)保鲜笋:结构致密,质地脆嫩,鲜味浓郁。(3)烘干笋、盐干笋:质地硬,表面干爽,韧性大,有嚼劲,鲜味浓郁	贵州省桐梓县现辖行政区域	2014.6.24 2014年 第66号	2014.9.2 2014年 第96号

续表

序号	产品名称	品质特色	保护范围	受理公告	批准公告
17	道真灰豆腐果	外皮呈灰黄色,光滑带皱褶,内为蜂窝状结构,有浓郁的豆香味和草木灰的清香味,韧性好,有嚼劲	贵州省道真仡佬族苗族自治县现辖行政区域	2014.7.25 2014年第85号	2015.4.7 2015年第44号
18	道真绿茶（道真硒锶茶）	香气清香,浓郁,滋味醇厚,耐泡。浸出物≥38.0%	贵州省道真仡佬族苗族自治县现辖行政区域	2014.7.25 2014年第85号	2015.4.7 2015年第44号
19	务川白山羊	肉色鲜红,肉质细而紧密,有弹性,肉质鲜嫩,肌间脂肪明显;熟肉膻味轻,汤汁鲜醇清亮。肌肉粗蛋白含量≥18%,粗脂肪含量≤6.0%	贵州省务川仡佬族苗族自治县现辖行政区域	2014.7.25 2014年第85号	2015.4.7 2015年第44号
20	赤水晒醋	呈琥珀色或红棕色;醋香浓郁;酸味柔和,酸甜适度有回甘	贵州赤水市现辖行政区域	2014.12.22 2014年第138号	2015.8.10 2015年第96号
21	习水红稗	习水红稗原料颗粒细小、饱满,大小均匀,颜色呈棕红色至深红色,去壳后的红稗粉呈灰白色,具有红稗特有的香气及滋味	贵州省习水县现辖行政区域	2015.7.24 2015年第90号	2016.2.1 2016年第9号
22	白果贡米	米粒呈长椭圆形,外表晶莹饱满,呈半透明状,米色稍褐而透明;米饭棉软有弹性,天然清香,米香四溢,香滑油亮,黏性适中,适口度好	贵州省遵义县团溪镇、三岔镇共两个镇现辖行政区域	2015.9.23 2015年第445号	2016.2.1 2016年第9号
23	遵义杜仲	皮呈平板状,外皮粗皮少,呈灰褐色,厚度≥0.5cm。断面银白色胶丝致密,内皮光滑,呈紫褐色。松脂醇二葡萄糖苷≥0.16%,浸出物≥13.0%	贵州省遵义市红花岗区、汇川区、仁怀市、赤水市、遵义县、桐梓县、习水县、凤冈县、湄潭县、余庆县、绥阳县、正安县、道真仡佬族苗族自治县、务川仡佬族苗族自治县等十四个县（市、区）所辖行政区域	2016.3.29 2016年34号	2016.11.4 2016年112号

表3 国家工商系统地理标志证明商标

序号	商标名称	商品/服务列表	注册人	注册号	专用期限
1	湄潭翠芽	茶	贵州省湄潭县茶业协会	4928703	2007/12/28～2017/12/27
2	遵义朝天椒（腌制）	朝天椒（腌制、干制蔬菜）	遵义县辣椒产业办公室	6147200	2009/06/14～2019/06/13
3	遵义朝天椒（蔬菜）	朝天椒（新鲜蔬菜）	遵义县辣椒产业办公室	6147201	2009/06/14～2019/06/13
4	正安白茶	白茶;茶	贵州省正安县茶叶协会	7620458	2010/07/21～2020/07/20
5	绥阳金银花	金银花(药草)	绥阳县特色农业发展协会	8758276	2011/03/21～2021/03/20
6	绥阳土鸡	鸡(活的)	绥阳县特色农业发展协会	8758277	2011/06/14～2021/06/13
7	遵义红(茶)	茶	贵州省湄潭县茶业协会	7989698	2011/07/28～2021/07/27
8	凤冈锌硒茶	茶	凤冈县茶叶协会	8585068	2011/12/07～2021/12/06
9	余庆苦丁茶	茶	余庆县茶叶行业商会	11816123	2013/07/28～2023/07/27
10	仁怀酱香酒	白酒	仁怀市（茅台）酒文化研究会	11810895	2013/10/28～2023/10/27
11	道真玄参	玄参(中药材)	道真仡佬族苗族自治县特产业发展中心	13465995	2015/05/07～2025/05/06

表4 农业部农产品地理标志

序号	产品名称	申请人	划定的产地保护范围	公告时间
1	赤水竹乡乌骨鸡	赤水市天台镇竹乡乌骨鸡养殖专业合作社	赤水市所辖行政区内的17个乡镇(办)，包括:天台镇、复兴镇、大同镇、旺隆镇、葫市镇、元厚镇、管渡镇、长期镇、长沙镇、宝源乡、丙安乡、两河口乡、石堡乡、白云乡、市中街道办事处、金华街道办事处和文华街道办事处。地理坐标为东经105°36′26″～106°14′56″,北纬28°15′02″～28°45′58″。	2010/03/08 中华人民共和国农业部公告 第1351号
2	凤冈锌硒茶	凤冈县茶叶协会	凤冈县所辖永安镇、新建镇、土溪镇、绥阳镇、花坪镇、龙泉镇、永和镇（党湾村除外）、蜂岩镇、进化镇、琊川镇、何坝镇、石径乡等12个乡镇。地理坐标为东经107°31′～107°56′,北纬27°32′～28°21′。	2014/11/18 中华人民共和国农业部公告 第2179号

续表

序号	产品名称	申请人	划定的产地保护范围	公告时间
3	湄潭翠芽	贵州省湄潭县茶业协会	湄潭县所辖湄江镇、永兴镇、复兴镇、天城镇、兴隆镇、抄乐镇、黄家坝镇、高台镇、茅坪镇、新南镇、石莲镇、鱼泉镇、洗马镇、马山镇、西河镇等15个乡镇。地理坐标为东经107°15′36″~107°41′08″,北纬27°20′18″~28°12′32″。	2014/11/18 中华人民共和国农业部公告 第2179号
4	黔北黑猪	遵义市黔北黑猪养殖专业合作社	遵义市的桐梓县、遵义县、凤冈县、绥阳县、道真县、务川县、余庆县、湄潭县、正安县、赤水县、习水县、仁怀县等12个县。地理坐标为东经105°36′00″~108°13′00″,北纬27°08′00″~29°12′00″。	2014/01/09 中华人民共和国农业部公告 第2046号
5	黔北麻羊	遵义市畜禽品种改良站	贵州省仁怀市、习水县所辖行政区域。地理坐标为东经105°50′20″~106°44′30″,北纬27°33′30″~28°20′15″。	2014/01/09 中华人民共和国农业部公告 第2046号
6	遵义烤烟	遵义市烟草协会	遵义市所辖红花岗区、汇川区、遵义县、桐梓县、绥阳县、正安县、道真县、务川县、凤冈县、湄潭县、余庆县、习水县、仁怀市共13个县(区),保护面积28万公顷;地理坐标为东经106°22′~108°13′,北纬27°08′~29°12′。	2015.11.20 中华人民共和国农业部公告 第2314号

三 遵义市地理标志产品保护分析

(一)遵义市地理标志保护产品各县(市)情况

遵义市地理标志产品数量位居全省第一,在遵义市内,各个县市地理标志产分布各有不同。遵义市地理标志产品有:遵义杜仲、黔北黑猪、黔北麻羊、遵义烤烟;遵义县(现播州区)地理标志产品有:遵义朝天椒(腌制)、遵义朝天椒(蔬菜)、白果贡米、虾子辣椒、鸭溪窖酒;仁怀市地理标志产品有:仁怀酱香酒、茅台酒;赤水市地理标志有:赤水竹乡乌骨鸡、赤水晒醋、赤水金钗石斛;习水县地理标志产品有:习酒、习水红稗;桐梓县有桐梓方竹笋1件地理标志产品；绥阳县地理标志产品有：绥阳金银花、绥阳土鸡；湄潭县地理标志产品有：湄潭翠芽、遵义红（茶）、茅贡米；凤冈县有凤冈锌硒茶1件地理标志产品；余庆县地理标志产品有余庆苦丁茶；正安县地理标志产品有：正安白茶、正安白及、正安娃娃鱼、正安野木瓜；道真县地理标志产品有：道真绿茶（道真硒锶茶）、道真洛党参、道真玄参、道真灰豆腐果；务川县地理标志产品共1件，为务川白山羊。

表5 遵义市各县（市）地理标志产品分布

地 区	国家质检总局	国家工商总局	农业部	小计/件
遵义市	遵义杜仲	黔北黑猪、黔北麻羊、遵义烤烟	—	4
遵义县（现播州区）	白果贡米、鸭溪窖酒、虾子辣椒	遵义朝天椒(腌制)、遵义朝天椒(蔬菜)	—	5
仁怀市	茅台酒	仁怀酱香酒	—	2
赤水市	赤水金钗石斛、赤水晒醋	—	赤水竹乡乌骨鸡	3
习水县	习酒、习水红稗	—	—	2
桐梓县	桐梓方竹笋	—	—	1
绥阳县	绥阳金银花	绥阳金银花、绥阳土鸡	—	2
湄潭县	茅贡米	湄潭翠芽、遵义红（茶）	湄潭翠芽	3
凤冈县	凤冈富锌富硒茶	凤冈锌硒茶	凤冈锌硒茶	1
余庆县	余庆苦丁茶	余庆苦丁茶		1
道真县	道真绿茶(道真硒锶茶)、道真洛党参、道真玄参、道真灰豆腐果	道真玄参		4
务川县	务川白山羊	—		1
正安县	正安白茶、正安白及、正安娃娃鱼、正安野木瓜	—		4

从表5和图2可以看出：

（1）在分布地区上，遵义地区地理标志数量上的分布主要集中在遵义市、遵义县（今播州区）、道真县、正安县、湄潭县和赤水县等县（市）。其中遵义县地理标志数量为5件，为遵义地区地理标志数量最多的县，且多为农作物类产品。仁怀市所获得的2件地理标志产品均为酒类产品。湄潭、

图2 遵义市地理标志各县（市）分布

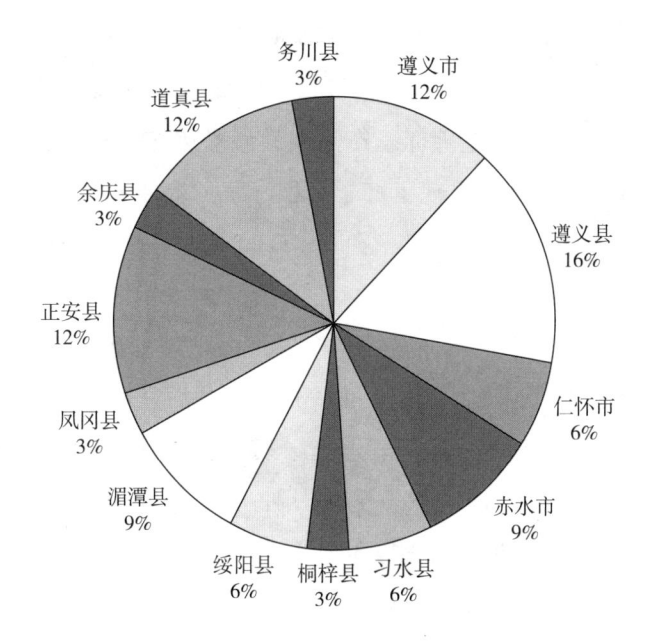

凤冈、正安、道真、余庆等县均有茶叶类地理标志产品，这些县均分布在遵义市东部地区，构成了集中连片的茶产区。

（2）在申请渠道上，遵义市地理标志分别在国家质检总局、国家工商总局、农业部获得了地理标志保护，其中申请国家质检总局地理标志产品保护的数量最多。

（3）在保护力度上，湄潭翠芽、凤冈锌硒茶、余庆苦丁茶、绥阳金银花获得两个或两个以上的认定保护。正安白茶和绥阳金阳花获国家地理标志产品保护和地理标志证明商标双重保护；湄潭翠芽、凤冈锌硒茶获国家地理标志产品保护、地理标志证明商标与农产品地理标志三个部门同时保护。

（二）遵义市地理标志保护产品各年度情况

遵义市地理标志工作起步时间较早，发展较为成熟。2001年，遵义市第一个地理标志产品"茅台酒"申请国家原产地域产品保护，2001年正式获得国家质检总局公告批准通过。（注：2005年《地理标志产品保护规定》

出台，原获原产地保护的产品仍获国家地理标志产品保护）2004~2007年，相继出现余庆苦丁茶（2004~2005年）、凤冈富锌富硒茶、赤水金钗石斛（2005~2006年）等国家地理标志产品和湄潭翠芽（2007年）地理标志证明商标。2008~2011年，出现了虾子辣椒、茅贡米、正安野木瓜、正安白茶等4个国家地理标志产品，遵义红（茶）、遵义朝天椒（腌制）、遵义朝天椒（蔬菜）、正安白茶、绥阳金银花、绥阳土鸡、凤冈锌硒茶等7个地理标志证明商标，赤水竹乡乌骨鸡等1个农产品地理标志。2012~2016年，涌现诸如鸭溪窖酒、正安娃娃鱼、正安白及、习酒、道真玄参、道真洛党参、桐梓方竹笋、道真灰豆腐果、道真绿茶（道真硒锶茶）、务川白山羊、赤水晒醋、习水红稗、白果贡米、遵义杜仲15个国家地理标志产品，余庆苦丁茶、仁怀酱香酒、道真玄参等3个地理标志证明商标，凤冈锌硒茶、湄潭翠芽、黔北黑猪、黔北麻羊、遵义烤烟等5个农产品地理标志。总体上，随着遵义市地理标志工作的不断发展，遵义市地理标志产品呈现百花争艳，姹紫嫣红的繁荣景象。

表6 2000~2016年遵义市地理标志保护产品各年度统计情况

年 份	国家质检总局/件	国家工商总局/件	农业部/件	小计/件
2000~2003	1	—	—	1
2004~2007	3	1	—	4
2008~2011	4	7	1	13
2012~2016	15	3	5	23

注：其中6件产品同时获得两个或两个以上部门的同时认证。

（1）结合表6和图3来看，遵义市地理标志起步时间较早，地理标志工作基础扎实，发展较快。2000~2003年，遵义市开始启动地理标志工作，时间基本与国家质检总局地理标志发展时间接近。2001年，茅台酒成为遵义市第一个地理标志产品（原称为原产地产品，2005年《地理标志产品保护规定》出台后，原获原产地保护的产品仍获国家地理标志产品保护），也是贵州省第一个获得国家质检总局（原国家质量技术监督局）批准的地理

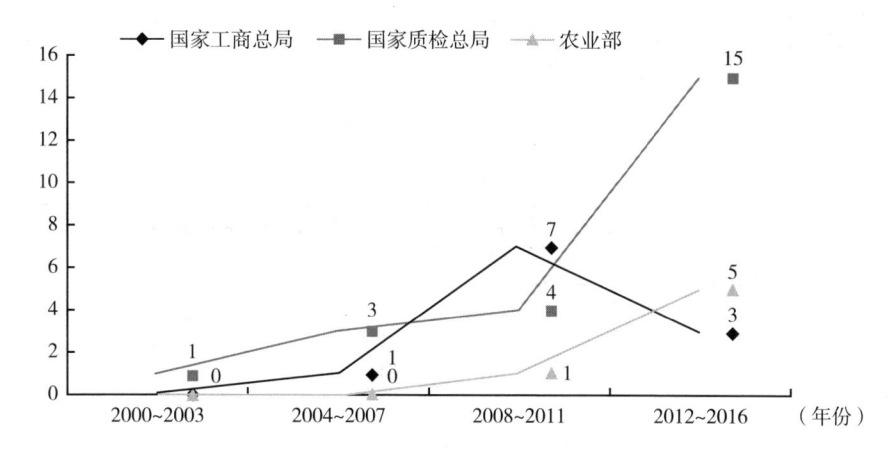

图 3　2000～2016 年遵义市地理标志各年度统计

标志产品。

（2）遵义市地理标志工作取得显著成绩。2004～2007 年，遵义市地理标志工作开始进入推进阶段。2008 年以后，遵义市地理标志工作开始快速发展。2012～2016 年的四年时间内，遵义市新获得的地理标志产品数量达到 23 件之多，遵义市地理标志工作取得非常显著的优异成绩。

（3）从表 6 和图 3 来看，在遵义市在国家质检总局、国家工商总局、农业部三个渠道的地理标志工作中，国家质检总局地理标志工作开始最早，时间跨度最大，取得的地理标志数量也最多，2012～2016 年发展进入飞速阶段。国家工商总局地理标志证明商标起步在 2004 年以后，在 2008～2011 年有所发展，2012 年以后开始有所减退，发展周期较短。农业部农产品地理标志 2008 年以后开始，时间较前两者较为延后。

（三）遵义市地理标志保护产品分类情况

在遵义市获得的 33 件地理标志产品中，茶叶类有 6 件，中药材类有 6 件，酒类有 4 件，养殖类有 6 件，食品饮料类有 4 件，果蔬类有 3 件，粮油类有 4 件，工艺品类 0 件。其中，酒类、茶类及中药材类地理标志产品数量在全省为最多的地区，凸显了遵义打造酒文化名城、西南茶乡和中药材基地的发展路线。遵义市作为历史悠久文化底蕴深厚的历史名城，农作物基础也较为扎实，优质农产品丰富。

表7 遵义市地理标志分类统计

分类	国家质检总局/件	国家工商总局/件	农业部/件	小计/件
酒类	茅台酒、习酒、鸭溪窖酒	仁化酱香酒	—	4
茶叶类	余庆苦丁茶、凤冈富锌富硒茶、正安白茶、道真绿茶（道真硒锶茶）	余庆苦丁茶、湄潭翠芽、遵义红（茶）、正安白茶、凤冈锌硒茶	凤冈锌硒茶、湄潭翠芽	6
中药材类	赤水金钗石斛、绥阳金银花、道真玄参、正安白及、道真洛党参、遵义杜仲	绥阳金银花、道真玄参	—	6
粮油类	茅贡米、习水红粓、白果贡米	—	遵义烤烟	4
果蔬类	虾子辣椒、正安野木瓜	遵义朝天椒（蔬菜）	—	3
养殖类	正安娃娃鱼、务川白山羊	绥阳土鸡	赤水竹乡乌骨鸡、黔北黑猪、黔北麻羊	6
食品饮料类	桐梓方竹笋、道真灰豆腐果、赤水晒醋	遵义朝天椒（腌制）	—	4

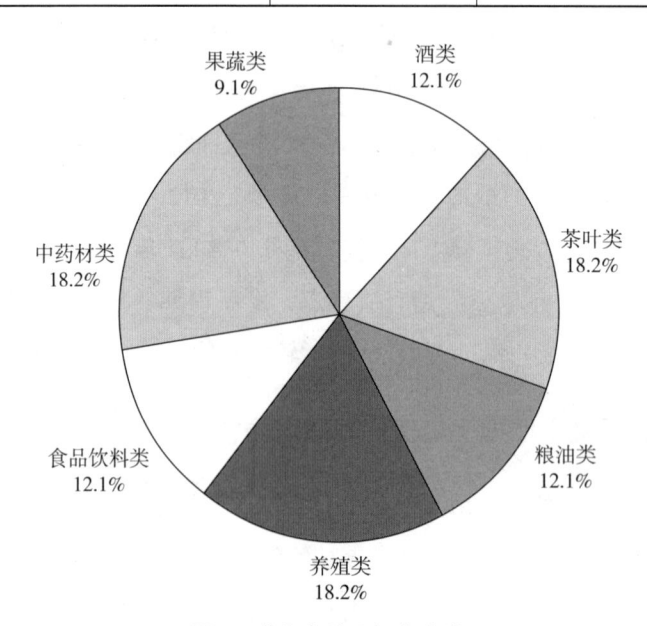

图4 遵义市地理标志分类

从表7可以看出：

（1）在遵义市所获的地理标志产品中，目前茶叶类、中药材类地理标志产品占遵义地区地理标志比例最大。而遵义地区现有地理标志，主要集中在酒、茶叶、中药材、粮油类、养殖类产品、传统特色食品。这与遵义地区独特的自然环境和人文因素有着密切关系，也密切反映了遵义地区经济发展的侧重点。遵义地区位于全国地势第二级阶梯上，处于云贵高原向湖南丘陵和四川盆地过渡的东北部斜坡地带，地貌类型复杂，境内气候宜人，是中国高品质绿茶产区，中国名茶之乡，适宜各种粮食作物、动物、茶叶及中药材的生长。地处川黔渝的交通要道上，是重要的交通枢纽，这为遵义市各类地理标志产品知名度的提高提供有利因素。遵义土地上有丰富的巴蜀文化、夜郎文化，曾经隶属于四川府，这里在一段时期曾是政治、文化、经济交流的中心，汉文化首先在这里传播开来。相对程度上的繁荣经济和文化催生了遵义市浓厚的"茶叶文化"和"白酒文化"。

（2）在4件酒类地理标志产品中，仁怀占50%，习水占25%，遵义县占25%，体现了以"茅台酒"为代表的遵义酒文化的历史沉淀，表现了酒产业在遵义发展辐射范围较广，产业发展具有规模。在遵义市获得的茶叶类地理标志产品中，湄潭翠芽、遵义红、凤冈锌硒茶等发展效益明显，形成了具有较大市场影响力的知名品牌。中药材、养殖产品类地理标志也有突出的成绩。是遵义市享有"黔北粮仓"、"中国金银花之乡""中国高品质绿茶产区"、"中国名茶之乡"、"贵州名酒名烟基地"的美誉的充分论证。

（四）遵义市地理标志使用情况

遵义市获得的国家地理标志保护产品共有23个，现有7件地理标志产品的部分相关企业获得相应地理标志产品专用标识的使用，分别为：茅台酒、习酒、余庆苦丁茶、赤水金钗石斛、鸭溪窖酒、正安白茶、凤冈富锌富硒茶。

表8 核准使用地理标志产品专用标志企业名单

序号	产品名称	企业名称	地址	法人代表	商标
1	茅台酒	贵州茅台酒厂（集团）昌黎葡萄酒业有限公司	昌黎县东部工业园区	袁仁国	茅台
2	习酒	贵州茅台酒厂（集团）习酒有限责任公司	贵州省习水县习酒镇	张德芹	习酒及图
3	余庆苦丁茶	余庆县玉龙茶叶有限公司	贵州省遵义市余庆县松烟镇二龙组	万在培	玉河
4	余庆苦丁茶	余庆县凤香苑茶叶有限责任公司	贵州省遵义市余庆县松烟镇	骆池刚	
5	余庆苦丁茶	余庆县绿野茶叶加工厂	贵州省遵义市余庆县花山苗族乡回龙村	余正祥	河江
6	余庆苦丁茶	贵州余庆小叶苦丁茶业有限责任公司	贵州省白泥镇中华路33号	代小波	春、夏、秋、冬
7	余庆苦丁茶	余庆七砂绿色产业开发有限责任公司	白泥镇中华北路9号	王新荣	山绿丹、绿色金子
8	余庆苦丁茶	遵义世纪阳光茶业有限责任公司	白泥镇世纪阳光绿色产业园	姚遥	雨贞
9	余庆苦丁茶	贵州益兴宝典生物科技股份有限公司	白泥镇中华路33号	代小波	春、夏、秋、冬
10	余庆苦丁茶	余庆构皮滩供销社	构皮滩镇	冯平	构皮滩
11	余庆苦丁茶	余庆狮山香茗茶场	白泥镇中华路5号	余大勇	富源春
12	赤水金钗石斛	贵州赤水国礼金钗石斛发展有限公司	贵州省赤水市旺隆镇新春村	徐红	
13	赤水金钗石斛	赤水市信天中药产业开发有限公司	贵州省赤水市延安路	廖晓康	金斛
14	赤水金钗石斛	赤水市芝绿金钗石斛生态园产业开发有限公司	贵州省赤水市长期镇兴旺村天堂沟	曾祥平	芝绿
15	赤水金钗石斛	贵州省赤水市金钗石斛产业有限公司	赤水市复兴工业园区	何国华	永斛源
16	鸭溪窖酒	贵州鸭溪酒业有限公司	贵州省遵义市遵义县鸭溪镇	梁国明	鸭溪
17	正安白茶	正安县天宝生态茶业有限公司	贵州省正安县乐俭乡长兴村	赵大伟	印象天宝+图案
18	正安白茶	正安县金林茶业有限责任公司	贵州省正安县和溪镇大坎村	叶深高	黔北

续表

序号	产品名称	企业名称	地址	法人代表	商标
19	正安白茶	贵州省正安县银茗香有机茶有限公司	贵州省正安县瑞溪三把车村	陈小波	汉珍月芽
20	正安白茶	正安县桴焉茶业有限责任公司	贵州省正安县瑞新工业园区	郭世文	世荣、桴焉、九道清
21	正安白茶	遵义凤龙茶业有限公司	贵州省正安县和溪镇米粮村	王勉	珍洲绿
22	正安白茶	贵州省正安县乐茗香生态有机茶叶有限公司	贵州省正安县城桐都大道世纪福园15-1号门面	罗泽宇	乐茗香
23	凤冈富锌富硒茶	贵州凤冈黔风有机茶叶有限公司	永安镇田坝村	明涛	春江花月夜
24	凤冈富锌富硒茶	贵州省凤冈县锌硒茶叶有限公司	永安镇田坝村	毛廷芬	万佛缘
25	凤冈富锌富硒茶	凤冈县仙人岭有机茶厂	永安镇田坝村	孙德礼	仙人岭
26	凤冈富锌富硒茶	贵州省凤冈县龙江有机茶叶有限公司	永安镇田坝村	任斌	浪竹
27	凤冈富锌富硒茶	贵州寸心草有机茶叶有限公司	贵州省凤冈县绥阳镇金鸡村	米刚	寸心草

资料来源：据国家质检总局发布公告整理。

（五）遵义市地理标志标准制定情况

1.遵义市国家地理标志保护产品标准制定情况

国家质检总局在《地理标志产品保护规定》中，明确规定了国家地理标志产品标准制定的要求和程序。《地理标志产品保护规定》第十七条规定："拟保护的地理标志产品，应根据产品的类别、范围、知名度、产品的生产销售等方面的因素，分别制定相应的国家标准、地方标准或管理规范。"并在《地理标志产品保护工作细则》第十八条中要求："保护申请批准公告发布后，省级质监机构应在3~6个月内，组织申请人按照公告中'质量技术要求'规定，在原有专用标准或技术规范的基础上，完善地理标志产品的标准体系,一般应以省级地方标准的形式发布,并报国家质检总局委托的技术机构审核备案。"

表9 遵义市国家地理标志保护产品标准制定

序号	产品名称	标准制定
1	茅台酒	a. 国家标准:GB/T 18356-2007《地理标志产品 贵州茅台酒》
2	余庆苦丁茶	a. 贵州省地方标准:DB52/454-2004《余庆苦丁茶》 b. 贵州省地方标准:《地理标志产品 余庆苦丁茶(草案)》
3	凤冈富锌富硒茶	a. 贵州省地方标准 DB52/T 489-2015《地理标志产品 凤冈富锌富硒茶》 b. 贵州省地方标准 DB52/T 1003-2015《地理标志产品 凤冈锌硒茶加工技术规程》
4	赤水金钗石斛	a. 国家质检总局批准公告关于赤水金钗石斛质量技术要求 B. 贵州省地方标准:《地理标志产品 赤水金钗石斛(草案)》
5	虾子辣椒	a. 国家质检总局批准公告关于虾子辣椒质量技术要求 b. 贵州省地方标准:《地理标志产品 虾子辣椒(草案)》
6	茅贡米	a. 贵州省地方标准 DB52/T 938-2014《地理标志产品 茅贡米》
7	绥阳金银花	贵州省地方标准 DB52/T 1060-2015《地理标志产品 绥阳金银花》
8	鸭溪窖酒	贵州省地方标准 DB52/T 738-2013《地理标志产品 鸭溪窖酒》
9	正安娃娃鱼	a. 国家质检总局批准公告关于正安娃娃鱼质量技术要求 b. 贵州省地方标准:《地理标志产品 正安娃娃鱼(草案)》
10	正安白及	a. 国家质检总局批准公告关于正安白及质量技术要求 b. 贵州省地方标准:《地理标志产品 正安白及(草案)》
11	正安野木瓜	a. 国家质检总局批准公告关于正安野木瓜质量技术要求 b. 贵州省地方标准:《地理标志产品 正安野木瓜(草案)》
12	正安白茶	a. 贵州省地方标准 DB52/T 835-2015《地理标志产品 正安白茶》 b. 贵州省地方标准 DB52/T 1016-2015《地理标志产品 正安白茶加工技术规程》
13	习酒	a. 贵州省地方标准 DB52/T 1029-2015《地理标志产品 习酒》
14	道真玄参	a. 贵州省地方标准 DB52/T 1065-2015《地理标志产品 道真玄参》
15	道真洛党参	a. 贵州省地方标准 DB52/T 1066-2015《地理标志产品 道真洛党参》
16	桐梓方竹笋	a. 国家质检总局批准公告关于桐梓方竹笋质量技术要求 b. 贵州省地方标准:《地理标志产品 桐梓方竹笋(草案)》
17	道真灰豆腐果	a. 国家质检总局批准公告关于道真灰豆腐果质量技术要求 b. 贵州省地方标准:《地理标志产品 道真灰豆腐果(草案)》
18	道真绿茶 (道真硒锶茶)	a. 国家质检总局批准公告关于道真绿茶(道真硒锶茶)质量技术要求 b. 贵州省地方标准:《地理标志产品 道真绿茶(道真硒锶茶)(草案)》

续表

序号	产品名称	标准制定
19	务川白山羊	a. 国家质检总局批准公告关于务川白山羊质量技术要求 b. 贵州省地方标准:《地理标志产品 务川白山羊(草案)》
20	赤水晒醋	a. 国家质检总局批准公告关于赤水晒醋质量技术要求 b. 贵州省地方标准:《地理标志产品 赤水晒醋(草案)》
21	习水红稗	a. 国家质检总局批准公告关于习水红稗质量技术要求 b. 贵州省地方标准:《地理标志产品 习水红稗(草案)》
22	白果贡米	a. 国家质检总局批准公告关于白果贡米质量技术要求 b. 贵州省地方标准:《地理标志产品 白果贡米(草案)》
23	遵义杜仲	a. 国家质检总局批准公告关于遵义杜仲质量技术要求 b. 贵州省地方标准:《地理标志产品 遵义杜仲(草案)》

2. 遵义市农产品地理标志质量控制技术规范

农业部《农产品地理标志管理办法》第九条第四款规定:"符合农产品地理标志登记条件的申请人,可以向省级人民政府农业行政主管部门提出登记申请,并提交产地环境条件、生产技术规范和产品质量安全技术规范。"可见,农业部对农产品地理标志的登记审核有"质量控制技术规范"的硬性要求。

表10 遵义市农产品地理标志质量控制技术规范

序号	产品名称	质量控制技术规范	质量控制技术规范编号
1	赤水竹乡乌骨鸡	《赤水竹乡乌骨鸡质量控制技术规范》	AGI 2010 - 01 - 00204
2	凤冈锌硒茶	《凤冈锌硒茶质量控制技术规范》	AGI 2014 - 03 - 1570
3	湄潭翠芽	《湄潭翠芽质量控制技术规范》	AGI 2014 - 03 - 1571
4	黔北黑猪	《黔北黑猪质量控制技术规范》	AGI 2013 - 03 - 1345
5	黔北麻羊	《黔北麻羊质量控制技术规范》	AGI 2013 - 03 - 1346
6	遵义烤烟	《遵义烤烟质量控制技术规范》	AGI 2015 - 03 - 1771

四 遵义市地理标志产品产业发展情况

1. 酒类地理标志产品

"茅台酒"被称作全国名酒之冠,产于仁怀市茅台镇。1915年至今,贵州茅台酒共获得15次国际金奖，连续五次蝉联"中国国家名酒"称号，与遵义董酒并称贵州省仅有的两大国家名酒，是大曲酱香型白酒的鼻祖。茅台镇拥有悠久的酿酒历史，明代时期酿酒的工艺就已初步形成；清朝乾隆年间，茅台镇成为川盐入黔的重要口岸，刺激了酿酒行业的生产发展；道光年间，茅台镇酿酒作坊不下20余家，产量达170吨。2015年茅台酒及系列酒出口创汇1.6亿美元，销售网络遍布全国，产品出口58个国家（地区），成为中国传统白酒类商品出口量最大、所及国家最多、吨酒创汇率最高的白酒品牌。在英国《金融时报》上发布的"2008年全球上市公司500强企业排行榜（FT Global 500）"，茅台酒名列全球500强企业排行榜第363位，全球饮料行业排名第9位，是中国饮料行业唯一上榜的企业。在2010年11月中国酒类流通协会主办的"第二届华樽杯中国酒类品牌价值排行榜"，茅台酒以531.46亿元，超过五粮液名列第一。在2013年的Brand Z全球最具价值品牌百强榜中，"贵州茅台"以121.93亿美元品牌价值位列该榜单第73位。"习酒"被誉为贵州十大名酒，产于习水县习酒镇。有史料记载，自秦汉以来，民间赤水沿岸一带就有酿酒历史。自1915年茅台酒在美国旧金山巴拿马万国博览会上获得金牌奖后，对仁怀、习水两县的酿酒业产生了很大的影响，酿酒业得到进一步发展。1952年，习酒先辈在黄金坪建国营郎庙酒厂生产酱香型白酒。1966年，浓香型白酒试制成功。20世纪八九十年代，习水大曲、习酒畅销大江南北。2010年，习酒品牌价值42.24亿元，名列中国白酒企业第21位，贵州白酒企业第2位。2012年9月，"习酒"品牌价值67.56亿元，同比增长64.94%，被评为2012年度华樽杯中国酒类十大最具全球竞争力品牌、2012年度华樽杯白酒品牌二十强。2015年习酒销售业绩超过20亿元。"鸭溪窖酒"发展历史悠久，1986年获第四届贵州名酒称号，在2003年获得年ISO 9001-2000质量体系认证，2010年获国家商务部"中华老字号"称号，2012年获得了国家类地理标志认证，2015年，鸭溪窖酒具备5万吨基酒生产能力，勾兑、包装、仓储能力达10万吨。实现直接就业3500人，间接就业上万人，年销售收入200亿元，年利税80亿元。

2. 茶叶类地理标志产品

"湄潭翠芽"已成为富民兴湄的重要支柱产业。先后150多次获"中茶杯"特等奖、"中绿杯"金奖、"国际名优茶评比"金奖、"贵州三大名茶"、"千年金奖"、"茶王"等荣誉,其中,国家级金奖88次,在2009年,为贵州十大名茶之首,2010年贵州五大名茶位列第一。"湄潭翠芽"于2011年被评为中国驰名商标,品牌价值13.71亿元。现如今,"湄潭翠芽"茶园总面积突破30万亩,无性系良种茶园占95%以上,建设三百里生态茶叶长廊。其中有机茶园力争达到5万亩,绿色食品茶园达到50%,无公害茶园达到100%。国家级龙头企业1家,省级龙头企业2家,市级龙头企业5家以上;开设了"湄潭翠芽"品牌专卖店300个以上;建设了西南茶城综合市场、标准茶青交易市场10个以上。茶叶总产量达到2万吨以上,市场售价平均高达1000元/斤。茶叶总产值超过10亿元,茶业综合收入达到20亿元以上,惠及茶农30万人。"遵义红(茶)"是全国十大红茶之一,产品曾受到张天福、陈宗懋等茶届泰斗和消费者的青睐,在2008年第九届广州国际茶文化博览会荣获金奖;2009年第八届"中茶杯"全国名优茶评比一等奖;2009年"贵州十大名茶"评比中荣获"评审委员会特别奖";在2011年的信阳茶博会上一举跻身全国十大红茶。目前,遵义红茶(遵义红)已在北京、上海、重庆等大城市建立联营和直销点,全市拥有大小企业90多家,种植面积10万亩,年产值16亿元,惠及茶农5.6万人次。"余庆苦丁茶"余庆县在2009年成立茶叶产业发展领导小组,建立茶产业联席会议制度,重点抓好"余庆苦丁茶"品牌建设,采取"公司+基地+农户"的模式推动余庆苦丁茶产业发展。全县有余庆小叶苦丁茶有限责任公司、构皮滩茶业有限责任公司和30余家茶庄,个体户生产、加工、销售苦丁茶和绿茶。各企业在全国创办了多家营销网点,基本形成"公司+农户"、"茶庄+农户"、"经济能人+农户"、"协会+农户"等多种发展模式。到2015年,全县茶叶基地面积达到15万亩以上,实现茶叶产值5亿元,新建茶叶综合交易市场1个,茶青交易市场10个。"正安白茶"作为一个独特和稀缺的白茶资源,是正安县一直着力打造的一个高端品牌。正安县在2012年

12月在北京被授予了"中国白茶之乡"的称号。正安县为发展"正安白茶"产业，从2006年起，做出农业产业结构调整规划：在"十一五"期间，改造2万亩低产茶园，新建茶园13万亩，到2015年，全县茶园面积达到28万亩。为完成目标，政府出台"优惠奖励40条"规定，鼓励茶农新建茶园，扶持加工企业、实施品牌战略。2008年、2009年、2010年，正安县分别用中央财政现代农业奖励资金652万元、生产发展资金1032万元和1600万元，县级整合9.5倍以上，资金约3亿元用于发展生态茶产业。在品牌打造上，以"上善若水·至境唯白"的"正安白茶"广告牌广为宣传。到2015年全县拥有茶园38万亩，茶园面积达到40万亩以上，"正安白茶"达15万~20万亩，无性系良种率达到98%以上，建有茶青交易市场30个，茶叶交易市场1个，加工厂200家。国家级龙头企业1至2家、省级龙头企业6~8家、市级龙头企业10家以上。"凤冈锌硒茶"在2004年9月，被授予凤冈"中国富锌富硒有机茶之乡"称号；2006年，国家质量监督检验检疫总局批准对凤冈富锌富硒茶实施地理标志产品保护；2013年12月，获"凤冈锌硒茶"驰名商标，拥有茶园40.21万亩，其中有机茶园3.2万亩，茶叶加工企业187家，含国家级龙头企业一家，省、市级龙头企业各9家。茶叶年产量1.9万吨以上，年产值22.8亿元。2014年在"中国茶叶区域公用品牌价值评估"获评"全国最具发展力品牌，品牌价值6.83亿元"。2015年中国茶叶区域公用品牌价值评估结果暨排行榜"凤冈锌硒茶"公用品牌价值升至9.63亿元，在全国94个价值评估公用品牌中排行第56位。2016年，凤冈县发展茶叶加工企业234家，国家级产业化龙头企业1家，省级龙头企业16家。

3. 中药材类地理标志产品

"遵义杜仲"是贵州三宝之一。遵义是全国杜仲的主要产区之一，1987年，贵州中药材进行资源普查统计，遵义杜仲是排名贵州前十的中药材；2001年，贵州举行杜仲人工栽培的标准化评比，遵义杜仲名列前五。目前已有5800多万株，全市年产量7万多千克，出口量4000千克左右。"赤水金钗石斛"是国家二类保护珍稀濒危植物，和雪莲、人参、冬虫夏草等名贵中药材并称为"九大仙草"，产于赤水市。目前在贵州省赤水市的种植面积已达5万多亩,是国内最大的国家级石斛生产基地,年可产鲜石斛2000余吨,药农直接收益1.38亿元。金钗石斛是该市境内的道地药材。2015年,该市按照"农场式"、"公司+专业合作社"的运作模式,在11个乡(镇)建立起金钗石斛商品生产基地3.4万多亩。通过国家、省、市科技产业项目支持,石斛组培苗栽种成活率从以前的不到一半飞跃至95%以上,完成了石斛产地初加工技术研究,科技创新使石斛种苗繁育技术、原生态栽培技术、林下规范种植水平、基地建设规模居全国同行业领先水平。"正安白及"围绕《中药材生产质量管理规范(实行)》的要求,2015年建成300亩白及核心基地,是目前国内白及种植基地面积最大的产业园区。辐射带动全正安县白及种植。镇安县药材资源丰富,2014年拥有"道真玄参"1.5万亩,"道真洛党参"9000亩,该县以7家企业为龙头,通过政府引导、市场运作等方式,整合全县中药材流通资源,以全县中药材经营、加工企业和经营大户为骨干,与国内大型医药企业合作,充分利用玄参、洛党参市场知名度,凸显品牌效应和辐射带动作用,让中药材成为千家万户增收致富的支柱产业。

4. 其他类地理标志产品

"茅贡米"现有18万吨精米加工生产线和年产2000吨米皮胚芽油生产线及5万吨储备库,基地22万亩,其中立核心基地2万亩,带动农户10万户以上,每年为农户增收上千万元。"虾子辣椒"已有500多年的种植历史,成为中国传统的出口免检农副产品之一。2004年市场干辣椒交易量突破5500万千克,交易额近4亿元,主要销往全国各大中城市及美国、俄罗斯、墨西哥、日本、东南亚各国以及中国香港、澳门等地区。2013年交易量7500万千克,交易额12亿元。"白果贡米"目前主要售往贵州省内各市场。2014年拥有核心种植基地5000亩,产值1837万元。

五 遵义市地理标志产品保护效益

(一) 经济效益

茅台酒自2001年获得地理标志产品保护后,茅台酒基酒产量由2001年的8053吨增长到2015年的32179吨；公司营业收入由16.18亿元增长到326.5亿元；2001年实现出口创汇315.56万元，2015年茅台酒及系列酒出口创汇1.6亿美元，销售网络遍布全国，产品出口58个国家（地区）。在2013年"贵州茅台"以121.93亿美元品牌价值，位列全球最具价值品牌百强榜第73位。2015年习酒销售业绩超过20亿元。湄潭翠芽在获地理标志保护后，市场售价平均高达2000元/千克。茶叶总产值超过10亿元，茶业综合收入达到20亿元以上，惠及茶农10万人。"茅贡米"获地理标志保护后，产业迅速发展壮大。现有18万吨精米加工生产线和年产2000吨米皮胚芽油生产线及5万吨储备库，基地22万亩，其中立核心基地2万亩，带动农户10万户以上，每年为农户增收上千万元。"正安白茶"作为一个独特和稀缺的白茶资源，到2015年全县拥有茶园38万亩，茶园面积达到40万亩以上。余庆苦丁茶获地理标志产品保护后，余庆苦丁茶青价格由原来的100～130元/千克提高到160～200元/千克，销售价格由原来的800～1000元/千克提高到1200～1400元/千克（2011年），每千克至少上涨了400元。全县苦丁茶种植涉及茶农9200余户，人均增收每年200～500元。赤水晒醋在2015年通过国家质检总局评审后，其市场价格在三个月内平均上涨了1元，品均售价35.5元/500ml，比普通食醋高出5～10元。白果贡米2013年平均价格2.5元/斤，自获得地理标志认证后，平均价格涨至6元/斤，为白果镇人均增收196.51元，白果、福禄两村人均增收1415.72元。黔北麻羊作为国家遗传性资源品种，获地理标志保护后，2014年出栏黔北麻羊26.6881万只，产羊肉4813吨；按照习水县委、县政府《关于加快现代高效生态畜牧业发展的实施意见》，到2017年要达到年出栏60万只的规模。

（二）社会效益

"茅台酒"、"习酒"、"湄潭翠芽"、"遵义红（茶）"、"正安白茶"、"遵义杜仲"、"茅贡米"、"赤水晒醋"、"习水红稗"等地理标志产品产量的增加及产业的发展将直接为该类产品的生产人员或种植户带来经济收入的增长。茅台酒、习酒和鸭溪窖酒产业的发展，均吸纳了从生产、研发、管理的多层次人才，分别直接和间接增加就业岗位几万余人，带动了其他产业、企业及相关领域经济的发展。茅台酒主要原材料来源有机高粱基地认证面积达65.58万亩，直接解决就业人口18522人。湄潭翠芽的发展，茶叶综合收益20亿元以上，惠及茶农10万人。遵义红（茶）惠及茶农5.6万人次。余庆苦丁茶地理标志的发展，涉及茶农9200余户，人均增收每年200~500元。

遵义市地理标志产品的发展，极大地带动了白酒业、茶产业、中药材产业、粮食作物产业、畜牧产业及食品行业、运输业、旅游业、餐饮服务业等相关产业及领域的发展，实现了经济效益和社会效益的双丰收。相关产业与领域的发展壮大，有利于加快遵义地区社会发展的步伐，促进遵义地区的经济发展与社会发展实现新的飞跃。

（三）生态效益

遵义市地理标志产品在实现保护和发展的过程中，通过地理标志严格的质量技术要求与相关标准的强制执行，能对产地的产品原材料保护、产品品质特色、土壤利用、环境污染治理、重金属控制、农药残留控制、生物种群及群落保护起着极大的促进作用。在地理标志产品实现经济效益与社会效益的同时，更好地实现与生态效益的有机结合。

地理标志产品通过质量标准控制和原产地环境保护来保护品种资源，实现生物多样性保护与生态系统可持续性保护。茅台酒、习酒等产品从原材料高粱种植到产地环境控制，一切按照规范化的生产以标准化来保证产地环境的保护，包括产地生产用水及水环境保护、植被生态保护、工业污染治理等。湄潭翠芽、遵义红茶相继制定完善产品标准及相关标准，鼓励农民开展退耕还林政策，将林地改为茶或林下套茶，无林地（含荒芜地、复耕地）按标准建设茶园；余庆苦丁茶进行标准化、生态化生产，制定了《余庆小叶苦丁茶地方标准体系》《苦丁茶加工与栽培技术研究》；凤冈永安茶海之心已是国家级4A级旅游风景区。茅贡米、白果贡米通过控制产品质量来实现对农田生态系统的保护。遵义杜仲、赤水金叉石斛、正安白及通过质量及相关技术规范来把控产地环境要求，进行野生或仿野生种植，从而保护生态环境。黔北麻羊、黔北黑猪、赤水竹乡乌骨鸡等畜禽产品在养殖过程中控制放养量，大量种植青绿饲料，在保护过程中严格控制周边环境污染，极大程度地保护产地生态环境与遗传性资源品种。

六 遵义市潜在的地理标志产品保护资源

遵义市自然环境得天独厚、人文历史丰富，各类物产资源丰富。除目前获得的33件地理标志产品外，遵义地区还潜藏着许多特色产品资源，这些潜在资源为遵义市培育新的地理标志产品提供了重要的发展资源。遵义市潜在的地理标志产品有：董酒、珍酒、仁酒、湄窖、习水大曲等酒类产品；遵义红、遵义毛峰、习水老鹰茶、湄潭金尖、黔江银钩等茶叶类产品；正安何首乌、凤冈黄精、凤冈天冬、习水厚朴、正安油桐、余庆吴茱萸等中药材产品；仁怀红高粱、正安红苕粉等粮油类产品；赤水龙眼、务川红皮大蒜、凤冈团子辣椒、绥阳朝天椒、绥阳小黄椒、余庆红金橘、桐梓白花桃、太白李子（桐梓）、二郎李子（习水）、乌江核桃箐核桃等果蔬类产品；习水麻羊、桐梓白山羊、乌江鱼、花秋土鸡等养殖类；绥阳空心面、习水苕丝糖、务川百合粉、赤水竹笋、湄潭红豆腐、桐梓蜂蜜、乌江豆腐等食品饮料类产品；赤水竹编、遵义通草堆画等工艺品类产品。

表11 遵义市潜在地理标志产品保护资源名录

类别	产品名称
果蔬类	赤水龙眼、务川红皮大蒜、凤冈团子辣椒、绥阳朝天椒、绥阳小黄椒、余庆红金橘、桐梓白花桃、太白李子、二郎李子、乌江核桃箐核桃
中药材类	正安何首乌、习水厚朴、凤冈黄精、凤冈天冬、正安油桐、余庆吴茱萸
酒类	董酒、珍酒、仁酒、湄窖、习水大曲
茶类	遵义红、遵义毛峰、习水老鹰茶、习水红茶、湄潭金尖、务川都濡月兔、黔江银钩
粮油类	仁怀红高粱、正安红苕粉
养殖类	习水麻羊、桐梓白山羊、乌江鱼、花秋土鸡、旧城黑猪
食品饮料类	绥阳空心面、务川百合粉、习水苕丝糖、赤水竹笋、赤水玉兰片、湄潭红豆腐、正安山竹笋、遵义黄粑、安场中蜂蜜、桐梓蜂蜜、乌江豆腐
工艺品类	赤水竹编、遵义通草堆画、绥阳旺草竹编

B.4 安顺市地理标志产业发展报告

邹宇 钟蕾[*]

摘　要： 2009年6月21日，平坝灰鹅通过国家工商总局注册为地理标志证明商标，成为安顺市第一件成功获批地理标志产品；2014年12月11日，普定朵贝茶成功入选第二批"10+10"中欧互认地理标志保护产品谈判目录，与茅台酒、惠水黑糯米酒一起成为全省3个在欧盟获得互认保护的国家地理标志保护产品；2016年11月2日，安顺金刺梨、平坝灰鹅、关岭牛、关岭火龙果四件产品获农业部农产品地理标志保护。截至2016年12月31日，安顺市现有平坝灰鹅、坡贡小黄姜、紫云花猪、紫云红芯红薯、上关六月李、镇宁波波糖、黄果树毛峰、朵贝茶、白旗韭黄、黄果树窖酒、黄果树矿泉水、安顺蜡染、梭筛桃、关岭火龙果、关岭桔梗、安顺山药、安顺金刺梨、关岭牛共18件产品获地理标志保护。

关键词： 安顺市　地理标志

安顺市位于贵州省中西部，毗邻贵州省省会城市贵阳，素有"黔之腹、滇之喉、粤蜀之唇齿"之称。东邻省会贵阳市和黔南布依族苗族自治州，西靠六盘水市，南连黔西南布依族苗族自治州，北接毕节市。全市总面积9267平方千米，总人口289.98万人，其中少数民族人口占39%。安顺市现

---

[*] 邹宇，普定县市场监督管理局工程师；钟蕾，贵州省地理标志研究中心助理研究员。

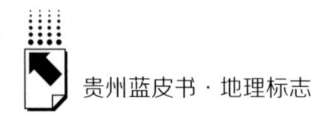

辖西秀区、平坝区2个区，普定县、镇宁布依族苗族自治县、关岭布依族苗族自治县、紫云苗族布依族自治县3个自治县，以及安顺经济技术开发区、黄果树风景名胜区、龙宫风景名胜区3个管理区。

一 安顺市地理标志产品环境因素概况

（一）自然地理环境

安顺地处长江水系乌江流域和珠江水系北盘江流域的分水岭地带，是世界上典型的喀斯特地貌集中地区。境内平均海拔高度在1102~1694米，全境海拔高度主体部分在560~1800米，是高原面尚未深切割的丘陵状高原，具有山岳气候的典型特征。安顺属典型的高原型湿润亚热带季风气候，气候凉爽、湿润，空气清新，太阳辐射低，雨量充沛，年平均降雨量1360毫米，年平均气温14.0℃，≥0℃积温为5000~6000℃，年平均相对湿度80%，日照时数在1100~1700h之间。地处贵州高原苗岭山脊线上，山谷风明显，西南季风来自印度洋，夏季风多，无闷热感，年平均风速2.4m/s。安顺地区境内冬无严寒，夏无酷暑，气候温和宜人。1月平均气温4.3℃，7月平均气温21.9℃，是中国避暑胜地。全市风景区面积占地域面积的12%以上，远高于全国1%和贵州省4.2%的比例，具有"中国瀑乡"、"屯堡文化之乡"、"蜡染之乡"、"西部之秀"的美誉。2007年，安顺市荣获"中国优秀旅游城市"称号。境内土壤以黄壤为主，次有水稻土、石灰土、紫色土、山地黄棕壤等，土壤pH在4.65~6.20，有机质含量平均值为31.13g/kg。地处长江水系乌江流域和珠江水系北盘江流域的分水岭地带，境内河流纵横，水资源丰富。

安顺市凭借自身优越的地理环境与自然环境条件，现已成为贵州省优质大米、茶叶、生姜、水果、地方名畜良禽、中草药等产品的主要生产地。

（二）历史人文环境

安顺地区历史悠久、源远流长，是贵州省最早设立县治的古城之一。早在两千多年前的春秋时期，安顺为古牂牁国北部中心；战国时属夜郎国；秦属象郡之夜郎县和且兰县地；西汉初西南夷各方国据境自立；唐中叶为普宁郡王府；宋时为绍庆府、普宁州；元隶属于曲靖宣慰司；明代，洪武五年（1372）置普定土府；洪武十六年（1383）、十八年（1385）分别撤普定府和普定县，将习安州并入安顺州。万历三十年（1602）升安顺州为安顺府，府、卫同城。由于地利之便，安顺成为黔中地区的政治、军事、经济、文化中心。清顺治十七年（1660）设总揽云贵军政大权的云贵总督，总督驻地半年驻安顺，半年驻曲靖；康熙元年（1663）罢去云贵总督，划云南、贵州二省归平西王吴三桂管辖，改设贵州总督衙门于安顺；到康熙五年撤贵州总督，设云贵总督，移驻贵阳。康熙六年（1667）贵州提督自贵阳移驻安顺；自康熙七年（1668）始至辛亥革命（1911）贵州提督自行消亡为止，其驻安顺达243年之久。民国3年（1914）安顺府更名为安顺县。1949年11月22日，中共安顺临时县委、县人民政府建立。1958年设置安顺市，市、县分治，年底撤县并市。

安顺文化底蕴深厚，是贵州省历史文化名城，具有穿洞文化、夜郎文化、牂牁文化、屯堡文化、三国文化、攀岩文化、三线文化等独特的文化优势。现有国家级重点文物保护单位5处，省级文物保护单位27处。普定穿洞古人类文化遗址被誉为"亚洲文明之灯"；关岭"红崖天书"世称"千古之谜"；明代军事遗存屯堡村落和关岭古生物化石群堪称"世界唯一"；安顺蜡染被誉为"东方第一染"；安顺地戏被称为"中国戏剧活化石"。

安顺市是一个五方杂处、多民族杂居的城市，汉族人口占大多数，布依族次之，苗族人口居第三位，除此之外，还有回族、侗族、彝族等20多个少数民族。少数民族人口占全市总人口的39%。丰富多样的民族成分，使安顺地区各民族在其历史发展过程中创造和发展出各具自身民族特点的民族文化与风俗习惯。如：安顺蜡染、屯堡地戏、安顺苗族跳花、屯堡花灯、安顺苗族服饰、安顺布依族服饰、安顺木雕艺术、安顺石雕艺术等。

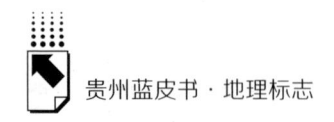

二 安顺市地理标志产品保护概况

截至2016年12月31日,安顺市现共有18件地理标志产品。

经国家质检总局批准的国家地理标志保护产品有10件,分别为:镇宁波波糖、黄果树毛峰、朵贝茶、白旗韭黄、黄果树窖酒、黄果树矿泉水、安顺蜡染、梭筛桃、关岭火龙果、关岭桔梗。

经国家工商总局批准的地理标志证明商标有5件,分别为:平坝灰鹅、坡贡小黄姜、紫云花猪、紫云红芯红薯、上关六月李。

经农业部登记的农产品地理标志有6件,安顺山药、紫云花猪、安顺金刺梨、关岭牛、关岭火龙果、平坝灰鹅。

表1 安顺市地理标志产品数量统计

申请部门	国家质检总局	国家工商总局	农业部
获批产品	黄果树毛峰、安顺蜡染、镇宁波波糖、黄果树窖酒、黄果树矿泉水、朵贝茶、白旗韭黄、梭筛桃、关岭火龙果、关岭桔梗	平坝灰鹅、紫云花猪、紫云红芯红薯、上关六月李、坡贡小黄姜	安顺金刺梨、安顺山药、平坝灰鹅、关岭牛、关岭火龙果、紫云花猪
小计	10件	5件	6件
总计	18件(平坝灰鹅、紫云花猪、关岭火龙果获双重保护)		

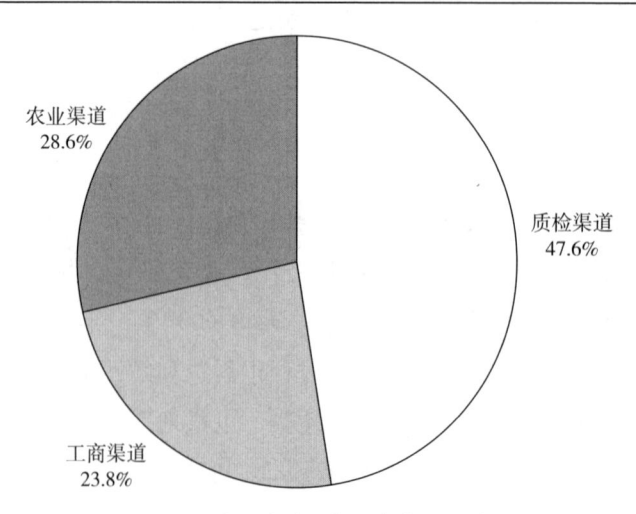

图1 安顺市地理标志各部门分布

其中，所有受理申报的地理标志产品中，平坝灰鹅、紫云花猪获地理标志证明商标和农业部地理标志双重保护；关岭火龙果获国家地理标志保护产品和地理标志证明商标双重保护。实际安顺市地理标志产品数量总计为18件。

表2　国家质检系统国家地理标志保护产品

序号	产品名称	品质特色	保护范围	受理公告	批准公告
1	镇宁波波糖	球呈圆形，直径30～45mm，大小基本均匀，表面覆盖扯糖工艺形成的丝条状物质，内部糖丝层叠，具有麦芽糖、芝麻、花生混合清香，糖体牙碰即碎，入口即化，不粘牙，酥脆香甜	贵州省镇宁自治县城关镇、大山乡、丁旗镇等3个乡镇现辖行政区域	2009.12.28 2009年第130号	2010.9.30 2010年第110号
2	黄果树毛峰	条索卷曲，紧细、显毫。色泽绿润。茶汤黄绿，明亮。带有板栗香。滋味浓醇。叶底嫩匀成朵，黄绿，明亮	贵州省安顺市西秀区、平坝县、普定县、镇宁自治县、关岭自治县、紫云自治县、经济技术开发区、黄果树风景名胜区8个县、区现辖行政区域	2011.9.5 2011年第128号	2012.3.13 2012年第37号
3	朵贝茶	扁形茶：外形扁直、光滑、匀整；色泽绿润、嫩香持久；汤色嫩绿明亮；滋味醇厚鲜爽。卷曲形茶：外形条索紧实、匀整；色泽灰绿光润；香气高长；汤色黄绿清澈；滋味醇厚鲜爽	贵州省普定县城关镇、化处镇、马官镇、白岩镇、马场镇、龙场乡、猫洞乡、补郎乡、坪上乡、鸡场坡乡、猴场乡11个乡镇现辖行政区域	2012.8.13 2012年第115号	2013.2.21 2013年第26号
4	白旗韭黄	颜色呈金黄色，产品长≥40cm，假茎长≥20cm，假茎粗≥0.3cm，鲜嫩化渣	贵州省普定县现辖行政区域	2013.12.24 2013年第178号	2014.9.2 2014年第96号
5	黄果树窖酒	清亮透明，无悬浮物，无沉淀；具有浓郁的乙酸乙酯为主体的复合香气，窖香优雅，略带清香，酒体醇合协调，绵甜爽净，回味悠长	贵州省镇宁自治县城关镇、大山镇、扁担山乡共3个乡镇现辖行政区域	2014.6.24 2014年第66号	2014.12.1 2014年第129号

续表

序号	产品名称	品质特色	保护范围	受理公告	批准公告
6	黄果树矿泉水	无色、无臭、无味、无沉淀,清冽甘甜,水质、口感上佳	贵州省镇宁自治县城关镇果寨村、扁担山乡凹子寨村共2个行政村现辖行政区域	2014.6.24 2014年第66号	2014.12.1 2014年第129号
7	安顺蜡染	冰纹明显,颜色鲜艳,过渡自然,着色牢固	贵州省安顺市现辖行政区域	2014.7.25 2014年第85号	2015.4.7 2015年第44号
8	梭筛桃	果形端正近圆形,皮色青绿,阳面带红霞,果肉白或青绿,肉质紧密,皮薄肉脆,爽口鲜甜	贵州省普定县现辖行政区域	2015.4.7 2015年第45号	2015.8.10 2015年第96号
9	关岭火龙果	果实圆形,果皮呈鲜红色至淡红色;果肉紫红色,汁多味甜	贵州省关岭自治县板贵乡、上关镇、花江镇、八德乡、断桥镇、新铺镇、岗乌镇、普利乡等8个乡镇现辖行政区域	2015.12.24 2015年第161号	2016.7.4 2016年第63号
10	关岭桔梗	呈圆柱形或略呈纺锤形,分枝少,长7~20cm,直径0.7~2cm。表面白色或淡黄白色。质实体重,硬而不易折断。断面呈菊花心状,皮部类白色,木部淡黄白色。味微甜后苦	贵州省关岭自治县关索街道办事处、顶云街道办事处、花江镇、永宁镇、岗乌镇、上关镇、沙营镇、八德乡、普利乡等9个乡镇(街道)现辖行政区域	2015.12.24 2015年第161号	2016.7.4 2016年第63号

表3 国家工商系统地理标志证明商标

序号	商标名称	商品/服务列表	注册人	注册号	专用期限
1	平坝灰鹅	鹅	平坝县畜禽改良站	7047406	2009/6/21~2019/6/20
2	紫云花猪	猪	紫云苗族布依族自治县农业技术推广站	9021635	2011/7/28~2021/7/27
3	紫云红芯红薯	红薯	紫云苗族布依族自治县农业技术推广站	9021634	2011/7/28~2021/7/27
4	坡贡小黄姜	姜	关岭布依族苗族自治县坡贡镇生姜种植协会	8841726	2011/3/28~2021/3/27
5	上关六月李	李	关岭布依族苗族自治县上关镇六月李种植协会	8841725	2012/2/21~2022/2/20

表4 农业部农产品地理标志

序号	产品名称	申请人	划定的产地保护范围	批准公告
1	安顺山药	安顺市西秀区蔬菜果树技术推广站	西秀区所辖行政区内的十七个乡镇（办），包括：刘官乡、东屯乡、杨武乡、新场乡、鸡场乡、岩腊乡、黄腊乡、旧州镇、双堡镇、大西桥镇、七眼桥镇、蔡官镇、轿子山镇、龙宫镇、宁谷镇、东关办事处、华西办事处。地理坐标为东经105°44′32″~106°21′58″,北纬25°56′30″~26°24′42″	2010年12月24日 中华人民共和国农业部公告 第1517号
2	紫云花猪	紫云县畜禽品种改良站	紫云苗族布依族自治县所辖松山镇、猫营镇、猴场镇、水塘镇、板当镇、大营乡、宗地乡、坝羊乡、白石岩乡、火花乡、达帮乡、四大寨乡等12个乡镇。地理坐标为东经105°55′00″~106°29′00″,北纬25°21′00″~26°03′00″。	2014年7月28日 中华人民共和国农业部公告 第2136号
3	安顺金刺梨	安顺市农业技术推广站	安顺市所辖西秀区、平坝县、普定县、镇宁县、关岭县、紫云县、安顺经济开发区、黄果树管委会等8个县(区、管委会)。地理坐标为东经105°13′~106°34′,北纬25°21′~26°38′	2016年11月2日 中华人民共和国农业部公告 第2468号
4	关岭牛	关岭布依族苗族自治县草地畜牧业发展中心	关岭布依族苗族自治县所辖关索街道办事处、顶云街道办事处、花江镇、永宁镇、岗乌镇、上关镇、断桥镇、坡贡镇、沙营镇、新浦镇、八德乡、板贵乡和普利乡，共13个乡镇（街道办事处）。地理坐标为东经105°22′50″~105°45′22″,北纬25°33′38″~25°55′32″	2016年11月2日 中华人民共和国农业部公告 第2468号
4	关岭火龙果	关岭布依族苗族自治县果树蔬菜工作站	关岭布依族苗族自治县所辖花江镇、上关镇、岗乌镇、断桥镇、新铺镇、板贵乡共6个乡镇。地理坐标为东经105°22′50″~105°45′22″,北纬25°33′38″~25°55′32″	2016年11月2日 中华人民共和国农业部公告 第2468号
5	平坝灰鹅	安顺市平坝区畜禽品种改良站	安顺市平坝区所辖白云镇、羊昌乡、夏云镇、安平办、鼓楼办、十字乡、齐伯乡、乐平镇、天龙镇共9个乡镇（街道办）。地理坐标为东经106°34′06″~106°59′24″,北纬26°15′18″~26°37′45″	2016年11月2日 中华人民共和国农业部公告 第2468号

三 安顺市地理标志产品保护分析

(一)安顺市地理标志产品各区县情况

在安顺市各区县已成功申报的地理标志产品中,安顺市有黄果树毛峰、安顺蜡染、安顺金刺梨;镇宁县地理标志产品有:镇宁波波糖、黄果树窖酒、黄果树矿泉水;普定县地理标志产品有:朵贝茶、白旗韭黄、梭筛桃;关岭县地理标志产品有:坡贡小黄姜、上关六月李、关岭火龙果、关岭桔梗、关岭牛;紫云县地理标志产品有:紫云花猪、紫云红芯红薯;平坝区地理标志产品有:平坝灰鹅;西秀区地理标志产品有:安顺山药。

其中,黄果树毛峰、安顺蜡染、安顺金刺梨3件产品为市级地理标志产品。

表5 安顺市地理标志产品各区县情况统计

地 区	国家质检总局	国家工商总局	农业部	小计/件
安顺市	黄果树毛峰、安顺蜡染	—	安顺金刺梨	3
镇宁县	镇宁波波糖、黄果树窖酒、黄果树矿泉水	—	—	3
普定县	朵贝茶、白旗韭黄、梭筛桃	—	—	3
关岭县	关岭火龙果、关岭桔梗	坡贡小黄姜、上关六月李	关岭牛、关岭火龙果	5
紫云县	—	紫云花猪、紫云红芯红薯	紫云花猪	2
平坝区		平坝灰鹅	平坝灰鹅	1
西秀区	—	—	安顺山药	1

(1)在总体数量上,截至2016年12月31日,安顺市已经申报成功的地理标志产品总数共18件。与贵州省内其他地区相比较来说,安顺市地理标志产品总数较理想,安顺市地理标志工作取得一定成绩。

(2)在地区分布上,安顺地区现有地理标志产品主要集中在安顺市、普定县、关岭县与镇宁县。其中,关岭县地理标志产品数量为安顺地区最多县份,紫云县、平坝区、西秀区地理标志产品数量较少。

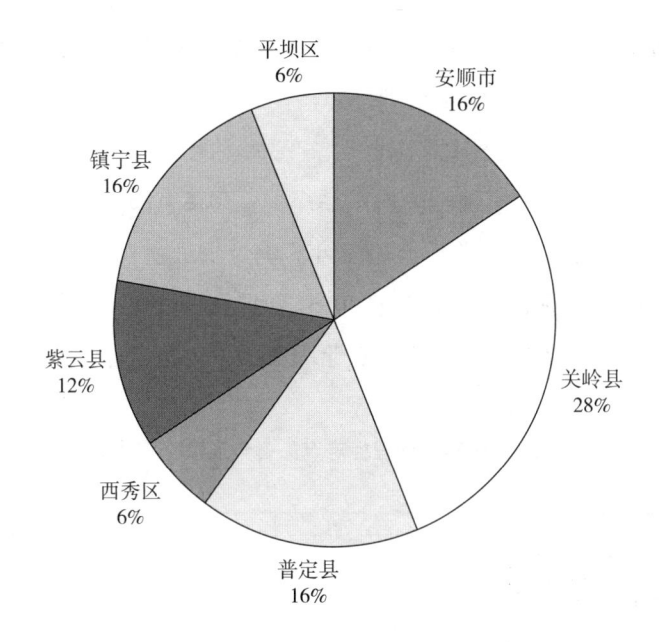

图 2 安顺市地理标志各区县比例

（3）在申请渠道上，安顺地区的 18 件地理标志产品分别在质检总局、工商总局和农业部这三个渠道都获得了地理标志的保护。

（4）在保护力度上，平坝灰鹅、紫云花猪获地理标志证明商标和农业部地理标志双重保护；关岭火龙果获国家地理标志保护产品和地理标志证明商标双重保护。

（二）安顺市地理标志产品各年度情况

2009 年 6 月 21 日，平坝灰鹅成功申报为地理标志证明商标；2010 年 9 月 30 日，镇宁波波糖获国家质检总局国家地理标志产品保护；2010 年 12 月 24 日，安顺山药获农业部农产品地理标志登记保护；2011 年 3 月 28 日，坡贡小黄姜成功申报地理标志证明商标；2011 年 7 月 28 日，紫云花猪、紫云红芯红薯成功申报地理标志证明商标；2012 年 2 月 21 日，上关六月李成功申报地理标志证明商标；2012 年 3 月 13 日，黄果树毛峰获国家地理标志产品保护；2013 年 2 月 21 日，朵贝茶获国家质检总局国家地理标志产品保护；2014年7月28日，紫云花猪成功申报为农产品地理标志；2014年9月2日，白旗韭黄成功申报国家地理标志产品保护；2014年12月1日，黄果树窖酒、黄果树矿泉水获国家地理标志产品保护；2015年4月7日，安顺蜡染获国家质检总局国家地理标志产品保护；2015年8月10日，梭筛桃成功申报国家地理标志产品保护；2016年7月4日，关岭火龙果、关岭桔梗成功申报国家地理标志产品保护；2016年11月2日，安顺金刺梨、关岭牛、关岭火龙果、平坝灰鹅成功获农业部农产品地理标志保护。

表6 安顺市地理标志产品各年度情况统计

单位：件

年份	国家工商总局	国家质检总局	农业部	小计
2009	1	—	—	1
2010	—	1	1	2
2011	3	—	—	3
2012	1	1	—	2
2013	—	1	—	1
2014	—	3	1	4
2015	—	2	—	2
2016	—	2	4	5（关岭火龙果获双重保护）

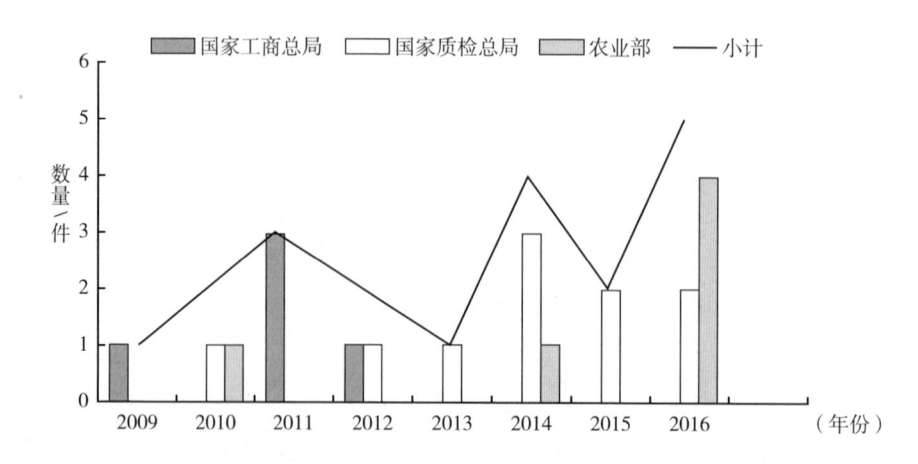

图3 2009~2016年安顺市地理标志各年度统计

（1）2009年，平坝灰鹅通过国家工商总局获地理标志证明商标，为安顺市第一件获批地理标志产品。2009~2016年的七年，安顺市地理标志数量增长到18件，地理标志发展速度较快。

（2）2013~2016年，是安顺市国家地理标志产品迅速发展的一个阶段，增长了8件国家地理标志产品。2011年是安顺市地理标志证明商标迅速发展的一个时间节点，增长了3件；2014~2016年，安顺市农业部地理标志也有所发展，在2010年1件产品的基础上增加到现今的6件产品。

（三）安顺市地理标志产品分类情况

从安顺市获批的18件地理标志产品来看，蔬菜瓜果类有8件，分别为：坡贡小黄姜、紫云红芯红薯、上关六月李、安顺山药、白旗韭黄、梭筛桃、关岭火龙果、安顺金刺梨；茶叶类有2件，分别为：黄果树毛峰、朵贝茶；养殖类有3件，分别为：平坝灰鹅、紫云花猪、关岭牛；中药材类有1件：关岭桔梗；食品饮料类有2件，分别为：镇宁波波糖、黄果树矿泉水；工艺品类有1件：安顺蜡染；酒类有1件：黄果树窖酒。

表7 安顺市地理标志产品分类统计

分　类	国家工商总局/件	国家质检总局/件	农业部/件	小计/件
果蔬类	3	3	3	8（关岭火龙果获双重保护）
中药材类	—	1	—	1
茶叶类	—	2	—	2
工艺品类	—	1	—	1
养殖类	2	—	3	3（平坝灰鹅、紫云花猪获双重保护）
食品饮料类	—	2	—	2
酒　类	—	1	—	1

（1）在安顺市18件地理标志产品中，主要产品种类是果蔬类，其次是养殖类，再次是茶叶类和食品饮料类。安顺地区境内海拔差异较大，立体气

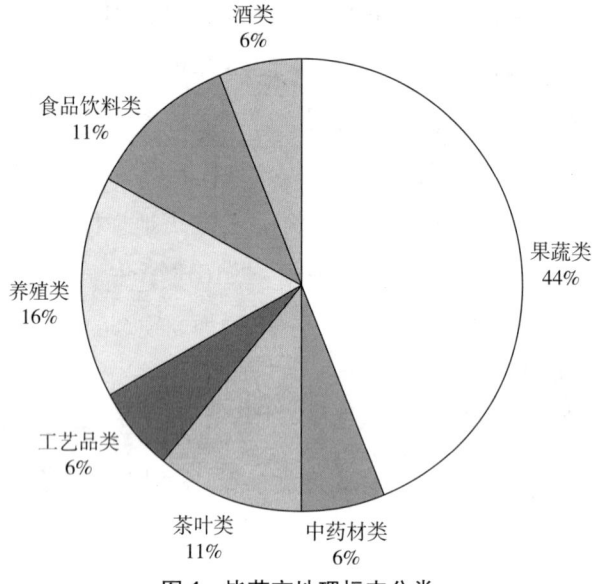

图 4 毕节市地理标志分类

候明显，适宜多种动植物生长。境内冬无严寒，夏无酷暑，气候凉爽、湿润，空气清新，雨量充沛，年平均降雨量1360毫米，年平均气温14.0℃。优越的自然环境为蔬菜瓜果等农作物、茶树的生长及动植物的繁衍提供了得天独厚的自然条件。

（2）在目前安顺市现有的地理标志产品中，中药材类、工艺品类、粮油类、酒类产品较少。在以后的地理标志工作中，需不断挖掘境内的地理标志产品资源。

（四）安顺市地理标志使用情况

表8 核准使用国家地理标志保护产品专用标志企业名单

序号	产品名称	企业名称	地址	法人代表
1	镇宁波波糖	镇宁万祥波波糖厂	贵州省镇宁自治县城关镇起凤街	伍万祥
2	镇宁波波糖	镇宁功达波波糖食品有限公司	贵州省镇宁自治县五里坪滇黔公路旁	伍万芬
3	镇宁波波糖	贵州省镇宁布依族苗族自治县黔名波波糖厂	贵州省镇宁自治县城关镇沙关路14号	朱德志

续表

序号	产品名称	企业名称	地址	法人代表
4	镇宁波波糖	镇宁禾馨食品有限公司	贵州省镇宁自治县城关镇地坝村	赵兴祥
5	镇宁波波糖	贵州省镇宁自治县国华姜业有限责任公司	贵州省镇宁自治县永红工业开发区	卜国华
6	镇宁波波糖	镇宁自治县粮油购销有限责任公司	贵州省镇宁自治县城关镇粮运路67号	王 敏
7	镇宁波波糖	镇宁布依族苗族自治县桂花树波糖厂	贵州省镇宁自治县城关镇桂花树16号	黄秀志
8	镇宁波波糖	镇宁自治县虹瀑食品厂	贵州省镇宁自治县城关镇犀牛路	肖静浪
9	镇宁波波糖	镇宁自治县刘平源波波糖厂	贵州省镇宁自治县城关镇刘关村	刘朝军
10	镇宁波波糖	安顺多彩食品有限公司	镇宁自治县城关镇东街9号	彭 新
11	镇宁波波糖	镇宁自治县鑫鑫波波糖厂	镇宁自治县城关镇烟棚村	金宗奇
12	镇宁波波糖	镇宁自治县苏福荣波波糖厂	镇宁自治县丁旗镇三街村	苏福荣
13	朵贝茶	普定县朵贝磨香茶叶有限公司	贵州省普定县化处镇播仁村	符 彬
14	朵贝茶	贵州夜郎古畔茶业有限公司	贵州省普定县鸡场坡乡鸡场村小白山	陈光明
15	朵贝茶	普定县新民茶叶生产专业合作社	贵州省普定县猫洞乡新民村	汪建奎
16	朵贝茶	贵州省普定县黔龙茶业有限公司	贵州省普定县城关镇文明路粑粑市	陈怀勇
17	朵贝茶	贵州夜郎湖茶业有限公司	贵州省普定县城关镇富强路245号	邓道明
18	朵贝茶	普定县长青绿色产业科技有限公司	贵州省普定县城关镇中轴大道	娄 青

资料来源：据国家质检总局发布公告整理。

（五）安顺市地理标志标准制定情况

1. 安顺市国家地理标志保护产品标准制定情况

国家质检总局在《地理标志产品保护工作细则》第十八条中要求："保护申请批准公告发布后，省级质监机构应在3~6个月内，组织申请人按照公告中'质量技术要求'规定，在原有专用标准或技术规范的基础上，完善地理标志产品的标准体系，一般应以省级地方标准的形式发布，并报国家质检总局委托的技术机构审核备案。"

表9 安顺市国家地理标志保护产品标准制定

序号	产品名称	标准制定
1	镇宁波波糖	a. 国家质检总局批准公告中关于镇宁波波糖的质量技术要求 b. 省级地方标准：DB52/540-2008《地理标志产品 镇宁波波糖》
2	黄果树毛峰	a. 企业标准：黔Q/ACKZ01-2002 b. 国家质检总局批准公告中关于黄果树毛峰的质量技术要求 c. 省级地方标准：《地理标志产品 黄果树毛峰（草案）》
3	朵贝茶	a. 国家质检总局批准公告中关于朵贝茶的质量技术要求 b. 省级地方标准：DB52/T 1070-2015《地理标志产品 朵贝茶》
4	白旗韭黄	a. 县级地方标准：DB520422/08-2010《白旗韭黄栽培技术规范》 b. 国家质检总局批准公告中关于白旗韭黄的质量技术要求 c. 省级地方标准：DB52/T 1064-2015《地理标志产品 白旗韭黄》
5	黄果树窖酒	a. 国家质检总局批准公告中关于黄果树窖酒的质量技术要求 b. 省级地方标准：《地理标志产品 黄果树窖酒（草案）》
6	黄果树矿泉水	a. 国家质检总局批准公告中关于黄果树矿泉水的质量技术要求 b. 省级地方标准：《地理标志产品 黄果树矿泉水（草案）》
7	安顺蜡染	a. 省级地方标准：DB52/T 581-2009《安顺蜡染制品》 b. 国家质检总局批准公告中关于安顺蜡染的质量技术要求 c. 省级地方标准：《地理标志产品 安顺蜡染（草案）》
8	梭筛桃	a. 国家质检总局批准公告中关于梭筛桃的质量技术要求 b. 省级地方标准：《地理标志产品 梭筛桃（草案）》
9	关岭火龙果	a. 国家质检总局批准公告中关于关岭火龙果的质量技术要求 b. 省级地方标准：《地理标志产品 关岭火龙果（草案）》
10	关岭桔梗	a. 国家质检总局批准公告中关于关岭桔梗的质量技术要求 b. 省级地方标准：《地理标志产品 关岭桔梗（草案）》

2. 安顺市农产品地理标志质量控制技术规范

农业部《农产品地理标志管理办法》第九条第四款规定："符合农产品地理标志登记条件的申请人，可以向省级人民政府农业行政主管部门提出登记申请，并提交产地环境条件、生产技术规范和产品质量安全技术规范。"可见，农业部对农产品地理标志的登记审核有"质量控制技术规范"的硬性要求。

表 10 安顺市农产品地理标志质量控制技术规范

序号	产品名称	质量控制技术规范	质量控制技术规范编号
1	紫云花猪	《紫云花猪质量控制技术规范》	AGI 2014 – 02 – 1490
2	安顺山药	《安顺山药质量控制技术规范》	AGI 2010 – 09 – 00445
3	安顺金刺梨	《安顺金刺梨质量控制技术规范》	AGI 2016 – 03 – 1980
4	关岭牛	《关岭牛质量控制技术规范》	AGI 2016 – 03 – 1987
5	关岭火龙果	《关岭火龙果质量控制技术规范》	AGI 2016 – 03 – 1981
6	平坝灰鹅	《平坝灰鹅质量控制技术规范》	AGI 2016 – 03 – 1986

四 安顺市地理标志产品产业发展情况

1. 安顺金刺梨

近年来，荣获"最受商家欢迎十大产品之一"等称号。2011 年开始，安顺市人民政府确定将安顺金刺梨作为地方特色稀贵品种推广发展。截至目前，全市金刺梨种植面积达 21 万亩，覆盖全市 48 个乡镇 316 个村；各级各有关部门累计整合配套项目资金 2.3 亿元用于金刺梨产业发展，带动 5 万多人就业；全市获得金刺梨无公害农产品产地认证 5 个，面积为 7900 余亩；无公害产品认证 1 个，面积 1800 亩；获得国家林业局植物新品种保护授权；有 8 家加工企业投产和试生产，企业累计完成投资近 5 亿元，初步形成全产业链条。2015 年，金刺梨产业实现了"接二连三"，直接和间接产值逾 3 亿元，农户人均增收 1000 元以上。如今的安顺已经将金刺梨发展为石漠化地区农民增收的大产业。

2. 朵贝茶

先后获得第四届中国国际茶博会银奖、"贵州省第三届农产品展销会名特优产品"称号、第五届中国国际茶博会金奖、第十六届国际茶文化节"中国名茶"评选金奖、"中茶杯"一等奖、"全国绿茶十佳产品"等奖项和称号。普定县现有国有茶场、股份制企业、茶叶种植加工企业近 20 家，年产销售茶叶 50 吨以上的营销大户 1 户。普定全县新种植茶园 2.55 万亩，改造老茶园1000亩，建成500亩以上连片标准茶园6个，全县现建成茶园面积7.85万亩，茶叶育苗基地480亩。朵贝茶2012年总产量为135吨，总产值为6500万元，2013年总产量为210吨，总产值8353万元，2014年年产量320吨，总产值12000万元。销售地点除了热销贵州外，已经辐射到北京、成都、广州、上海、重庆、昆明等销售区域。

3. 关岭火龙果

2007年首届中国成都国际农博会上获得金奖。2014年9月18日贵州日报一篇题为《"贷"动石旮旯 生出"绿色银行"》的报道，让关岭火龙果更快走进大众。关岭火龙果产量、品质、销量得到大幅提升。市场上关岭火龙果达到20~32元/千克，市场价格较高。截至目前，关岭县火龙果园区累计完成投资10819万元，园区产业规模1.75万亩，火龙果获得无公害农产品认证。平均价格一直高居20元/千克，2010~2012年达到24元/千克，2013年最高达32元/千克。

4. 黄果树毛峰

黄果树毛峰是贵州五大名茶之一，先后还获得"中茶杯"特等奖、"贵州十大名茶"等称号十余项。目前，安顺市有国有茶场、股份制企业、茶叶种植加工企业40家，茶园总面积19.52万亩。茶园面积中，通过标准化认定茶园2.01万亩。全市年茶叶总产量近千吨，茶叶总产值超过2亿元，其中黄果树毛峰所占比例超过50%。

5. 安顺蜡染

安顺蜡染有"东方第一染"之称，为知名民族传统工艺，现年产量：壁挂50万件、服装30万件、面料50万米，年产值达5000万元。

6. 安顺山药

安顺市独有的特色产品。2006年产地规模达4200亩，年产量达到6000多吨，据统计，西秀区所辖的17个乡镇，种植山药面积已达1.5万余亩，年产量3万吨，真空包装后远销到广州、上海、重庆、安徽等省市。

7. 平坝灰鹅

因鹅身背面、两翼羽毛为灰色，前胸、腹部羽毛为灰白色或白色，喙短且硬呈黑色。据统计，平坝县2008年出栏销售25万只灰鹅，到2015年平坝灰鹅养殖户将达到20900户，存栏灰鹅100万只，带动当地2000多户养殖户。所养殖平坝灰鹅平均重量为7千克，批发零售价也上涨到45～50元/千克，主要销往广东、广西、海南以及贵阳、安顺等地。

8. 镇宁波波糖

早在1864年就有关于镇宁波波糖的历史记载，因谷黄色（黑芝麻、酥麻味为黑色），被广大消费者所喜爱。据镇宁波波糖商会初步统计，2009年镇宁波波糖年产值达3000余万元，2015年其年产值达到1.3亿元。在老贵黄公路沿线、黄果树、龙宫两个5A级风景区、镇宁的大街小巷、安顺和贵阳的超市等地方，都能看到波波糖的身影，很多外来游客都会带上几包回去给亲朋好友品尝，现在已远销美国、加拿大、日本、朝鲜和东南亚等二十多个国家和地区。

9. 黄果树窖酒

黄果树窖酒素有"瀑布飞落三千尺，窖酒飘香千万家"之称。自2006年实行企业改制以来，新成立的黄果树酒业公司领导和员工经过长期的卧薪尝胆，年产量达1000吨，年产值达3亿元。根据镇宁县"十二五"规划和黄果树酒业公司的规划，目前，年产量达1万吨，年产值超过32亿元。

10. 黄果树矿泉水

黄果树矿泉水先后荣获"优质矿泉水金奖"、"全国质量、服务、信誉AAA级品牌"、"30年中国品牌创新奖"等奖励。2011年，方大特钢在黄果树瀑布上游修建"黄果树天然泉水"新水厂，建成后将形成年产140万吨规模的亚洲最大单体优质饮用水生产基地。目前，销售范围除了立足于贵州之外，还远销华南等市场，辐射到江苏、成都、山东、上海、昆明等销售区域，达到年产矿泉水30万吨，产值5亿元。

11. 白旗韭黄

普定县现有白旗韭黄种植农场5个，每个种植面积达500亩左右，种植农户上万家。全县白旗韭黄种植面积达12000亩，产量达1500千克/亩，市场批发平均单价18～20元/千克。近年来，白旗韭黄除了占据贵阳、安顺、

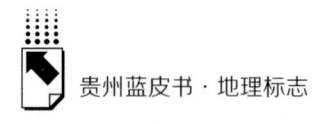

遵义等贵州90%的市场之外,还销售往昆明和广州等省外市场,其优异的品质特点深受省外商家的青睐。

12. 梭筛桃

近年新华网、贵州电视台、贵州日报等媒体都对梭筛桃进行专门报道。2013年梭筛桃种植面积达到4000亩,已经挂果3100亩,去年产桃80万千克,收入近400万元,平均批发单价从原来的0.8元/斤,上浮到5.5元/斤价钱,具有很好的发展前景。

13. 坡贡小黄姜

坡贡小黄姜与其他产区生姜相比,具备以下优点：单产高,增产幅度大；商品性状好,市场竞争力强；姜苗少且壮、叶片开展,色深,抗逆性强等。种植小黄姜是种植玉米和水稻收入的5倍以上,产业结构调整后,农民收入增加,生活也越来越富裕,激发了群众种姜的积极性,小黄姜种植在当地已初具规模,种植面积达30000多亩,年产量达5.0万吨。

14. 上关六月李

种植面积达10000余亩,平均每亩产量达4000斤,按每斤10元的市场销售价格计算,每亩产值可达4万元。"上关六月李"地理标志证明商标的获得,将有效地保护关岭自治县特色农产品资源,进一步扩大国内和国际市场,为果农增收、农业增效,促进关岭果业大发展迈出关键的一步。

15. 关岭桔梗

"夜郎无闲草,黔地多良药"。关岭境内布依族、苗族等少数民族历来就有采药、种药、售药的传统习惯。其浸出物≥20.0%,桔梗皂苷D≥0.10%。关岭县采取"公司+合作社+农户"、"合作社+基地+农户"的发展模式引导农户发展桔梗种植。关岭桔梗主要销往安顺、贵阳、遵义等省内市区以及云南、重庆、四川、湖南等其他省市。关岭桔梗种植面积达4万余亩,近年来桔梗价格稳中有升,关岭桔梗的需求量将以每年10%的速度递增。

16. 关岭牛

关岭县境内养牛历史悠久,苗、布依、仡佬、瑶族等劳动人民,世代都有养牛的传统习惯。为促进关岭牛产业的发展壮大，关岭政府制定了关岭牛产业发展目标，2016~2017年，投入财政扶贫资金1500万元实施畜牧产业化扶贫项目；2018~2019年，投入财政扶贫资金2000万元；2020年，投入财政扶贫资金500万元，拟在坡贡镇实施畜牧产业化扶贫项目，种植优质牧草2500亩，修造圈舍7500平方米。到2020年末，结合关岭县资源情况和科学把握载畜量，牛存栏数控制在35万头以上，累计出栏数在45头左右；全县发展和带动人工建植草地10万余亩。

17. 紫云花猪

紫云花猪肌肉鲜红细嫩，肉香皮糯，肌纤维细嫩，高蛋白、低脂肪、低热量，卵磷脂、谷氨酸等多种微量元素含量丰富，味道鲜美。"紫云花猪"养殖涉及该县宗地乡、松山镇等9个乡镇，面积约2280平方米。全县紫云花猪养殖遍及9个乡镇128个村18948户，存栏紫云花猪5.98万头，其中能繁母猪0.84万头，分别占全县存栏生猪24.41万头的23.01%和能繁母猪2.31万头的36.42%，饲养公猪118头。主要销售地点有贵阳、安顺、六盘水、昆明等地，2010年平均单价已达到80元/千克，并供不应求。

18. 紫云红芯红薯

黄皮红芯，含糖量高，水分较少，鲜食具有板栗香味，肉质细嫩酥油软，口感好，风味独特，是营养最平衡的保健食品之一，远销省内外，是游客馈赠亲友的佳品。年种植面积约10000亩，年产量13000吨，年总产值3000万元。该产品的种植正朝着科学化、规模化、专业化方向发展。

五 安顺市地理标志产品保护效益

（一）经济效益

1. 产品价格提升

朵贝茶在成为国家地理标志产品之前价格在100~150元/千克，而随着地理标志产品申报工作开展至今，单价已上涨至500~800元/千克；安顺金刺梨在获得地理标志产品之前，产品单价为 8~10 元/千克，而在申请地理标志期间至今，其单价已上涨至 20~30 元/千克；梭筛桃成为地理标志产品后，单价从原来的 1.6 元/千克上涨至 11~13 元/千克；安顺火龙果自获得质检总局地理标志产品后，价格更是保持在 20~32 元/千克；安顺山药在成为农业部地理标志产品之前，产品单价在 1.0~1.2 元/千克，批准为地理标志产品的几年里，其单价上涨至 4.0~5.0 元/千克；平坝灰鹅地理标志产品申报之前，单价在 15~20 元/千克，申报成功后单价上涨至 45~50 元/千克；白旗韭黄地理标志产品经历了单价从 5~7 元/千克到 10~12 元/千克的变化；上关六月李地理标志产品申报前后价格也是经历了从原来 10~12 元/千克到 20~25 元/千克的变化；紫云花猪在成为地理标志产品之前的价格保持在 25~30 元/千克，成功申报为地理标志产品后其价格上涨至 80 元/千克；坡贡小黄姜成为地理标志产品后，其单价经历了从 3~4 元/千克上涨至 7~8 元/千克的变化。

2. 产量产值增加

安顺金刺梨获地理标志保护后，现全市金刺梨种植面积达 21 万亩，安顺金刺梨超过年产量 5 万吨，产品总产值远远超过 10.0 亿元；安顺蜡染在成为国家地理标志产品后，年产量：壁挂 50 万件、服装 30 万件、面料 50 万米，年产值达 5000 万元；朵贝茶 2012 年总产量为 135 吨，总产值为 6500 万元，2013 年总产量为 210 吨，总产值 8353 万元，2014 年年产量 320 吨，总产值 12000 万元；安顺山药种植山药面积已达 1.5 万余亩，年产量 3 万吨，总产值达到 1800 万元；镇宁波波糖年产值从 2009 年的 3000 万元上升到 1.3 亿元；黄果树窖酒从年产量达 1000 吨上升至 1 万吨，年产值从 3 亿元到目前超过 32 亿元；黄果树矿泉水年产量达到 30 万吨，年产值 5 亿元；梭筛桃年产量 80 万千克，年产值近 400 万元；坡贡小黄姜种植面积达 30000 多亩，年产量达 5 万吨，年产值超过 1500 万元；关岭牛养殖规模达到 20 万头，年产量 2.5 万吨，年产值 3 亿元；平坝灰鹅 4.5 万羽，年产量 225 吨，年产值 1.2 亿元；紫云红芯红薯年种植面积约 10000 亩，年产量 13000 吨，年总产值 3000 万元。

3. 农民收入增长

2015年，金刺梨产业实现了"接二连三"，直接和间接产值逾3亿元，农户人均增收1000元以上。2015年平坝灰鹅养殖户将达到20900户，带动当地2000多户养殖户；坡贡小黄姜近年来在坡贡已经形成一定市场，并且种植坡贡小黄姜收入是种植玉米和水稻的5倍以上，产业结构调整后，农民的收入增加了；梭筛桃地理标志产品的扩大种植大大提高了梭筛当地人的生活水平，自2008年以来，梭筛村以陈登丰为代表的桃树种植户已发展到70余户，开启了一条自家贫瘠的荒山上的致富之路，人均纯收入1.1万元，随着种桃收入的增加，有的盖起了新房，有的有能力送子女上大学，有的用于种桃扩大再生产，生活越过越好；白旗韭黄近几年发展迅速，种植面积不断扩大，在普定有上万家农户以种植白旗韭黄来增加经济收入，提高生活水平；关岭县人民政府实施了"关岭牛"三年振兴计划，计划从2016年至2018年，把"关岭牛"养殖产业打造成助农脱贫的一项主导产业，加大对"关岭牛"养殖户的支持，力争到2018年发展5头以上能繁母牛的养殖户17000户，目前，关岭牛养殖户养一头牛纯利润高达5000元。

4. 带动企业发展

安顺金刺梨现有8家加工企业投产和试生产，企业累计完成投资近5亿元，初步形成全产业链条。关岭县委、县政府，以市场为导向，引导关岭火龙果的规模化、产业化、规范化种植，逐步形成产、供、销一条龙的产业化体系，打造贵州乃至中国最大的精品火龙果生产基地，目前，关岭县已成立丹辉合作社等4家火龙果专业合作社，引进了浙江美丰库岸公司等10家企业到此投资，县志华农业综合开发有限公司，以火龙果为主导产业，主营种植、养殖业务，基本实现"产－供－销"一体的经营模式；关岭县采取"公司＋合作社＋农户""合作社＋基地＋农户""合作社＋农户"的发展模式引导农户发展桔梗种植，逐步形成产、供、销一条龙的产业化体系；黄果树毛峰的生产方式有茶场（主要形式）和农户个体两种形式，目前，安顺市有国有茶场、股份制企业、茶叶种植加工企业40家，连片2000亩以上的茶叶加工企业、茶叶专业合作社3家，年产值300万元以上的4家，年产销售茶叶100吨以上的营销大户1户，企业上规模的目前主要有6家。

（二）社会效益

为进一步调整农业产业结构，进一步提高农业标准化、规模化、产业化水平，促进农业增效、农民增收和地区经济快速发展，安顺市大力发展蔬菜、茶叶、精品水果、中药材、生态畜牧等七大特色产业。以安顺金刺梨、朵贝茶、梭筛桃、关岭火龙果等经果林种植发展特色优质农产品，并大力发展紫云花猪、平坝灰鹅等畜牧养殖业，白旗韭黄、安顺山药等特色蔬菜产业。通过地理标志产品特色产业的发展，辐射带动了茶产业、水果产业、蔬菜产业、畜牧产业及相关食品行业、运输业、餐饮业与旅游业的快速发展，并有效地为安顺境内创造了大量的就业机会，更好地实现社会效益。

（三）生态效益

在获国家地理标志产品保护后，质检机构将依法依据批准公告中批准的保护范围实施产地及产品保护，对其产地范围、产品名称、规范种植、质量特色、质量等级等产品的标准进行日常监督管理。以划定保护区范围的方式，控制盲目开垦荒地、滥伐森林、过度放牧、乱采滥挖、不适当地兴修水利工程或不合理灌溉等引起水土流失的行为。同时，以质量技术要求、地方标准、地方政府行政管理为主展开强制执行，能对产地的土壤利用、环境污染、重金属控制、农药残留控制、生物种群及群落保护起极大促进作用。通过管理手段来控制农药、化肥等农业投入品的使用，能够有效地达到减少污染源、改善农业生态环境的目的。

金刺梨树具有根系发达、适应性强、生长快的特点，耐瘠薄、耐旱，是喀斯特地区石漠化治理的首选树种，在水土保持、涵养水源、净化空气、美化环境、减少自然灾害等方面都能起到较好的作用。通过安顺林科所专家长期观察发现，金刺梨冬季不落叶，属常绿植物，这在坡度较大的石漠化区域有较大的发展空间。经过几年的发展，金刺梨治理石漠化的成效逐渐显现。

刺梨产业发展取得了良好的生态、经济和社会效益，在石漠化地区实现了生态和经济双赢，金刺梨产业实现了"接二连三"，为全市农村产业结构调整、脱贫攻坚同步小康做出了一定贡献。在生态环境较为脆弱的条件下，普定县通过生态农业与绿色产业建设及生态产业农业园区等措施，探索出独具特色的"普定模式"，实现了经济效益与生态效益的有机结合。越来越多的普定人民因种植"朵贝茶"、"梭筛桃"、"白旗韭黄"等地理标志产品而改变了贫穷落后的生活状态，同时有效地改善了当地石漠化的程度，促进了石漠化治理。近年来，关岭县越来越多人民参与种植"关岭火龙果"、"关岭桔梗"地理标志产品，拓宽了农民的增收渠道，在促进当地经济水果产业、中草药产业发展的同时，又综合治理了石漠化，实现了"产地环境保护—生态恢复—地力上升—生产发展"的环境保护循环，达到保护环境的目的，实现经济与生态环境的可持续发展。安顺山药、白旗韭黄等特色蔬菜通过标准化、绿色无公害生产技术的广泛应用，提高了产品的质量安全水平，有效地保护了产地生态环境，更好地实现了生态效益。

六 安顺市潜在的地理标志产品保护资源

安顺市拥有优越的自然环境、丰富的人文历史，具有相当丰富的产品资源。除已获地理标志保护的18件地理标志产品外，安顺市潜在的特色产品众多。安顺市潜在地理标志产品资源涉及茶类、酒类、果蔬类、粮油类、传统食品类、工艺品类等多种类型的产品。如：江龙茶等茶类产品；黄果树生姜、断桥糊辣椒、镇宁生姜、平坝葡萄、川心大蒜、火花冰脆李、板贵花椒、林卡辣椒等果蔬类产品；硐口薏仁米、平坝大米、格凸精米、六马桐油等粮油类产品；普定高脚鸡、火花矮马等养殖类产品；紫云山苍子、关岭砂仁等中药材类产品；安酒、平坝窖酒等酒类产品；旧州辣子鸡、素剪粉、平坝牛干巴、紫云鸡八块、镇宁马六狗肉、化处荞凉米皮、普定带皮牛肉、花江狗肉、关岭达尔粑等食品饮料类产品；安顺地戏面具、安顺木雕等工艺品类产品。

表11 安顺市潜在地理标志产品保护资源名录

分 类	产品名称
果蔬类	黄果树生姜、断桥糊辣椒、镇宁生姜、平坝葡萄、川心大蒜、火花冰脆李、板贵花椒、林卡辣椒、补郎脆皮核桃、猴场小红蒜
中药材类	紫云山苍子、关岭砂仁
茶叶类	江龙茶
粮油类	硐口薏仁米、平坝大米、格凸精米、六马桐油、马场水磨面
养殖类	普定高脚鸡、火花矮马
食品饮料类	旧州辣子鸡、素剪粉、平坝牛干巴、紫云鸡八块、镇宁马六狗肉、化处荞凉米皮、普定带皮牛肉、花江狗肉、关岭达尔粑
酒 类	安酒、平坝窖酒
工艺品类	安顺地戏面具、安顺木雕

B.5 毕节市地理标志产业发展报告

曾仁俊*

摘　要： 2008年10月31日，大方天麻获国家质检总局地理标志产品保护，为毕节市第一件成功获批地理标志产品；2016年11月4日，毕节市又新增三件地理标志产品，禹谟醋、威宁荞麦、大方冬荪三件产品通过国家质检总局批准公告发布获得国家地理标志保护。截至2016年12月31日，毕节市现共有大方天麻、织金竹荪、赫章半夏、赫章核桃、织金续断、织金头花蓼、金沙回沙酒、威宁洋芋、威宁荞酥、金沙贡茶、湾子辣椒、毕节可乐猪、禹谟醋、赫章黑马羊等22件产品获地理标志保护。

关键词： 毕节市　地理标志产品　地理标志效益

毕节位于贵州省西北部，地处川、滇、黔三省交界，是珠江、乌江发源地。东靠贵阳市、遵义市，南连安顺市、六盘水市，西邻云南省昭通市、曲靖市，北接四川省泸州市。全市总面积近2.69万平方千米，占贵州省总面积的15.25%。境内居住着汉、彝、苗、回等46个民族，904万人口。现辖七星关区、大方、黔西、金沙、织金、纳雍、威宁、赫章7县1区263个乡（镇、街道）。

---

* 曾仁俊，贵州省社科院地理标志研究中心助理研究员。

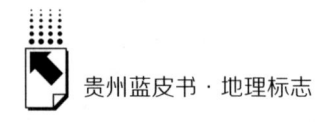

一 毕节市地理标志产品环境因素概况

（一）自然地理环境

毕节市地处滇东高原向黔中山原丘陵过渡的倾斜地带，位于贵州省西北部，西邻云南，北接四川。境内属典型的喀斯特高原地貌，地势西高东低，山峦重叠，河流纵横，高原、山地、盆地、谷地、平坝、峰丛、槽谷、洼地、岩溶湖等交错其间。最高海拔2900.6米，最低海拔457米，平均海拔1400米。海拔相对高差大，垂直气候变化尤为明显，山上山下冷暖不同，利于多种动植物生长。境内属亚热带季风湿润气候，夏无酷暑，冬无严寒，季风气候比较明显，降雨量较为充沛，立体气候突出，全市各区县多年平均温度在10℃～15℃之间，最高为金沙县，最低为威宁县；年日照数1096～1769小时，最多为威宁县；无霜期245～290天，金沙、织金两县最长；年均降水量849～1399毫米，最多为织金县，最少为赫章县。毕节市全市河长大于10千米的河流有193条，分别流入乌江、赤水河、北盘江、金沙江四大水系，境内水资源丰富。

由于毕节地区的高海拔高原地貌与温凉气候，有利于孕育境内丰富的温凉农作物、中药材资源和动植物资源。毕节地区盛产核桃、茶叶、生漆、油菜、辣椒、大蒜、天麻、杜仲、五倍子等农特产品，享有"中国核桃之乡"、"中国南方马铃薯之乡"、"中国豆制品之乡"、"中国竹荪之乡"、"中国天麻之乡"、"中国皱椒之乡"、"中国漆城"、"天然药园"之誉。境内有苔类植物近100种，蕨类植物34科130种，裸子植物9科22种，被子植物155科1809种；粮食作物21种950个品种，其中豆类7种277个品种；油料作物7种64个品种，蔬菜有56种395个品种；药用植物1000多种，主产半夏、天麻、茯苓、党参、杜仲；有各类草场745万亩，野生牧草45科378种。同时，毕节地区畜禽种类多，黔西马和可乐猪驰名全国。

（二）历史人文环境

毕节历史悠久，据史料记载，其境殷为荆州西南地；周为蜀国东南境；秦为巴郡之属地；汉属益州之牂牁、犍为两郡所辖；蜀汉分属牂牁、朱提郡；唐代先属昆明国后为黔州都督府属地；宋时东部属罗氏鬼国、乌撒部、毗那部；元代为亦溪不薛宣慰司、乌撒乌蒙宣慰司所治；明代分属水西宣慰司、乌撒军民府、永宁宣抚司和乌撒、毕节、赤水、永宁4卫；清康熙五年（1666）置大定（今大方）、黔西、平远（今织金）3府，改四川乌撒土府为威宁府；康熙二十二年降黔西、平远二府为州隶属大定府；二十六年降大定府为州隶属威宁府，领大定、平远、威宁3州和毕节、永宁2县；雍正七年（1729）升大定州为府领黔西、平远、威宁三州和毕节县、水城厅。民国初废府置县，域内所有县归贵西道管辖；解放后设毕节专员公署；1970年更名为毕节地区行政公署；2011年底撤销毕节地区和县级毕节市设立地级毕节市。

毕节地区为古代夜郎文明、水西文化繁盛之地，是中国南方古人类文化的发祥地与古夜郎政治、经济、文化中心之一，并在漫长的历史长河中形成了厚重的古彝文化。毕节地区历史悠久，历史文脉清晰。以黔西观音洞文化遗址为代表的史前文化；以威宁中水遗址、毕节青场瓦窑村遗址、赫章可乐遗址为代表的夜郎文化；以大方宣慰府九层衙遗址、奢香墓、毕节大屯土司庄园为代表的彝文化，以及织金古建筑群、晚清石刻、红色文化和多姿多彩的民族民间文化，构成了毕节地区历史文化的发展序列。

毕节市是个多民族聚居地区，有威宁彝族回族苗族自治县、77个民族乡。境内居住有彝、苗、回、布依、白、蒙古、壮、侗、黎、满、瑶、土家、哈尼、傣、景颇、仡佬、京、维吾尔等45个少数民族，另外还有穿青人、蔡家人、亻革家人、龙家人等未被定名族称的人们共同体。在悠久的历史长河中，丰富多样的民族成分，使毕节风土人情多彩多样，民俗民风绚丽多姿。"彝族火把节"、"彝族年"、"苗族跳花节"、"布依族的六月六节"等民族风情独具特色。在长期的生活实践中，各民族积累了丰富的民族医疗用药经验，有民族药132种，民间单（验）方1560方。传统特色食品与民

族工艺品以水花酒、威宁荞麦、大方漆器等为代表,食品令人回味无穷,工艺品独具匠心。

二 毕节市地理标志产品保护概况

截至 2016 年 12 月 31 日,毕节市现共有 22 件地理标志产品。

经国家质检总局批准的国家地理标志保护产品有 13 件,分别为:织金竹荪、大方天麻、大方漆器、威宁党参、大方圆珠半夏、赫章半夏、赫章核桃、织金续断、织金头花蓼、金沙回沙酒、禹谟醋、威宁荞麦、大方冬荪;

经国家工商总局批准地理标志证明商标 5 件,分别为:威宁洋芋、威宁荞酥、织金竹荪、毕节白萝卜、毕节白蒜;

表 1 毕节市地理标志产品数量统计

申请部门	国家质检总局	国家工商总局	农业部
获批产品	织金竹荪、大方天麻、大方漆器、威宁党参、大方圆珠半夏、赫章半夏、赫章核桃、织金续断、织金头花蓼、金沙回沙酒、禹谟醋、威宁荞麦、大方冬荪	威宁洋芋、威宁荞酥、织金竹荪、毕节白萝卜、毕节白蒜	大方皱椒、金沙贡茶、湾子辣椒、毕节可乐猪、赫章黑马羊
小计	13 件	5 件	5 件
总计	22 件(织金竹荪获双重保护)		

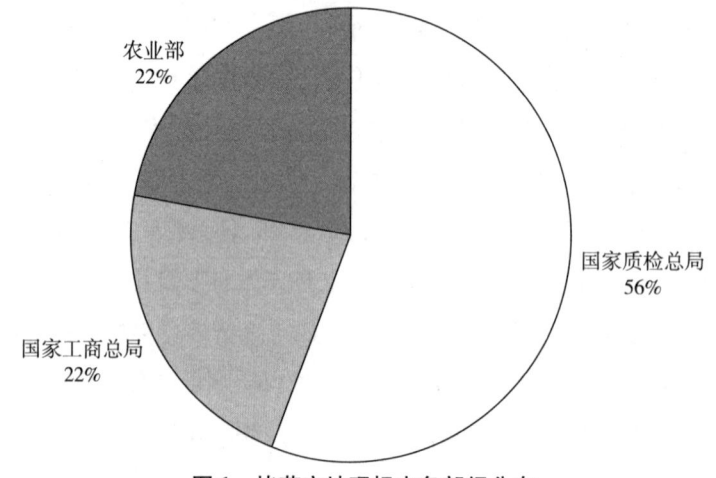

图 1 毕节市地理标志各部门分布

经农业部登记的农产品地理标志为5件，分别为：大方皱椒、金沙贡茶、湾子辣椒、毕节可乐猪、赫章黑马羊。

其中，织金竹荪获国家质检渠道和国家工商渠道双重保护。重复不计，实际毕节市地理标志数量总计为22件。

表2　国家质检系统国家地理标志保护产品

序号	产品名称	品质特色	保护范围	受理公告	批准公告
1	大方天麻	红天麻:呈长椭圆形或长条形,扁平,皱缩而稍弯曲,环纹多轮,点状密集,有时可见棕褐色菌索。体坚实,较沉重;顶芽较大,特异气味较浓。乌天麻:呈椭圆形或纺锤形,略扁,个短肉厚,皱缩而稍弯曲,环纹多轮,点状稀疏,有时可见棕褐色菌索。体坚实,沉重;顶芽较小,特异气味浓	贵州省大方县大方镇、羊场镇、黄泥塘镇、理化乡、鸡场乡、六龙镇、凤山乡、安乐乡、百纳乡、三元乡、雨冲乡、沙厂乡、大山乡、普底乡等36个乡镇现辖行政区域	2008.3.19 2008年第33号	2008.10.31 2008年第122号
2	织金竹荪	呈微黄色或米黄色。菌裙呈网状,菌柄、菌盖完整;具有竹荪特有香味,无异味;肉质肥厚中空,入沸汤即膨大如鲜品,且久煮仍不失其脆嫩,气息清香而无异杂臭味	贵州省织金县城关镇、绮陌乡、官寨乡、普翁乡、牛场镇、猫场镇、上坪寨乡、珠藏镇等20个乡镇现辖行政区域	2009.11.19 2009年第106号	2010.9.30 2010年第100号
3	大方漆器	质地轻巧、纻漆牢固、漆面温润、含蓄内敛、装饰精美,时尚大方。布胎、皮胎准许在适当压力下发生3~5毫米变形。容器类产品载重达到容器载水量的130%时,把手不松动,不脱落	贵州省大方县现辖行政区域	2010.4.16 2010年第40号	2010.9.30 2010年第111号
4	威宁党参	根条长、毛根少,长≥15厘米,直径0.4厘米至2厘米。皮紧密,体坚实,有香气,甜味浓,嚼之渣少。浸出物含量≥60%,灰分≤3.5%	贵州省威宁彝族回族苗族自治县草海镇、么站镇、金钟镇、新发乡、黑石镇、麻乍乡、哲觉镇、海拉乡、岔河乡、观风海镇、哈喇河乡、秀水乡、板底乡等23个乡镇现辖行政区域	2010.12.10 2010年第143号	2011.8.18 2011年第121号

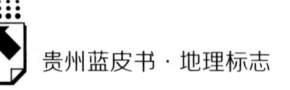

续表

序号	产品名称	品质特色	保护范围	受理公告	批准公告
5	大方圆珠半夏	粒圆、个大、色白、棕眼明显、质地坚实、粉性足、味辛辣、麻舌刺喉。水分≤14.0%	贵州省大方县现辖行政区域	2011.11.30 2011年第171号	2012.7.18 2012年第102号
6	赫章核桃	坚果近圆形或椭圆形,果基圆,果顶尖,壳面略麻,黄白色或浅琥珀色;缝合线窄而凸起,结合紧密;仁饱满、色浅白色或浅黄色、易取整仁、味香醇	贵州省赫章县城关镇、白果镇、妈姑镇、财神镇、刘曲河镇、野马川镇、达依乡、水塘堡乡、古达乡、威奢乡等27个乡镇现辖行政区域	2012.8.13 2012年第115号	2013.2.21 2013年第26号
7	赫章半夏	粒圆、个适中、棕眼明显、质地坚实、粉性足、味辛辣、麻舌刺喉。水分≤12.0%	贵州省赫章县城关镇、白果镇、妈姑镇、财神镇、刘曲河镇、野马川镇、达依乡、水塘堡乡、古达乡、威奢乡等27个乡镇现辖行政区域	2012.8.13 2012年第115号	2013.2.21 2013年第26号
8	织金续断	圆柱形,略扁,直径0.5厘米至2.0厘米。表面灰褐色或黄褐色,有多数明显而扭曲的纵皱纹及沟纹,可见横列的皮孔及斑痕和少数须根痕。皮部墨绿色或棕色,外缘褐色。气微香,味苦,微甜而后涩。水分含量≤9.5%,总灰分≤11.0%	贵州省织金县现辖行政区域	2013.7.31 2013年第108号	2014.4.8 2014年第39号
9	织金头花蓼	红褐色或灰棕色,气微,味微苦涩。水分含量≤11%,总灰分≤11.0%,酸不溶性灰分≤3.5%,槲皮素≥0.3%。	贵州省织金县现辖行政区域	2013.7.31 2013年第108号	2014.4.8 2014年第39号
10	金沙回沙酒	无色或微黄,清亮透明。酒体醇厚、丰满,诸味协调。酱香突出,香气优雅,饮后空杯留香	贵州省金沙县现辖行政区域	2015.9.23 2015年第445号	2016.2.1 2016年第9号
11	禹谟醋	色泽棕褐、清香浓郁、酸度适中、回味绵甜、含丰富有机酸和氨基酸	贵州省金沙县现辖行政区域	2016.3.29 2016年34号	2016.11.4 2016年112号
12	威宁荞麦	荞麦米:颗粒均匀、饱满,呈黑褐色或黄褐色,色泽光亮。荞麦面:面粉色泽均匀,呈淡黄色至黄褐色,栗香味浓郁	贵州省威宁自治县现辖行政区域	2016.3.29 2016年34号	2016.11.4 2016年112号

续表

序号	产品名称	品质特色	保护范围	受理公告	批准公告
13	大方冬荪	无裙,无臭味,口感脆嫩,久煮不煳。水分≤15.0%,粗纤维≤14.0%,粗多糖含量≥38.0%	贵州省大方县现辖行政区域	2016.3.29 2016年34号	2016.11.4 2016年112号

表3 国家工商系统地理标志证明商标

序号	商标名称	商品/服务列表	注册人	注册号	专用期限
1	威宁洋芋	鲜土豆	威宁县马铃薯协会	6965083	2009/12/14~2019/12/13
2	织金竹荪	竹荪	织金县果蔬协会	7866175	2010/11/28~2020/11/27
3	威宁荞酥	荞酥	威宁县荞酥协会	9478917	2012/2/21~2022/2/20
4	毕节白萝卜	萝卜(新鲜的)	毕节市七星关区果蔬技术推广站	15395907	2016/1/28~2026/1/27
5	毕节白蒜	蒜(新鲜的)	毕节市七星关区果蔬技术推广站	15395908	2016/1/28~2026/1/27

表4 农业部农产品地理标志

序号	产品名称	申请人	划定的产地保护范围	批准公告
1	大方皱椒	贵州举利现代农业专业合作社	大方县境内包括大方镇、双山镇、猫场镇、马场镇、羊场镇、黄泥塘镇等36个乡镇。地理坐标为东经105°15′47″~106°08′04″,北纬26°50′02″~27°36′04″	2013年9月10日 中华人民共和国农业部公告 第1989号
2	湾子辣椒	金沙县果蔬站	金沙县所辖木孔乡、茶园乡、源村乡、安底镇、岚头镇、沙土镇等6个乡镇。地理坐标为东经106°26′00″~106°28′00″,北纬27°25′00″~27°30′00″	2014年7月28日 中华人民共和国农业部公告 第2136号
3	毕节可乐猪	毕节市畜牧技术推广站	毕节市所辖赫章县、威宁县、七星关区、大方县、纳雍县、金沙县等6个县(区)。地理坐标为东经103°36′00″~106°43′00″,北纬26°25′00″~27°47′00″	2014年7月28日 中华人民共和国农业部公告 第2136号
4	金沙贡茶	金沙县农业技术推广站	金沙县所辖城关镇、沙土镇、安底镇、禹谟镇、岩孔镇、源村乡、官田乡、后山乡、大田彝族苗族布依族乡等26个乡镇。地理坐标为东经105°47′~106°44′,北纬27°07′~27°46′	2014年11月18日 中华人民共和国农业部公告 第2179号

续表

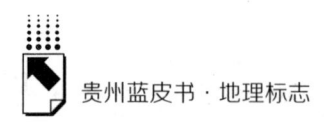

序号	产品名称	申请人	划定的产地保护范围	批准公告
5	赫章黑马羊	赫章县草地工作站	赫章县境内的城关、白果、妈姑、财神、六曲河、野马川、达依、水塘堡、兴发、松林坡、雉街、珠市、罗州、双坪、可乐、辅处、铁匠、河镇、安乐溪、朱明、结构、德卓、古基、哲庄、平山、古达、威奢等27个乡镇。地理坐标为东经104°10′28″~105°01′23″，北纬26°46′12″~27°28′18″	2016年11月2日中华人民共和国农业部公告 第2468号

三 毕节市地理标志产品保护分析

（一）毕节地区地理标志产品各县情况

大方县地理标志产品有：大方天麻、大方漆器、大方圆珠半夏、大方冬荪、大方皱椒，计5件；威宁县地理标志产品有：威宁党参、威宁荞麦、威宁洋芋、威宁荞酥，计4件；金沙县地理标志产品有：金沙回沙酒、金沙贡茶、禹谟醋、湾子辣椒，计4件；织金县地理标志产品有：织金竹荪、织金续断、织金头花蓼，计3件；赫章县地理标志产品有：赫章半夏、赫章核桃、赫章黑马羊，计3件；黔西县、纳雍县地理标志产品计0件。

其中，毕节可乐猪为市级地理标志产品，保护范围为赫章县、威宁县、七星关区、大方县、纳雍县、金沙县等6个县（区）。此外，还有毕节白萝卜和毕节白蒜2件地理标志产品。

(1) 从表5和图2可以看出，在分布地区上，毕节地区地理标志产品主要集中在大方县、威宁县、金沙县、赫章县与织金县。其中，大方县地理标志产品数量为毕节地区最多县份，现共有5件。黔西县和纳雍县目前尚无一件地理标志产品。

(2) 在申请渠道上，毕节地区的22件地理标志产品分别在质检总局、工商总局和农业部这三个渠道都获得了地理标志的保护。

表5 毕节市地理标志各县情况统计

单位：件

地 区	国家质检总局	国家工商总局	农业部	小计
大方县	4	—	1	5
赫章县	2	—	1	3
威宁县	2	1	1	4
织金县	3	1	—	3（织金竹荪获双重保护）
金沙县	2	—	2	4
黔西县	—	—	—	—
纳雍县	—	—	—	—

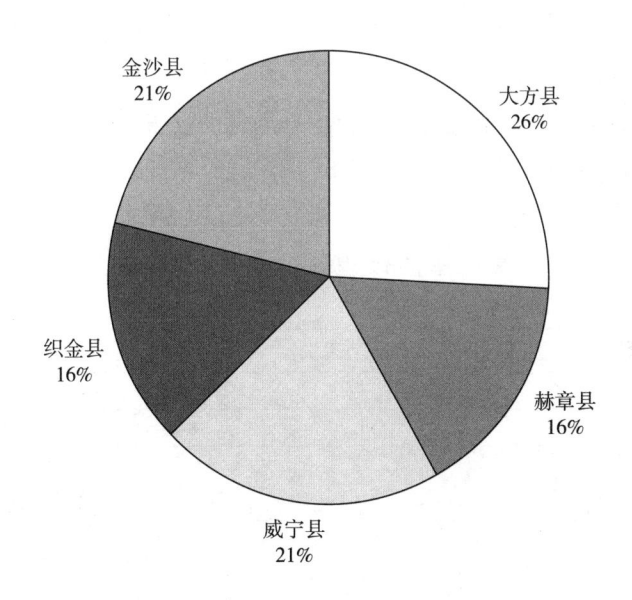

图2 毕节市地理标志产品各县分布

（3）在保护力度上，织金竹荪获国家质检渠道和国家工商渠道的双重保护。

（二）毕节市地理标志产品各年度情况

2008年10月，大方天麻获国家质检总局国家地理标志产品保护；2009年12月，威宁洋芋获工商总局地理标志证明商标；2010年9月，织金竹

123

荪、大方漆器获国家质检总局国家地理标志产品保护；2010年11月，织金竹荪获工商总局地理标志证明商标；2011年8月，威宁党参获国家质检总局国家地理标志产品保护；2012年2月，威宁荞酥获工商总局地理标志证明商标；2012年7月，大方圆珠半夏获国家质检总局国家地理标志产品保护；2013年2月，赫章核桃、赫章半夏获国家质检总局国家地理标志产品保护；2013年9月，大方皱椒获农业部农产品地理标志登记保护；2014年4月，织金续断、织金头花蓼获国家质检总局国家地理标志产品保护；2014年7月28日，湾子辣椒、毕节可乐猪获农业部农产品地理标志登记保护；2014年11月18日，金沙贡茶获农业部农产品地理标志登记保护；2016年2月，金沙回沙酒获国家质检总局国家地理标志产品保护；2016年11月，赫章黑马羊获农业部农产品地理标志保护；2016年11月4日，禹谟醋、威宁荞麦、大方冬荪三件产品通过国家质检总局批准公告发布，成功获批为国家地理标志保护产品。

表6　毕节市地理标志产品各年度统计

单位：件

年份	国家质检总局	国家工商总局	农业部	小计
2008	1	—	—	1
2009	—	1	—	1
2010	2	1	—	2（织金竹荪获双重保护）
2011	1	—	—	1
2012	1	1	—	2
2013	2	—	1	3
2014	2	—	3	5
2015	—	—	—	—
2016	4	2	1	7

（1）从表6和图3可以看出，毕节地区地理标志发展较快。从2008年起，毕节地区开始了地理标志的申报与推进工作，大方天麻为毕节市第一件获批地理标志产品。到2016年，毕节市地理标志数量为22件。

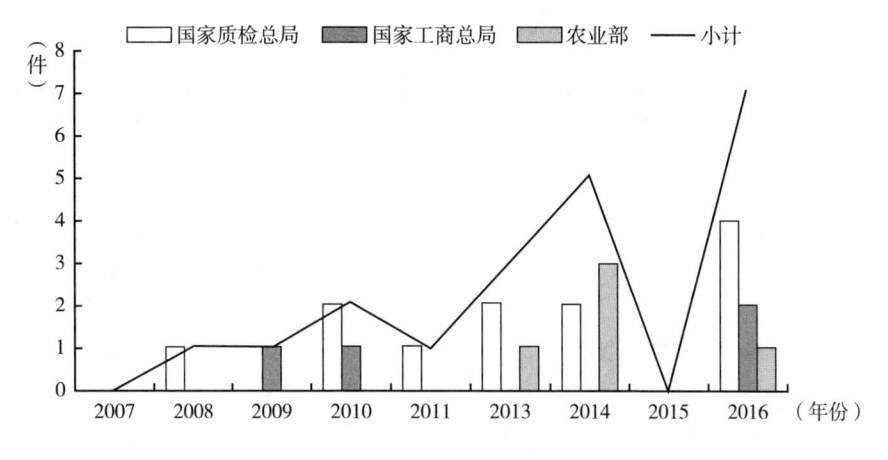

图3 2007~2016年毕节市地理标志各年度统计

2009~2016年，地理标志数量增加了21件，地理标志发展速度较快。

（2）从表6和图3可以看出，毕节市地理标志工作在2011年得到迅速发展，这一时期是毕节市地理标志迅速发展的一个时间节点。从2011年开始至2016年，毕节市地理标志产品比2008~2010年的4件产品新增加了18件，毕节市地理标志工作取得喜人成绩。

（3）从图3可以看出，2011~2014年是毕节市地理标志发展最为迅速的一个阶段，这与毕节市及各县领导对地理标志工作的重视与地理标志政策的推动具有重要的关系。

（三）毕节市地理标志产品分类情况

从毕节市获批的22件地理标志产品来看，中药材类有6件，分别为：大方天麻、大方圆珠半夏、赫章半夏、威宁党参、织金续断、织金头花蓼；果蔬类有8件，分别为：威宁洋芋、织金竹荪、赫章核桃、大方皱椒、湾子辣椒、大方冬荪、毕节白萝卜、毕节白蒜；粮食类有2件，分别为：威宁荞麦、威宁荞酥；茶类有1件：金沙贡茶；酒类有1件：金沙回沙酒；养殖类有2件：毕节可乐猪、赫章黑马羊；食品饮料类有1件：禹谟醋；工艺品类有1件：大方漆器。

表7 毕节市地理标志分类统计

单位：件

分 类	国家质检总局	国家工商总局	农业部	小计
中药材类	6	—	—	6
果蔬类	2	5	2	8（织金竹荪获双重保护）
粮食类	1	1	—	2
茶 类	—	—	1	1
酒 类	1	—	—	1
养殖类	—	—	2	2
食品饮料类	1	—	—	1
工艺品类	1	—	—	1

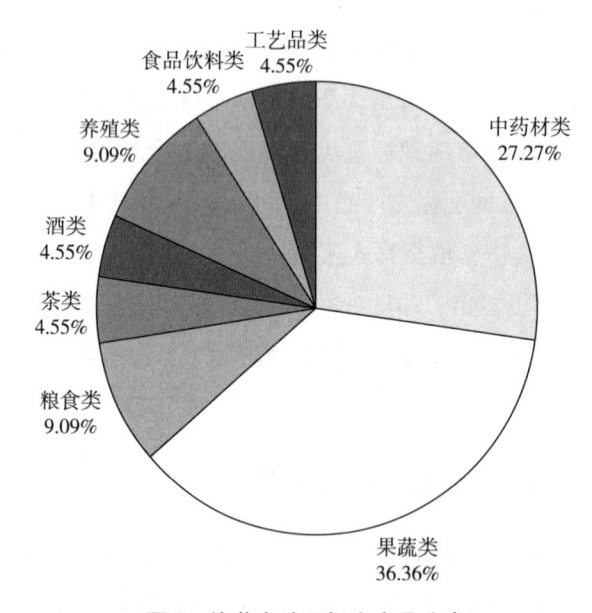

图4 毕节市地理标志产品分类

（1）从表7和图4可以看出，毕节市优势地理标志产品主要为中药材类，这与毕节地区独特的环境特点有着密切的关联性。毕节地区生物资源丰富多样，中药材资源丰富、品种繁多，分布广，是贵州乃至全国中药材的重要产区之一。区域内主要种植有天麻、半夏、续断、茯苓、党参、杜仲、苦参、黄檗等中药材60余种。全市培育了"大方天麻"、"赫章半夏"、"威宁党参"、"大方圆珠半夏"及"织金竹荪"等5个在全国有影响的地理标志产品。

（2）毕节地区独特的自然环境特点，有利于温凉农作物的生长与种植。境内气候温和湿润，日温差大，年温差小，年光照日多等独特的气候条件，非常适合洋芋和荞麦的生长与种植。同时，境内山高坡陡，由于海拔高的原因，马铃薯退化缓慢，为生产优质马铃薯创造了条件。

（3）境内独特的自然环境造就了毕节地区优质的菌类产品。毕节地区山脉纵横，垂直落差大，具有低纬度、高海拔的地理特征，境内属温凉湿润气候，气候温和，雨量充沛，能满足菌类产品对温度和湿度的要求，是优质菌生长的优越环境，给高品质的织金竹荪、大方冬荪种植提供了条件。

（四）毕节市地理标志使用情况

表8　核准使用国家地理标志保护产品专用标志企业名单

序号	产品名称	企业名称	地址	法人代表
1	大方天麻	大方县九龙天麻开发有限公司	贵州省大方县大方镇西大街中段	文　平
2	大方天麻	大方县关水井绿色产业开发有限公司	贵州省大方县大方镇关井村四组	张光文
3	大方天麻	贵州省大方县云龙天麻开发有限责任公司	贵州省大方县城北郊	郭祥文
4	织金竹荪	织金县王氏竹荪销售有限责任公司	贵州省织金县城关镇玉屏街78号附2号	王敬明
5	织金竹荪	织金县天虹竹荪开发有限责任公司	贵州省织金县产业园区骑陌工业园	袁雅荣
6	大方漆器	大方县贵宝漆器工艺品有限责任公司	贵州省大方县人民东路	夏明浪
7	大方漆器	大方县盛丰漆器工艺厂	贵州省大方县大方镇南街256号	万廷福
8	大方漆器	大方县贵妃漆器工艺品厂	贵州省大方县西大街南段	张启贵
9	大方漆器	大方县漆器雕刻工艺厂	贵州省大方县委党校内	黄承平
10	大方漆器	大方县永发漆器工艺品有限公司	贵州省大方县环府路127号	袁永发
11	大方漆器	大方县玉平漆器生产经营部	贵州省大方县新民路85号	韩明艳
12	大方漆器	大方县林星漆器工艺品加工厂	贵州省大方县长石镇街上	石明书

续表

序号	产品名称	企业名称	地址	法人代表
13	大方漆器	大方县高光彝风漆器工艺制品厂	贵州省大方县循环经济产业园区九号楼	高光友
14	大方漆器	大方县振勇漆器工艺品厂	贵州省大方县利民路X栋3号门面	游振勇
15	大方漆器	大方县常兴漆器加工坊	贵州省大方祝融街	简常兴
16	大方漆器	大方县祥龙漆器工艺品厂	贵州省大方县双井巷29号	陈会军
17	威宁党参	贵州宏福堂道地药材有限公司	威宁自治县草海镇科技办大院	蒲云波
18	威宁党参	贵州片仔癀大明中药饮片有限公司	贵州省威宁县五里岗工业园区	黄秉南

资料来源：据国家质检总局发布公告整理。

（五）毕节市地理标志标准制定情况

在地理标志产品保护过程中，地理标志产品标准是地理标志产品生产和保护的重要技术支撑，是地理标志产品保护的技术基础和核心。国家质检总局在《地理标志产品保护工作细则》第十八条中要求："保护申请批准公告发布后，省级质监机构应在3~6个月内，组织申请人按照公告中'质量技术要求'规定，在原有专用标准或技术规范的基础上，完善地理标志产品的标准体系，一般应以省级地方标准的形式发布，并报国家质检总局委托的技术机构审核备案。"

表9 毕节市国家地理标志保护产品标准制定情况

序号	产品名称	标准制定
1	大方天麻	a. 大方县中药产业发展办公室《大方天麻生产技术规范》 b.《大方天麻标准体系》133个标准 c. 国家质检总局批准公告中关于大方天麻的质量技术要求 d. 贵州省地方标准：DB52/T1118-2016《地理标志产品 大方天麻》
2	织金竹荪	a. 贵州省地方标准：DB52/T545-2008《织金竹荪》 b. 国家质检总局批准公告中关于织金竹荪的质量技术要求
3	大方漆器	a. 大方县漆器协会《大方漆器产品生产技术标准》 b. 国家质检总局批准公告中关于大方漆器的质量技术要求 c. 贵州省地方标准：DB52/T 946-2014《地理标志产品 大方漆器》

续表

序号	产品名称	标准制定
4	威宁党参	a. 威宁县地方标准:DB522427/01－2010《威宁党参栽培技术规范》 b. 国家质检总局批准公告中关于威宁党参的质量技术要求 c. 贵州省地方标准:DB52/T 850－2013《地理标志产品　威宁党参》
5	大方圆珠半夏	a. 大方县中药产业发展办公室《大方圆珠半夏生产技术规范》 b. 国家质检总局批准公告中关于大方圆珠半夏的质量技术要求
6	赫章核桃	a. 赫章县地方标准:DB522428/T013－2011《赫章核桃栽培技术规范》 b. 国家质检总局批准公告中关于赫章核桃的质量技术要求 c. 贵州省地方标准:DB52T 934－2014《地理标志产品　赫章核桃》
7	赫章半夏	a. 赫章县地方标准:DB522428/T011－2011《赫章半夏栽培技术规范》 b. 国家质检总局批准公告中关于赫章半夏的质量技术要求 c. 贵州省地方标准:DB52T 933－2014《地理标志产品　赫章半夏》
8	织金续断	a. 织金县地方标准:DB520425/01－2012《织金续断种植技术规程》 b. 国家质检总局批准公告中关于织金续断的质量技术要求 c. 贵州省地方标准:DB52/T1063－2015《地理标志产品　织金续断》
9	织金头花蓼	a. 织金县地方标准:DB520425/02－2012《织金头花蓼种植技术规程》 b. 国家质检总局批准公告中关于织金头花蓼的质量技术要求 c. 贵州省地方标准:DB52/T1062－2015《地理标志产品　织金头花蓼》
10	金沙回沙酒	a. 贵州金沙窖酒酒业有限公司企业标准:Q/JSJJ. J0101－2010《金沙回沙酒》 b. 国家质检总局批准公告中关于金沙回沙酒的质量技术要求
11	禹谟醋	a. 国家质检总局批准公告中关于禹谟醋的质量技术要求 b. 贵州省地方标准:《地理标志产品　禹谟醋(草案)》
12	威宁荞麦	a. 国家质检总局批准公告中关于威宁荞麦的质量技术要求 b. 贵州省地方标准:《地理标志产品　威宁荞麦(草案)》
13	大方冬荪	a. 国家质检总局批准公告中关于大方冬荪的质量技术要求 b. 贵州省地方标准:《地理标志产品　大方冬荪(草案)》

（六）毕节市农产品地理标志质量控制技术规范

农业部《农产品地理标志管理办法》第九条第四款规定："符合农产品地理标志登记条件的申请人，可以向省级人民政府农业行政主管部门提出登记申请，并提交产地环境条件、生产技术规范和产品质量安全技术规范。"可见，农业部对农产品地理标志的登记审核有"质量控制技术规范"的硬性要求。

表10 毕节市农产品地理标志质量控制技术规范

序号	产品名称	质量控制技术规范	质量控制技术规范编号
1	大方皱椒	《大方皱椒质量控制技术规范》	AGI 2013-02-1221
2	湾子辣椒	《湾子辣椒质量控制技术规范》	AGI 2014-02-1489
3	毕节可乐猪	《毕节可乐猪质量控制技术规范》	AGI 2014-02-1491
4	金沙贡茶	《金沙贡茶质量控制技术规范》	AGI 2014-02-1572
5	赫章黑马羊	《赫章黑马羊质量控制技术规范》	AGI 2016-03-1985

四 毕节市地理标志产品产业发展情况

1. "大方天麻"

2015年全县天麻种植面积达45000亩，分布在全县19个乡镇40个村。新鲜天麻及麻种产量达8460吨，实现产值在5亿元以上，农民收入增加1.5亿元。已建成天麻核心种源基地6个；以大方县九龙山为主建立了野生天麻种质资源自然保护区，建成天麻核心示范基地8个。大方县从事天麻产业的主体有九龙天麻公司、乌蒙菌业公司等4家企业和顺丰、腾达等30余个天麻种植农业专业合作社，除此之外还有众多种植农户。年加工鲜天麻10000吨能力以上的企业有8家，其中省级龙头企业1家、市级龙头企业1家。"大方圆珠半夏"种植面积达16000亩，年产优质圆珠半夏2000吨，产值2.4亿元，种植农户达到4000多户，从事地产圆珠半夏药材经营的企业有10余家。"大方皱椒"全县种植面积1000余公顷，总产量3.5万吨以上，产值1.6亿元左右；"大方冬荪"2015年种植面积为2000亩，产量在20吨以上，价格在250～300元/斤，主要销售网点为昆明、武汉、广州、贵阳和成都等地。

2. "织金竹荪"

目前全县每年生产菌种6000余万瓶，发展大规模种植基地7个，种植面积达15000余亩，产量达1500多吨，产值达9亿多元。目前织金县销售企业有"东方之花"、"平远州"、"王氏竹荪"等10余家。"织金续断"占到贵州所产续断的60%左右,是贵州最大的续断生产基地,现种植面积8000亩。"织金头花蓼"现种植面积10000亩,年产值达2000余万元。

3."威宁洋芋"

"威宁洋芋"种植面积达170万亩,产量达到350万吨左右,产值近10亿元;全县共组建了15个马铃薯协会;除去本县就地加工、销售、自用、留种外,每年9月至次年3月将向其他地区销售110万吨,种薯外销20万吨。威宁洋芋在全国40多个大中型城市均有直销店,包括上海、浙江、广东等地。"威宁党参"2013年年产值达4200万元,实现年收入2300万元,年利润600多万元。目前,威宁党参常年种植在5万亩以上,年产量达15万千克。"威宁荞麦"常年播种荞麦面积约15万亩,年产荞麦2万余吨。

4."赫章半夏"

"赫章半夏"是全国面积最大的半夏种植基地,现年产半夏6.02万亩,产值7.4亿元;建设有半夏GAP示范基地500亩、半夏标准化示范种植基地500亩、核心药材基地5000亩,建成优质种子(苗)培繁育、中药材规模化种植基地。"赫章核桃"目前全县种植核桃150万亩,规模居全国之首。挂果核桃25万亩,年产核桃坚果3.46万吨,年产值超过10亿元。

5."金沙贡茶"

2013年新建标准化茶园7万亩,累计建成茶园面积20.4万亩,新改扩建规模茶叶加工厂6家。所有茶园达到无公害化或绿色化生产标准,认证绿色或有机茶园面积10万亩以上,成功开发认证原产地省级或国家级群体茶叶优良种1~2个。"金沙回沙酒"现有2万吨酱香型白酒生产规模及1万吨浓香型白酒生产规模,带动4000余人就业,拉动10万吨高粱、小麦等粮食种植业,促使产业多元化配套发展。2015年前9个月,金沙酒业累计完成销售产值16.24亿元,同比增长43.1%;保持满负荷生产状态,累计完成生产任务1.5万千升,年生产总量将达到1.95万千升。

6."毕节可乐猪"

"毕节可乐猪"以国家级优良地方猪种被列入《国家猪种资源志》,其主要产区赫章、威宁、纳雍等地被列为可乐猪的优势范围。毕节可乐猪年

存栏生猪量72580头，出栏56000头，有纯种可乐母猪4000多头，二、三元杂交猪58000头。

五 毕节市地理标志产品保护效益

（一）经济效益

1. 产品价格提高

大方天麻获地理标志认证后，乌天麻鲜货可卖到60多元1斤，制成干品能卖到八九百元乃至上千元的价格，比红天麻、黄天麻价格贵了2倍。威宁洋芋在2009年收购价格为0.24元/斤，2013年威宁洋芋价格上升到0.6~0.7元/斤。织金头花蓼价格比贵州其他地方每千克高1元左右，其他地方头花蓼价格一般在4.8~5.0元/千克，而织金头花蓼的价格一般都能达到6元/千克。

2. 产量产值增长

2015年，全县天麻种植规模达到45000亩，年产鲜天麻6000多吨，新鲜天麻及麻种产量达8460吨，实现产值在5亿元以上；"织金竹荪"目前全县种植面积达1.5余亩，产量达1500多吨，产值达9亿多元。2011年"威宁洋芋"种植面积达165万亩，总产量达220余万吨。2013年产量达到350万吨左右，产值近10亿元。2013年，赫章半夏产量300万千克，年产值3亿元；到2015年7月，年产半夏6.02万亩，产值7.4亿元。

3. 农民收入增加

"大方天麻"惠及从事种植的9300余户农户，通过种植天麻，户均年增收8000余元。"威宁洋芋"商标获准注册后，近6万吨贴有"威宁洋芋"商标的产品外运，销售额突破3亿元，还拉动3万农户种植马铃薯20余万亩，农民增收1300余万元。"织金续断"产业的发展，使农户户均增收4500元以上。"威宁党参"每亩能实现产值1万元以上，农民户均增收6000元以上，目前党参种植已成了当地群众增收致富的主要途径之一。"赫章半夏"种植大户300多户，每年种植面积都在5亩以上，亩均纯收入超过万元。"织金头花蓼"加上扶贫资金每亩补助的590元，种植农户户均增收将达到数千元，当地老百姓的日子像头花蓼一样红红火火。"赫章核桃"年收入万元以上的核桃种植户5000余户，每年为全县农民人均创收增加1000元以上，户均收入6000元以上。

4. 带动企业发展

目前在大方从事天麻产业的主体有年加工鲜天麻10000吨能力以上的8家企业和40余家天麻种植专业合作社。全县有天麻产业省级龙头企业1家、市级龙头企业1家。"织金竹荪"现有销售企业"东方之花"、"平远州"、"王氏竹荪"等10余家及各种竹荪加工小企业。"赫章半夏"先后引进了黔草堂、百灵制药、紫晶药业等5家企业，从事中药材育苗、种植、加工、销售及GAP认证等。"赫章核桃"现有"赫之林"核桃乳、财神堂核桃糖、赫章县阳光金果缘核桃产业发展有限公司等3家深加工龙头企业，全县核桃生产、包装等小生产企业、协会、合作社已有100多家。

（二）社会效益

1. 扩大就业

大方天麻的发展，惠及40余家农民专业合作社及9300余户种植户，增加了就业岗位。"织金竹荪"解决8000人次以上务工，增加农民务工收入4000万元以上。威宁洋芋涉及24个马铃薯重点种植乡，带动农户15万户。在社会效益上，金沙农村存在大量剩余劳动力，按10万亩茶园正常投产计算，"金沙贡茶"可带动6万~8万人就业。

2. 带动相关产业发展

毕节市地理标志产品的发展，极大地带动了中药材产业、畜牧产业、白酒业、茶产业及运输业、旅游业等相关产业的发展。

（三）生态效益

毕节市加大对天麻、半夏、续断、头花蓼、党参等中药材及威宁洋芋、威宁荞麦等农作物的规范化种植，坚守发展底线，强调生态保护，各地在发展过程中，采取林药结合、草药结合、粮药结合和果药结合等方式，创新立体高效的"林药套种""果药套种""药药套种""林下仿野生种植"等种植模式，将种植基地与生态保护、旅游发展有机结合，用中药材产业的发展带动经济效益，保护生态环境，走出了一条"生态改善—产业发展—农民增收"的好路子。同时，地理标志通过产地环境保护和质量标准控制，有效实现保护范围内生态恢复与地力上升形成良性循环。各种技术规范及生产规程按照生态系统的生态承载量进行合理安排，严格保护品种资源与遗传性资源，实现生物多样性保护与生态环境可持续性保护，推进生态文明建设，实现生态效益与经济效益及社会效益的有机结合。

六 毕节市潜在的地理标志产品保护资源

毕节市除已获的22件地理标志产品外，潜在的特色产品资源众多。毕节市潜在的地理标志产品资源，为推进毕节市新的地理标志产品的培育提供了重要的资源优势。毕节市潜在的地理标志产品资源有：威宁大黄梨、威宁芸豆、黔西黄花菜、毕节白萝卜、毕节芸豆、赫章樱桃、毕节大白蒜、毕节核桃、威宁苹果、纳雍红樱桃等果蔬类产品；大方杜仲、毕节折耳根、毕节党参、金沙火龙丹等中药材类产品；威宁黑山羊、赫章黑山羊、织金白鹅、纳雍糯谷猪等养殖类产品；金沙清池翠片、毕节太极茶、纳雍姑箐茶、纳雍苦荞茶、纳雍府茗香、大方海马宫茶、织金平桥茶等茶类产品；毕节大曲、金沙古酒、金沙大曲等酒类产品；黔西大米、威宁苦荞、威宁苞谷等粮油类产品；威宁火腿、黔西黄粑、大方豆腐干、毕节汤圆、织金豆腐干、毕节苦荞粑、毕节酸菜、大方羊场茶食、毕节麻辣大头菜、威宁荞饭、织金宫保鸡丁、毕节麻核桃等食品饮料类产品；毕节蚕茧、织金砂陶、织金彩瓷等工艺品类产品。

表 11　毕节市潜在地理标志产品保护资源名录

类　别	产品名称
果蔬类	威宁大黄梨、威宁芸豆、黔西黄花菜、毕节白萝卜、毕节芸豆、赫章樱桃、毕节大白蒜、毕节核桃、威宁苹果、纳雍红樱桃
中药材类	大方杜仲、毕节折耳根、金沙火龙丹、毕节党参
酒　类	毕节大曲、金沙古酒、金沙大曲
茶　类	金沙清池翠片(清池茶)、毕节太极茶、纳雍府茗香、纳雍姑箐茶、纳雍苦荞茶、大方海马宫茶、织金平桥茶
粮油类	黔西大米、威宁苦荞、威宁苞谷
养殖类	威宁黑山羊、赫章黑山羊、织金白鹅、纳雍糯谷猪
食品饮料类	威宁火腿、黔西黄粑、大方豆腐干、毕节汤圆、织金豆腐干、毕节苦荞粑、毕节酸菜、大方羊场茶食、毕节麻辣大头菜、威宁荞饭、织金宫保鸡丁、毕节麻核桃
工艺品类	毕节蚕茧、织金砂陶、织金彩瓷

B.6 铜仁市地理标志产业发展报告

宁秋实[*]

摘　要： 2005年12月9日，梵净山翠峰茶获国家质检总局国家地理标志产品保护，为铜仁地区获批的第一件地理标志产品。2016年11月2日，铜仁地区又新增一件地理标志产品，梵净山茶通过农业部获农产品地理标志。截至2016年12月31日，铜仁地区共有玉屏箫笛、思南黄牛、德江天麻、石阡苔茶、江口萝卜猪、沿河山羊、梵净山翠峰茶、沿河沙子空心李、铜仁红薯粉丝、松桃苗绣、印江苔粉、玉屏茶油、铜仁珍珠花生、梵净山茶14件地理标志产品。产品分布全市9个区县，涉及茶叶、中药材、粮油、养殖、果蔬、食品饮料、工艺品等七大类别。

关键词： 铜仁市　地理标志产品

铜仁市位于贵州省东北部，素有"黔东门户"之称。全市辖碧江区、万山区、松桃苗族自治县、玉屏侗族自治县、江口县、石阡县、印江土家族苗族自治县、思南县、德江县、沿河土家族自治县、大龙开发区、贵州铜仁高新技术产业开发区。面积1.8万平方千米，总人口427万，聚居着土家、汉、苗、侗、仡佬等29个民族，少数民族占总人口的70.45%。

---

[*] 宁秋实，贵州省社科院地理标志研究中心助理研究员。

一 铜仁市地理标志产品环境因素概况

（一）自然地理环境

铜仁市自然环境润物宜人，地处云贵高原向湘西丘陵过渡的斜坡地带，西北高，东南低。以梵净山为主峰的武陵山脉成为本市东、西部的分水岭，全市最高海拔2572米，最低海拔205米，全境以山地为主，丘陵、岩溶、洼地、坝子等地貌类型多样。全市由于光、热、水、土资源丰富，地形地貌适宜，为境内农作物品种资源与果树品种资源的种植与生长提供了良好的自然条件，特别是境内1965.12平方千米天然草地，是发展畜牧养殖业的天然优势。

（二）历史人文环境

铜仁市历史沿革源远流长，可以追溯到新石器时代时期。秦代为黔中郡腹部地区；汉时改隶武陵郡，蜀汉时始有县治；唐代分属思州、锦州、黔州。宋末元初设思州、思南两宣慰司；民国建立后，曾经过7次变化，直到民国32年（1943年）2月，全省改设6个行政督察区。至此，建置基本固定。新中国成立后，1950年1月12日铜仁全境解放，设铜仁专区。1979年1月正式设立铜仁地区行政公署，行署驻铜仁县。2011年10月22日，国务院批复同意撤销铜仁地区设立地级铜仁市，开启了铜仁发展新篇章。

铜仁市人文历史绵长厚重。铜仁市境内共有各种民族32个，聚居着汉族、土家族、苗族、侗族、仡佬族等29个民族，少数民族占总人口的70.45%。以土家族、苗族、侗族为主体的传统文化与湘楚文化、巴蜀文化、荆楚文化在这里相互浸润融合，造就了绵长厚重的人文历史。玉屏箫笛、德江傩戏、思南花灯戏、碧江赛龙舟、石阡毛龙及木偶戏等，越来越多民族文化被列入国家级非物质文化遗产。在铜仁独有的文化遗产中，无论是民俗活动、表演艺术、传统知识和绝技绝艺，或者与之相关的器具、实物、手工制品等，都是与群众生活密切相关的各种传统文化的表现形式，以器物、祭祀、服饰为表达载体，并以身口相传作为文化链而得以延续。

二 铜仁市地理标志产品保护概况

截至2016年12月31日，铜仁市现共有14件产品获地理标志保护。

经国家质检总局批准的国家地理标志保护产品有7件，分别为：梵净山翠峰茶、德江天麻、铜仁红薯粉丝、石阡苔茶、沙子空心李、玉屏茶油、江口萝卜猪；

经国家工商总局批准的地理标志证明商标有10件，分别为：玉屏箫笛、思南黄牛、德江天麻、石阡苔茶、江口萝卜猪、沿河山羊、梵净山翠峰茶、沿河沙子空心李、松桃苗绣、印江苕粉；

经农业部登记的农产品地理标志为3件，分别为：铜仁珍珠花生、石阡苔茶、梵净山茶。

其中，石阡苔茶获地理标志三个渠道多重保护；梵净山翠峰茶、德江天麻、沿河沙子空心李、江口萝卜猪4件产品获地理标志证明商标和国家地理标志产品保护双重保护。重复不计，实际铜仁地区地理标志产品数量总计为14件。

表1 铜仁市地理标志产品数量统计

申请部门	国家工商总局	国家质检总局	农业部
获批产品	玉屏箫笛、思南黄牛、德江天麻、石阡苔茶、江口萝卜猪、沿河山羊、梵净山翠峰茶、沿河沙子空心李、松桃苗绣、印江苕粉	梵净山翠峰茶、德江天麻、铜仁红薯粉丝、石阡苔茶、沙子空心李、玉屏茶油、江口萝卜猪	铜仁珍珠花生、石阡苔茶、梵净山茶
小计	10件	7件	3件
总计	14件(5件产品获多重保护)		

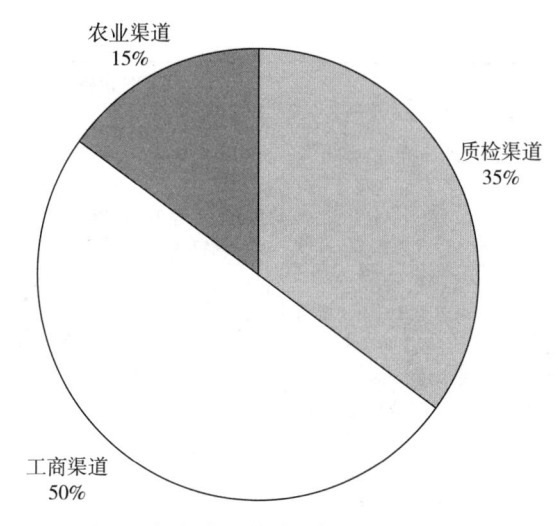

图1 铜仁市现有地理标志各部门分布

表2 国家质检系统国家地理标志保护产品

序号	产品名称	品质特色	保护范围	批准公告
1	梵净山翠峰茶	扁平直滑尖削、色泽嫩绿鲜润、匀整、洁净；香气清香持久，栗香显露；滋味鲜醇爽口；汤色嫩绿、清澈；叶底芽叶完整细嫩、匀齐、嫩绿明亮	贵州省印江土家族苗族自治县洋溪镇、杨柳乡、缠溪镇、罗场乡、朗溪镇、合水镇、永义乡、木黄镇、新业乡、天堂镇、刀坝乡、杉树乡、板溪镇、沙子波镇、中坝乡、新寨乡、峨岭镇等17个乡镇现辖行政区域	2005.12.09 2005年第175号
2	沙子空心李	呈圆形，单果均重35克，果实面层有银灰色腊质保护层；离核，果肉黄白色、脆嫩、汁多爽口、清香浓甜	贵州省沿河土家族自治县沙子镇、中界乡等2个乡镇现辖行政区域	2006.7.12 2006年第95号
3	德江天麻	呈长椭圆形，"鹦嘴"端较大，略扁，稍弯曲；面呈浅黄灰色或淡黄棕色，纵皱纹细密明显；"鹦嘴"端至"脐形"疤痕端的多轮点状横环纹清晰。对光观察麻体发"亮"。质坚实，难折断。特异气味较浓	贵州省德江县高山乡、沙溪乡、泉口乡、长丰乡、楠杆乡、平原乡、堰塘乡、合兴乡、复兴乡、煎茶镇、枫香溪镇等11个乡镇现辖行政区域	2007.5.29 2007年第81号
4	石阡苔茶	芽叶色泽绿润、叶肉肥厚，外形扁平尚直有毫，耐冲泡、冲泡时叶芽竖立，茶汤黄绿明亮，滋味醇厚爽口，栗香显露，叶底嫩绿明亮	贵州省石阡县现辖行政区域	2009.9.21 2009年第88号

139

续表

序号	产品名称	品质特色	保护范围	批准公告
5	铜仁红薯粉丝	丝条匀细、纯净光亮，整齐柔韧，透明；久煮不断，韧性好，爽滑耐嚼	贵州省铜仁市河西街道办事处、环北街道办事处、云场坪镇、川硐镇、坝黄镇、茶店镇、桐木坪乡、六龙山土家族乡等16个乡镇及街道办事处现辖行政区域	2012.8.23 2012年第125号
6	玉屏茶油	色泽黄红，无颗粒，澄清、透明，光泽度好，无折射物，无肉眼可见外来杂质，口感具有玉屏茶油固有的气味和滋味，无异味	贵州省玉屏侗族自治县平溪镇、大龙镇、田坪镇、朱家场镇、新店乡、亚鱼乡共6个乡镇现辖行政区域	2014.9.2 2014年第96号
7	江口萝卜猪	活体猪：全身毛色灰黑色，皮肤白色，四肢短细结实，后肢高于前肢，育肥猪体躯侧视形似萝卜；猪肉：肉色鲜红、有光泽、肌肉有大理石纹，背膘3~4cm，水煮后肉汤澄清透明，味香浓、多汁，口感细嫩	贵州省江口县现辖行政区域	2014.9.2 2014年第96号

表3　国家工商系统地理标志证明商标

序号	商标名称	商品/服务列表	注册人	注册号	专用期限
1	玉屏箫笛	箫、笛	玉屏侗族自治县箫笛行业协会	6296476	2008/10/07~2018/10/06
2	思南黄牛	牛	思南县畜禽品种改良站	8279699	2010/11/21~2020/11/20
3	德江天麻	天麻	德江县天麻行业协会	8490578	2011/02/21~2021/02/20
4	石阡苔茶	茶	石阡县茶叶协会	7921997	2011/03/21~2021/03/20
5	梵净山翠峰茶	茶	铜仁市茶叶行业协会	9571612	2012/07/21~2022/07/20
6	江口萝卜猪	猪、猪肉	江口县畜牧技术推广站	1100022511000224	2013/06/07~2023/06/06
7	沿河山羊	山羊	沿河土家族自治县畜牧产业发展办公室	12087192	2013/11/07~2023/11/06
8	沿河沙子空心李	李子	沿河土家族自治县经济作物工作站	12087191	2014/07/28~2024/07/27
9	松桃苗绣	刺绣	松桃苗族自治县松桃苗绣协会	13644803	2015/07/21~2025/07/20
10	印江苕粉	地瓜粉	印江土家族苗族自治县红薯粉协会	14579913	2015/09/14~2025/09/13

表4 农业部农产品地理标志

序号	产品名称	申请人全称	划定的地域保护范围	批准公告
1	石阡苔茶	石阡县茶业协会	石阡县所辖龙塘镇、龙井乡、白沙镇、聚凤乡、本庄镇、河坝乡、大沙坝乡、坪地场乡、花桥镇、石固乡、青阳乡、五德镇、枫香乡、坪山乡、中坝镇、甘溪乡、国荣乡、汤山镇等18个乡镇。地理坐标为东经107°44′55″~108°33′47″,北纬27°17′05″~27°42′50″。	2015年2月10日 中华人民共和国农业部公告 第2231号
2	铜仁珍珠花生	铜仁市农业技术推广站	铜仁市所辖碧江区、万山区、玉屏县、江口县、松桃县、印江县、石阡县、思南县、德江县、沿河县等10个县区169个乡镇。地理坐标为107°46′~109°25′,北纬27°07′~29°05′。	2015年7月22日 中华人民共和国农业部公告 第2277号
3	梵净山茶	铜仁市茶叶行业协会	铜仁市所辖印江县、石阡县、思南县、德江县、沿河县、江口县、松桃县共7个县122个乡镇。地理坐标为东经107°44′~109°30′,北纬27°07′~29°05′	2016年11月2日 中华人民共和国农业部公告 第2468号

三 铜仁市地理标志产品保护分析

（一）铜仁市地理标志产品各区县情况

在铜仁地区14件地理标志产品中，松桃苗族自治县地理标志产品有：松桃苗绣；江口县地理标志产品有：江口萝卜猪；石阡县地理标志产品有：石阡苔茶；印江土家族苗族自治县地理标志产品有：梵净山翠峰茶、印江苕粉；思南县地理标志产品有：思南黄牛；德江县地理标志产品有：德江天麻；沿河土家族自治县地理标志产品有：沿河山羊、沿河沙子空心李（沙子空心李）；玉屏侗族自治县地理标志产品有：玉屏箫笛、玉屏茶油。

其中，铜仁珍珠花生、梵净山茶2件产品为市级地理标志产品，保护范围为铜仁地区境内现辖行政区域。而铜仁红薯粉丝保护范围仅为铜仁市市区现辖行政区域。

表5 铜仁市地理标志各区县情况统计

地 区	国家质检总局	国家工商总局	农业部	小计/件
铜仁市	铜仁红薯粉丝	—	铜仁珍珠花生、梵净山茶	3
松桃县	—	松桃苗绣		1
江口县	江口萝卜猪	江口萝卜猪	—	1
石阡县	石阡苔茶	石阡苔茶	石阡苔茶	1
印江县	梵净山翠峰茶	梵净山翠峰茶、印江苔粉	—	2
思南县	—	思南黄牛		1
德江县	德江天麻	德江天麻		1
沿河县	沙子空心李	沿河山羊、沿河沙子空心李	—	2
玉屏县	玉屏茶油	玉屏箫笛		2

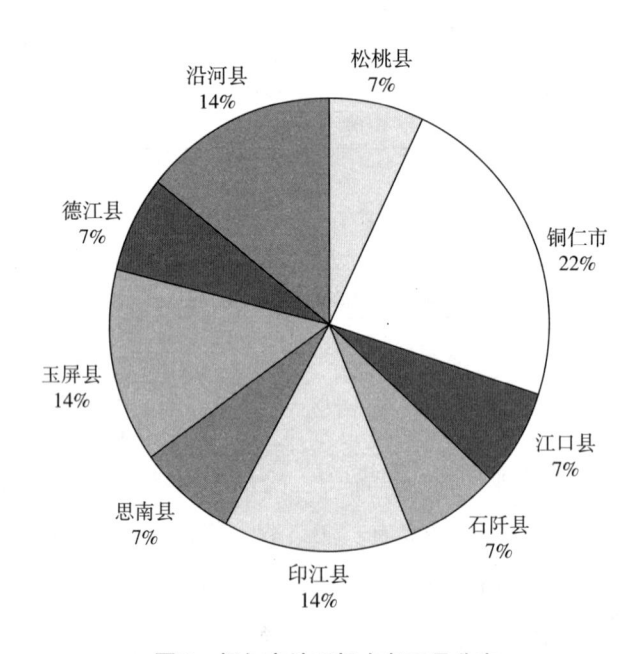

图2 铜仁市地理标志各区县分布

（1）较全省其他地区来说，铜仁市地理标志产品总体数量较少。目前铜仁市地理标志工作取得了一定成绩，共有14件地理标志产品，但与其他地区相比，铜仁市地理标志产品的总体数量不到全省的10%，地理标志的申报工作存在着些许的不足。

（2）在地区分布上，铜仁市地理标志产品的各县分布较为平均，但主要又集中在印江县、沿河县和玉屏县三个地区。

（3）在保护力度上，江口萝卜猪、德江天麻、沿河沙子空心李、梵净山翠峰茶4件地理标志产品受到工商渠道与质检渠道的双重保护，"石阡苔茶"受到工商渠道、质检渠道和农业渠道的三部门同时保护。

（二）铜仁市地理标志产品各年度情况

2005年12月，梵净山翠峰茶获国家质检总局国家地理标志产品保护；2006年7月，沙子空心李获国家质检总局国家地理标志产品保护；2007年5月，德江天麻获国家质检总局国家地理标志产品保护；2008年10月，玉屏箫笛获国家工商总局地理标志证明商标；2009年9月，石阡苔茶获国家质检总局国家地理标志产品保护；2010年11月，思南黄牛获国家工商总局地理标志证明商标；2011年2月、3月，德江天麻、石阡苔茶获国家工商总局地理标志证明商标；2012年7月，梵净山翠峰茶获国家工商总局地理标志证明商标；同年8月，铜仁红薯粉丝获国家质检总局国家地理标志产品保护；2013年6月、11月，江口萝卜猪、沿江山羊获国家工商总局地理标志证明商标；2014年7月，沿江沙子空心李获国家质检总局国家地理标志产品保护；同年9月，玉屏茶油、江口萝卜猪获国家工商总局地理标志证明商标；同年11月，石阡苔茶获农业部农产品地理标志；2015年1月，铜仁珍珠花生获农业部农产品地理标志，同年7月和9月，松桃苗绣和印江苔粉获国家工商总局地理标志证明商标；2016年11月，梵净山茶获农业部农产品地理标志。

表6 铜仁市地理标志各年度统计

单位：件

年份	国家质检总局	国家工商总局	农业部	小计
2005	1	—	—	1
2006	1	—	—	1
2007	1	—	—	1
2008	—	1	—	1

续表

年份	国家质检总局	国家工商总局	农业部	小计
2009	1	—	—	1
2010	—	1	—	1
2011	—	2	—	2
2012	1	1	—	2
2013	—	2	—	2
2014	2	1	1	4
2015	—	2	1	3
2016	—	—	1	1

注：梵净山翠峰茶、石阡苔茶、德江天麻、沿河沙子空心李、江口萝卜猪5件地理标志产品获多重保护。

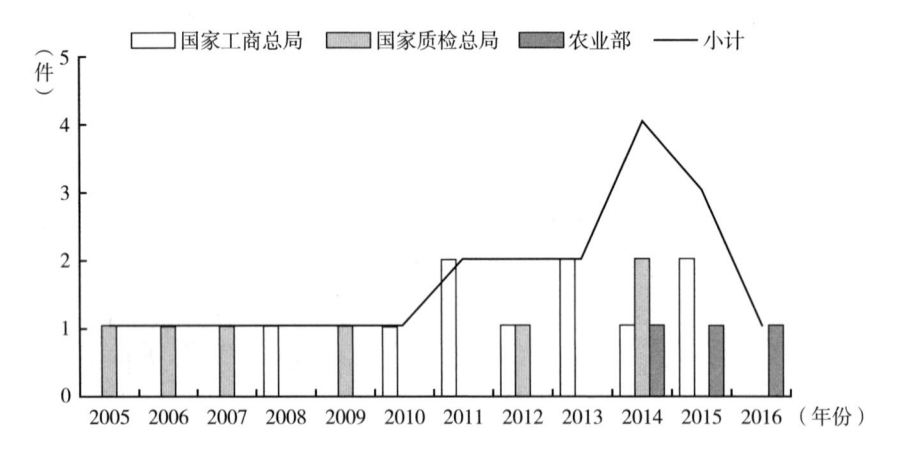

图3 2005~2016年铜仁市地理标志各年度统计

（1）从图3可以看出，在2005~2010年铜仁市的地理标志产品数量较稳定，每年均有1件产品获地理标志保护。从2011年开始到2014年，铜仁市地理标志工作得到迅速发展，这一时期是铜仁市地理标志迅速发展的一个增长期，地理标志产品增加了10件。2014年铜仁市地理标志产品增加的数量为4件。2014年开始铜仁市地理标志产品增加的数量有所减少，2016年为1件。

（2）从2005年起，铜仁市开始了地理标志的申报与推进工作，最先获批地理标志产品的渠道是通过国家质检总局，到2014年，才通过农业渠道获批地理标志产品。2005～2009年，大部分产品为国家质检渠道申请的地理标志产品；2010～2013年，地理标志产品认证主要集中在国家工商总局获批的地理标志证明商标。

（三）铜仁市地理标志产品分类情况

从铜仁市获批的14件地理标志产品来看，果蔬类有1件，中药材类有1件，茶叶类有3件，粮油类有1件，养殖类有3件，食品饮料类有3件，工艺品类有2件。

表7 铜仁市地理标志分类统计

单位：件

分　类	国家质检总局	国家工商总局	农业部	小计
果蔬类	沙子空心李	沿河沙子空心李	—	1
中药材类	德江天麻	德江天麻	—	1
茶叶类	石阡苔茶、梵净山翠峰茶	石阡苔茶、梵净山翠峰茶	石阡苔茶、梵净山茶	3
粮油类	玉屏茶油	—	—	1
养殖类	江口萝卜猪	江口萝卜猪、沿河山羊、思南黄牛	—	3
食品饮料类	铜仁红薯粉丝	印江苕粉	铜仁珍珠花生	3
工艺品类	—	玉屏箫笛、松桃苗绣	—	2

由图4可见，铜仁市地理标志产品中，茶类、养殖类和食品饮料类地理标志产品比例最高，占总数量的22%；工艺品类次之，占总数量的13%；果蔬类、中药类和粮油类地理标志产品比例最小，占总数量的7%。茶类、养殖类和食品饮料类为优势地理标志产品，而果蔬类、中药材类和粮油类的地理标志产品单一，酒类地理标志产品目前在铜仁市还没有，因此，应该通过多种渠道发展潜在的当地名酒为地理标志产品，同时拓展果蔬类、中药材类和粮油类的地理标志产品。

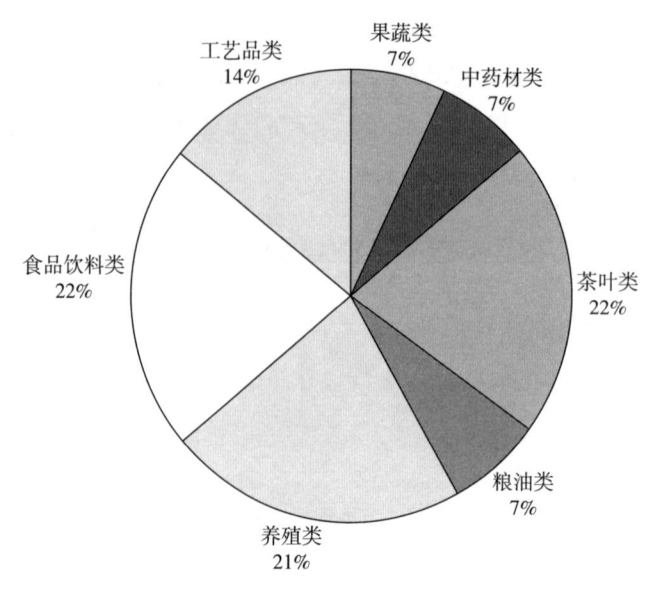

图4 铜仁市地理标志分类百分比统计

（四）铜仁市地理标志标准情况

1. 铜仁市国家地理标志保护产品标准制定情况

根据国家质检总局地理标志产品标准制定要求，"保护申请批准公告发布后，省级质监机构应在3～6个月内，组织申请人按照公告中'质量技术要求'规定，在原有专用标准或技术规范的基础上，完善地理标志产品的标准体系，一般应以省级地方标准的形式发布，并报国家质检总局委托的技术机构审核备案。"

表8 铜仁市国家地理标志保护产品标准制定

序号	产品名称	标准制定
1	梵净山翠峰茶	a. 贵州省地方标准：DB52/469－2004《梵净山翠峰茶》 b. 国家质检总局批准公告中关于梵净山翠峰茶的质量技术要求 c. 省级地方标准：DB52/T 469－2011《地理标志产品　梵净山翠峰茶》
2	沙子空心李	a. 企业标准：Q/YFXSP02－2004《沙子空心李》 b. 国家质检总局批准公告中关于沙子空心李的质量技术要求 c. 省级地方标准：DB52/T 914－2014《地理标志产品　沙子空心李》

续表

序号	产品名称	标准制定
3	德江天麻	a. 德江县天麻企业标准：Q/DT02－2006《德江天麻》 b. 省级地方标准：DB52/566－2009《德江天麻》 c. 国家质检总局批准公告中关于德江天麻的质量技术要求
4	石阡苔茶	a. 贵州省地方标准：DB52/532－2007《石阡苔茶》 b. 国家质检总局批准公告中关于石阡苔茶的质量技术要求 c. 省级地方标准：DB52/T 532－2015《地理标志产品　石阡苔茶》 c. 省级地方标准：DB52/T 1014－2015《地理标志产品　石阡苔茶加工技术规程》
5	铜仁红薯粉丝	a. 企业标准：Q/HLNH0004S－2010《铜仁红薯粉丝》 b. 国家质检总局批准公告中关于铜仁红薯粉丝的质量技术要求 c. 省级地方标准：DB52T 939－2014《地理标志产品　铜仁红薯粉丝》
6	玉屏茶油	a. 玉屏侗族自治县地方标准：《玉屏茶油(草案)》 b. 国家质检总局批准公告中关于玉屏茶油的质量技术要求
7	江口萝卜猪	a. 贵州省地方标准：DB52/T584－2009《江口萝卜猪》 b. 国家质检总局批准公告中关于江口萝卜猪的质量技术要求

2. 铜仁市农产品地理标志质量控制技术规范

农业部《农产品地理标志管理办法》第九条第四款规定："符合农产品地理标志登记条件的申请人，可以向省级人民政府农业行政主管部门提出登记申请，并提交产地环境条件、生产技术规范和产品质量安全技术规范。"可见，农业部对农产品地理标志的登记审核有"质量控制技术规范"的硬性要求。

表9　铜仁市农产品地理标志质量控制技术规范

序号	产品名称	质量控制技术规范	质量控制技术规范编号
1	石阡苔茶	《石阡苔茶质量控制技术规范》	AGI 2015－01－1644
2	铜仁珍珠花生	《铜仁珍珠花生质量控制技术规范》	AGI 2015－02－1712
3	梵净山茶	《梵净山茶质量控制技术规范》	AGI 2016－03－1979

四　铜仁市部分重点地理标志产品产业发展情况

1. 德江天麻

"德江天麻"产自"中国天麻之乡"铜仁市德江县，产品个大、肥厚、质坚实，含天麻素0.36%，比中国药典规定含量高0.13%。自2007年获实施地理标志产品保护以来，县政府将天麻种植作为"五大扶贫产业"之首，制定了天麻产业发展规划，并出台了每种植1平方米天麻补贴经费35元等系列扶持农户政策，助推天麻产业有序发展。全县天麻栽种面积由保护前5000亩增长到3万亩，带动周边市县2万亩，产量由保护前750吨发展到4500吨以上，销售单价由30元/千克增长到60元/千克，产值2亿元以上，带动了农户1万户以上，产区群众种植天麻已是家庭的重要经济来源。目前县内已有6家专业从事天麻栽培和产品初加工、深加工的企业，有1家天麻生产协会和8家分会，10家天麻专业合作社，基本形成了生产、初加工、精深加工和销售产业链。与科研院所深度合作，研发了天麻酒、天麻茶、天麻咀嚼片、天麻口服液、天麻粉（片）等10余个新产品。企业加工经营天麻产品，不但企业得到快速发展，还增强了带动农户增收致富的能力，推动了地方经济发展，提升了县域农村的整体经济水平，较好地把德江天麻资源优势转化成了发展优势。

2. 江口萝卜猪

"江口萝卜猪"具有体型矮小、耐粗饲、抗逆性强等特点，皮薄骨细，肉质细嫩，肉味鲜美。江口萝卜猪的发展历经数百年，是梵净山区域自然生态与人文历史良好结合的家畜养殖品种。据了解，作为江口县"十二五"规划目标之一，县委政府还将继续致力于萝卜猪的产业发展。在"十二五"期间，江口县计划实现在原有基础上再增加1800个养殖户、年均存栏量11.9万头，年均产值实现3.6亿元。到2015年将达到20万头以上，真正实现全县"人均一亩核桃树，人均一头萝卜猪"的宏伟目标。目前，全县有7000多户农户从事萝卜猪养殖，年出栏萝卜猪5万余头，年产值预计可达7000万元以上。

3. 沙子空心李

"沙子空心李"栽培历史悠久，为李果中之佳品。2016年沙子空心李产量为1万余吨，售价每千克20元左右。栽种面积达5万亩，产值超亿元。多年来，通过品种创新、技术创新、推广模式和服务模式创新，空心李产业已具规模，覆盖辖区12个乡镇，面积达到6.4万亩，年产量近2万吨，年产值3亿元。

4. 石阡苔茶

"石阡苔茶"产于"中国苔茶之乡"贵州省石阡县。"石阡苔茶"于2009年获得国家质检总局地理标志产品，2010年获得国家工商管理总局批准注册的地理标志证明商标。2010年成为"贵州三大名茶"，2013年被国家商标局认定为中国驰名商标。在品牌保护的带动下，石阡县茶叶产业得到飞速发展，对当地的社会经济起到重要的促进作用。2013年2月，石阡县茶园面积达30.6万亩，新植茶园2.1万亩，完成无公害茶园认证5万亩，管护幼龄茶园5.4万亩，新建茶叶加工厂25个；茶产量达1.47万吨，实现产值5.56亿元，名优茶产量1803吨，产值1.5亿元。茶叶营销网络逐步健全，在县外开设"石阡苔茶"专卖店5个，联建10家。通过中央、省级媒体的宣传报道，石阡苔茶的市场知名度获得极大提升，先后荣获日本世界绿茶评比、海峡两岸、北京博览会金奖等20余项殊荣。

5. 思南黄牛

"思南黄牛"具有灵敏耐劳，挽力大，抗病力强；肉质细嫩，蛋白质含量高，氨基酸组成好，脂肪含量适中等特性。据统计，思南全县目前思南黄牛存栏量8.6万头，能繁母牛存栏量5万多头，有大型养殖企业1家，大型牛肉加工企业2家，农民养牛专业合作社5家，农民牛肉加工专业合作社1家，规模养殖户233家。近几年，思南县充分依托许家坝镇万亩草场的饲草饲料资源优势，于2012年成功引进浙江客商在此建立思南黄牛养殖基地，通过"公司+基地+农户"的模式，大力发展以"思南黄牛"为主打品种的畜产品及深加工，带动农户养牛，带动养殖户增收。随着思南黄牛本品种繁育基地的建立、种草养畜示范基地的开发，思南黄牛养殖水平不断提高，群众养牛的积极性高涨，存栏量和市场价格逐年上涨。目前，思南现已建成思南黄牛原种扩繁场1个，商品牛生产场3家，生产的肉牛销往山东、天津、江苏等地，"思南黄牛"初具品牌效应。

6. 松桃苗绣

"松桃苗绣"是松桃苗族民间群体记忆传承的手工刺绣技艺，是以贵州省松桃为中心的武陵山苗族文化特色的苗族刺绣产品的总称。其特点是：构图严谨，色彩鲜明，各种针法富于表现力，通过丰富的色线和千变万化的针法，使绣出的人物、动物、山水、花鸟等具有特殊的艺术效果，松桃苗绣是典型的非物质文化遗产地理标志产品，产业发展潜力大，适宜旅游文化产品开发。

7. 铜仁红薯粉丝

生产历史非常悠久，品牌知名度很高，产品以碧江区、万山区境内17乡镇所产优质红薯和地下几百米以下优质矿泉水为原料，将传统工艺与现代科技完美结合精加工而成。具有久煮不腐烂、清香可口、食法多样、丝条粗细均匀、呈半透明状态、无并条碎条、手感柔韧、弹性良好等特点。铜仁红薯粉丝的生产目前主要还是传统方式，小作坊数量很多，主要的有一百多家传统作坊。中小型企业有近十家，年产量近1万余吨，销售额总计超过2000万余元，这类企业主要以传统工艺方式生产。上规模的企业目前主要有6家：包括获地区级二星级农业产业化重点龙头企业一家，地级一星级农业产业化龙头企业5家，其中贵州华力农业工程公司属于红薯行业优秀企业和龙头企业，其生产能力达到2万余吨，产品研发包括纯红薯粉丝、方便粉丝等十余种，市场销售额超过5000万余元。在销售方面，铜仁市红薯粉丝在全国目前已经建立起一定的销售网络，辐射到江苏、广东、北京、上海、河南、安徽、福建、浙江、重庆、云南、陕西等销售区域。

8. 铜仁珍珠花生

铜仁珍珠花生质地细腻、香酥可口、果壳薄、营养价值高，以其特殊品质而独具魅力，在国内外享有较高声誉，是铜仁市特色品牌之一，2013年获得农业部地理标志认证，2015年被定为碧江区出口的优质农产品。为加大铜仁本地优质农产品的推广力度，2016年初碧江区农牧科技局组织相关人员在和平、川硐选址1000亩作为珍珠花生示范基地建设。该基地以百疆生态农业开发有限公司为主体，采取"公司+农户+基地"的生产管理模式，碧江区农牧科技局将依托基地开展新种子、新技术、新材料试验课题研究2个以上，按照铜仁珍珠花生生产技术规程，实行标准化、规范化、绿色生态化栽培，并将珍珠花生作为绿色产品申报工作。

9. 玉屏茶油

"玉屏茶油"色泽黄红、无颗粒、澄清透明、品质纯净、气味清香、味道纯正。百年传统生产工艺，玉屏茶油香溢全国，成为家喻户晓的食用油料产品。20世纪90年代后，玉屏县委、县政府高度重视经济林的发展，着重调整产业结构框架，充分利用本地资源优势，开发富有地方特色的经济林品种，走发展地方"名、特、优"产品之路，针对全县茶油现状，采取了品种改良、合理间作、整形修枝、病虫害防治等技术措施，大大提高了茶油产量和茶油产区群众的经济收入。2012年，玉屏县委县政府举全县财力，积极向上级争取项目资金支持，集中力量倾力打造玉屏茶油产业示范效益区，投入资金10余亿元，建设了茶花泉景区。景区总面积预计27543亩，建设面积4060亩，立足于贵州东大门，依托"中国油茶之乡"的文化品牌和产业优势。

目前，茶花泉已列入贵州省100个农业现代产业示范园和100个旅游示范区。申报的"茶花泉"全类注册商标已获全部受理，这是铜仁市第一家全类注册的农旅商标品牌。在玉屏茶花泉示范园区，实现了茶油产业和观光旅游的有机结合。纵横交错的园区柏油道路，成为绝佳的山地自行车赛道。茶花泉的建设实现了社会效益、经济效益与生态效益的有机统一。

五 铜仁市地理标志产品保护效益

（一）经济效益

德江天麻获得地理标志产品保护后，产值2亿元以上。梵净山翠峰茶从未实施保护前的400元/千克提高到现在的2000元/千克。沙子空心李从保护前的售价每千克8~12元到保护后的售价每千克20元。随着思南黄牛本品种繁育基地的建立、种草养畜示范基地的开发，思南黄牛养殖水平不断提高，群众养牛的积极性高涨，市场价格逐年上涨，可达每千克26元。

德江天麻获得地理标志产品保护后，目前全县天麻种植面积达3万亩，鲜麻总量达4500吨，年产值达2亿元，是保护前的10倍，已发展为德江的重点支柱产业。梵净山翠峰茶获得保护后产业迅速发展，保护区茶树种植面积达28万亩，茶农5.8万人，年产量达4000吨以上，产值8亿多元。获得保护前江口县发展江口萝卜猪养殖户300户，存栏5.93万头，实现产值14255万元。获得保护后存栏量达到20万头以上，目前，全县有7000多户农户从事萝卜猪养殖，年出栏萝卜猪5万余头，年产值预计可达7000万元以上。获得保护前沙子空心李产量为3000余吨，获得保护后2006年4月沙子空心李的栽种面积已达9000亩，产区有8000余户约2.5万人从事沙子空心李的生产管理。2008年沙子空心李的栽种面积达1.5万~2万亩，年产量一万吨以上，产值超亿元。如今，沙子空心李产业已具规模，面积达到6.4万亩，年产量近2万吨，年产值3亿元。石阡苔茶受地理标志产品保护以来，石阡茶叶面积达42.5万亩，茶叶年产量达1.4吨，年产值8.4亿元。

德江天麻实施保护后，目前，现有天麻栽培、初加工、深加工企业6家，天麻专业合作社10家，形成了栽种、初加工、精深加工和销售产业链，惠及群众3万人以上。梵净山翠峰茶获得地理标志产品保护以来，全县再次掀起新一轮茶产业建设。铜仁珍珠花生受到地理标志保护后，铜仁市的一些企业如芳跃花生食品有限公司、沿河桑谌花生加工厂、松桃金果食品厂的生产和加工能力也大幅上升。江口萝卜猪获得保护后吸引大企业落户江口开发萝卜猪，形成政府、企业、农户三位一体的形式，开发萝卜猪养殖示范点，发挥示范带动作用，吸引更多农户来养殖萝卜猪。大大小小的萝卜猪养殖场相继建设起来，萝卜猪产业化发展快速推进。"思南黄牛"通过地理标志保护后，有大型养殖企业1家，大型牛肉加工企业2

家,农民养牛专业合作社 5 家,农民牛肉加工专业合作社 1 家,规模养殖户 233 家。

(二)生态效益

铜仁市的地理标志产品大部分为农业类产品,这些产品的原材料在种植的过程中,大大改善了日益严重的石漠化环境。通过产地环境保护和质量标准控制,使保护范围内生态环境保持良性循环。而且在地方标准中对化肥和农药有严格的要求,提高了化肥和农药的使用率、减少了水源空气的污染、增加了经济效益,收到明显的效果。农户们按照地方标准来栽培,农药的投入量明显减少,不仅减少了支出,更重要的是大大减轻了污染,减少了农作物的农药残留量,生产出农药残留量很低甚至没有的绿色健康食品。同时,通过地理标志产品的宣传及知名度的提高,也提高了农户们的生态保护意识,在种植农作物或是畜牧业上减少了环境污染,具有明显的生态效益。

六 铜仁市潜在的地理标志产品保护资源

地理标志是生态铜仁的重要载体,铜仁市独特的生态环境和地域特点,形成了种类繁多品质独特的地方特色产品,对这些特色产品品质文化的深度挖掘和传承,是保护铜仁市自然生态环境、民族风情等优势资源和传承贵州文化的有效途径。

铜仁市独特的地域条件及人文条件,造就了许多当地特色的产品,这些独特的特色产品成为铜仁市潜在的地理标志产品资源。这些产品涉及果蔬类、酒类、粮油类、养殖类、食品饮料类、工艺品类和茶类。如:松桃牛肝菌果、玉屏板栗等蔬类产品;玉屏甜米酒、土家族麻糖酒等酒类产品;金竹贡米、白水贡米、松桃桐油等粮油类产品;沿河古树茶、云峰山金银花茶、梵净山贡茶等茶类产品;江口吴茱萸、江口牛干巴、铜仁(万山)朱砂、德江白果等中药材类产品;黔东草海生态鹅、困龙山铁叫鸡等养殖类产品;

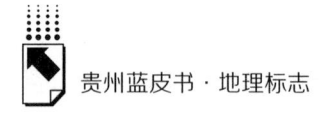

松桃苗绣、思南土家香肠、思南酱瓜、松桃卤鸭等食品饮料类产品；塘头棕编、龙凤花烛、沿河藤器等工艺品类产品。

表10　铜仁市潜在地理标志产品保护资源名录

类　别	产品名称
果蔬类	松桃牛肝菌、玉屏板栗、铜仁雪枣
酒　类	玉屏甜米酒、土家族麻糖酒
茶　类	沿河古树茶、云峰山金银花茶、梵净山贡茶、梵净山云雾茶、梵净山贡茶、姚溪贡茶、土家熬熬茶、土家红茶、石阡苦丁茶、泉都碧龙茶、江口藤茶、松桃绿茶、思南晏茶
中药类	江口吴茱萸、石阡丹参、铜仁（万山）朱砂、德江白果
粮油类	金竹贡米、白水贡米、郭家湾贡米、松桃桐油、玉屏油茶籽油
养殖类	黔东草海生态鹅、困龙山铁叫鸡
食品饮料类	思南土家香肠、思南酱瓜、思南羊肉粉、思南绿豆粉、松桃卤鸭、松桃烂糊桥米豆腐、沿河蜂蜜、印江香菇、印江红苕粉、沿河糯米包子、思南花甜粑、铜仁葛根精粉、石阡泡椒、石阡矿泉水、石阡豆腐乳、泉口灰豆腐、泉口豆腐丝、侗乡荤油茶、盘信豆腐、德江土家族麻饼、江口油茶、江口牛干巴、江口米豆腐、江口豆腐干
工艺品类	松桃苗绣、塘头棕编、龙凤花烛、沿河藤器、思南塘头斗笠、思南紫檀大理石、梵净山紫袍玉带石

B.7
六盘水市地理标志产业发展报告

卢业敏*

摘　要： 2012年3月28日，郎岱酱通过国家工商总局地理标志集体商标注册，成为六盘水市第一件获批地理标志产品；2016年11月4日，六盘水市又新增1件地理标志产品，妥乐白果获国家质检总局国家地理标志产品保护。截至2016年12月31日，六盘水市现共有盘县火腿、岩脚面、四格乌洋芋、水城猕猴桃、盘县刺梨果脯、六盘水苦荞米、六盘水苦荞茶、水城春茶、水城小黄姜、六枝龙胆草、落别樱桃、水城黑山羊、保基茶叶、盘州红米、妥乐白果、郎岱酱、盘县核桃、牛场辣椒、六枝月亮河鸭蛋、保田生姜20件地理标志产品。

关键词： 六盘水市　地理标志

六盘水，有"中国凉都"之称，位于贵州省西部，云贵高原一、二级台地斜坡上。东邻安顺市，南连黔西南布依族苗族自治州，西接云南省曲靖市，北毗毕节市；钟山区的大湾镇、二塘乡、三合乡飞嵌于毕节市西南部。与昆明、成都、重庆、贵阳、南宁五个省会城市的直线距离均在500千米以内，素有"四省立交桥"之称。在国家"一带一路"战略和长江经济带规划中，六盘水是66个区域流通节点城市和全国196个公路交通枢纽城市之一。现辖六枝特区、盘县、水城县、钟山区4个县级行政区和5个省级经济

---

* 卢业敏，贵州省社科院地理标志研究中心助理研究员。

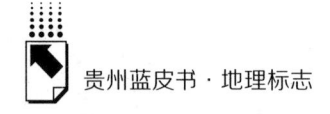

开发区，87个乡（镇、街道）。全区总面积9965平方千米，总人口328万，以苗、彝和布依族为主体的少数民族人口占27.4%。

一 六盘水市地理标志产品环境因素概况

（一）自然地理环境

六盘水境内地势西高东低，北高南低，中部因北盘江的强烈切割侵蚀，起伏剧烈。大地构造属扬子准地台上扬子台褶带。位于扬子准地台（Ⅰ级构造）上扬子台褶带（Ⅱ级构造）的威宁至水城叠陷断褶束、黔西南叠陷褶断束以及黔中早古拱褶断束和黔南古陷褶断束的极西边缘。一般地区海拔1400~1900米。地面最高点在钟山区大湾镇，海拔2845.7米；最低点在六枝特区毛口乡北盘江河谷，海拔586米，相对高差2259.7米。地貌景观以山地、丘陵为主，还有盆地、山原、高原、台地等地貌类型。境内属北亚热带季风湿润气候区，冬暖夏凉，气候宜人。年平均气温13~14℃，1月平均气温3~6.3℃，7月平均气温19.8~22℃。年降水量1200~1500mm。无霜期200~300天。因宜人的湿度，凉爽的气温，和畅的清风，凉爽滋润的气候，荣获中国"十佳避暑城市"、"十佳环保标志性城市"称号。2005年8月荣获"中国凉都"称号。

境内土壤类型主要有黄壤土类、山地黄棕壤土类、山地灌木丛草甸土类、石灰土土类、紫色土土类、水稻土土类、潮土土类、沼泽土土类8种，其中以黄壤土为主。六盘水市地处长江、珠江流域分水岭地带，大致以滇黔铁路为分水岭线，以北属长江流域乌江水系，以南属珠江水系。乌江水系在市境以三岔河为干流，地处北部地区，包括水城县、六枝特区及钟山区的部分地区。珠江水系以北盘江为干流，自西向东贯穿市腹部，南盘江支流分布在南部边缘。全市长10千米以上或集水面积20平方千米以上的河流71条，其中乌江水系14条，珠江水系57条。境内地区水资源丰富。

六盘水地区境内野生植物种类繁多，按用途分为牧草类、药用类、果类及其他类4个类型。牧草类植物有40科192属514种。药用植物略计700余种，主要品种195种。果类产品有刺梨、猕猴桃、棠梨、山楂、樱桃、葡萄、枇杷、杨梅、草莓等。粮食作物有玉米、稻、马铃薯、麦、大豆、荞等。经济作物有油菜、烟草、花生、茶、麻类、棉、糖料、蚕桑、芝麻及其他油料作物。同时，境内畜禽产品类资源也比较丰富。

（二）历史人文环境

六盘水市境内史前是古人类的重要发祥地。贵州省目前发现的早期智人主要分布在六盘水市。六盘水地区历史悠久，春秋时期为牂牁国属地；战国时期，市境内为夜郎国属地；秦为巴郡汉阳县属地；汉代设立郡县，分属牂牁郡夜郎县、宛温县、平敕县和犍为郡汉阳县、鄢县。唐代境内南为盘州地，北为汤望州地，设羁縻州。唐后期至宋末，中央王朝对土酋封以王号，借助土酋力量对抗南诏和大理国。境内作为缓冲地带，南为于矢部地（自杞国），东北为牂牁国（后称罗殿国），北为罗氏鬼国，这三个藩国均为少数民族政权。元代，实行土司制度。明代，进行改土归流。这个时期，普安路总府改为普安州（明永乐十三年即1415年）设流官知州，普定府改为西堡官司，八番顺元宣慰司改为贵州（水西）宣慰司。清雍正年间，今市境内改土归流基本结束，境内北设水城厅，东设郎岱厅，南设普安州。民国时期，境内设水城县、盘县、郎岱县。

六盘水是一个多民族居住的地区，少数民族众多，其中彝族、苗族、布依族、白族、回族、仡佬族六个民族为六盘水地区的世居民族。六盘水地区各民族在其历史发展过程中创造和发展出各具自身民族特点的民族文化与风俗习惯。在长远的历史长河中，他们与大自然和谐相处，创造和传承着优秀的民族文化。截至2010年，该地区在非物质文化遗产普查工作中共搜集到非物质文化遗产线索1200多条，已有六枝梭戛箐苗彩色服饰艺术、盘县布依族盘歌、水城苗族芦笙舞（箐鸡舞）、盘县淤泥彝族山歌等4个项目列入了国家级非物质文化遗产名录。盘县"老厂土法造纸"等24个项目列入省级名录，同时，该市公布了三批市级代表作名录73项和两批县级代表作名录101项。

二 六盘水市地理标志产品保护概况

截至2016年12月31日，六盘水地区共有郎岱酱、盘县火腿、岩脚面、盘州红米、六盘水苦荞茶、水城春茶、保基茶叶、六枝龙胆草、落别樱桃、水城小黄姜、水城黑山羊、妥乐白果、六枝月亮河鸭蛋、保田生姜等20件地理标志产品。

经国家质检总局批准的国家地理标志保护产品有15件，分别为：盘县火腿、岩脚面、四格乌洋芋、水城猕猴桃、盘县刺梨果脯、六盘水苦荞米、六盘水苦荞茶、水城春茶、水城小黄姜、六枝龙胆草、落别樱桃、水城黑山羊、保基茶叶、盘州红米、妥乐白果。

经国家工商总局批准的地理标志证明商标有1件：郎岱酱。

经农业部登记的农产品地理标志为5件，分别为：水城猕猴桃、盘县核桃、牛场辣椒、六枝月亮河鸭蛋、保田生姜。

其中，水城猕猴桃获国家地理标志保护产品与农业部地理标志双重保护。重复不计，实际六盘水市地理标志数量总计为20件。

表1 六盘水市地理标志产品数量统计

申请部门	国家质检总局	国家工商总局	农业部
获批产品	盘县火腿、岩脚面、四格乌洋芋、水城猕猴桃、盘县刺梨果脯、六盘水苦荞米、六盘水苦荞茶、水城春茶、水城小黄姜、六枝龙胆草、落别樱桃、水城黑山羊、保基茶叶、盘州红米、妥乐白果	郎岱酱	水城猕猴桃、盘县核桃、牛场辣椒、六枝月亮河鸭蛋、保田生姜
小计/件	15	1	5
合计/件	20（水城猕猴桃获双重保护）		

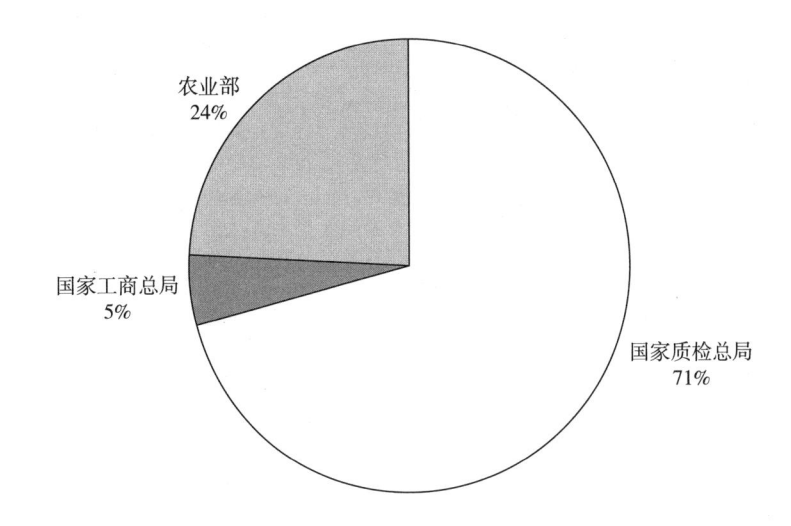

图1 六盘水市地理标志各部门分布

表2 国家质检系统国家地理标志保护产品

序号	产品名称	品质特色	保护范围	受理公告	批准公告
1	盘县火腿	腿心肌肉丰满、肥膘适中、腿脚粗细平整、肉质丰满,皮面蜡黄或淡黄、肉面棕黄色、肌肉暗红色、脂肪切面白色或淡黄色、骨髓桃红色或蜡黄色,质地柔软,肉面无裂缝、皮肉不离、脂肪细嫩,鲜咸适口、香而回甜	贵州省盘县红果镇、火铺镇、平关镇、西冲镇、刘官镇、城关镇、板桥镇、水塘镇、民主镇、滑石乡、鸡场坪乡、松河乡、坪地乡、四格乡、旧营乡、羊场乡、保基乡、淤泥乡、普古乡、珠东乡等32个乡镇现辖行政区域	2012.01.10 2012年第8号	2012.09.13 2012年第135号
2	岩脚面	"香、滑、弹、脆",具麦香味,色泽均匀。蛋白质≥9.5%,脂肪≥1.5%	贵州省六枝特区平寨镇、郎岱镇、岩脚镇、木岗镇、大用镇、新窑乡、落别乡、折溪乡、牛场乡、新场乡、中寨乡、堕却乡、箐口乡、洒志乡、毛口乡、龙场乡、新华乡、梭戛乡、陇脚乡共19个乡镇现辖行政区域	2012.09.20 2012年第142号	2013.12.10 2013年第167号

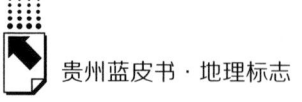

续表

序号	产品名称	品质特色	保护范围	受理公告	批准公告
3	四格乌洋芋	近椭圆形，直径5~8厘米，皮薄而光滑，表皮为乌紫色，内呈深紫色或浅紫交替转心样，入口滑糯而不干，有浓郁的回甜味	贵州省盘县四格乡、坪地乡、普古乡、保基乡、红果镇、平关镇、火铺镇、断江镇、盘江镇、民主镇、大山镇、珠东乡、忠义乡、马场乡、滑石乡、板桥镇、水塘镇、羊场乡、淤泥乡共19个乡镇现辖行政区域	2013.12.24 2013年第178号	2014.09.02 2014年第96号
4	水城猕猴桃	果实成熟后黄绿色，果面无毛，果皮薄、果肉黄绿色、果心红色、呈放射状图案；果肉细嫩、口感香甜清爽、酸度低	贵州省水城县米箩乡、鸡场镇、都格镇、龙场乡、蟠龙镇、野钟乡、猴场乡、顺场乡、营盘乡、勺米镇、红岩乡、阿戛镇、发耳镇、坪寨乡、果布戛乡共15个乡镇现辖行政区域	2013.12.24 2013年第178号	2014.09.02 2014年第96号
5	盘县刺梨果脯	颜色呈深黄色，颜色均匀，直径2~3厘米的片状果肉，有刺梨天然凹凸纹路，质地软硬适中，不粘手，不"流糖"，不"返砂"。	贵州省盘县新民乡、普古乡、保田镇、忠义乡、大山镇、响水镇、乐民镇、石桥镇、水塘镇、板桥镇、刘官镇、英武乡、火铺镇、滑石乡、盘江镇、柏果镇、坪地乡、淤泥乡、城关镇、平关镇、红果镇、两河乡共22个乡镇现辖行政区域	2013.12.24 2013年第178号	2014.09.02 2014年第96号
6	六盘水苦荞米	不规则颗粒状、大小均匀、淡黄色至黄绿色、麦清味浓郁、微苦	贵州省六盘水市六枝特区、盘县、水城县、钟山区共4个县区现辖行政区域	2014.06.24 2014年第66号	2014.12.01 2014年第129号
7	六盘水苦荞茶	汤色黄至深棕色、麦香浓烈、夹带焦香或略带茶香	贵州省六盘水市六枝特区、盘县、水城县、钟山区共4个县区现辖行政区域	2014.06.24 2014年第66号	2014.12.01 2014年第129号
8	水城春茶	扁形茶外形扁平光滑、匀整、隐毫，形似雀舌；色泽绿翠；汤色嫩绿明亮；滋味鲜爽，嫩香持久。卷曲形茶外形条索紧实；色泽灰绿光润；汤色黄绿明亮；栗香高长，滋味醇厚	贵州省水城县龙场乡、顺场乡、杨梅乡、纸厂乡、保华镇、蟠龙镇、比德镇、果布戛乡、化乐镇、新街乡、都格镇、平寨乡等共21个乡镇现辖行政区域	2014.07.25 2014年第85号	2015.04.07 2015年第44号

续表

序号	产品名称	品质特色	保护范围	受理公告	批准公告
9	水城小黄姜	姜块表皮淡黄,辣味浓香	贵州省水城县发耳镇、新街乡、都格镇、鸡场镇、杨梅乡、营盘乡、龙场乡共7个乡镇现辖行政区域	2014.07.25 2014年第85号	2015.04.07 2015年第44号
10	六枝龙胆草	根圆柱形,略扭曲,表面淡黄色或黄棕色,外皮膜质,易脱落,皮部黄白色或淡黄棕色,木部黄白色,颜色较浅,易与皮部分离质脆,易折断,断面略平坦,呈点状环列;气微,味甚苦	贵州省六枝特区现辖行政区域	2015.04.07 2015年第45号	2015.08.10 2015年第96号
11	落别樱桃	色泽红艳、亮丽、通透,着色全面,果肉细嫩、皮薄肉厚多汁、酸甜爽口	贵州省六枝特区现辖行政区域	2015.04.07 2015年第45号	2015.08.10 2015年第96号
12	水城黑山羊	(1)活体羊:被毛黑色,体格中等,体质结实,结构匀称,蹄质坚实、蹄部蜡黄。(2)羊肉:肉色鲜红,有光泽,脂肪白色,肉细而紧密,有弹性,肉质鲜嫩,膻味轻	贵州省六盘水市六枝特区、盘县、水城县、钟山区共4个县区现辖行政区域	2015.07.24 2015年第90号	2016.02.01 2016年第9号
13	保基茶叶	扁形茶:外形扁平挺直,绿润整齐,露毫,嫩香持久;卷曲形茶:外形条索紧实,匀整,色泽灰绿光润,香气清香、浓郁,风味独特,栗香高长,汤色黄绿明亮,滋味鲜醇,回味甘长,叶底嫩绿明亮	贵州省盘县保基乡、羊场乡、淤泥乡、鸡场坪乡、旧营乡、盘江镇、板桥镇、水塘镇、民主镇、普田乡、新民镇、响水镇、乐民镇、火铺镇等22个乡镇现辖行政区域	2015.12.24 2015年第161号	2016.07.04 2016年第63号
14	盘州红米	米粒呈细长椭圆形,表皮为深粉红至浅粉红色。蒸熟时谷香味浓郁,米饭不黏不渣。口感绵软略带粗糙感,冷后不回生,饭粒稍硬,有弹性	贵州省盘县淤泥乡、普吉乡、保基乡、水塘镇、刘官镇、新民镇、旧营乡、保田镇等8个乡镇现辖行政区域	2015.12.24 2015年第161号	2016.07.04 2016年第63号
15	妥乐白果	种形呈长卵圆形,种仁呈佛指状,种核充实,种仁饱满,种核两侧有明显棱。种仁质地细腻,有韧性,糯性强;味甘清甜,略有苦感,具银杏特有香味	贵州省六盘水市盘县石桥镇、乐民镇、水塘镇、板桥镇、两河街道、保田镇、响水镇等7个乡(镇)街道)现辖行政区域	2016.03.29 2016年第34号	2016.11.4 2016年第112号

161

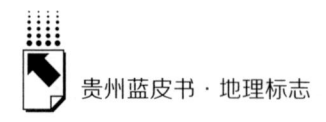

表3　国家工商系统地理标志集体商标

序号	商标名称	商品/服务列表	注册人	注册号	专用期限
1	郎岱酱	调味酱	六枝特区郎岱酱业协会	10215607	2012.3.28～2022.3.27

表4　农业部农产品地理标志

序号	产品名称	申请人	保护范围	公告时间
1	盘县核桃	盘县康之源核桃种植农民专业合作社	盘县红果镇、火铺镇、平关镇、乐民镇、响水镇、大山镇、忠义乡、保田镇、普田乡、新民乡、盘江镇、断江镇、柏果镇、鸡场坪乡、滑石乡、羊场乡、旧营乡、四格乡、英武乡、马场乡、淤泥河乡等37个乡镇。地理坐标为东经104°17′46″～104°57′46″,北纬25°19′36″～26°17′36″。	2012.05.02 中华人民共和国农业部公告　第1763号
2	水城猕猴桃	水城县绿色产业服务中心	水城县米箩乡、鸡场乡、都格乡、龙场乡、蟠龙乡、野钟乡、猴场乡、顺场乡、营盘乡、勺米乡、红岩乡、阿戛乡、杨梅乡、花戛乡、发耳乡、果布戛乡、新街乡等17个乡镇。地理坐标为东经104°33′00″～105°15′00″,北纬26°03′00″～26°31′00″。	2013.04.15 中华人民共和国农业部公告　第1925号
3	牛场辣椒	六枝特区经济作物站	六枝特区所辖牛场乡兴隆村、箐脚村、云盘村、牛场村、尖岩村、黔中村、大箐村、黄坪村、平寨村;新场乡新场村、乌柳村、老燕子村、柏果村、仓脚村;夏戛乡平寨村、高兴村、安柱村、顺利村、中寨村。地理坐标为东经105°13′00″～105°19′00″,北纬26°27′00″～26°31′00″。	2014.07.28 中华人民共和国农业部公告　第2136号
4	保田生姜	盘县农业局经济作物管理站	盘县所辖保田镇、普田乡、新民乡、忠义乡、水塘镇、板桥镇、响水镇、乐民镇、大山镇、民主镇等10个乡镇。地理坐标为东经104°39′～104°49′,北纬25°20′～25°28′。	2016.11.2 中华人民共和国农业部公告　第2468号
5	六枝月亮河鸭蛋	六枝特区月亮河种养殖专业技术协会	六盘水市六枝特区月亮河彝族布依族苗族乡所辖滥坝村、张家寨村、大坝村、郭家寨村、何家寨村、花德村、牧场村、新春村、月亮村、补雨村等10个行政村。地理坐标为东经105°21′00″～105°27′00″,北纬26°05′20″～27°10′00″。	2016.11.2 中华人民共和国农业部公告　第2468号

三 六盘水市地理标志产品保护分析

（一）六盘水市地理标志各区县情况

在六盘水地区所获的20件地理标志产品中，六盘水市地理标志产品有：六盘水苦荞米、六盘水苦荞茶；六枝特区地理标志产品有：郎岱酱、岩脚面、六枝龙胆草、落别樱桃、牛场辣椒、六枝月亮河鸭蛋；盘县地理标志产品有：盘县火腿、四格乌洋芋、盘县刺梨果脯、盘县核桃、保基茶叶、盘州红米、妥乐白果、保田生姜；水城县地理标志产品有：水城猕猴桃、水城春茶、水城小黄姜、水城黑山羊；钟山区尚有钟山葡萄正在申请国家地理标志产品保护。

表5 六盘水市地理标志各区县情况统计

单位：件

地区	国家质检总局	国家工商总局	农业部	小计
六盘水市	六盘水苦荞米、六盘水苦荞茶	—	—	2
六枝特区	岩脚面、六枝龙胆草、落别樱桃	郎岱酱	牛场辣椒、六枝月亮河鸭蛋	6
盘县	盘县火腿、四格乌洋芋、盘县刺梨果脯、保基茶叶、盘州红米、妥乐白果	—	盘县核桃、保田生姜	8
水城县	水城猕猴桃、水城春茶、水城小黄姜、水城黑山羊	—	水城猕猴桃	4（水城猕猴桃获双重保护）
钟山区	—	—	—	0

（1）在总量上，截至2016年12月31日六盘水地区现共有20件地理标志产品，六盘水地区地理标志工作取得了一定成绩。

（2）在分布地区上，六盘水地区地理标志产品主要集中在六枝特区、盘县、水城县。其中，六枝特区地理标产品数量为六盘水市最多的地区，而钟山区目前尚未有获批地理标志产品，但钟山葡萄正在申报中。

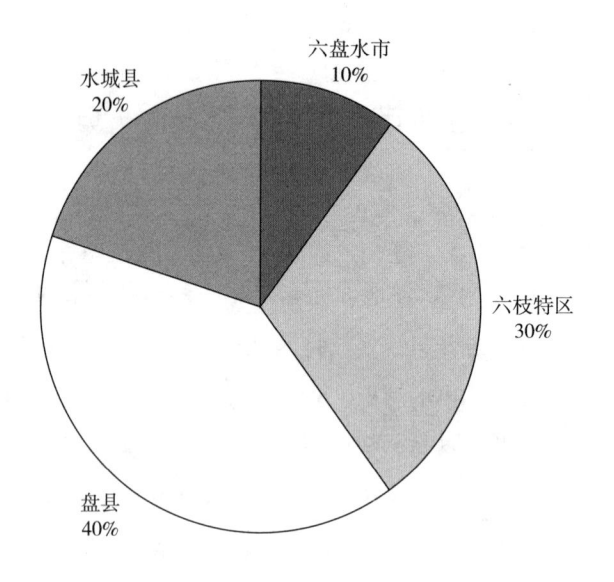

图2 六盘水市地理标志各区县分布

（3）在申请渠道上，申报主要集中在国家地理标志产品保护，而地理标志证明商标和农业部农产品地理标志较少。

（4）在保护力度上，"水城猕猴桃"地理标志产品受到质检渠道与农业部的双重保护。

（二）六盘水市地理标志各年度情况

2012年3月，郎岱酱注册国家工商总局地理标志集体商标；2012年5月，盘县核桃获农业部农产品地理标志保护；2012年9月，盘县火腿获国家质检总局国家地理标志产品保护；2013年4月，水城猕猴桃获农业部农产品地理标志保护；2013年12月，岩脚面获国家质检总局国家地理标志产品保护；2014年7月，牛场辣椒获农业部农产品地理标志保护；2014年9月，四格乌洋芋、盘县刺梨果脯、水城猕猴桃获国家质检总局国家地理标志产品保护；同年12月，六盘水苦荞米、六盘水苦荞茶获国家质检总局国家地理标志产品保护；2015年4月，水城春茶、水城小黄姜获国家地理标志产品保护；同年8月，六枝龙胆草、落别樱桃获国家地理标志产品保护；

2016年2月水城黑山羊获国家地理标志产品保护。同年7月，保基茶叶、盘州红米获国家地理标志产品保护。11月，保田生姜、六枝月亮河鸭蛋获农业部农产品地理标志保护。

表6 六盘水市地理标志各年度统计

单位：件

年份	国家质检总局	国家工商总局	农业部	小计
2012	1	1	1	3
2013	1	—	1	2
2014	5	—	1	6
2015	4	—	—	4
2016	4	—	2	6

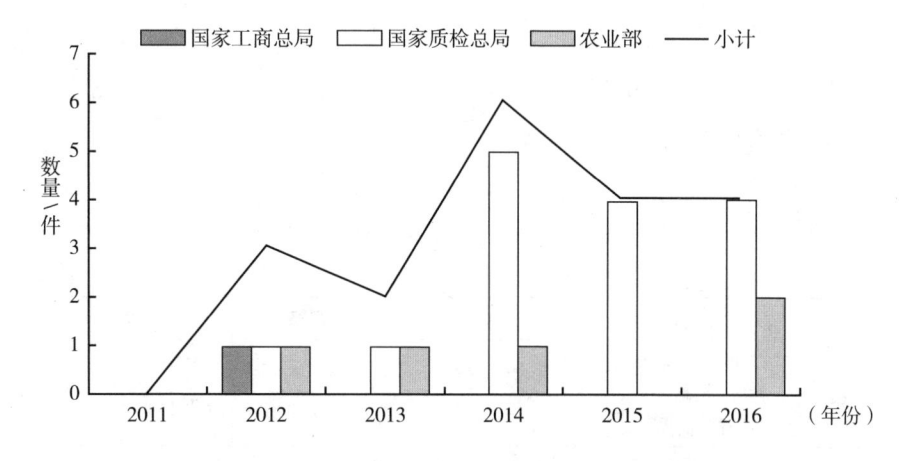

图3 2011~2016年六盘水市地理标志各年度统计

（1）六盘水地区地理标志起步较晚，但发展速度较快。从2011年起，六盘水地区开始了地理标志的申报与推进工作，到2012年六盘水地区地理标志开始有所突破，郎岱酱通过国家工商总局获批1件，为六盘水市第一件获批地理标志产品，相比其他地区，起步较晚。到2016年，六盘水市地理标志数量增长到20件。从2012年到2016年的4年时间，地理标志数量从3件增长到20件，相当于每年平均增长4件，与其他地区相比，发展速度较快。

（2）从数量与时间上来看，六盘水市地理标志工作从2014年开始得到迅速发展，这一时期是六盘水市地理标志迅速发展的一个时间点。从2014年开始，六盘水市地理标志产品增加了14件，六盘水市地理标志工作取得一定成绩，但地理标志产品的培育与推进工作仍需进一步推动与发展。

（3）从2012年开始，国家地理标志产品的数量增长较快，从2012年的1件增加到2016年的15件；地理标志证明商标从2012年1件至今仍为1件；从2012年到2014年时间，农业部农产品地理标志产品每年各有一个，到2016年又新增了2个，现有5件农产品地理标志。

（三）六盘水市地理标志分类情况

地理标志产品大致有果蔬类、中药材类、茶叶类、粮油类、养殖类、食品饮料类、酒类、工艺品类等类别。从六盘水市获批的20件地理标志来看，果蔬类有7件，茶叶类有3件，粮油类有3件，养殖类有2件，食品饮料类有4件，中药材类有1件。

表7 六盘水市地理标志分类统计

单位：件

分类	国家质检总局	国家工商总局	农业部	小计
果蔬类	四格乌洋芋、水城猕猴桃、水城小黄姜、落别樱桃、妥乐白果	—	盘县核桃、水城猕猴桃、保田生姜	7（水城猕猴桃获双重保护）
茶叶类	六盘水苦荞茶、水城春茶、保基茶叶	—	—	3
粮油类	岩脚面、六盘水苦荞米、盘州红米	—	—	3
养殖类	水城黑山羊	—	六枝月亮河鸭蛋	2
食品饮料类	盘县火腿、盘县刺梨果脯	郎岱酱	牛场辣椒	4
中药材类	六枝龙胆草	—	—	1
酒 类	—	—	—	0
工艺品类	—	—	—	0

六盘水市地理标志产业发展报告

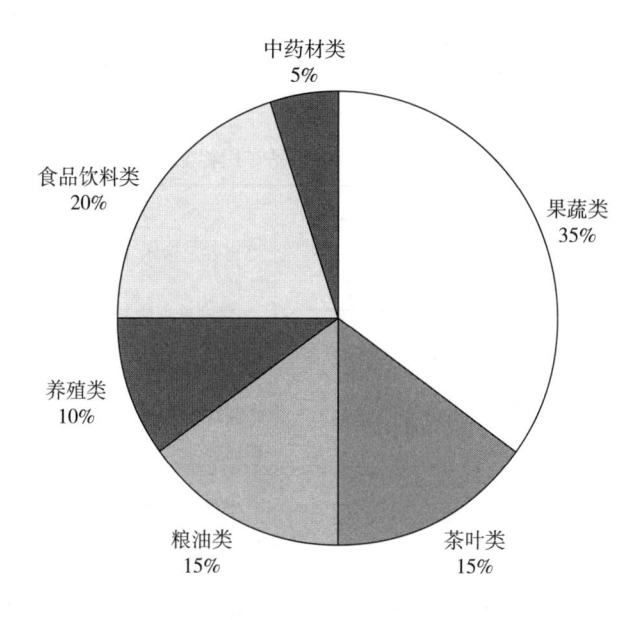

图 4 六盘水市地理标志分类

从表 7 可以看出：

（1）六盘水市地区的优势地理标志产品主要为果蔬类、茶叶类、粮油类和食品饮料类。这与六盘水地区独特的自然环境与人文环境有着密切的关联性。六盘水市气候属北亚热带季风湿润气候区，受低纬度高海拔的影响，热量充足，雨量充沛，雨热同季，无霜期长，终年温暖湿润，冬暖夏凉，气候宜人。优越的自然环境为水果蔬菜、粮食作物、茶树生长提供了得天独厚的自然条件。同时，六盘水市为彝族、苗族、布依族、白族、回族、仡佬族、水族等 44 个民族聚居区，经过千百年来传承的技艺，保留下来许多独具民族特色的食品。

（2）六盘水市酒类、工艺品类较缺乏。在悠久的历史长河中，六盘水市人民创造和传承着优秀的民族文化，这些优秀的民族文化遗产形成了独具特色的民族风情。在这样的条件下，工艺品类产品应该是丰富的，但是该类地理标志产品缺乏，这值得我们深刻地关注与思考。因此，在以后地理标志工作中，应该大力挖掘地域内特色的手工艺品及酒类产品。

（四）六盘水市地理标志使用情况

表8　核准使用地理标志产品专用标志企业名单

序号	产品名称	企业名称	地址	法人代表
1	盘县火腿	盘县岩博生态农业有限公司	贵州省六盘水市盘县淤泥乡岩博村	余留芬
2	盘县火腿	六盘水市红果康盛火腿加工厂	贵州省六盘水市盘县红果经济开发区两河新区1号楼	吴小佳
3	盘县火腿	盘县旺火炉生态猪肉制品开发有限公司	贵州省六盘水市盘县滑石乡七棵树村	黄应职
4	盘县火腿	盘县恒泰火腿加工厂	贵州省六盘水市盘县刘官镇刘官村一组	张英
5	盘县火腿	贵州杨老奶食品有限公司	贵州省六盘水市盘县红果镇石家庄村7组	杨清丹
6	岩脚面	六枝特区岩脚大畅面业有限公司	贵州省六盘水市六枝特区岩脚镇产业园	张植富
7	岩脚面	贵州省回龙溪绿色食品有限公司	贵州省六盘水市六枝特区岩脚镇岩脚村	王炜
8	四格乌洋芋	盘县四格坡上马铃薯协会	贵州省六盘水市盘县四格乡坡上村	李碧峰
9	水城春茶	水城县茶叶发展有限公司	贵州省水城县双水新区双水大道北侧	唐谢天晓
10	水城小黄姜	水城姜业发展有限公司	贵州省六盘水市双水新区	陈振造
11	盘县刺梨果脯	贵州天刺梨食品科技有限公司	贵州省六盘水市盘县红果经济开发区两河新区中小企业园天刺力产业园	陈林
12	六盘水苦荞茶	贵州仙农园绿色食品有限公司	贵州省六盘水市钟山经济开发区（红桥新区）	刘泉
13	六盘水苦荞茶	水城县满全农业开发有限公司	贵州省六盘水市水城县	夏满全
14	六盘水苦荞米	贵州仙农园绿色食品有限公司	贵州省六盘水市钟山经济开发区（红桥新区）	刘泉
15	六盘水苦荞米	水城县满全农业开发有限公司	贵州省六盘水市水城县	夏满全

资料来源：据国家质检总局发布公告整理。

（五）六盘水市地理标志标准制定情况

1. 六盘水市国家地理标志保护产品标准制定情况

国家质检总局在《地理标志产品保护规定》中，明确规定了地理标志产品标准制定的要求和程序。《地理标志产品保护规定》第十七条规定："拟保护的地理标志产品，应根据产品的类别、范围、知名度、产品的生产销售等方面的因素，分别制定相应的国家标准、地方标准或管理规范。"并在《地理标志产品保护工作细则》第十八条中要求："保护申请批准公告发布后，省级质监机构应在3~6个月内，组织申请人按照公告中'质量技术要求'规定，在原有专用标准或技术规范的基础上，完善地理标志产品的标准体系，一般应以省级地方标准的形式发布，并报国家质检总局委托的技术机构审核备案。"

表9　六盘水市国家地理标志产品标准制定

序号	产品名称	标准制定
1	盘县火腿	a. 贵州省地方标准 DB52/T 863-2013《地理标志产品　盘县火腿》 b. 国家质检总局批准公告关于盘县火腿质量技术要求
2	岩脚面	a. 贵州省地方标准 DB52/T 889-2014《地理标志产品　岩脚面》 b. 国家质检总局批准公告关于岩脚面质量技术要求
3	四格乌洋芋	a. 贵州省地方标准 DB52/T1080-2016《地理标志产品　四格乌洋芋》 b. 国家质检总局批准公告关于四格乌洋芋质量技术要求
4	水城猕猴桃	a. 贵州省地方标准:《地理标志产品　水城猕猴桃(草案)》 b. 国家质检总局批准公告关于水城猕猴桃质量技术要求
5	盘县刺梨果脯	a. 贵州省地方标准 DB52/T1079-2016《地理标志产品　盘县刺梨果脯》 b. 国家质检总局批准公告关于盘县刺梨果脯质量技术要求
6	六盘水苦荞米	a. 贵州省地方标准 DB52/T1077-2016《地理标志产品　六盘水苦荞米》 b. 国家质检总局批准公告关于六盘水苦荞米质量技术要求
7	六盘水苦荞茶	a 贵州省地方标准 DB52/T1078-2016《地理标志产品　六盘水苦荞茶》 b 国家质检总局批准公告关于六盘水苦荞茶质量技术要求
8	水城春茶	a. 贵州省地方标准 DB52/T1076-2016《地理标志产品　水城春茶》 b. 国家质检总局批准公告关于水城春茶质量技术要求
9	水城小黄姜	a. 贵州省地方标准 DB52/T1075-2016《地理标志产品　水城小黄姜》 b. 国家质检总局批准公告关于水城小黄姜质量技术要求

续表

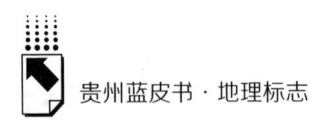

序号	产品名称	标准制定
10	六枝龙胆草	a. 贵州省地方标准:《地理标志产品 六枝龙胆草(草案)》 b. 国家质检总局批准公告关于六枝龙胆草质量技术要求
11	落别樱桃	a. 贵州省地方标准:《地理标志产品 落别樱桃(草案)》 b. 国家质检总局批准公告关于落别樱桃质量技术要求
12	水城黑山羊	a. 贵州省地方标准:《地理标志产品 水城黑山羊(草案)》 b. 国家质检总局批准公告关于水城黑山羊质量技术要求
13	保基茶叶	a. 贵州省地方标准:《地理标志产品 保基茶叶(草案)》 b. 国家质检总局批准公告关于保基茶叶质量技术要求
14	盘州红米	a. 贵州省地方标准:《地理标志产品 盘州红米(草案)》 b. 国家质检总局批准公告关于盘州红米质量技术要求
15	妥乐白果	a. 贵州省地方标准:《地理标志产品 妥乐白果(草案)》 b. 国家质检总局批准公告关于妥乐白果质量技术要求

2. 六盘水市农产品地理标志质量控制技术规范

农业部《农产品地理标志管理办法》第九条第四款规定:"符合农产品地理标志登记条件的申请人,可以向省级人民政府农业行政主管部门提出登记申请,并提交产地环境条件、生产技术规范和产品质量安全技术规范。"可见,农业部对农产品地理标志的登记审核有"质量控制技术规范"的硬性要求。

表10 六盘水市农产品地理标志质量控制技术规范

序号	产品名称	质量控制技术规范	质量控制技术规范编号
1	盘县核桃	《盘县核桃质量控制技术规范》	AGI 2012-01-00862
2	水城猕猴桃	《水城猕猴桃质量控制技术规范》	AGI 2013-01-1168
3	牛场辣椒	《牛场辣椒质量控制技术规范》	AGI 2014-02-1488
4	保田生姜	《保田生姜质量控制技术规范》	AGI 2016-03-1983
5	六枝月亮河鸭蛋	《六枝月亮河鸭蛋质量控制技术规范》	AGI 2016-03-1988

四 六盘水市地理标志产品产业发展情况

1. 盘县火腿

现全县火腿产量约为40万支(4000吨)/年以上,生产规模大一点的生产企业主要以恒泰火腿厂（200吨）和岩博火腿加工厂（80吨）为代表，其余的主要是传统火腿加工作坊。盘县火腿产品销售范围主要是十字架形销售。东西线：安顺到宣威（安顺30吨/年，宣威2000吨/年），南北线：兴义到水城（兴义80吨/年，水城80吨/年）。

2. 岩脚面

"岩脚面"产自六枝特区，以岩脚地名命名，素有"贵州第一面"之称。以香、滑、劲、脆的纯天然独特风格闻名省内外。目前，以岩脚为中心的优质小麦种植面积达到30万亩，是贵州最大的优质小麦生产基地。在六枝地区生产岩脚面的企业有百余家，年销量达6万吨，年产值5亿元。近年来，岩脚面最大的生产企业大畅面业有限公司投资3000万元，在岩脚建成年产7000吨的生产线，年生产将达到5万吨，产值2.5亿元。

3. 四格乌洋芋

四格乌洋芋是贵州有名的地方洋芋品种，在贵州有上百年的种植历史。种植面积8000多亩，年产值2亿元。

4. 水城猕猴桃

果实细嫩多汁、香味浓郁、口感甜美、甜酸宜人，具有独特的品质和风味。截至目前，全县已建成红心猕猴桃生产示范基地15万亩，平均亩产1640千克，年平均亩产值为3万元。年可产新鲜猕猴桃22.5万吨，年总产值为45亿元。

5. 盘县刺梨果脯

盘县刺梨果脯具有脯体饱满，大小匀称，质地软硬适度，果肉柔软滋润，色泽鲜艳，透明鲜亮，易于保存，味道酸甜适口，柔软化渣，无异味的质量特点。建有刺梨原汁生产线一条，刺梨果脯生产线一条，刺梨罐头生产线一条，刺梨果汁饮料生产线一条，厂房及设施面积4000平方米。设备总价值为1100万元，最大生产能力可达年产5万吨，可消耗刺梨鲜果15万吨。

6. 六盘水苦荞米

"六盘水苦荞米"种植面积10万亩，年产量1万吨，产值1.5亿元。

7. 六盘水苦荞茶

"六盘水苦荞茶"内含蛋白质、维生素、叶绿素及镁、铁、铜、钾等微量元素,其性甘平,下气利响,清热解毒。年产量2000吨,产值2亿元。

8. 水城春茶

"水城春茶"品质优良、风味独特、飘香高长,汤色黄绿明亮,滋味浓醇鲜爽、叶底嫩绿匀亮。目前,水城县有茶叶基地3万亩,计划到"十二五"末,全县将建成13万亩以上高产优质茶叶基地,形成近5亿元的茶产业产值。

9. 水城小黄姜

姜块表皮呈淡黄色,姜块个体较小,鲜姜带清香味,切开后辣味浓郁、纤维细小、姜油丰富、味道鲜美,具有良好的市场知名度。水城县年产小黄姜12万多吨,年总产值3亿元,其中有9万多吨以蔬菜形式卖到外地蔬菜市场,有1万吨以药材的形式销售给药材公司。剩余的2万吨加工成干姜片,以干姜片的形式进行市场销售。

10. 六枝龙胆草

六枝龙胆草是贵州知名的中药材,为龙胆科龙胆属多年生宿根草本植物,主要分布在六枝特区海拔1000米以上的山坡草地、林缘及稀疏灌丛中。目前全区种植龙胆草有3万余亩,亩产达到120千克/亩,大约每年产六枝龙胆草3000余吨,每年产值2亿元左右。

11. 落别樱桃

"落别樱桃"以大小适中,果面色泽红艳、亮丽、通透,果肉细嫩、肉厚多汁、酸甜爽口而著称。全县种植樱桃1万余亩,平均每亩产樱桃800~1000千克,年产值达2亿元。

12. 水城黑山羊

"水城黑山羊"肌纤维细,肉质细嫩,味道鲜美,膻味极小,营养价值高,被认定为绿色山羊品种。到2014年,拥有草山草坡灌木林资源47.5万亩,水城黑山羊存栏40.5万只,年出栏35.5万只,产值1.5亿元。

13. 保基茶叶

保基茶叶是贵州知名绿茶品牌，历史悠久，市场知名度较高，在贵州享有良好的声誉。保基茶叶种植面积5700亩，培育茶叶企业6家，茶园能采摘茶青400千克/亩，按14元/千克标准计算，茶农茶青收入达5600元/亩。

14. 盘州红米

目前，"盘州红米"种植面积5000亩，年销售量超过了100万千克，产值近亿元。

15. 郎岱酱

目前，六枝特区郎岱酱业协会有成员单位两个，六枝特区郎岱酱业有限公司和六枝特区郎岱杨家酱。会员362个，据不完全统计，每年酱的生产在100万千克以上，商品酱约50万千克。

16. 牛场辣椒

栽种历史悠久，独具地方特色，不仅色泽鲜艳，体大肉厚，而且香味可口，营养丰富。辣椒种植已成为牛场乡农户的主要经济来源，常年栽培面积达4000余亩，产量达100万斤以上，已具有相当规模。

17. 盘县核桃

"盘县核桃"壳薄、仁饱满、容易取仁、味香醇。目前种植面积1.4万公顷，年产量达3000吨，产值6000万元。

五　六盘水市地理标志产品保护效益

（一）经济效益

近年来，六枝特区围绕贴牌目标大力实施"品牌兴农"工程，"岩脚面"、"牛场辣椒"、"郎岱酱"、"落别樱桃"、"六枝龙胆草"等，先后获批国家地理标志产品，市场销售价格连续翻番，且产品供不应求走俏市场。"盘县火腿"2012年实施地理标志产品保护后，全县火腿产量从保护前的850吨/年增长到目前的2700吨/年；火腿价格从保护前的33.2元/千克，增长到66元/千克。自2013年岩脚面成为国家地理标志保护产品以来，当年六枝特区的小麦价格和岩脚面价格分别上升0.4元和0.8元，到2016年岩脚面已从申报的2.2元/市斤普遍涨到3.5元/市斤，石磨面精品8.5元/市斤。以岩脚面2万吨的静态升值计算，岩脚面地理标志的直接经济效益为1个亿以上。与此同时，六枝特区获批准的另外两个产品"落别樱桃"、"六枝龙胆草"也同样取得了很好的效益，"落别樱桃"价格也比往年增加8元/千克，"六枝龙胆草"的价格从申报前6000元/亩涨到1万元/亩。"水城猕猴桃"基地项目建成达到生产设计能力后，基地单价一度达到40元/千克，在北京市场的销售价格高达116.00元/千克，其价格是同类果品海沃德、秦美等品种的5~8倍，是四川生产的红阳猕猴桃的2~3倍；15万亩基地，年可产新鲜猕猴桃22.5万吨，年总产值为45亿元，其产值是同等条件下种植粮食作物产值的30倍以上。"郎岱酱"随着地理标志意识逐渐深入人心，当地政府把郎岱酱作为助力脱贫攻坚的一项产业加以扶持，以"农户＋协会＋品牌"的生产销售模式，带动郎岱镇10多个自然村400余户村民从事种植业和手工业，从业人员年收入平均达到每户每年8000余元。

（二）社会效益

"岩脚面"自获地理标志保护以来，岩脚面最大的龙头企业大畅面业有限公司实现税收1200万元，解决350人就业；岩脚面产业化还同时带动六枝30万亩小麦种植业的发展。"水城猕猴桃"解决农村劳动力就业。15万亩猕猴桃生产基地的建设，以每人管理5亩计，可接纳30000人就业；产品的分级、包装、运输业等又可解决10000个就业岗位。"水城猕猴桃"活跃了第三产业发展。猕猴桃采收至供应货架时间短，果型小、采收至销售期需进行冷藏和包装处理，对包装、运输及相关餐饮服务等第三产业的发展将产生较大的积极促进作用。"保基茶叶"种植农民专业合作社在茶产业发展方面发挥着较好的示范带动作用，通过"三变"改革，整合农村闲置资源、资产、资金引进盘县龙云农场、盘县双凤酒业公司等企业到保基乡发展茶叶种植生产，投入806万元发展茶叶种植2600亩。带动雨那洼村黄家麻窝组村民成立茶叶种植农民专业合作社,发展茶叶种植851亩。现全乡茶叶产业覆盖4个村寨,共入股土地6071亩,带动1043户2086人增加收益,296户981人脱贫致富。

(三)生态效益

"水城猕猴桃"多以荒坡、台地、退耕地作为种植园,且根系发达,植株健壮,枝叶茂盛,将大大增加植被覆盖率。果园春季绿树成荫,夏季繁花似锦,秋季硕果累累,冬季生机盎然,再通过农业先进技术的导入,无害化生产技术的应用等,保持水土,绿化和美化当地农业生态环境,产生较好的绿色生态效益,实现生态环境的良性循环,使资源得到高效、合理利用,促进各项产业可持续发展。同时,在该基地经过法定单位通过无公害认定的前提下,将制定无公害或有机猕猴桃的生产技术规程来实现标准化的农业生产,通过实用的技术措施和有效的管理手段来控制农药、化肥等农业投入品的使用,达到减少污染源、改善农业生态环境、生产出无公害或有机猕猴桃产品的目的。"盘县刺梨果脯"以刺梨基地的建设实现荒山石漠化治理;打造自然、生态旅游景观的形成(全国最大的刺梨花、果节),以达到扶持贫困,回报自然的宗旨。"保基茶叶"以茶叶加工厂为主体,将茶产业示范基地与庄园文化相结合,打造集采茶、度假、观光为一体的有机茶文化交流园。让全乡茶叶生产逐步向规模化、产业化、品牌化、生态休闲观光化发展。

六 六盘水市潜在的地理标志产品保护资源

六盘水市有着优越的自然环境和生态条件,特色产品资源丰富。除已获"地理标志"的20件地理标志产品外,六盘水市潜在的特色产品众多。六盘水市潜在的地理标志产品资源,为推进六盘水市新的地理标志产品的培育提供了重要的资源优势。如:六枝魔芋、六枝折溪生姜、六枝耳贡胡萝卜、盘县生姜、盘县生姜、水城刺梨、钟山葡萄、水城枣、凉都香瓜、牛场梨、

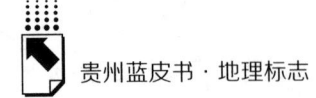

郎岱茭白、六盘水马铃薯等果蔬类产品；水城黄精、盘县厚朴、盘县续断、盘县柏果、折西杜仲等中药材类产品；比得大米、盘县水塘面条、六枝富硒米、夜郎贡米、六盘水苦荞醋等粮油类产品；盘县黑山羊、六盘水风猪等养殖类产品；六枝毛峰茶、水城姜茶、苦荞姜茶等茶叶类产品；盘县火腿油辣椒、六盘水苦荞酱、水城羊肉粉、盘县燃面、苦荞羹等食品饮料类产品；六枝箐苗服饰、盘县布依刺绣等工艺品。

表11 六盘水市潜在地理标志产品保护资源名录

类别	产品名称
果蔬类	六枝魔芋、六枝折溪生姜、六枝耳贡胡萝卜、盘县生姜、水城刺梨、钟山葡萄、水城枣、凉都香瓜、牛场梨、郎岱茭白、六盘水马铃薯
中药材类	水城黄精、盘州头花蓼、盘县厚朴、盘县续断、盘县柏果、折西杜仲
粮油类	比得大米、盘县水塘面条、盘县燃面、六盘水苦荞酱、六盘水苦荞醋、六枝富硒米、夜郎贡米
养殖类	盘县黑山羊、六盘水风猪
茶叶类	六枝毛峰茶、水城姜茶、苦荞姜茶
食品饮料类	盘县火腿油辣椒、水城羊肉粉、盘县燃面、苦荞羹、六盘水苦荞酱
工艺品类	六枝箐苗服饰、盘县布依刺绣

B.8 黔西南布依族苗族自治州地理标志产业发展报告

张筑平 曾仁俊*

摘 要： 2008年12月24日，连环砂仁、顶坛花椒获国家质检总局地理标志产品保护，为黔西南州第一批成功获批地理标志产品；2016年7月4日，黔西南州又新增3件产品，南盘江黄牛、普安红茶、普安四球茶获国家质检总局国家地理标志产品保护。截至2016年12月31日，黔西南州现共有兴仁薏仁米、顶坛花椒、连环砂仁、册亨茶油、普安红茶、望谟黑山羊、晴隆绿茶、兴义饵块粑、晴隆糯薏仁等14件产品获地理标志保护。

关键词： 黔西南州 地理标志 产品保护

黔西南布依族苗族自治州位于贵州省西南部、云贵高原东南端，珠江上游和南昆铁路中段。东与黔南布依族苗族自治州罗甸县接壤，南与广西隆林、田林、乐业3个县隔江相望，西与云南省富源、罗平县和六盘水市的盘县毗邻。辖区面积约16805平方千米，全州人口332万。境内分布有布依族、苗族、汉族、瑶族、仡佬、回族等35个民族，其中少数民族约占全州总人口的42.47%。现全州辖兴义市、兴仁县、安龙县、贞丰县、普安县、晴隆县、册亨县、望谟县和顶效开发区。

---

* 张筑平，贵州财经学院副教授；曾仁俊，贵州省地理标志研究中心。

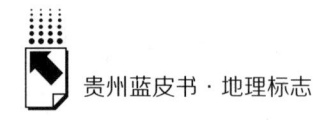

一 黔西南州地理标志产品环境因素概况

（一）自然地理环境

黔西南州境内属典型的低纬度高海拔山区，整个地形西高东低，北高南低，地形起伏大，海拔较高，地貌类型复杂多样。受地形影响，境内气候独特，自然景观奇特。由于河谷深切，相对高低悬殊，热量资源在不同高度上差异较大，"十里不同天"的气候特点在不少地方较为明显，构成了不少典型的立体气候区域。黔西南州气候的多样性，为动植物生长和繁衍提供了得天独厚的自然条件。全州气候属亚热带季风湿润气候区，热量充足，雨量充沛，雨热同季，无霜期长，终年温暖湿润。多年平均气温13.8~19.4℃，1月平均气温7.1℃，极端最低气温-8.9℃；7月平均气温23℃，极端最高气温40.2℃。无霜期年平均317天，最长365天，最短219天。年平均日照时数1589.1小时。年平均降水量1352.8毫米，年平均降雨日数为189天，最多达216天，最少为137天。降雨集中在每年5~9月，6月最多。境内土壤以红壤、黄壤、黄棕壤、石灰土、紫色土为主，耕地土壤大部分呈微酸性或中性。境内河流均属珠江流域，州境内共有河长10千米以上、流域面积大于20平方千米的河流102条，南盘江、北盘江、红水河是州内三条较大的江河，水资源丰富。

黔西南州经济以农业为主，产水稻、玉米、油菜籽、豆类、棉花、甘蔗、油桐、烟草、茶叶、柑橘等，是贵州省优质油桐、茶叶、薏仁米、花椒、生姜、芭蕉芋、柑橘、板栗主产区和喀斯特生态畜牧业基地。黔西南州生物资源丰富，种类繁多、品种齐全；森林覆盖率45.04%，是贵州省林业资源最为丰富的地区之一。有野生植物3913种以上，其中珍稀树种有银杏、鹅掌楸、抄椤、贵州苏铁等20余种。药用植物有石斛、天麻、杜仲、三七、灵芝、金银花、小叶榕、小花清风藤、倒提壶、栀子、板蓝根等1700多种，是贵州省中草药药源基地。

黔西南州山川秀美、景色迷人，旅游资源组合良好，是中国西部一个颇具潜力和开发前景的黄金旅游区。有国家级风景区马岭河峡谷、万峰林、万峰湖，国家地质公园万峰林、国家级森林公园仙鹤坪、国家级水利风景旅游名胜区贞丰三岔河和省级风景名胜区安龙招堤、兴义云湖山等奇特的自然风光，是世界锥状喀斯特地质地貌的典型代表。

（二）历史人文环境

黔西南州历史悠久、源远流长。殷朝为荆州西南裔，称为"鬼方"；周朝属越地；春秋时期属牂牁国；战国时期属夜郎国。秦朝设立郡县制、归象郡领属，秦末又属夜郎国。西汉时期分属牂牁郡和夜郎国所辖。三国时期分属牂牁郡和兴古郡。两晋时期分属夜郎郡和西平郡，隶属于宁州。唐初，分别属于黔中道、剑南道牂牁国。唐中晚期，分别属于于矢部及罗甸国。宋朝中晚期分别属于自杞国及罗甸国。元代，分别属于云南行省曲靖宣慰司的普定路、普安路和湖广行省八番顺元宣慰司的泗城州。明代，分别属于贵州安顺军民府的普安卫、安南卫和广西布政司的泗城州安隆长官司。明末，南明永历王朝搬迁安龙，改安隆千户所为安龙府，属于云南行省。清代，属贵州行省，设有南笼厅、南笼府、兴义府、永丰州、普安县、安南县、兴义县。嘉庆二年（1797），改南笼府为兴义府，直至宣统三年（1911）末变更，府址设在今安龙县城。民国3年（1914），撤销兴义府，设立贵西道，驻今安龙。民国9年（1920），撤销贵西道，各县直属贵州省。民国24年（1935）5月，属第三行政督察区，驻兴仁县。辖兴仁、兴义、盘县、安龙、贞丰、安南（今晴隆）、普安、册亨八县，称为"盘江八属"。直至解放。1971年1月1日，盘县改为特区，归六盘水市。1981年9月21日，经国务院批准，撤销兴义地区，设立黔西南布依族苗族自治州。1982年5月1日，黔西南布依族苗族自治州人民政府正式成立。州府驻兴义县城。

黔西南州有厚重的历史文化。有"贵州龙"化石群史前文化、"兴义人"古人类文化遗址、夜郎文化遗址、兴仁交乐汉墓群、普安铜鼓山遗址、兴义万屯汉墓群、南明历史遗迹"十八先生墓"、"永历皇宫"和抗战公路

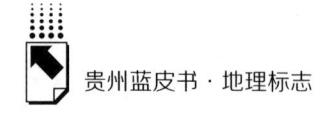

遗迹"晴隆二十四道拐"、何应钦先生故居等历史文化。

黔西南州有浓郁的民族风情。黔西南州是以布依族、苗族为主的少数民族自治州，境内有布依族、苗族、汉族、瑶族、仡佬、回族等35个民族。民族众多，风情独特，各民族的音乐、舞蹈、节日、风俗、民居、服饰等独具魅力，布依族音乐"八音坐唱"有"声音活化石"、"天籁之音"之称，享誉海内外；彝族舞蹈"阿妹戚托"质朴、纯真、自然，被称为"东方踢踏舞"。布依族的"三月三"、"六月六"、"查白歌节"，苗族的"八月八"等民族节日，多姿多彩，让人流连忘返。特别是布依族"八音坐唱"、布依铜鼓十二则、查白歌节、土法造纸、布依戏等还被列入国家级非物质文化遗产名录。这种独特的历史人文特点，经过千百年来的传承，塑造了黔西南州许多独具民族特色的产品和民族手工艺品。

二　黔西南州地理标志产品保护概况

截至2016年12月31日，黔西南州现共有14件成功获批地理标志产品。目前，晴隆县申请的晴隆绿茶和晴隆羊正处于受理阶段中；安龙县正在抓紧安龙石斛与安龙白及地理标志产品保护的申请工作；兴仁县也积极在推动回龙薷头、阿藏李子申请地理标志产品保护。

经国家质检总局批准的国家地理标志保护产品有8件，分别为：连环砂仁、顶坛花椒、兴义饵块粑、兴仁薏（苡）仁米、册亨茶油、南盘江黄牛、普安四球茶、普安红茶；

经国家工商总局批准的地理标志证明商标有8件，分别为：顶坛花椒、仓更板栗、望谟黑山羊、安龙金银花、晴隆绿茶、兴仁薏仁米、品甸生姜、晴隆糯薏仁；

经农业部批准发布的农产品地理标志为0件。

其中，顶坛花椒、兴仁薏仁米2件产品获国家质检渠道和国家工商渠道双重保护。重复不计，实际黔西南布依族苗族自治州地理标志的数量总计为14件。

表1 黔西南州地理标志产品数量统计

申请部门	国家质检总局	国家工商总局	农业部
获批产品	连环砂仁、顶坛花椒、兴义饵块粑、兴仁薏（苡）仁米、册亨茶油、南盘江黄牛、普安四球茶、普安红茶	顶坛花椒、仓更板栗、望谟黑山羊、安龙金银花、晴隆绿茶、兴仁薏仁米、品甸生姜、晴隆糯薏仁	—
小计	8件	8件	—
总计	14件（顶坛花椒、兴仁薏仁米获双重保护）		

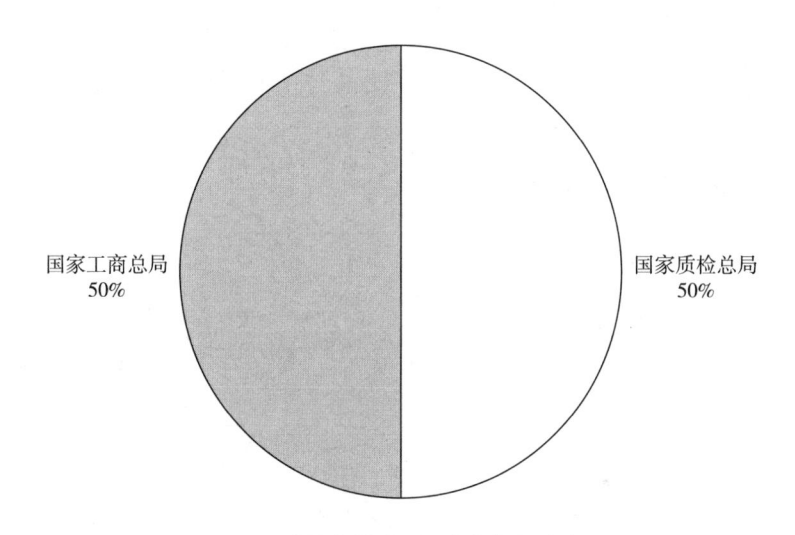

图1 黔西南州地理标志各部门分布

国家工商总局 50%
国家质检总局 50%

表2 国家质检系统国家地理标志保护产品

序号	产品名称	品质特色	保护范围	受理公告	批准公告
1	顶坛花椒	绿色、有光泽、睁眼、果粒较大、均匀、油腺密而突出，果径在2~3mm，果皮上有明显凸起的圆点状油腺，长有油苞，富含挥发油，麻味浓烈持久，香味纯正	贵州省贞丰县北盘江镇、平街乡、者相镇、白层镇等4个乡镇现辖行政区域	2008.9.12 2008年第96号	2008.12.24 2008年第141号
2	连环砂仁	果实呈黄色或黄褐色，果棱明显，果径1~1.6cm，芳香气较浓、纯正、味辛凉，具有果实饱满、香气独特等特点	贵州省贞丰县连环乡、白层镇、鲁贡镇、沙坪乡、鲁容乡等5个乡镇现辖行政区域	2008.9.12 2008年第96号	2008.12.24 2008年第141号

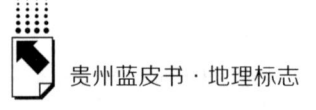

续表

序号	产品名称	品质特色	保护范围	受理公告	批准公告
3	兴义饵块粑	外形端正,呈椭圆形枕头状;色泽白亮,呈半透明状;口感略黏、滑腻爽口、清香微甜,软硬适中,筋道有弹性;组织紧密、细腻光滑、柔韧不易断,久煮不烂	贵州省黔西南布依族苗族自治州现辖行政区域	2007.2.14 2007年第32号	2010.2.24 2010年第14号
4	兴仁薏(苡)仁米	以"小、白(颜色)、亮(度)、香(米)、糯"知名,外观饱满,颗粒匀称,表面光滑,色灰白,腹沟适中	贵州省黔西南布依族苗族自治州现辖行政区域	2012.9.20 2012年第142号	2013.12.10 2013年第167号
5	册亨茶油	油色浅茶色,清亮透明,滋味香醇,久置无分层	贵州省册亨县现辖行政区域	2014.6.24 2014年第66号	2014.12.1 2014年第129号
6	南盘江黄牛	南盘江黄牛体格健壮、耐粗饲、适应性强,肉色鲜红,有光泽,脂肪呈乳白色至淡黄色,切面呈大理石花,熟肉有香味浓厚,口感弹性足,生食入口鲜嫩	贵州省黔西南布依族苗族自治州现辖行政区域	2015.7.24 2015年第90号	2016.2.1 2016年第9号
7	普安红茶	产品色泽红润,香气鲜嫩持久;汤色红艳浓亮;滋味醇滑;叶底嫩匀红亮	贵州省普安县现辖行政区域	2015.12.24 2015年第161号	2016.7.4 2016年第63号
8	普安四球茶	外形重实、绿润、无毫;汤色淡绿明亮、耐泡;香气浓香得馥郁高长;滋味鲜醇、爽口,回味悠长;叶芽叶嫩匀、绿亮、鲜活	贵州省普安县现辖行政区域	2015.12.24 2015年第161号	2016.7.4 2016年第63号

表3 国家工商系统地理标志证明商标

序号	商标名称	商品/服务列表	注册人	注册号	专用期限
1	望谟黑山羊	黑山羊	望谟县黑山羊养殖行业协会	7697232	2010/2/21~2020/2/20
2	兴仁薏仁米	薏仁米	兴仁县薏仁专业协会	7557573	2011/2/14~2021/2/13
3	晴隆绿茶	茶	晴隆县茶叶产业协会	8685710	2011/3/21~2021/3/20
4	顶坛花椒	花椒	贞丰县北盘江镇花椒专业经济协会	7839397	2011/7/28~2021/7/27

续表

序号	商标名称	商品/服务列表	注册人	注册号	专用期限
5	仓更板栗	加工过的板栗；糖炒栗子	兴义市仓更板栗协会	9644983	2012/3/28～2022/3/27
6	安龙金银花	金银花	安龙县金银花协会	7524308	2012/8/21～2022/8/20
7	品甸生姜	生姜	兴义市清水河镇生姜专业合作经济协会	7827971	2014/3/7～2024/3/6
8	晴隆糯薏仁	糯薏仁米	晴隆县糯薏仁协会	15135106	2016/9/28～2026/9/27

三 黔西南州地理标志产品保护分析

（一）黔西南州地理标志产品各县情况

兴义市地理标志产品有：仓更板栗、品甸生姜、兴义饵块粑、南盘江黄牛，计4件；兴仁县地理标志产品有：兴仁薏仁米，计1件；贞丰县地理标志产品有：连环砂仁，顶坛花椒，计2件；安龙县地理标志产品有：安龙金银花，计1件；普安县地理标志产品有：普安四球茶，普安红茶，计2件；望谟县地理标志产品有：望谟黑山羊，计1件；册亨县地理标志产品有：册亨茶油，计1件；晴隆县地理标志产品有：晴隆绿茶、晴隆糯薏仁，计2件。

表4 黔西南州地理标志产品各县情况统计

地 区	国家质检总局	国家工商总局	农业部	小计/件
兴义市	兴义饵块粑、南盘江黄牛	仓更板栗、品甸生姜	—	4
兴仁县	兴仁薏（苡）仁米	兴仁薏仁米	—	1
安龙县	—	安龙金银花	—	1
贞丰县	连环砂仁、顶坛花椒	顶坛花椒	—	2
普安县	普安四球茶、普安红茶	—	—	2
晴隆县	—	晴隆绿茶、晴隆糯薏仁	—	2
册亨县	册亨茶油	—	—	1
望谟县	—	望谟黑山羊	—	1

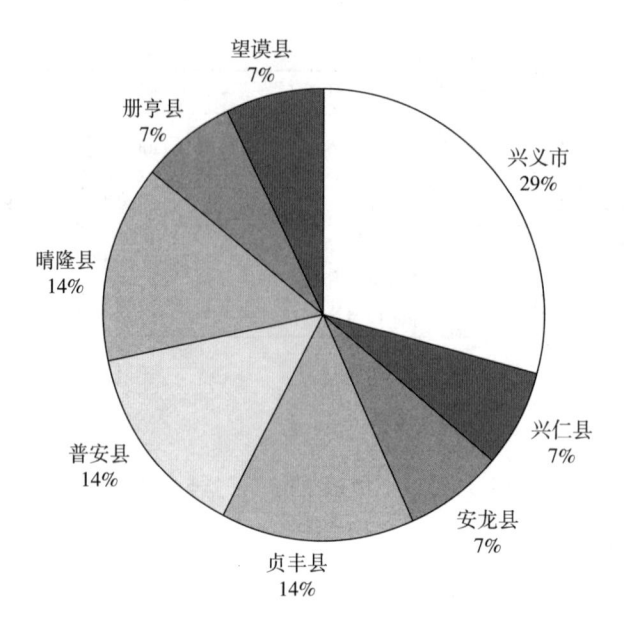

图 2 黔西南州地理标志产品各县分布

（1）在总量上，黔西南州地理标志总体数量仍比较少。虽然目前黔西南州地理标志工作取得了一定成绩，共有14件地理标志产品。但是黔西南州地理标志的数量总体上不到全省的9%（截至2016年12月31日全省地理标志数量为169件），与其他地区相比，地理标志的申报工作仍需大力加强。

（2）在分布地区上，主要集中在兴义市、兴仁县、贞丰县、普安县，其中兴义市地区地理标志产品数量最多，而其他地区数量较少。数量少的地区地理标志申报工作仍需大力加强，而数量较多的县，在此基础上仍需稳步推进，促进发展。

（3）在申请渠道上，地理标志保护方式单一。申报主要集中在地理标志证明商标和国家地理标志产品保护，农业部农产品地理标志目前暂没有任何地理标志产品。

（4）在保护力度上，"顶坛花椒"、"兴仁薏仁米"两件地理标志产品受到工商渠道与质检渠道的双重保护。

（5）各部门地理标志发展不均衡。普安县国家地理标志保护产品较多，但是无一件地理标志证明商标与农业部地理标志；兴义市国家地理标志保护产品和地理标志证明商标较多，但却无一件农业部地理标志，因此，各县地理标志证明商标和国家地理标志产品保护的申报，应在之前工作的基础上大力加强，而农业部地理标志工作也急需转变观念，有所突破。目前，晴隆县申请的晴隆绿茶和晴隆羊正处于受理阶段中；安龙县正在抓紧安龙石斛与安龙白及地理标志产品保护的申请工作；兴仁县也积极在推动回龙䓖头、阿藏李子申请地理标志产品保护。

（二）黔西南州地理标志产品各年度情况

2008年12月，连环砂仁、顶坛花椒获国家质检总局国家地理标志产品保护；2010年2月，望谟黑山羊获工商总局地理标志证明商标；2010年2月，兴义饵块粑获国家质检总局国家地理标志产品保护；2011年2月、3月、7月，兴仁薏仁米、晴隆绿茶、顶坛花椒分别获工商总局地理标志证明商标；2012年4月、8月，仓更板栗、安龙金银花获工商总局地理标志证明商标；2013年12月，兴仁薏（苡）仁米获国家质检总局国家地理标志产品保护；2014年2月，册亨茶油获国家质检总局国家地理标志产品保护；2014年3月，品甸生姜获工商总局地理标志证明商标；2016年7月，南盘江黄牛、普安红茶、普安四球茶获国家质检总局国家地理标志产品保护，2016年11月，晴隆糯薏仁获工商总局地理标志证明商标。

表5 黔西南州地理标志产品各年度统计

单位：件

年份	国家质检总局	国家工商总局	农业部	小计
2008	2	—	—	2
2009	—	—	—	—
2010	1	1	—	2
2011	—	3	—	3
2012	—	2	—	2
2013	1	—	—	1
2014	1	1	—	2
2015	—	—	—	—
2016	3	1	—	4

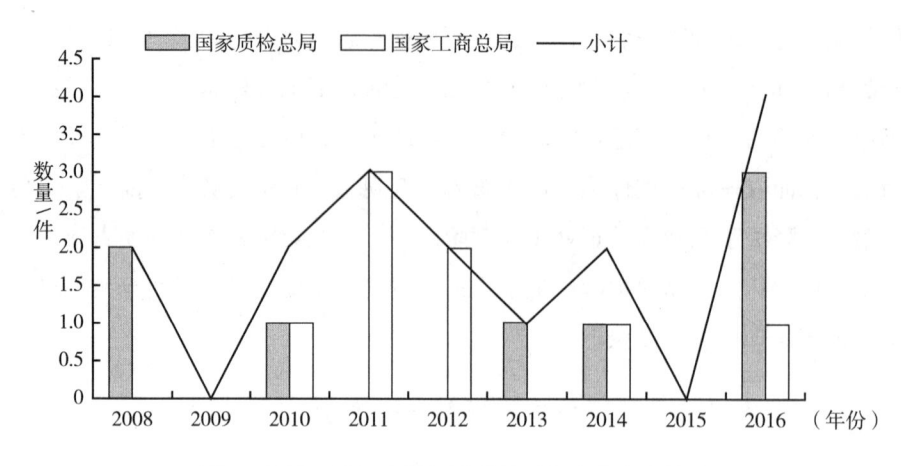

图3 2008~2016年黔西南州地理标志各年度统计

从表5和图3可以看出：

（1）黔西南州地理标志总体数量较少，发展相对缓慢。从2008年起，黔西南州开始了地理标志的申报与推进工作，国家质检总局获批2件，为黔西南州第一批获批地理标志产品。到2016年，黔西南州地理标志数量增长了14件。2008~2016年的八年时间，地理标志数量从2件增长到16件，相当于每年平均增长不到2件，增长速度缓慢。

（2）从时间上来看，黔西南州地理标志工作从2011年开始得到迅速发展，这一时期是黔西南州地理标志迅速发展的一个时间节点。从2011年开始，黔西南州地理标志产品增加了9件，黔西南州地理标志工作取得一定成绩，但地理标志产品的培育与推进工作仍需进一步推动与发展。

（3）不同时间阶段，同一部门的增长情况有所不同，而不同部门之间的差异也很大。从2008年开始，地理标志证明商标和国家地理标志产品的数量有所增长，但是不同年份地理标志证明商标和国家地理标志产品增长的幅度各不相同。地理标志证明商标从2008年的0件增加到8件；国家地理标志产品从2008年的2件增加到2016年的8件，增加了6件产品。

（三）黔西南州地理标志产品分类情况

从黔西南州获批的14件地理标志产品来看，中药材类有连环砂仁、安龙金银花2件，茶叶类有普安红茶、普安四球茶、晴隆绿茶3件，粮油类有兴仁薏仁米、册亨茶油、晴隆糯薏仁3件，养殖类有望谟黑山羊、南盘江黄牛2件，食品饮料类有兴义饵块粑、仓更板栗2件，果蔬类有顶坛花椒、品甸生姜2件。

表6　黔西南州地理标志分类统计

分　类	国家质检总局/件	国家工商总局/件	农业部/件	小计/件
果蔬类	顶坛花椒	顶坛花椒、品甸生姜	—	2
中药材类	连环砂仁	安龙金银花	—	2
茶叶类	普安红茶、普安四球茶	晴隆绿茶	—	3
粮油类	兴仁薏(苡)仁米、册亨茶油	兴仁薏仁米、晴隆糯薏仁	—	3
养殖类	南盘江黄牛	望谟黑山羊	—	2
食品饮料类	兴义饵块粑	仓更板栗	—	2
酒　类	—	—	—	—
工艺品类	—	—	—	—

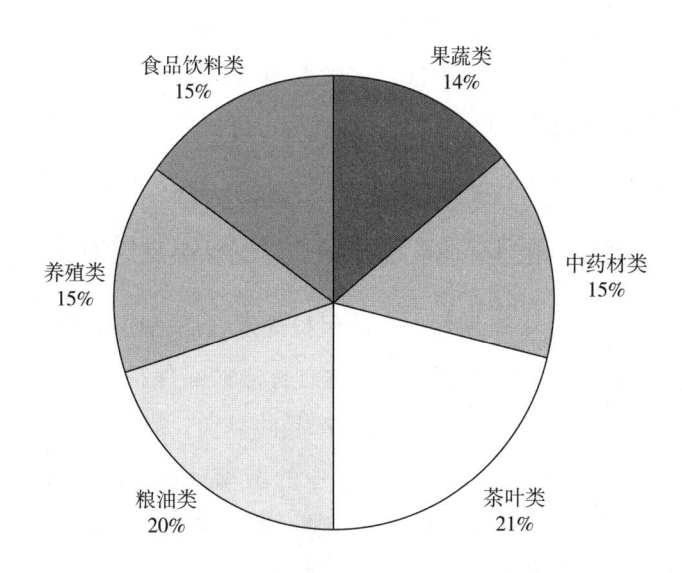

图4　黔西南州地理标志分类百分比统计

（1）从表6和图4可以看出，黔西南州地区的地理标志产品主要集中在粮油类、中药材类、果蔬类、养殖类、茶叶类及食品饮料类。这与黔西南地区独特的自然环境与人文环境有着密切的关联性。黔西南州境内地貌类型复杂多样，受地形影响，构成了不少典型的立体气候区域。全州气候属亚热带季风湿润气候区，热量充足，雨量充沛，雨热同季，无霜期长，终年温暖湿润。优越的自然环境为粮食作物、茶树生长、药材种植和动植物繁衍提供了得天独厚的自然条件。在这样的环境下，黔西南州农产品资源、生物资源及中药材资源十分丰富。黔西南州是贵州省优质油桐、茶叶、薏仁米、花椒、生姜、板栗主产区和喀斯特生态畜牧业基地与中药材基地。同时，黔西南州为布依族、苗族、汉族、瑶族、仡佬族、回族等35个民族聚居区，经过千百年来传承的技艺，保留下来许多独具民族特色的食品，这些特色食品凝结着黔西南州人民独特的智慧与黔西南州丰富的文化内涵。

（2）黔西南州酒类、工艺品类产品缺乏。黔西南州为布依族苗族自治州，布依文化与苗族文化丰富多彩，在悠久的历史长河中，保留与传承下来一些独具民族特色的手工艺技术与传统知识。此外，黔西南具有本土特色的酿酒工艺与酿酒文化也十分丰富，在黔西南州这片土壤上，本土所酿造的"土酒"也别具特色。因此，在以后地理标志工作中，应该大力挖掘地域内特色的酒类产品及手工艺品。

（四）黔西南州国家地理标志保护产品标准制定情况

国家质检总局在《地理标志产品保护规定》中，明确规定了国家地理标志产品标准制定的要求和程序。《地理标志产品保护规定》第十七条规定："拟保护的地理标志产品，应根据产品的类别、范围、知名度、产品的生产销售等方面的因素，分别制定相应的国家标准、地方标准或管理规范。"并在《地理标志产品保护工作细则》第十八条中要求："保护申请批准公告发布后，省级质监机构应在3~6个月内，组织申请人按照公告中'质量技术要求'规定，在原有专用标准或技术规范的基础上，完善地理标志产品的标准体系，一般应以省级地方标准的形式发布，并报国家质检总局委托的技术机构审核备案。"在地理标志产品保护过程中，地理标志产品标准是地理标志产品生产和保护的重要技术支撑，是地理标志产品保护的技术基础和核心。

表7 黔西南州国家地理标志保护产品标准制定

序号	产品名称	标准制定
1	顶坛花椒	a. 贞丰县地方标准：《贞丰县顶坛花椒种植技术规范》 b. 贵州省地方标准：DB52/542-2008《贞丰顶坛花椒》 c. 国家质检总局批准公告中关于顶坛花椒的质量技术要求 d. 省级地方标准：DB52/T542-2016《地理标志产品 顶坛花椒》
2	连环砂仁	a. 贵州省地方标准：DB52/543-2008《连环砂仁》 b. 国家质检总局批准公告中关于连环砂仁的质量技术要求 c. 省级地方标准：DB52/T543-2016《地理标志产品 连环砂仁》
3	兴义饵块粑	a. 国家质检总局批准公告关于兴义饵块粑的质量技术要求 b. 贵州省黔西南州地方标准：《兴义饵块粑生产技术规程》
4	兴仁薏（苡）仁米	a. 兴仁县地方标准 DB522322/T01—2012《兴仁薏仁米栽培技术规程》 b. 国家质检总局批准公告中关于兴仁薏（苡）仁米的质量技术要求 c. 贵州省地方标准 DB52/T 1067-2015《地理标志产品 兴仁薏（苡）仁米》 d. 贵州省地方标准 DB52/T 1068-2015《贵州薏苡栽培技术规程》
5	册亨茶油	a. 县级地方标准 DB522327/T11-2013《册亨茶油加工技术规范》 b. 国家质检总局批准公告关于册亨茶油的质量技术要求 c. 省级地方标准：DB52/T1116-2016《地理标志产品 册亨茶油》
6	南盘江黄牛	a. 国家质检总局批准公告关于南盘江黄牛的质量技术要求 b. 贵州省地方标准：《地理标志产品 南盘江黄牛（草案）》
7	普安红茶	a. 国家质检总局批准公告关于普安红茶的质量技术要求 b. 贵州省地方标准：《地理标志产品 普安红茶（草案）》
8	普安四球茶	a. 国家质检总局批准公告关于普安四球茶的质量技术要求 b. 贵州省地方标准：《地理标志产品 普安四球茶（草案）》

四 黔西南州地理标志产品产业发展情况

1. 顶坛花椒

近年来通过不断的发展壮大，一棵花椒树变身成为一种产业模式——"顶坛模式"。该县在"十二五"期间，全面利用北盘江及挽澜河沿岸25度以上坡耕地和全县海拔1000米以下的喀斯特地貌地区半石山地共15万亩，重点发展花椒产业。目前全县花椒种植面积达15万亩,年产花椒1.6万吨,产值1.5亿元。

2. 连环砂仁

"连环砂仁"产于享有"中国砂仁之乡"美誉的贞丰县连环乡。目前种植规模已达4万余亩,年产量1万余吨,产值1.5亿元,是全国最大的砂仁基地。

3. 兴仁薏仁米

"兴仁薏仁米"作为黔西南州的传统种植作物,素有"米中之王"的美誉。目前,全州种植面积近30万亩,主要分布在全州八个县市,其中核心产区兴仁县种植面积达24万亩,占全州种植面积的一半以上。目前全县共有薏仁加工厂600余家,其中资产上千万元,年加工能力超3000吨的企业超过20家。此外拥有100多个经销商活跃于全国各地及老挝、缅甸等东南亚国家,薏仁米流通量占全国的70%以上。

4. 普安红茶

"普安红茶"是贵州省知名红茶品牌。普安红茶产品及产值占全县茶产业的70%。全县规划茶园面积20万亩,目前种植面积15万亩,已实现人均0.5亩茶,全县共生产茶叶5000余吨,实现产值超过2亿元,农户均收入突破5000元。全县茶叶企业21家,半数以上茶叶企业涉及红茶生产加工。其中州级龙头企业2家,省级龙头企业1家。

5. 南盘江黄牛

"南盘江黄牛"是中国有名的地方牛种。目前南盘江黄牛存栏量超过25万头(其中能繁母牛20万余头),年产值20亿元。主要分布在州境内的晴隆莲城、晴隆山、马场、普安龙吟、罐子窑、兴仁放马坪、战马田、册亨秧庄、高寨、纳岩、望谟大观、新屯、安龙德窝、钱相、贞丰高龙等一批2000亩以上的规模草场养殖。

6. 册亨茶油

"册亨茶油"是册亨县布依族人民传统的主要食用植物油。册亨油茶全县油茶林种植面积现有10万余亩,挂果面积5万亩,册亨茶油年总产量达5000吨,年总产值达3亿元,册亨茶油产业已成为册亨县经济社会发展的动力之一。

7. 望谟黑山羊

"望谟黑山羊"是贵州省黑山羊中最具独特品质的一个山羊品种,被誉为贵州的"黑珍珠"。2008~2014年累计向海南、广西、广东、福建等沿海一带大中城市销售商品羊30万只,收入达2.7亿元。现有草山草坡140.8万亩,人工种草12万亩,黑山羊存栏15.2万只,年出栏12.66万只,创收886.41万元,销售收入达4432.05万元,户均年收入增加6300元。

8. 晴隆绿茶

获地理标志后,"晴隆绿茶"原料基地规模逐年增加。现晴隆县境内有茶叶生产加工企业12家,其中产值上500万元的茶叶企业五家;2013年底"晴隆绿茶"种植规模达13万亩,年产2600余吨,年产值逾亿元,茶叶产业已经成为晴隆县的支柱产业之一。

9. 安龙金银花

"安龙金银花"现原料生产基地面积15万余亩,年产400余吨,年产值1600万余元。近年来,安龙县积极调整农业产业结构,大力发展特色产业,成立了金银花产业办公室,逐步形成了金银花规范化生产、标准化加工和质量认证等科学管理体系。按照"高产、优质、高效、生态、安全"的要求,形成了"公司+基地+协会+农户"的运作模式,着力规划打造20万亩金银花基地,带动了农民致富增收。

10. 仓更板栗

2011年产量为2000万千克,价格为2.0元/千克,产值4000万元;2012年仓更板栗产量达2400万千克,价格为3.0元/千克,产值7200万元。

五 黔西南州地理标志产品保护效益

(一)经济效益

1. 产品价格提高

"兴仁薏仁米"获地理标志前,兴仁薏仁米对外的销售价为30元/千克,获地理标志后，兴仁薏仁米对外的销售价提升为45元/千克。"顶坛花椒"获地理标志产品后，在市场上干椒可卖到40元/市斤，鲜椒15元/市斤。"安龙金银花"获地理标志后，茶花价格基本在180元/千克，药花价格基本在40元/千克以上，茶花比以前增长了2倍，药花增长了1/3倍。"仓更板栗"在获地理标志后，价格上得到很大的提高，2011年仓更镇"仓更板栗"价格为2.0元/千克，2012年仓更板栗价格为3.0元/千克。从2011年销售价2元/千克，提高到3元/千克，价格上升为150%。"晴隆绿茶"申报地理标志后，辖区茶叶企业规范使用地理标志，统一包装，使得"晴隆绿茶"价格飙升，其中"贵隆""禄祥"等品牌畅销，价格保持在500元甚至1000元以上，是以前的5~10倍。有了地理标志的"金字招牌"，"品甸生姜"很快从同类农产品中脱颖而出，价格比同类产品普遍高出20%~90%。

2. 产量产值增长

"兴仁薏仁米"2014年在全州种植薏仁米24万亩，销量达14万吨，实现产值18亿元；2015年更是加大了种植规模，已达30万亩，实现年产值20亿余元。"顶坛花椒"获地理标志后，由2008年的8万亩增加到如今15万亩，产值由8000万元增加到现今1.5亿元。"普安红茶"目前种植面积15万亩，生产茶叶5000余吨，实现产值超过2亿元。"南盘江黄牛"目前存栏量超过25万头，年产值20亿元。"册亨茶油"年总产量达5000吨，年总产值达3亿元。"晴隆绿茶"2013年底种植规模达13万亩，年产2600余吨，年产值逾1亿元。"安龙金银花"现年产安龙金银花400余吨，年产值1600万余元。"仓更板栗"2011年产量为2000万千克，产值4000万元；2012年仓更板栗产量达2400万千克，产值7200万元，产值上升为180%。

3. 农民收入增加

全州"兴仁薏仁米"种植农户10万余户，农民户均收益5000元，其中5万多种植农户户均收入超过万元。"普安红茶"获地理标志后，红茶价格上升，农户均收入突破5000元。"顶坛花椒"界定的乡镇分别是北盘江镇、者相镇和平街乡，界定面积324.76平方千米，其中花椒总面积为6900亩，惠及界定范围内的3490户椒农。"晴隆绿茶"茶叶产业化发展，使茶农人均增收2000~3000元，是山区农民脱贫致富的主要途径。"连环砂仁"价格每千克16元左右，每户可增收1000元至3000元，户均达1.5万元以上。"安龙金银花"产业化发展，直接带动了本地3000余户农民种植金银花，人平均增收2万元。"望谟黑山羊"在全县9个乡镇50个村，带动了7035户农户种草养羊，户均年收入增加6300元。

4. 带动企业发展

兴仁薏仁米标准化体系的建设，进一步规范了兴仁薏仁米的种植加工标准，使兴仁薏仁米生产企业在生产加工，检验销售有标可循，以此促进和推动了黔西南薏仁米生产企业逐步实现生产标准化、经营产业化、产品市场化。目前全州共有薏仁加工厂600余家，其中资产上千万元，年加工能力超3000吨的企业超过20家。此外拥有100多个经销商活跃于全国各地及老挝、缅甸等东南亚国家，薏仁米流通量占全国的70%以上。"普安红茶"依托"中国古茶树之乡"、"黔茶第一春"等名片，以"普安红茶"品牌为依托，大力实施"基地品牌化、企业品牌化、产品品牌化"三位一体品牌战略。目前全县茶叶企业21家，半数以上茶叶企业涉及红茶生产加工。其中州级龙头企业2家，省级龙头企业1家。"顶坛花椒"的发展，有力地带动了贞丰县的"布依王"和"顶椒"公司两户重点企业和境内一些中小花椒生产企业的发展。"晴隆绿茶"茶叶种植面积的扩大，产量的提高，直接带动了辖区茶叶企业的发展，现晴隆县境内有茶叶生产加工企业12家，其中产值上500万的茶叶企业五家；"安龙金银花"种植面积的扩大，产量的提高，带动了辖区金银花企业的发展，现安龙县境内有金银花生产加工企业四家，其中产值上10万元的金银花企业三家。

（二）社会效益

1. 带动相关产业发展

兴仁薏仁米从2012年的15万亩发展到2015年的30万亩，带动了周边安顺、六盘水、毕节、黔东南等地薏仁产业及相关旅游、运输等产业的发展。黔西南州和普安县紧紧抓住普安红茶资源，抓住全域旅游新机遇，把山地旅游产业和茶产业紧密结合，在普安打造世界茶源谷景区，投资2亿多元在万亩茶海中按照国际标准建设了75多千米的山地自行车赛道，做大做强茶旅一体化建设。同时，规划建设世界茶源文化广场、布依生态小镇等综合项目，打造大健康养生产业园区。"晴隆绿茶"茶产业发展同时带动了当地旅游业、运输业、餐饮服务业各行业的发展，各行业共增加收入1.5亿元以上；金银花产业发展同时带动了当地旅游业、运输业、餐饮服务业各行业的发展，各行业共增加收入20万元以上。

2. 扩大就业

全州薏仁米产业化经营龙头企业直接和间接带动12万户农户、30万农民投入薏仁米产业。"晴隆绿茶"茶叶以及茶叶加工销售的一条龙发展，使得一个茶产业就直接或间接解决就业人员10余万人，实现了经济效益和社会效益的双丰收。农民直接种植金银花以及金银花加工销售的一条龙发展，使得一个金银花产业就直接或间接解决就业人员2.4万人。

（三）生态效益

从兴义纳灰村到贞丰纳孔村，从晴隆史迪威小镇到册亨陂鼐布依古寨，从兴仁鲤鱼苗寨到望谟蔗香港……这些散落在黔西南大山里的美丽村庄、旅游小镇绘就成了一幅精美的山水长卷。以前守着大山受穷，如今因为山地旅游，大山变成了致富的宝贝。

近年来，黔西南州在进行石漠化治理的同时，大力发展特色农业，通过发展草地畜牧业，发展种植花椒、金银花等适合喀斯特地区的特色农业产业，达到石漠化治理的目的，改善了日益严重的石漠化环境，真正走出一条经济效益、社会效益、生态效益俱佳的特色农产品发展之路。如石旮旯地带种植花椒的"顶坛模式"、发展草地生态畜牧业的"晴隆模式"、在石山半石山地种植金银花的"坪上模式"等成功经验。在解决当地发展、环境保护问题的基础上，也为西部其他地区实现科学发展提供了可借鉴的经验。同时，地理标志通过产地环境保护和质量标准控制，有效实现保护范围内生态恢复与地力上升形成良性循环。各种技术规范及生产规程按照生态系统的生态承载量进行合理安排，严格保护品种资源与遗传性资源，实现生物多样性保护与生态环境可持续性保护，推进生态文明建设，实现生态效益与经济效益及社会效益的有机结合。

六 黔西南州潜在的地理标志产品保护资源

地域环境在很大程度上决定了产品的内在品质，独特的地域环境赋予了特色产品明显的地域性。黔西南州有着优越的自然环境和生态条件，特色产品资源丰富。除已获"地理标志"的14件地理标志产品外，黔西南州潜在的特色产品众多。黔西南州潜在的地理标志产品资源，为推进黔西南州新的地理标志产品的培育提供了重要的资源优势。如：晴隆脐橙、白层李子、兴仁无籽刺梨、望谟西瓜、贞丰脆李、兴义柑橘、普安薄壳核桃、兴义甘蔗等果蔬类产品；安龙香米、兴义芭蕉芋粉、安龙芭蕉芋粉、兴义油桐、安龙野生西红柿油、望谟高粱等粮油类产品；贵州醇、册亨布依神酒、册亨灵芝酒、望谟便当酒等酒类产品；兴义矮脚鸡、贞丰黑猪、册亨山羊等养殖类产品；普安牛干巴、安龙藕粉、贞丰粽子、贞丰糯米饭、安龙凉剪粉、兴义鸡棕油、兴义古法红糖、苗家姜糖、兴义鸡肉汤圆、兴义刷把头等食品饮料类产品；兴义石斛、册亨灵芝、兴义何首乌等中药材；安龙木纹石、贞丰小屯白棉纸、贞丰蓝靛、兴仁石氏面塑、望谟布依族绣花等工艺品。

表8 黔西南州潜在地理标志产品保护资源名录

类 别	产品名称
果蔬类	晴隆脐橙、白层李子、兴仁无籽刺梨、望谟西瓜、贞丰脆李、兴义柑橘、普安薄壳核桃、望谟板栗
中药材类	兴义石斛、册亨灵芝、兴义何首乌
酒类	贵州醇、册亨布依神酒、册亨灵芝酒、望谟便当酒
粮油类	安龙香米、兴义芭蕉芋粉、安龙芭蕉芋粉、兴义油桐、安龙野生西红柿油、望谟高粱
养殖类	兴义矮脚鸡、贞丰黑猪、册亨山羊
食品饮料类	兴义古法红糖、安龙藕粉、贞丰粽子、贞丰糯米饭、兴义鸡棕油、普安牛干巴、安龙凉剪粉、苗家姜糖、兴义鸡肉汤圆、兴义刷把头、舒家杠子面、肖家烧鸭
工艺品类	安龙木纹石、贞丰小屯白棉纸、贞丰蓝靛、兴仁石氏面塑、望谟布依族绣花、龙溪石砚

B.9
黔南布依族苗族自治州地理标志产业发展报告

彭渊迪*

摘　要： 2009年，贵定云雾贡茶通过农业部农产品地理标志评审，为黔南布依族苗族自治州第一件成功获批地理标志产品；2016年11月4日，国家质检总局发布批准公告批准对三都水族马尾绣实施地理标志产品保护，黔南布依族苗族自治州又新增一件地理标志产品。截至2016年12月31日，黔南布依族苗族自治州现共有都匀毛尖、罗甸艾纳香、贵定云雾茶、贵定盘江酥李、牙舟陶、荔波蜜柚、罗甸脐橙、长顺绿壳鸡蛋、罗甸火龙果、罗甸玉、龙里刺梨、龙里刺梨干、贵定益肝草凉茶、惠水黑糯米酒、惠水黑糯米、龙里豌豆尖、独山盐酸菜、三都水族马尾绣共18件地理标志产品。

关键词： 黔南州　地理标志产品

黔南布依族苗族自治州（以下简称"黔南州"或"自治州"），地处中国西南部、贵州省中南部。州境东与黔东南苗族侗族自治州相连，南部和西南部与广西壮族自治区河池市、百色地区为界，西与安顺市和黔西南布依族苗族自治州接壤，北面和西北面与遵义市及贵阳市为邻。全州土地总面积

---

* 彭渊迪，贵州省社科院地理标志研究中心助理研究员。

2.62万平方千米，下辖2市9县1自治县，即都匀市、福泉市和荔波、平塘、龙里、独山、瓮安、贵定、惠水、长顺、罗甸及三都水族自治县，共计辖16个办事处、80个镇、8个乡、4个民族乡、7个省级经济开发区，自治州首府驻都匀市。州内居住有汉、布依、苗、水、毛南、瑶等43个民族，全州总人口420万（其中常住人口324万），其中少数民族人口占总人口的58.23%。

一　黔南州地理标志产品环境因素概况

（一）自然地理环境

黔南州地处中山原向红水河谷地逐渐降低的斜坡地带，地势北高南低，西高东低，平均海拔997米。地貌类型以中低山河谷为主。由于纬度偏南，海拔较低，河谷深切，闭塞谷地较多，热量极为丰富，平均气温13.8～19.8℃，全年无霜期长达341～361天。红水河、都柳江流经，横亘于黔南州境内的苗岭是长江水系与珠江水系的分水岭。拥有世界上同纬度仅有的保存完好的喀斯特森林地貌。平均降雨量1109～1406mm，是省内降雨量最充沛的地区之一，4～9月雨量占全年雨量的80%左右，夏湿冬干。土壤以红壤、黄红壤为主。州境内属典型的亚热带温暖湿润的季风气候，紫外线辐射弱，负氧离子浓度高，具有"大空调"、"大氧吧"、"大公园"的美誉，是休闲避暑的理想之地。

黔南自治州地区的土壤、气候、水文等自然条件，宜于多种植物的生长。据林业部门勘察统计，州内共有各种植物170科，744属，1384种，占全省植物种数（197科）的86.3%；属数（1404属）的53%；种数（4951种）的28%。黔南州粮食作物以玉米、水稻为主；经济作物以甘蔗、香蕉、芭蕉等亚热带水果及早熟蔬菜较为普遍，因为冬温高、河谷地区热量丰富、雨水充沛的自然环境优势，盛产火龙果、苹果、核桃、柑橘、橙子、甘蔗、核桃、茶叶、黑糯米、红米、香蕉、芭蕉、早熟蔬菜、鱼腥草、蒲公英、天麻、杜仲、三七、艾纳香等农特产品；还因为其积温高、昼夜温差不大，微生物环境适宜，有利于发酵型农特产的生产制作，享有"中国黑糯米之乡"的美誉。

黔南地质构造呈现黔南古陷褶断束、册亨—罗甸叠陷断束、三都—荔波古陷褶断束三个类型构造形态以褶皱、断裂为主。自治州碳酸盐类岩分布面广，占全州面积的70%～80%，层厚质纯。在温暖多雨的气候条件下，岩溶地貌在全州各地广泛发育，形成了类型复杂多样的地表、地下岩溶景观。岩溶地貌类型有峰林、峰丛、槽谷、洼地、落水洞、溶洞、地下暗河以及石沟、石芽等，以惠水、平塘、独山、荔波等县分布最为集中。地质地貌的特殊成因致使州境内拥有丰富的矿产资源，盛产软玉、大理石等，有"中国白玉之都"之称。

（二）历史人文环境

黔南布依族苗族自治州辖地历史悠久，早在殷周时期，境内就已经有了许多部族活动，并分属于牂牁、夜郎等方国，现今黔南州福泉市还保存着古夜郎国唯一的遗迹"竹王城"。唐宋元明时期在州境内设立了多个羁縻府、州、县、峒、卫、所。元代黔南开始推行土司制度，至明代贵州建省前，黔南地域主要设置了卫所军事机构，黔南分属于贵州卫、龙里卫、平越卫、都云卫、新添卫、定番州、广顺卫等。明弘治年间，部分土司统治地区改设府（县）。雍正四年（1726），废除土司世袭的安抚司、长官司等，撤销"卫所"等军事地域，将其并入府州厅县等行政区域，黔南地区分属于贵阳府、都匀府、独山府和平越府。民国3年（1914），将清代的府州厅县一律改称为县。1956年8月8日，设立黔南布依族苗族自治州，自治州人民委员会驻都匀县。

黔南州自古以来就是少数民族先民居住地。州境内少数民族众多，居住着布依、彝、苗、汉、水、侗、瑶、回、壮、土家、仡佬等多个民族，还拥有全国唯一的一个水族自治县，全州民族文化浓厚、民风质朴，人民勤劳善良，热情好客，处处洋溢着浓郁的民族豪放之气。各民族用自己的聪明才智在创造美好家园的同时创造了绚丽多姿的民族文化，形成了各具特色的风土人情。积淀着深厚文化底蕴的节日庆典和娱乐活动，美不胜收的民族民间工艺和民居建筑，编织成了一幅幅色彩斑斓的高原多民族的风情画，成为黔南独具特色的旅游资源与人文资源。

二 黔南州地理标志产品保护概况

截至2016年12月31日，黔南布依族苗族自治州现共有18件产品获地理标志保护。

经国家质检总局批准的国家地理标志保护产品有12件，分别为：都匀毛尖茶、罗甸艾纳香、长顺绿壳鸡蛋、罗甸火龙果、罗甸玉、龙里刺梨、龙里刺梨干、贵定益肝草凉茶、惠水黑糯米、惠水黑糯米酒、独山盐酸菜、三都水族马尾绣；

经国家工商总局批准的地理标志证明商标有5件，分别为：都匀毛尖茶、长顺绿壳鸡蛋、牙舟陶、荔波蜜柚、贵定云雾贡茶；

经农业部登记的农产品地理标志为5件，分别为：长顺绿壳鸡蛋、贵定云雾贡茶、贵定盘江酥李、罗甸脐橙、龙里豌豆尖。

其中，长顺绿壳鸡蛋获国家质检总局、国家工商总局、农业部三个部门同时保护；都匀毛尖茶获国家质检总局与国家工商总局两个部门的地理标志保护；贵定云雾贡茶获国家工商总局与农业部两个部门的同时保护。

表1 黔南州地理标志产品数量统计

申请部门	国家质检总局	国家工商总局	农业部
获批产品	都匀毛尖茶、罗甸艾纳香、长顺绿壳鸡蛋、罗甸火龙果、罗甸玉、龙里刺梨、龙里刺梨干、贵定益肝草凉茶、惠水黑糯米、惠水黑糯米酒、独山盐酸菜、三都水族马尾绣	都匀毛尖、长顺绿壳鸡蛋、牙舟陶、荔波蜜柚、贵定云雾贡茶	长顺绿壳鸡蛋、贵定云雾贡茶、贵定盘江酥李、罗甸脐橙、龙里豌豆尖
小计	12件	5件	5件
总计	18件（都匀毛尖茶、贵定云雾贡茶、长顺绿壳鸡蛋获多重保护）		

国家工商总局 23%

国家质检总局 54%

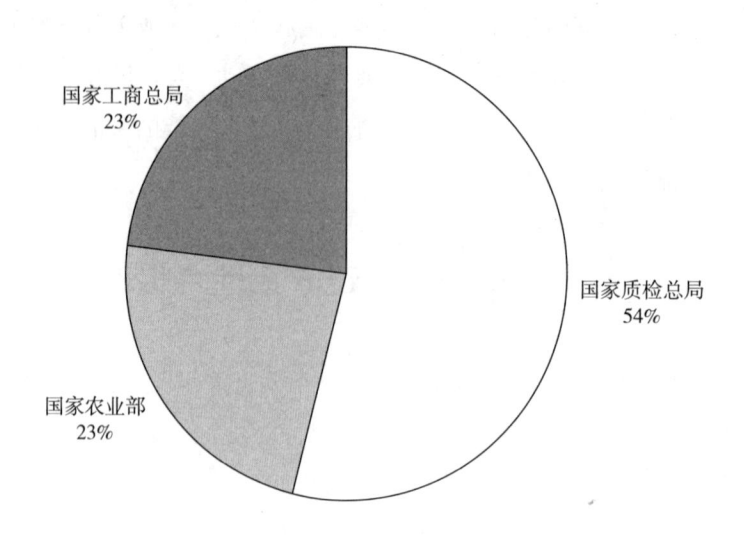

国家农业部 23%

图 1　黔南州地理标志各部门分布

表 2　国家质检系统国家地理标志保护产品

序号	产品名称	品质特色	保护范围	受理公告	批准公告
1	都匀毛尖茶	条索紧细卷曲、汤色黄绿明亮、滋味鲜醇、叶底嫩绿明亮。水分≤6.4%，总灰度≤5.1%，粉末≤0.7%，水浸出物≥43.2%，铜含量≤4.1mg/kg，铅含量≤0.6mg/kg	贵州省大方县大方镇、羊场镇、黄泥塘镇、理化乡、鸡场乡、六龙镇、凤山乡、安乐乡、百纳乡、三元乡、雨冲乡、沙厂乡、大山乡、普底乡等36个乡镇现辖行政区域	2010.5.18 2010年第51号	2010.11.23 2010年第133号
2	罗甸艾纳香	叶片呈宽椭圆形或长圆披针形，上下密被茸毛。气清凉、香，味辛。鲜叶的左旋龙脑≥0.2%	贵州省罗甸县红水河镇、龙坪镇、茂井镇、罗悃镇、逢亭镇、沫阳镇、凤亭乡、大亭乡、八总乡、罗苏乡、罗妥乡、罗暮乡、沟亭乡、班仁乡、董当乡、板庚乡、云干乡、董王乡、交砚乡、纳坪乡、木引乡21个乡镇现辖行政区域	2011.7.6 2011年第102号	2012.3.13 2012年第37号

续表

序号	产品名称	品质特色	保护范围	受理公告	批准公告
3	龙里刺梨	果实扁圆球形,果皮为鲜黄或深黄,密生小肉刺,刺尖带钩状,果肉脆,口感酸甜,略带涩味,芳香味浓。野生单宁含量≥1.8%、可溶性固形物≥14.0%、果径≥2.0cm;人工种植单宁含量≥1.2%、可溶性固形物≥13.0%、果径≥2.5cm	贵州省龙里县龙山镇、麻芝乡、草原乡、摆省乡、湾寨乡、羊场镇、谷脚镇、哪嗙乡、醒狮镇、洗马镇、谷龙乡、三元镇、水场乡、巴江乡14个乡镇现辖行政区域	2012.1.10 2012年第8号	2012.7.18 2012年第102号
4	惠水黑糯米酒	黑糯米酒(15%vol至25%vol),色泽和外观:无悬浮物,酒体醇厚;香气:空杯留香,无异香;口味:无杂味;总酸(以乳酸计)≥3.0g/L;总糖(以葡萄糖计)≥100.0g/L;β—苯乙醇≥21.00mg/L	贵州省惠水县和平镇、高镇镇、三都镇、摆金镇、雅水镇、断杉镇、芦山镇、王佑镇、长田乡、斗底乡、甲烈乡、岗度乡、宁旺乡、鸭绒乡、太阳乡、羡塘乡、甲戎乡、抵季乡、大龙乡、大坝乡、摆榜乡、抵麻乡、长安乡、打引乡、好花红乡25个乡镇现辖行政区域	2012.1.10 2012年第8号	2012.8.23 2012年第125号
5	罗甸火龙果	大小适中,颜色鲜红,汁多味浓不粘手。水分含量≥80.0%,蛋白质含量≥1.0%,脂肪含量≤0.6%,可溶性糖含量≥7.0%,花青素含量≥4.5mg/g	贵州省罗甸县龙坪镇、逢亭镇、沫阳镇、茂井镇、罗悃镇、红水河镇、板庚乡、八总乡、董当乡、凤亭乡、大亭乡、班仁乡、罗苏乡、罗幕乡、沟亭乡、罗妥乡16个乡镇现辖行政区域	2012.9.20 2012年第142号	2013.12.10 2013年第167号
6	独山盐酸菜	具有产品固有色泽;酸甜爽口,咸辣适中,具有独山盐酸菜独特香气和滋味,无不良气味;块型大小适中,无杂质;质地脆、嫩。水分≤85.0g/100g;食盐 2.0~6.0g/100g;总酸(以乳酸计)≤2.0g/100g;还原糖(以葡萄糖计)≥5.0g/100g	贵州省独山县城关镇、麻万镇、兔场镇、基长镇、上司镇、下司镇、麻尾镇、甲里镇、尧梭乡、羊凤乡、打羊乡、本寨乡、水岩乡、黄后乡、董领乡、甲定乡、翁台乡、尧棒乡18个乡镇现辖行政区域	2012.12.12 2012年第203号	2013.12.10 2013年第167号

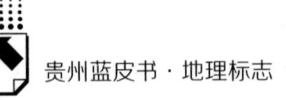

续表

序号	产品名称	品质特色	保护范围	受理公告	批准公告
7	长顺绿壳鸡蛋	蛋壳颜色浅绿色;蛋清浓厚;蛋黄呈橘红或橘黄色。蛋重≥36g;蛋壳厚度≥0.29mm;哈夫单位>72;蛋黄比≥30%	贵州省长顺县现辖行政区域	2014.9.2 2014年 第96号	2013.12.24 2013年 第178号
8	惠水黑糯米	米皮紫黑、内质洁白、煮后黝黑晶莹、色泽鲜艳、食味浓郁芳香、绵软有弹性、糯性好。直链淀粉≤2.0%	贵州省惠水县现辖行政区域	2014.7.25 2014年 第85号	2015.4.7 2015年 第44号
9	贵定益肝草凉茶	色泽呈淡黄色至褐色,清澈透明。味微苦,有回甘。总黄酮≥30.0mg/100ml,栀子苷≥3.0mg/100ml	贵州省贵定县城关镇、德新镇、新巴镇、新铺乡、洛北河乡、马场河乡、定东乡、定南乡、盘江镇、沿山镇、旧治镇、昌明镇、云雾镇、报管乡、铁厂乡、窑上乡、都六乡、岩下乡、猴场堡乡、巩固乡共20个乡镇现辖行政区域	2015.4.7 2015年 第45号	2015.8.10 2015年 第96号
10	罗甸玉	结构致密,质地细腻,玉质温润,朴实较沉重;不透明至半透明,蜡状光泽至油状光泽,加工后的玉石,折射率在1.60至1.61(点测法)。按其颜色分为五类:白玉、灰白玉、花玉、青玉、糖玉	贵州省罗甸县现辖行政区域	2015.4.7 2015年 第45号	2015.8.10 2015年 第96号
11	龙里刺梨干	颜色呈棕黄色或黄褐色,片形完整,不流糖,不定糖,气味清香,质地柔软,有韧性。甜、酸适口。总糖45%~75%;总酸≤3.5%;总黄酮(以芦丁计)≥1.5%;粗纤维≤3.5%;水分≤18.0%	贵州省龙里县谷脚镇、醒狮镇和洗马镇共3个镇现辖行政区域	2015.7.24 2015年 第90号	2016.2.1 2016年 第9号
12	三都水族马尾绣	色彩艳丽、饱和度高,对比和谐,光泽柔和,绣纹致密,浮雕立体感强,极具水族文化特色,耐磨、耐拉扯,长时间不变色、褪色。马尾使用率不低于15%	贵州省三都水族自治县现辖行政区域	2016.3.29 2016年 34号	2016.11.4 2016年 112号

表3 国家工商系统地理标志证明商标

序号	商标名称	商品/服务列表	注册人	注册号	专用期限
1	都匀毛尖茶	茶	黔南州茶产业化发展管理办公室	8872040	2011/9/7～2021/9/6
2	贵定云雾贡茶	茶	贵定县茶叶协会	11794609	2013/7/28～2023/7/27
3	牙舟陶	日用陶器	平塘县牙舟陶发展研究中心	11570194	2013/8/28～2023/8/27
4	荔波蜜柚	柚子	荔波县果蔬蔬菜管理站	13018783	2014/4/21～2024/4/20
5	长顺绿壳鸡蛋	蛋	长顺县畜禽品种改良站	14098709	2015/6/21～2025/6/20

表4 农业部农产品地理标志

序号	产品名称	申请人	划定的产地保护范围	公告时间
1	贵定云雾贡茶	贵定县茶叶协会	贵定县云雾镇、铁厂乡、抱管乡、昌明镇、猴场堡乡、岩下乡、沿山镇、盘江镇、城关镇、定东乡、德新镇、新铺乡、新巴镇、落北河乡、马场河乡等20个乡镇。东经106°59′～107°22′,北纬26°05′～26°47′	2009年9月
2	贵定盘江酥李	贵定县酥李协会	贵定县所辖城关、新铺、新巴、德新、马场河、落北河、盘江、沿山、抱管、铁厂、云雾等20个乡镇。地理坐标为东经106°53′00″～107°22′00″,北纬26°05′00″～26°46′00″	2014年7月28日中华人民共和国农业部公告第2136号
3	长顺绿壳鸡蛋	长顺县畜禽品种改良站	长顺县所辖长寨镇、广顺镇、代化乡、敦操乡、鼓扬镇、中坝乡、摆所镇、白云山镇、新寨乡、交麻乡、营盘乡、凯佐乡、睦化乡、种获乡等17个乡镇。地理坐标为东经106°11′00″～106°39′00″,北纬25°38′00″～26°18′00″	2014年7月28日中华人民共和国农业部公告第2136号
4	罗甸脐橙	罗甸县果茶产业发展办公室	罗甸县所辖龙坪镇、茂井镇、沫阳镇、红水河镇、罗悃镇、逢亭镇、凤亭乡等7个乡镇。地理坐标为东经106°23′～107°03′,北纬25°04′～25°45′	2015年7月22日中华人民共和国农业部公告第2277号
5	龙里豌豆尖	龙里县蔬果办公室	龙里县冠山街道办事处、龙山镇、谷脚镇、洗马镇、醒狮镇、湾滩河镇等6镇(街道办事处)。地理坐标为东经106°45′18″～107°15′01″,北纬26°10′19″～26°49′33″	2016年7月8日中华人民共和国农产品地理标志登记公示〔2016〕第2号

三 黔南州地理标志产品保护分析

（一）黔南州地理标志产品各县情况

都匀市地理标志产品有：都匀毛尖茶，计1件（获双重保护）；荔波县地理标志产品有：荔波蜜柚，计1件；贵定县地理标志产品有：贵定益肝草凉茶、贵定云雾贡茶、贵定盘江酥李（贵定云雾贡茶获双重保护），计4件；独山县地理标志产品有：独山盐酸菜，计1件；平塘县地理标志产品有：牙舟陶，计1件；罗甸县地理标志产品有：罗甸火龙果、罗甸艾纳香、罗甸玉、罗甸脐橙，计4件；长顺县地理标志产品有：长顺绿壳鸡蛋（获三重保护），计3件；龙里县地理标志产品有：龙里刺梨、龙里刺梨干、龙里豌豆尖，计3件；惠水县地理标志产品有：惠水黑糯米、惠水黑糯米酒，计2件；三都水族自治县地理标志产品有：三都水族马尾绣，计1件；福泉市、瓮安县暂无地理标志产品，计0件。

其中，都匀毛尖茶国家地理标志产品保护范围为贵州省黔南布依族苗族自治州都匀市、福泉市、瓮安县、龙里县、惠水县、长顺县、独山县、三都县、荔波县、平塘县、罗甸县、都匀经济开发区现辖行政区域，是属于州级（市级）地理标志产品。

表5 黔南州地理标志产品各县情况统计

地 区	国家质检总局	国家工商总局	农业部	小计/件
都匀市	1	1	—	2
福泉市	—	—	—	—
荔波县	—	—	1	1
贵定县	1	1	2	4
瓮安县	—	—	—	—
独山县	1	—	—	1
平塘县	—	1	—	1
罗甸县	3	—	1	4

续表

地　区	国家质检总局	国家工商总局	农业部	小计/件
长顺县	1	1	1	3
龙里县	2	—	1	3
惠水县	2	—	—	2
三都水族自治县	1	—	—	1

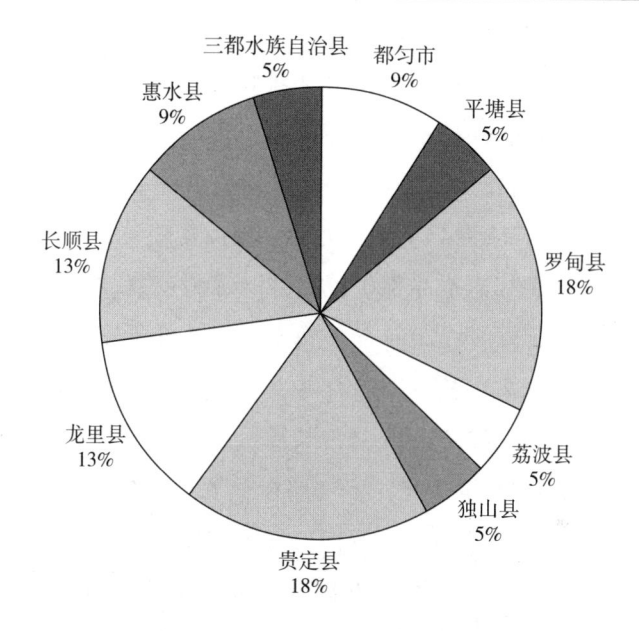

图2　黔南州地理标志产品各县分布

（1）从表5和图2可以看出，在分布地区上，黔南布依族苗族自治州地理标志产品主要集中在贵定县、罗甸县、长顺县、龙里县。其中，罗甸县、贵定县地理标产品数量为黔南布依族苗族自治州最多县份，福泉市和瓮安县目前尚无一件地理标志产品。

（2）在申请渠道上，黔南布依族苗族自治州的22件地理标志产品分别在质检、工商和农业部这三个渠道获得了地理标志产品的保护。

（3）在保护力度上，长顺绿壳鸡蛋分别获国家质检渠道、国家工商渠道、农业部渠道三重保护；贵定云雾贡茶分别获得国家工商渠道、农业部渠道双重保护；都匀毛尖茶分别获得国家质检渠道、国家工商渠道双重保护。

（二）黔南州地理标志产品各年度情况

2009年9月，贵定云雾贡茶获农业部农产品地理标志保护；2010年11月，都匀毛尖茶获国家质检总局国家地理标志产品保护；2011年9月，都匀毛尖茶获国家工商总局地理标志证明商标保护；2012年3月，罗甸艾纳香获国家质检总局国家地理标志产品保护；2012年7月，龙里刺梨获国家质检总局国家地理标志产品保护；2012年8月，惠水黑糯米酒获国家质检总局国家地理标志产品保护；2013年7月，贵定云雾贡茶获国家工商总局地理标志证明商标保护；2013年8月，牙舟陶获国家工商总局地理标志证明商标保护；2013年12月，罗甸火龙果、独山盐酸菜、长顺绿壳鸡蛋获国家质检总局国家地理标志产品保护；2014年4月，荔波蜜柚获国家工商总局地理标志证明商标保护；2014年7月，贵定盘江酥李、长顺绿壳鸡蛋获农业部农产品地理标志保护；2015年4月，惠水黑糯米获国家质检总局国家地理标志产品保护；2015年6月，长顺绿壳鸡蛋获国家工商总局地理标志证明商标保护；2015年7月，罗甸脐橙获农业部农产品地理标志保护；2015年8月，贵定益肝草凉茶、罗甸玉获国家质检总局国家地理标志产品保护；2016年2月，龙里刺梨干获国家质检总局国家地理标志产品保护；2016年7月，龙里豌豆尖获农业部农产品地理标志保护；2016年11月，三都水族马尾绣获国家质检总局国家地理标志产品保护。

表6　黔南州地理标志产品各年度统计

单位：件

年份	国家质检总局	国家工商总局	农业部	小计
2009	—	—	1	1
2010	1	—	—	1
2011	—	1	—	1
2012	3	—	—	3
2013	3	2	—	5
2014	—	1	2	3
2015	3	1	1	5
2016	2	—	1	3

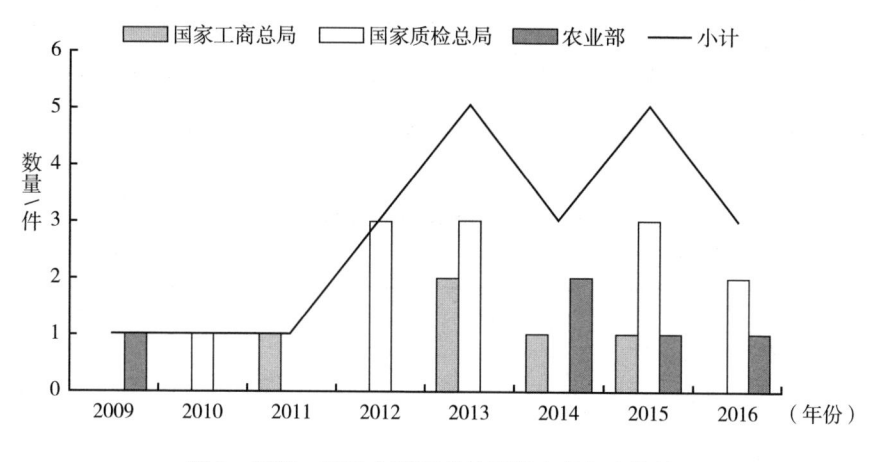

图3 2009～2016年黔南州地理标志各年度统计

（1）从表6和图3可以看出，黔南布依族苗族自治州地理标志发展较快。从2009年起，黔南布依族苗族自治州开始了地理标志的申报与推进工作，贵定云雾贡茶为黔南布依族苗族自治州第一件获批地理标志产品。到2016年，毕节市地理标志数量为22件。从2009年至2016年的六年时间，地理标志数量增长了22件，地理标志产品保护工作发展速度较快。

（2）从表6和图3还可以看出，黔南布依族苗族自治州地理标志工作在2012年开始进入较快的发展状态，成为黔南布依族苗族自治州地理标志产品申报工作的一个迅速发展期。在2009～2011年3件产品的基础上2012～2016年增长了15件。至此，从2009年至2016年，黔南布依族苗族自治州地理标志产品申报工作在三个部门三个渠道上都呈上升趋势。黔南布依族苗族自治州地理标志工作已取得一定成绩。

（三）黔南州地理标志产品分类情况

从黔南布依族苗族自治州获批的22件地理标志来看，中药材类有1件，为：罗甸艾纳香；果蔬类有6件，分别为：罗甸火龙果、罗甸脐橙、龙里豌豆尖、贵定盘江酥李、荔波蜜柚、龙里刺梨；粮油类有1件，为：惠水黑糯米；茶类有2件，分别为：都匀毛尖茶、贵定云雾贡茶；酒类有1件，为：

惠水黑糯米酒；养殖类有1件，为：长顺绿壳鸡蛋；工艺品类有2件，分别为：牙舟陶、三都水族马尾绣；矿产资源类有1件，为：罗甸玉；加工食品类产品有3件，分别为：贵定益肝草凉茶、龙里刺梨干、独山盐酸菜。

表7 黔南州地理标志产品分类统计

单位：件

分　类	国家质检总局	国家工商总局	农业部	小计
中药材类	1	—	—	1
果蔬类	2	1	3	6
粮油类	1	—	—	1
茶　类	1	2	1	4
酒　类	1	—	—	1
养殖类	1	1	1	3
食品饮料类	3	—	—	3
工艺品类	1	1	—	2
矿产资源类	1	—	—	1

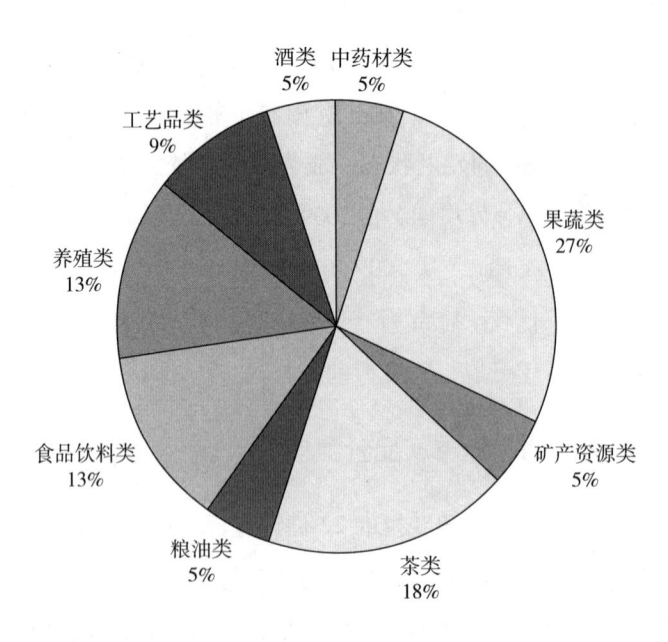

图4 黔南布依族苗族自治州地理标志分类

(1)从表7和图4可以看出,黔南布依族苗族自治州优势地理标志产品主要为果蔬类产品,其次为茶类及食品饮料类产品,这与黔南布依族苗族自治州独特的环境特点有着密切的关联性。

(2)黔南布依族苗族自治州独特的低海拔高热河谷地貌的自然环境,有利于果蔬的生产,且特别适合亚热带水果的生产,所出产的果蔬不仅生长周期长,能有效地填补延长时令蔬果的食用时间,还具有多汁、鲜甜的品质。

(3)黔南布依族苗族自治州积温丰富,热量稳定,水资源充沛,水质良好,能建立起一个有效的微生物环境,对加工类食品奠定了特殊且良好的环境。

(4)黔南布依族苗族自治州境内独特的自然地理地貌,矿产资源丰富,盛产软玉、大理石、猫眼石等。

(5)黔南布依族苗族自治州境内丰富的多民族文化,造就了众多艺术品的诞生,且来自不同民族间的艺术品都带有各自民族自身独特的文化及艺术形式,多民族的集居,在饮食文化及饮食风俗上也极具特色和魅力。

(四)黔南州地理标志使用情况

表8 核准使用国家地理标志产品专用标志的企业名单

序号	产品名称	企业名称	地址	法人代表
1	都匀毛尖茶	黔南州梅渊商贸有限责任公司	贵州省都匀市河滨路市工商局门面1-2号	何钰海
2	都匀毛尖茶	都匀市螺丝壳河头茶叶农民专业合作社	贵州省都匀市摆忙乡坪阳村河头组	张光辉
3	都匀毛尖茶	都匀市匀山茶叶有限责任公司	贵州省都匀市广惠路惠安公寓1单元3层2号	卢永乾
4	都匀毛尖茶	都匀供销茶叶有限责任公司	贵州省都匀市广惠路469号	莫从信
5	都匀毛尖茶	贵州东驰贸易有限公司都匀市东驰毛尖茶厂	贵州省都匀市杨柳街镇斗篷山村	李 辉
6	都匀毛尖茶	都匀市高寨水库茶场有限公司	贵州省都匀市活滨路市工商局	欧阳国祥

续表

序号	产品名称	企业名称	地址	法人代表
7	都匀毛尖茶	黔南开元茶业有限责任公司	贵州省都匀市西苑广场空中花园8号门面	陈小云
8	都匀毛尖茶	都匀市匀城春茶叶有限公司	贵州省都匀市广惠路245号	韦洪平
9	都匀毛尖茶	黔南苗岭工贸有限责任公司	贵州省都匀市工人路2号	陈元安
10	都匀毛尖茶	黔南州都匀毛尖茶有限责任公司	贵州省都匀市环城西路1号5层	李应祥
11	都匀毛尖茶	贵州美福生态农业有限公司	贵州省惠水县涟江办事处七里冲茶果场	何 波
12	都匀毛尖茶	贵州山之韵绿色实业发展有限公司	贵州省都匀市甘塘镇原长红厂调试场	尹杨飞
13	都匀毛尖茶	贵州世纪福生态农业发展有限公司	贵州省福泉市陆坪镇福兴村牛滚凼	聂国平
14	都匀毛尖茶	惠水知茶茶叶有限公司	贵州省黔南州惠水县岗度镇本底村盘龙组	吴发键
15	都匀毛尖茶	贵州百鸟河茶业有限公司	贵州省黔南州惠水县濛江街道城北新区桂花园2号	罗 斌
16	独山盐酸菜	贵州省独山盐酸菜有限公司	贵州省独山县百泉镇东环南路	杨警峰
17	惠水黑糯米酒	贵州永红酒业有限公司	贵州省惠水县和平镇城番村	汤克林

资料来源：据国家质检总局发布公告整理。

（五）黔南州地理标志标准制定情况

1. 黔南州国家地理标志保护产品标准制定情况

在地理标志产品保护过程中，地理标志产品标准是地理标志产品生产和保护的重要技术支撑，是地理标志产品保护的技术基础和核心。国家质检总局在《地理标志产品保护工作细则》第十八条中要求："保护申请批准公告发布后，省级质监机构应在3~6个月内，组织申请人按照公告中'质量技术要求'规定，在原有专用标准或技术规范的基础上，完善地理标志产品的标准体系，一般应以省级地方标准的形式发布，并报国家质检总局委托的技术机构审核备案。"

表9　黔南州国家地理标志产品标准制定

序号	产品名称	标准制定
1	都匀毛尖茶	a. 贵州省级地方标准：DB52/T 433 – 2015《都匀毛尖茶》 b. 贵州省级地方标准：DB52/T 995 – 2015《都匀毛尖茶加工技术规程》
2	罗甸艾纳香	贵州省级地方标准：DB52/T 937 – 2014《地理标志产品　罗甸艾纳香》
3	独山盐酸菜	贵州省级地方标准：DB52/ 579 – 2009《独山盐酸菜》
4	罗甸火龙果	a. 贵州省级地方标准：DB52/T 1059 – 2015《地理标志产品　关岭火龙果》 b. 贵州省级地方标准：DB52/T 611 – 2010《贵州喀斯特山区火龙果生产技术规程》 c. 贵州省级地方标准：DB52/T 610 – 2010《火龙果容器育苗技术规程》
5	长顺绿壳鸡蛋	2016年10月12日通过《地理标志产品　长顺绿壳鸡蛋》省级地方标准专家审定
6	惠水黑糯米酒	贵州省级地方标准：DB52/T 935 – 2014《地理标志产品　惠水黑糯米酒》
7	贵定益肝草凉茶	a. 贵州苗姑娘食品有限责任公司企业标准：Q/MGN 0001S《贵定益肝草凉茶》 b. 贵州省及地方标准《地理标志产品　贵定益肝草凉茶》已在省质监局标准化处立项，并已完成其标准（征求意见稿）的编制
8	龙里刺梨	贵州省级地方标准：DB52/T 936 – 2014《地理标志产品　龙里刺梨》
9	龙里刺梨干	贵州省及地方标准《地理标志产品　龙里刺梨干》已在省质监局标准化立项，并已完成其标准（征求意见稿）的编制
10	罗甸玉	贵州省及地方标准《地理标志产品　罗甸玉》已在省质监局标准化处立项，并已完成其标准（征求意见稿）的编制
11	三都水族马尾绣	黔南州地方标准：DB522700/T075 – 2015《地理标志产品　三都水族马尾绣》
12	惠水黑糯米	贵州省及地方标准《地理标志产品　惠水黑糯米》已在省质监局标准化处立项，并已完成其标准（征求意见稿）的编制

2. 黔南州农产品地理标志质量控制技术规范

农业部《农产品地理标志管理办法》第九条第四款规定："符合农产品地理标志登记条件的申请人，可以向省级人民政府农业行政主管部门提出登记申请，并提交产地环境条件、生产技术规范和产品质量安全技术规范。"可见，农业部对农产品地理标志的登记审核有"质量控制技术规范"的硬性要求。

表10 黔南州农产品地理标志质量控制技术规范

序号	产品名称	质量控制技术规范	质量控制技术规范编号
1	罗甸脐橙	《罗甸脐橙质量控制技术规范》	AGI2015-02-1713
2	贵定云雾贡茶	《贵定云雾贡茶质量控制技术规范》	AGI2010-06-00353
3	贵定盘江酥李	《贵定盘江酥李质量控制技术规范》	AGI2014-02-1487
4	长顺绿壳鸡蛋	《长顺绿壳鸡蛋质量控制技术规范》	AGI2014-02-1492
5	龙里豌豆尖	《龙里豌豆尖质量控制技术规范》	—

四 黔南州地理标志产品产业发展情况

1. 都匀毛尖

茶产业是黔南州委、州政府明确重点打造的四大农业产业之首，也是贵州省政府明确主推的"三绿一红"茶叶品牌之一。1982年，自都匀毛尖被评为"中国十大名茶"以来，2007年获中国茶叶流通协会授予"中国毛尖茶都"称号；2008年获"有机茶"称号；2009年入选"贵州省非物质文化遗产名录"，同年获第十六届上海国际茶文化节"中国名优茶"最高奖项"金牛奖"；2010年获"中国世博十大名茶"，"上海世博会联合国馆礼品茶、指定用茶"称号等；2010年都匀毛尖茶被评为"中华老字号"产品；2014年都匀毛尖茶产品荣获"贵州省著名商标"、"贵州省名牌产品"；2015年，都匀毛尖茶以20.71亿元的区域公共品牌价值，荣膺"中国最具品牌发展力品牌"，位列全国第13位。

近年来，黔南州委、州政府相继出台了《关于进一步加快推进茶产业发展意见》、《创建都匀毛尖世博名茶知名品牌三年行动计划纲要》等文件，使都匀毛尖茶得以快速发展。2014年，都匀市现有茶园面积25.56万亩，可采面积达10万余亩，有机茶认证面积2万余亩，茶叶总产量已达2200余吨，总产值6.5亿元。2015年，茶园面积29.16万亩，可采茶园11万亩，产值7.8亿元，茶企业115家，年加工能力10000余吨，都匀毛尖品牌价值已达13.78亿元。根据《都匀毛尖茶"十三五"产业发展规划》，力争在

2020年末，全市将建成茶园面积50万亩以上，其中投产茶园20万亩以上，产值30亿元以上。都匀毛尖茶现已有29家茶叶企业获准使用专用标志。全市18个乡镇（办事处）的89个行政村3.5万多户、12.5万余人从事茶叶生产，占农业人口的36.4%，农民种茶户均增收5000元以上。

为了贯彻落实好习近平总书记提出的"关于都匀毛尖茶，希望你们把品牌打出去"的重要指示，黔南州政府于2015年启动了申报筹建国家地理标志产品保护示范区（都匀毛尖茶）工作。同时，为了更好推动都匀毛尖茶茶业发展，黔南州狠抓基地建设，重点突出"百里毛尖长廊"，并结合"四在农家·美丽乡村"、现代高效农业园区、乡村旅游等，重力打造了都匀茶城、茶文化博览园及茶文化广场等硬件设施。茶城已招商面积6580.58平方米，商户34户。该州围绕示范区规划建设生态移民搬迁工程实施大扶贫战略，把发展茶产业与精准扶贫相结合，投资2.8亿元在都匀经济开发区打造中国茶博园，实景展现了都匀毛尖茶的历史和文化；在都匀毛尖镇投资4.4亿元打造"云端茶海"茶旅一体化项目，其中投资2亿元启动建设"茶旅一条街"项目，将动员贫困户200户、约800人搬迁到螺丝壳"茶旅一条街"居住，依托茶产业的带动作用，确保贫困群众"搬得出、稳得住、能致富"；在瓮安县建中镇投资6.5亿元建设茶旅一体化项目，把茶园打造成景区，实现了茶产业与旅游业融合发展。

2. 贵定云雾贡茶

以贵定县境内生长的本地鸟王茶树品种和其他优良茶树品种的鲜叶为原料，按贵定云雾贡茶的加工工艺加工而成的特种绿茶，以其"紧细、卷曲、显毫，匀整、绿润，汤色绿黄清澈、香气嫩香、滋味鲜爽、回甘力强、叶底嫩匀、鲜活明亮"的高雅品质，备受海内外茶叶界专家及消费者的青睐。全县茶叶种植面积达13.33万亩，可采摘面积7.76万亩，有茶农8126户/37035人，茶叶加工企业51家，年销售茶叶3259.1余吨，实现收入达3.59亿元/年以上。全县围绕"中国苗岭贡茶之乡"、"贵州五大名茶"、"贵州最美茶乡"三张名片，强力推行"茶旅一体化"战略，集中力量打造云雾山原生态贡茶观光园，昌明—云雾25千米茶叶走廊，不断提升贵定云雾贡茶的知名度和美誉度，提升品牌效益。

3. 罗甸艾纳香

"罗甸艾纳香"是贵州十大苗药之一，也是贵州省重点发展的中药材品种之一，是罗甸县特色民族医药资源。目前，全县发展艾纳香种植12.5万亩，已建成艾纳香种苗培育基地2个，年培育种苗1000万余株，规模化、标准化种植3万余亩，年产值达3亿元。计划到2016年建成全国最大的艾纳香规范化种植基地（2万亩）、全国最大的天然冰片（艾片）加工基地（100吨/年），以及相对完善的艾纳香产、学、研基地。贵州艾源生态药业开发有限公司在罗甸投资1.26亿元建成了年加工艾纳香鲜叶8000吨、提炼冰片50吨的生产线。为增大"罗甸冰片"附加值，以"艾源生态药业"为龙头将艾纳香产业做大做强，规划建设全国一流的中草药产学研国家级示范基地、艾纳香康体文化中心与电子商务平台等项目。

罗甸艾纳香是贵州省重点发展的中药材品种之一，目前已获得了国家较大的项目支持，被列为国家科技部重大攻关项目"贵州地道中药材GAP试验示范基地建设"品种之一，基地种植中药材艾纳香5万亩，年加工艾片100吨，艾油20吨，建立中药饮片生产线，发展艾纳香日用品等艾纳香下游产品、进行艾渣综合利用。以罗甸艾纳香为重要材料的中成药产品有：贵州民族制药厂有限公司生产的"金骨莲胶囊"、"心胃止痛胶囊"和中信药业公司生产的"咽立爽滴丸"等。贵州省科技厅将联合中国热带农业科学院品资所为罗甸县提供技术资源、艾纳香种质资源收集、规范化栽培技术研究、优良品种选育、开展GMP加工技术三究、人才培养等帮助。并在2013～2015年出资600万元建立"罗甸县中药材产业科技合作专项资金"，其中贵州省科技厅每年出资50万元，黔南州人民政府每年出资50万元，罗甸县人民政府每年出资100万元。

4. 罗甸火龙果

"罗甸火龙果"是贵州有名的"精品鲜果"，以颜色鲜红、果味浓、果汁多、口感好等优质特点而闻名。截至目前，罗甸县已种植火龙果6.2万亩，投产2万亩，建成龙坪至八总、龙坪至红水河两个万亩火龙果生产示范带和15个千亩火龙果标准示范园,覆盖了7个乡镇69个村,带动1.24万种植大户、5.14万人种植火龙果。罗甸火龙果占据了贵州省火龙果种植的半壁江山,为全国火龙果种植面积第一,年产量9000多吨,产值1.4亿元。品种以紫红龙、粉红龙为主,年产量3600吨,由于罗甸产地的火龙果风味浓,口感好,深受消费者喜爱,市场价格紧俏,达到30元每千克。按照目前火龙果在罗甸的发展势头,预计到2017年,罗甸县将建成10万亩规范化、标准化火龙果生产基地,产值达到5.5亿元以上,罗甸将成为名副其实的"火龙果之乡"。

5. 罗甸脐橙

"罗甸脐橙"种植历史悠久,在清光绪年间曾作为朝廷贡品。1986年被农业部列为国家柑橘基地县,1990年通过"绿色食品"认证,取得了"绿色食品"标志使用权;同年,罗甸县被评为"南亚热带作物名优生产基地"和"绿色食品生产基地"。在发展脐橙产业上,罗甸将脐橙产业作为调整农业结构、增加农民收入的重要举措来抓,通过捆绑农业、水利等项目,建设标准化园区,先后在全县建设了八个水果生产示范基地。目前,罗甸脐橙种植面积7.88万亩,涉及龙坪、罗悃、沫阳、逢亭、红水河、茂井等6个乡镇,惠及2万多农户。2017年投产面积为2.9万多亩,预计产量可达3.5万吨,产值1.1亿元,户均收入达0.5万元。

6. 惠水黑糯米酒

年产惠水黑糯米酒约3000吨以上。其中贵州永红酒业有限责任公司是最大的一家,公司位于县城南郊,占地面积300亩,固定资产1100万元,有现代化厂房6000余平方米,设备先进,技术力量雄厚,有专业技术人员18人,年产黑糯米酒为300吨,拥有惠水黑糯米酒传统工艺厂房和食品检测中心。在销售方面,惠水黑糯米酒除了在贵州市场占据米酒类产品销售绝对优势外,目前在全国已建立起一定的销售网络,辐射到湖南、广东、广西、河南、上海、浙江、海南、福建、江苏、北京、辽宁、吉林、陕西、重庆、四川、云南等销售区域,年销售额为8000万余元,出口贸易主要是通过香港到东南亚、美国、日本等地。

7.贵定益肝草凉茶

目前，贵定县有贵州最大的贵定益肝草凉茶加工企业——贵州苗姑娘食品有限责任公司，公司年产量达到13万升。另外，在贵定县还有少量个体形式，年生产贵定益肝草凉茶可以达到2000升左右，在贵定县布依族家庭中，家家户户都有自己制作的贵定益肝草凉茶，他们制作贵定益肝草凉茶主要用于自己平时饮用和招待客人。从贵定益肝草凉茶销售额来看，贵州苗姑娘食品有限责任公司年产值达2亿元以上，目前在全国各大城市都有贵定益肝草凉茶销售，已建立起一定的销售网络，特别是在广东、广西、海南等华南市场，贵定益肝草凉茶销售情况特别好，供不应求，在贵州各市县区市场上，贵定益肝草凉茶占据绝对优势，成为凉茶市场上销售明星。

8.龙里刺梨

"龙里刺梨"产于被誉为"中国刺梨之乡"的龙里县。刺梨被誉为"VC之王"，集食用、保健、药用等功效为一体。2014年龙里县刺梨种植面积已达到10.6万亩，年产刺梨鲜果1800万千克，总产值达8000多万元，刺梨已经成为该县农业的一大特色产业。截至目前，龙里县刺梨种植面积达14.5万亩，完成核心区刺梨基地建设1.5万亩，年产刺梨鲜果7.5万吨，成为全省乃至全国人工种植刺梨规模最大、品种最优、产量最高的刺梨生产县。现已编制完成《龙里县茶香刺梨产业示范园区发展规划》，规划到2016年累计投入5.166亿元，发展刺梨基地5万亩，基本形成研发、基地建设、加工、物流、销售及旅游为一体的综合性生态农业产业园区，各类项目建成达产后，年产值可达20亿元以上。

9.长顺绿壳蛋鸡

自绿壳蛋鸡产业化发展以来，截至目前，全县绿壳鸡蛋养殖规模达800万羽，实现年销售鸡蛋3亿枚左右，年产值达6亿元左右，带动养殖户3万余户，实现养殖户户均增收4万元以上。长顺县加大绿壳蛋鸡产业示范园区建设，通过引进龙头企业、发展家庭农场、促进土地流转等方式，做大做强绿壳蛋鸡产业，先后引进绿壳蛋鸡养殖、销售和产业深加工企业19家。为加快推动产业发展，长顺县大力扶持成立绿壳蛋鸡养殖专业合作社35家，让养殖户们抱团闯市场；建成病虫害监测防治点69个、太阳能小气候自动观测站74个、人工影响天气作业点5个、动物防疫室9个；建立绿壳鸡蛋"电子身份证"、全程视频监控体系和电子商务平台，从生产、认证、销售、物流等环节，搭建起绿壳鸡蛋质量"数字化"管理体系；在引导绿壳鸡蛋入驻沃尔玛、北京华联等大中型超市同时，在贵阳、都匀等地建立12家"品长顺"农特产品实体体验店，利用"长顺四宝"电子网络销售平台，加强与淘宝、阿里巴巴、益万家、九颗米等电商企业合作，实行网络订购、统一配货，扩大绿壳鸡蛋的销售量，保障绿壳蛋鸡产业发展壮大。

10. 贵定盘江酥李

产于"中国酥李之乡"盘江镇。2013年，盘江镇酥李种植面积达到1.6万多亩，每年可产1000多吨，销往贵州各地及云南、四川、广东、广西等市场，被农业部评为"绿色上层水果"。现盘江镇种植李子树2.5万亩，年产李子4万多吨。通过盘江酥李的种植，年收入达5万元以上的就有400多户，农户人均收入超过8000余元。近年来，为了发展李子产业，盘江镇还成立了酥李种植协会，吸纳了122户会员。盘江镇将对当地8000亩大树龄的李子树进行改造，加大科技栽培管理力度，并积极通过网络销售、旅游销售等方式，让盘江酥李更快地与市场对接，助农增收。为了拓展盘江酥李销售渠道，近年来，他们还通过"互联网+"的方式在网络上兜售、推广。

11. 荔波蜜柚

"荔波蜜柚"种植历史悠久，果大皮薄、囊瓣肥大、果肉饱满、柔嫩多汁、酸甜适度、香气浓郁。目前，全县总面积已达10万亩，挂果面积为6万亩，年产量20万吨。荔波现已成为贵州省柚类主要生产基地，预计到2020年年总产量达35万吨以上。为推动荔波蜜柚产业的发展，荔波县相继出台了《樟江沿河经果林发展实施意见》、《荔波县鼓励外来投资若干规定（试行）》、《荔波县农业产业化发展意见》、《农村土地承包经营权流转奖励扶持办法》等一系列政策措施，重点扶持。通过项目扶持、技术支撑、政策倾斜等方式，几年来，荔波蜜柚产业得到飞速发展。

12. 三都水族马尾绣

"三都水族马尾绣"是水族妇女世代传承的、最古老又最具民族特色的，以马尾作为重要原材料的一种特殊刺绣技艺。其制作过程复杂，成品古色古香，华美精致，已于2006年被列入首批国家级非物质文化遗产，被誉为"中国刺绣的活化石"。县年产马尾绣产品年销售量近100万件。其中，各类基础绣片近40万件、马尾绣装饰画近20万件、马尾绣挂件近20万件、各类背包等近10万件、各种工艺品10万件，年销售额达5000万元左右。产品远销新西兰、西班牙、香港等地。目前，三都水族自治县共有20余家企业从事马尾绣生产，解决了近万余人就业问题。全县已有2名绣娘被列入国家级非物质文化遗产代表性传承人名录，5名绣娘被列入省级非物质文化遗产代表性传承人名录。

13. 龙里豌豆尖

经过分拣包装预冷后，通过空运到北京、广州、香港、澳门市场，很受欢迎，价格达到30元每千克。近年来，龙里县十分注重龙里豌豆尖产业的发展，先后邀请专家为龙里县编制了《蔬菜产业发展规划》、《龙里县农业产业化发展规划》等产业规划，明确蔬菜产业发展目标和方向，有步骤、有计划地抓蔬菜产业，促进蔬菜产业可持续发展。同时，先后组织县内100余名农技干部、农村专业合作经济组织和种植大户到云南通海、山东寿光等地及虎门果利来市场、深圳布吉市场、广州江南市场、重庆蔬菜批发市场等考察，学习省内外农业产业化发展的新思路、新技术和市场销售经验，拓宽了广大农技干部、蔬菜专业合作社和项目农户的视野。县农工局、工信局等积极组织龙头企业、专业合作社参加贵州省农产品推荐会、农产品交易会、寿光蔬菜博览会等进行宣传推介，提高品牌知名度，龙里县生产的无公害蔬菜无须豌豆尖在两次推荐会上作为新鲜高档蔬菜展销，吸引了重庆、两广、香港客商的关注。无须豌豆尖还在寿光蔬菜博览会上荣获"优质农产品"荣誉称号。还通过招商引资引进了云南伟伟农业科技发展有限公司、安徽嘉和农业科技公司等一批企业到湾寨乡、羊场镇建蔬菜种植基地，有力带动了周边乡（镇）蔬菜产业的发展。

五 黔南州地理标志产品保护效益

（一）经济效益

"都匀毛尖"获地理标志保护后，2014年都匀毛尖茶价格从2000年的平均200元/千克上升到2014年的2400元/千克，茶园面积从2000年的0.83万亩发展到25.56万亩。2014年都匀毛尖茶实现总产值6.5亿元，2015年实现产值7.8亿元。"贵定云雾贡茶"获地理标志保护后，全县茶园面积为13.33万亩，可采摘面积7.76万亩，茶叶年总产量3259.1吨，实现年产值3.59亿元。"罗甸火龙果"获地理标志保护后，罗甸县已种植火龙果6.2万亩，投产2万亩，年产量9000多吨，产值1.4亿元。获地理标志保护后，2014年龙里县"龙里刺梨"种植面积已达到10.6万亩，年产刺梨鲜果1800万千克，总产值达8000多万元；截至目前，龙里县"龙里刺梨"种植面积达14.5万亩，完成核心区刺梨基地建设1.5万亩，年产刺梨鲜果7.5万吨。2011年，"罗甸艾纳香"种植面积4万余亩。获地理标志保护后，目前全县发展艾纳香种植12.5万亩，年产值达3亿元。2013年，盘江酥李种植面积达到1.6万多亩；2015年，该镇种植李子树2.5万亩，年产李子4万多吨。截至目前，全县长顺绿壳蛋鸡养殖规模达800万羽，实现年销售鸡蛋3亿枚左右，年产值达6亿元左右。获地理标志保护后，2015年，全县"三都马尾绣"工艺品产量达5万余件，产品远销新西兰、西班牙等地，年销售额达3000万元，解决了近万人就业问题。

（二）社会效益

"都匀毛尖"茶产业的发展，带动了3.5万多户、12.5万余人从事茶叶生产，占农业人口的36.4%，农民种茶户均增收5000元以上。"罗甸火龙果"的发展，带动了1.24万种植大户、5.14万人种植火龙果。"罗甸艾纳香"的发展，带动了2000人以上的农户种植艾纳香。绿壳蛋鸡产业化发展以来，实现年销售鸡蛋3亿枚左右，带动养殖户3万余户，实现养殖户户均增收4万元以上。在700多户种植盘江酥李的农户中，年收入达5万元以上的就有400多户，村民四成以上的收入靠李子树，农户人均收入均超过8000元。"罗甸玉"获地理标志保护后，全县共有19家企业、个体商铺对罗甸玉进行产品加工、营销，玉石企业、商铺从业人员超过300人，参与玉石相关产业的从业人员达1000人以上。同时，获地理标志保护后，随着黔南州地理标志产品及产业的发展，也极大地扩大与增加了境内的劳动力就业，并带动了相关包装、运输、餐饮服务及旅游业等第三产业的发展。

（三）生态效益

黔南州森林覆盖率高达54%以上，且连片林区多为原生喀斯特原始森林，为喜阴的茶树提供了一道天然屏障。"都匀毛尖"茶、"贵定云雾贡茶"资源环境的优势是黔南州茶产业竞争力的保证，可以为地方经济发展提供强劲的驱动力；而茶树种植又有固土保水的作用，可实现发展与生态的良性互动。同时，通过种植"罗甸火龙果"、"罗甸艾纳香"、"龙里刺梨"、"罗甸脐橙"、"盘江酥李"等地理标志产品，在促进当地经济发展的同时，又综合治理了石漠化程度，达到改善生态环境、保护环境的目的，实现经济发展与生态效益的可持续发展。"罗甸艾纳香"种植不与粮食作物争地，也可用荒山、荒坡进行种植，其种植不仅可防止水土流失，又能起到绿化荒山的作用。近年来，龙里县充分利用巩固退耕还林成果、石漠化综合治理、植被恢复建设等林业生态工程，大力发展刺梨种植。以谷脚镇茶香村十里刺梨沟为核心区的龙里县茶香刺梨产业示范园目前被列为省级现代高效农业示范园区。此外，通过专门制定地理标志产品的加工生产规范、标准化生产工艺规程，对地理标志产品生产加工产生的废渣、废水进行合理再利用。在严格执行各项环保要求基础上，通过实用的技术措施和有效的管理手段来控制农药、化肥等农业投入品的使用，达到减少污染源，实现地理标志产品产业可持续发展。

六　黔南州潜在的地理标志产品保护资源

黔南州除已获的18件地理标志产品外，潜在的特色产品资源众多。黔南州潜在的地理标志产品资源，为推进黔南州新的地理标志产品的培育提供了重要的资源优势。黔南州潜在的地理标志产品资源有：独山皱椒、威远生姜、瓮安金秋梨、瓮安猕猴桃、三都水晶葡萄、荔波卜柚、荔波血桃等果蔬类产品；匀酒、长顺首乌酒、三都九阡酒、荔波青梅酒等酒类产品；瓮安白茶、罗甸红碎茶、九龙毛尖、贵定雪芽等茶类产品；罗甸桐油、都匀黑糯米、周覃香米、九阡红糯米等粮油类产品；都匀太子参等中药材类产品；荔波风猪、贵定娃娃鱼、三都香猪、瓮安绿壳乌鸡蛋等养殖类产品；水族服饰、荔波凉席、布依族土花布等工艺品；罗甸荷叶粑、独山臭酸、瓮安溇菜、贵定百合贡粉、惠水马肉、贵定糟辣椒、独山虾酸等食品饮料类产品。

表11　黔南州潜在地理标志产品保护资源名录

类　别	产品名称
果蔬类	独山皱椒、威远生姜、瓮安金秋梨、瓮安猕猴桃、福泉梨、福泉核桃、惠水金钱橘、三都九阡李、三都水晶葡萄、荔波卜柚、贵定薇菜、樟江蜜柚、荔波血桃、三元酥李、边阳杨梅
酒　类	匀酒、长顺首乌酒、三都九阡酒、荔波青梅酒、福来甘泉白酒
茶　类	瓮安白茶、罗甸红碎茶、三都甜茶、九龙毛尖、奎文阁茶叶、贵定雪芽
粮油类	罗甸桐油、都匀黑糯米、周覃香米、九阡红糯米
养殖类	荔波风猪、贵定娃娃鱼、三都香猪、瓮安绿壳乌鸡蛋
食品饮料类	罗甸荷叶粑、独山臭酸、瓮安溇菜、瓮安黄粑、瓮安松花皮蛋、荔波血粑鸭、贵定百合贡粉、瓮安豆油皮、盘江狗肉、惠水马肉、惠水牛肉干、都匀太师饼、罗甸荞灰豆腐、贵定糟辣椒、独山虾酸、都匀冲糕
中药材类	都匀太子参
工艺品类	水族服饰、荔波凉席、布依族土花布

B.10
黔东南苗族侗族自治州地理标志产业发展报告

钟蕾 张云峰*

摘　要： 2004年，从江香猪通过原国家质量技术监督局原产地标记保护，为黔东南州第一件获批原产地保护产品。2016年7月，黔东南州又新增2件地理标志产品，麻江蓝莓、思州柚获国家质检总局国家地理标志产品保护。2016年12月，塔石香羊获国家质检总局国家地理标志产品保护。截至2016年12月31日，黔东南州现共有从江香猪、黎平香禾糯、剑河钩藤、三穗鸭、凯里红酸汤、雷山银球茶、从江椪柑、丹寨硒锌米、从江香禾糯、塔石香羊等20件地理标志产品。

关键词： 黔东南州　地理标志产品

黔东南苗族侗族自治州位于贵州省东南部。东与湖南省怀化地区毗邻，南和广西壮族自治区柳州、河池地区接壤，西连黔南布依族苗族自治州，北抵遵义、铜仁两市。全境东西宽220千米，南北长240千米，总面积30337.1平方千米，占全省总面积的17.2%。境内居住着苗、侗、汉、布依、水、瑶、壮、土家等33个民族，常住人口348.54万人，户籍人口473.54万人，少数民族人口占总人口的80.2%，其中苗族人口占42.7%，

---

* 钟蕾，贵州省社科院地理标志研究中心助理研究员；张云峰，贵州省社科院地理标志研究中心副研究员。

侗族人口占29.9%。全州辖凯里市和麻江、丹寨、黄平、施秉、镇远、岑巩、三穗、天柱、锦屏、黎平、从江、榕江、雷山、台江、剑河15个县，凯里、炉碧、金钟、洛贯、黔东、台江、三穗、岑巩、锦屏、黎平10个省级经济开发区。

一 黔东南州地理标志产品环境因素概况

（一）自然地理环境

黔东南州地处云贵高原向湘桂丘陵盆地过渡地带，地势北、西、南三面高而东部低。境内山地纵横，峰峦连绵，沟壑遍布，地形地貌奇异复杂，景象万千。境内大部分地区海拔500~1000米。最高点为雷公山主峰黄羊山，海拔2178.8米，最低点为黎平县地坪乡井郎村水口河出省处，海拔137米。受地形影响，境内气候独特。全州气候属亚热带季风湿润气候区，冬无严寒，夏无酷暑，雨热同季，无霜期长，终年温暖湿润，立体气候明显。年平均气温14℃~18℃，最冷月（1月）平均气温5℃~8℃；最热月（7月）平均气温24℃~28℃。无霜期270~330天。年日照时数1068~1296小时。降水量1000~1500毫米，相对湿度为78%~85%。境内土壤以红壤、黄壤、黄棕壤、石灰土、紫色土为主，耕地土壤大部分呈微酸性或中性。黔东南境内水系发达，河网稠密，有2900多条河流，年径流量225亿立方米。以清水江、舞阳河、都柳江为主干，呈树枝状展布于各地。河流分属两个水系。苗岭以北的清水江、舞阳河属长江水系，苗岭以南的都柳江属珠江水系。

（二）人文环境

黔东南州是以苗族、侗族为主的少数民族自治州，境内居住着苗族、侗族、汉族、水族、布依族、畲族、土家族、仫佬族、瑶族、壮族、彝族等多个民族。黔东南州是中国苗族侗族最大的聚居区，苗族人口为全国苗族总人

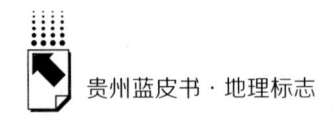

口的19%左右,为贵州省苗族人口的39%左右;侗族人口为全国侗族总人口的42%,占全省侗族总人口的76%以上。

二 黔东南州地理标志产品保护概况

截至2016年12月31日,黔东南州共有从江香猪、凯里红酸汤、雷山银球茶、三穗鸭、锡利贡米、施秉太子参、白洗猪、塔石香羊等20件产品获地理标志保护。

经国家质检总局批准的国家地理标志保护产品有15件,分别为:从江香猪、黎平香禾糯、丹寨硒锌米、剑河钩藤、三穗鸭、锡利贡米、黎平茯苓、榕江小香鸡、雷山银球茶、凯里红酸汤、雷山乌杆天麻、榕江葛根、麻江蓝莓、思州柚、塔石香羊。

经国家工商总局批准的地理标志证明商标有7件,分别为:三穗鸭、从江椪柑、从江香猪、施秉太子参、施秉头花蓼、麻江蓝莓、白洗猪。

经农业部登记的农产品地理标志为2件:从江香猪、从江香禾糯。

其中,从江香猪获国家地理标志保护产品、工商总局地理标志证明商标和农业部农产品地理标志三部门同时保护,三穗鸭获国家质检国家地理标志保护产品和工商总局地理标志证明商标双重保护,实际黔东南州地理标志的数量总计为20件。

表1 黔东南州地理标志产品数量统计

申请部门	国家质检总局	国家工商总局	农业部
获批产品	从江香猪、黎平香禾糯、丹寨硒锌米、剑河钩藤、三穗鸭、锡利贡米、黎平茯苓、榕江小香鸡、雷山银球茶、凯里红酸汤、雷山乌杆天麻、榕江葛根、麻江蓝莓、思州柚、塔石香羊	三穗鸭、从江香猪、从江椪柑、施秉太子参、施秉头花蓼、麻江蓝莓、白洗猪	从江香猪、从江香禾糯
小计	15件	7件	2件
总计	20件(从江香猪、三穗鸭、麻江蓝莓3件产品获多重保护)		

农业部
8%

国家工商总局
29%

国家质检总局
63%

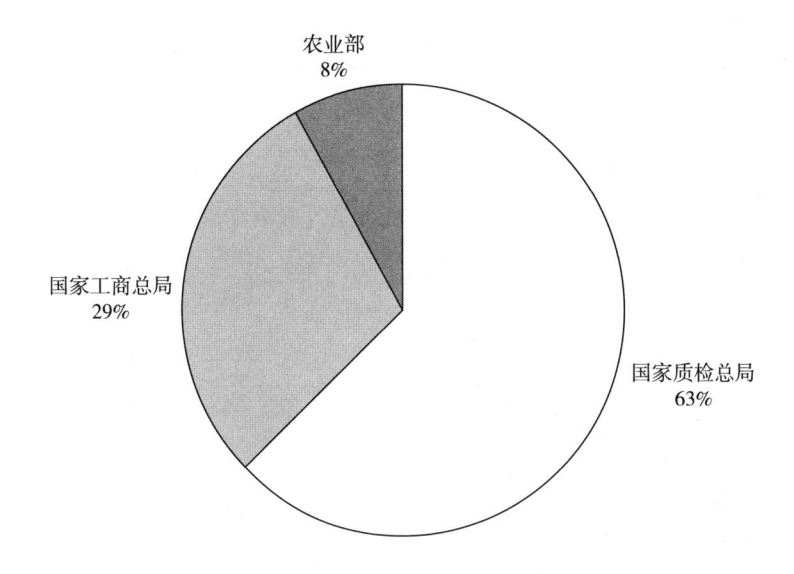

图1　黔东南州地理标志各部门分布

表2　国家质检系统国家地理标志保护产品

序号	产品名称	品质特色	保护范围	受理公告	批准公告
1	黎平香禾糯	色泽洁白不透明，有光泽。气味具有自然的清香味，口感蒸煮时浓香四溢，绵软香甜、细腻，黏而不腻，回味甘甜。米粒椭圆形，圆润饱满；饭粒完整、洁白，弹性好，表面有油光，冷凉后仍保持良好口感和柔软度	贵州省黎平县岩洞镇、双江乡、口江乡、水口镇、雷洞乡、龙额乡、地坪乡、大稼乡、德化乡、平寨乡、罗里乡、孟彦镇等18个乡镇现辖行政区域	2009.2.10 2009年第12号	2009.12.28 2009年第128号
2	丹寨硒锌米	米粒细长，蒸煮时，饭粒完整，饭味清香，油润软滑，冷后不回生	贵州省丹寨县现辖行政区域	2009.12.28 2009年第130号	2010.7.13 2010年第70号
3	剑河钩藤	钩长1~2厘米，向下弯曲。茎枝圆柱形或类方柱形，钩藤表面红棕色至紫红色的细纵纹，光滑无毛；毛钩藤黄绿色至灰褐色的可见白色点状皮孔，黄褐色柔毛。髓部黄白色或中空	贵州省剑河县久仰乡、南哨乡、太拥乡、柳川镇、观么乡、盘溪乡、敏洞乡、南寨乡、南加镇、南明镇、岑松镇、革东镇等12个乡镇现辖行政区域	2010.7.13 2010年第66号	2011.5.12 2011年第70号

225

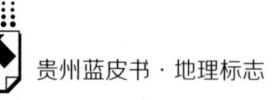

续表

序号	产品名称	品质特色	保护范围	受理公告	批准公告
4	三穗鸭	活体鸭:眼高颈细形似船,嘴黄脚橙翅尾扇,公鸭头绿身棕褐,母鸭麻羽体背宽。白条鸭:皮肤青白色,皮薄骨细软,皮下脂肪少,肌肉鲜红,切面有光泽,富有弹性;煮沸烹饪后肉汤乳白色,香味浓郁	贵州省黔东南州三穗县、黄平县、施秉县、镇远县、岑巩县、天柱县、台江县、剑河县8个县现辖行政区域	2012.4.25 2012年第68号	2013.3.21 2013年第26号
5	锡利贡米	米粒油润晶莹洁白,呈半透明状,有光泽,气味具有本品种固有的自然的清香味。蒸煮后米饭保持良好光泽,入口香滑绵软有弹性。米形长条尖细或椭圆,饭粒完整,稍弯曲,似虾状	贵州省榕江县古州镇、忠诚镇、寨嵩镇、平永镇、崇义乡、平江乡、三江水族乡、仁里水族乡、塔石瑶族水族乡、水尾水族乡、平阳乡、两汪乡等19个乡镇现辖行政区域	2012.4.25 2012年第68号	2013.3.21 2013年第26号
6	黎平茯苓	体重坚实,色白细腻,粘牙力强	贵州省黎平县德凤镇、中潮镇、永从乡、德顺乡、洪州镇、水口镇、岩洞镇、罗里乡、孟彦镇、顺化乡、敖市镇等共17个乡镇现辖行政区域	2013.12.24 2013年第178号	2014.9.2 2014年第96号
7	榕江小香鸡	(1)活体鸡:①母鸡:体型方形,矮小紧凑,头细、脚细,背羽呈黄麻、黑麻、棕麻三种颜色,黑喙黑脚。②公鸡:身红尾绿,冠、肉髯乌紫色或红色,黑喙黑脚。(2)白条鸡:皮薄骨细,皮下脂肪少,皮色呈白色或黑色	榕江小香鸡产地范围为贵州省榕江县古州镇、忠诚镇、寨嵩镇、平永镇、定威水族乡、兴华水族乡、计划乡、水尾水族乡、平阳乡、两汪乡等共19个乡镇现辖行政区域	2013.12.24 2013年第178号	2014.9.2 2014年第96号
8	雷山银球茶	球形,18毫米至20毫米,色泽绿润,光亮露毫,显银灰色,香气清香,浓醇回甜,耐冲泡	雷山银球茶产地范围为贵州省雷山县西江镇、望丰乡、丹江镇、大塘乡、方祥乡、达地乡、永乐镇、郎德镇、桃江乡共9个乡镇现辖行政区域	2013.12.24 2013年第178号	2014.9.2 2014年第96号

续表

序号	产品名称	品质特色	保护范围	受理公告	批准公告
9	凯里红酸汤	产品呈鲜红或有白、黄色颗粒，无异味、无哈喇味，具本品固有的鲜香和辛辣味，酸咸适中无肉眼可见外来杂质，产品呈半固态状，酱体均匀、细腻，黏稠适度	贵州省凯里市炉山镇、万潮镇、龙场镇、湾水镇、旁海镇、三棵树镇、舟溪镇、大风洞乡、凯棠乡、大十字街道、湾溪街道、鸭塘街道、开怀街道、凯里经济开发区（东区）和凯里经济开发区等共18个乡镇街道开发区现辖行政区域。	2013.2.20 2013年第27号	2013.12.10 2013年第176号
10	雷山乌杆天麻	卵形、椭圆形，饱满壮实、无空心，表面暗棕褐色或淡黄棕色，环纹多轮、点状密集清晰。气特异，味甘，嚼有黏性	贵州省雷山县丹江镇、方祥乡、桃江乡、大塘乡、西江镇、达地乡、永乐镇、望丰乡等共9个乡镇现辖行政区域	2014.6.24 2014年第66号	2014.12.24 2014年第139号
11	榕江葛根	外观呈圆柱形或类纺锤形，须根、分叉少，表皮薄而有轻微皱褶，呈黄褐色；肉质乳白色，烹熟后口感绵软细嫩，带糯（黏）性，味道清香、微甜，葛味浓，无渣	贵州省榕江县古州镇、忠诚镇、寨蒿镇、平永镇、乐里镇、朗洞镇、栽麻乡、崇义乡、平江乡、三江乡、任里乡、塔石乡、八开乡、定威乡、兴华乡、计划乡、水尾乡、平阳乡等共19个乡镇现辖行政区域	2015.27 2015年90号	2016.2.1 2016年第9号
12	麻江蓝莓	果实呈深蓝色，有或无果粉，味清香，酸甜适中，肉汁细腻，有胶质感	贵州省黔东南州麻江县、凯里市、黄平县、施秉县、三穗县、镇远县、岑巩县、天柱县、锦屏县、黎平县、榕江县、从江县、雷山县、丹寨县等16个县市现辖行政区域	2015.12.24 2015年163号	2016.7.4 2016年第63号
13	思州柚	果形为扁圆形或高扁圆形，果皮淡黄色，果肉肥厚呈米黄色，脆嫩多汁，清甜中带微酸，香味浓郁；无籽或少籽，果肉易剥脱不沾皮	贵州省岑巩县现辖的思旸镇、水尾镇、天马镇、龙田镇、凯本镇、大有镇、注溪乡、天星乡、羊桥土家族乡、平庄乡、客楼乡、新兴开发区共12个乡镇现辖行政区域	2015.12.24 2015年163号	2016.7.4 2016年第63号

续表

序号	产品名称	品质特色	保护范围	受理公告	批准公告
14	塔石香羊	个体矮小，四肢短小结实，被毛白色，有髯，无肉垂，蹄部黑褐色。肉色鲜红，有光泽，脂肪白色至淡黄色，肉细而紧密，有弹性，肉质鲜嫩，膻味轻	贵州省黔东南苗族侗族自治州榕江县古州镇、忠诚镇、寨嵩镇、平永镇、乐里镇、朗洞镇，栽麻乡、崇义乡、仁里乡、塔石乡等19个乡（镇）	2016.8.29 2016年第82号	2016.12.28 2016年第128号
15	从江香猪	注：2004年从江香猪获原国家质量技术监督局原产地保护产品，当时未称国家地理标志保护产品。但依据《地理标志产品保护规定》仍获国家质检总局地理标志保护

表3　国家工商系统地理标志证明商标

序号	商标名称	商品/服务列表	注册人	注册号	专用期限
1	三穗鸭	鸭（活的）	三穗县养鸭协会	6495050	2009/12/28～2019/12/27
2	从江椪柑	椪柑	从江县椪柑协会	3338391	2010/2/21～2020/2/20
3	施秉太子参	太子参	施秉县农业科学研究所	7639955	2012/10/21～2022/10/20
4	施秉头花蓼	头花蓼（中药材）	施秉县牛大场镇中药材协会	10308703	2013/3/21～2023/3/20
5	从江香猪	猪	从江县畜牧兽医协会	11377132	2014/5/14～2024/5/13
6	白洗猪	猪	施秉县白洗猪产业发展协会	14322220	2015/6/14～2025/6/13
7	麻江蓝莓	蓝莓	麻江县果品办公室	14148871	2015/6/21～2025/6/20

表4　农业部农产品地理标志

序号	产品名称	申请人	划定的产地保护范围	批准公告
1	从江香猪	从江县畜牧兽医协会	从江县全境的21个乡镇，包括从江县的宰便、加鸠、加勉、光辉、加榜、刚边、秀塘、东朗等主产区域8个乡镇，以及从江县的下江、停洞、丙妹、翠里、斗里、西山、雍里、高增、谷坪、往洞、贯洞、洛香、庆云等分布区域13个乡镇。地理坐标为东经108°05′00″～109°12′00″，北纬25°16′00″～26°05′00″	2011年11月15日中华人民共和国农业部公告　第1675号

续表

序号	产品名称	申请人	划定的产地保护范围	批准公告
2	从江香禾糯	从江县农产品质量安全监督管理检测站	从江县所辖丙妹镇、贯洞镇、西山镇、下江镇、停洞镇、洛香镇、宰便镇、东朗乡、斗里乡、高增乡、加勉乡、庆云乡、往洞镇、光辉乡、谷坪乡、加榜乡、加鸠乡、雍里乡、翠里瑶族壮族乡、刚边壮族乡、秀塘壮族乡共21个乡镇。地理坐标为东经108°05′~109°12′,北纬25°16′~26°05′	2016年11月2日 中华人民共和国农业部公告 第2468号

三 黔东南州地理标志产品保护分析

（一）黔东南州地理标志产品各县情况

在黔东南州20件地理标志产品中，分别为：凯里红酸汤；三穗鸭；从江香猪、从江椪柑、从江香禾糯；施秉太子参、施秉头花蓼、白洗猪；黎平香禾糯、黎平茯苓；丹寨硒锌米；剑河钩藤；榕江县地理标志产品有：榕江小香鸡、锡利贡米、榕江葛根、塔石香羊；雷山县地理标志产品有：雷山银球茶、雷山乌杆天麻；麻江县地理标志产品有：麻江蓝莓；岑巩县地理标志产品有：思州柚。

表5　黔东南州地理标志产品各县情况统计

地　区	国家质检总局	国家工商总局	农业部	小计/件
凯里市	凯里红酸汤	—	—	1
三穗县	三穗鸭	三穗鸭	—	1
从江县	从江香猪	从江香猪、从江椪柑	从江香猪、从江香禾糯	3
施秉县	—	施秉太子参、施秉头花蓼、白洗猪	—	3
黎平县	黎平香禾糯,黎平茯苓	—	—	2
丹寨县	丹寨硒锌米	—	—	1

续表

地 区	国家质检总局	国家工商总局	农业部	小计/件
剑河县	剑河钩藤	—	—	1
榕江县	榕江小香鸡,锡利贡米,榕江葛根,塔石香羊	—	—	4
雷山县	雷山银球茶,雷山乌杆天麻	—	—	2
麻江县	麻江蓝莓	麻江蓝莓	—	1
岑巩县	思州柚	—	—	1

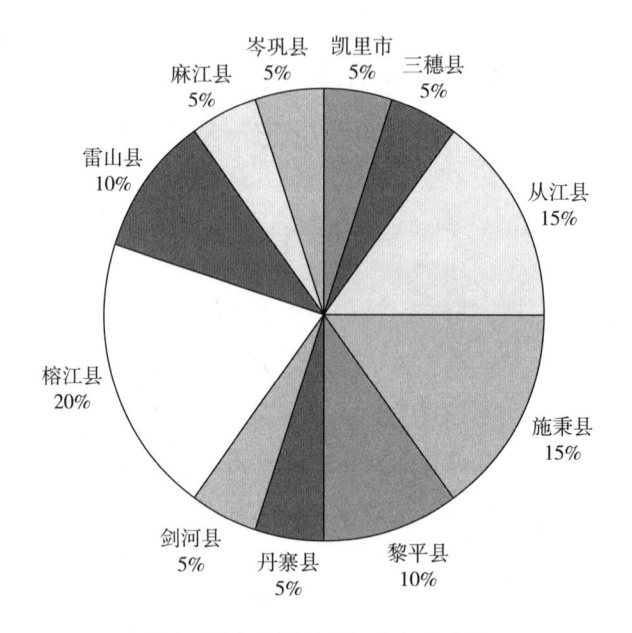

图2 黔东南州地理标志各县比例

从表5和图2可以看出：在总量上，黔东南州共有20件地理标志产品，黔东南州地理标志工作有所推进和发展。在保护力度上，"三穗鸭"、"麻江蓝莓"地理标志产品受到工商渠道与质检渠道的双重保护，"从江香猪"获国家质检渠道、工商渠道和农业部三部门同时保护。在分布地区上，黔东南州地理标志主要集中在榕江县、从江县、黎平县、施秉县、雷山县。其中，榕江县地理标志产品数量为目前黔东南州地理标志数量最多的地区。数量少的地区地理标志申报工作仍需积极推进，努力提高自身优势，转变发展观念。而数量较多的县，应在此基础上开拓创新，发现特色新产品，进一步推动地理标志产业发展。

（二）黔东南州地理标志产品各年度情况

2009年12月28日，黎平香禾糯获国家质检总局国家地理标志产品保护；2009年12月28日，三穗鸭获国家工商总局地理标志证明商标；2010年2月21日，从江椪柑获国家工商总局地理标志证明商标；2010年7月13日，丹寨硒锌米获国家质检总局国家地理标志产品保护；2011年5月12日，剑河钩藤获国家质检总局国家地理标志产品保护；2011年11月15日，从江香猪通过农业部登记为农产品地理标志；2012年10月21日，施秉太子参获国家工商总局地理标志证明商标；2013年3月21日，三穗鸭、锡利贡米获国家质检总局国家地理标志产品保护；2013年3月21日，施秉头花蓼获国家工商总局地理标志证明商标；2013年12月10日，凯里红酸汤获国家质检总局国家地理标志产品保护；2014年5月14日，从江香猪获国家工商总局地理标志证明商标；2014年9月2日，黎平茯苓、榕江小香鸡、雷山银球茶获国家质检总局国家地理标志产品保护；2014年12月24日，雷山乌杆天麻获国家质检总局国家地理标志产品保护；2015年6月14日、21日，白洗猪、麻江蓝莓获地理标志证明商标；2016年2月1日，榕江葛根获国家质检总局国家地理标志产品保护；2016年7~12月，麻江蓝莓、思州柚、塔石香羊获国家质检总局国家地理标志产品保护。2016年12月2日，从江香禾糯获农业部农产品地理标志。

（1）从2009年起，黔东南州开始逐步进行地理标志的申报与推进工作，国家工商总局获批1件，国家质检总局获批1件。到2016年，黔东南州地理标志数量增长到20件。2009~2016年的7年时间，地理标志数量从2件增长到20件，相当于每年平均增长2件，地理标志工作有所发展。

（2）从图3可以看出，黔东南州地理标志工作在2013~2014年得到迅速发展，这一时期是黔东南州地理标志迅速发展的一个时间段。从2013年开始，黔东南州地理标志产品增加了14件。

表6　黔东南州地理标志产品各年度统计

单位：件

年份	国家质检总局	国家工商总局	农业部	小计
2009	1	1	—	2
2010	1	1	—	2
2011	1	—	1	2
2012	—	1	—	1
2013	3	1	—	4
2014	4	1	—	5
2015	—	2	—	2
2016	4	—	1	5

注：2004年从江香猪获国家质检原产地域产品，当时未称国家地理标志保护产品。其中，从江香猪、三穗鸭获多重保护。

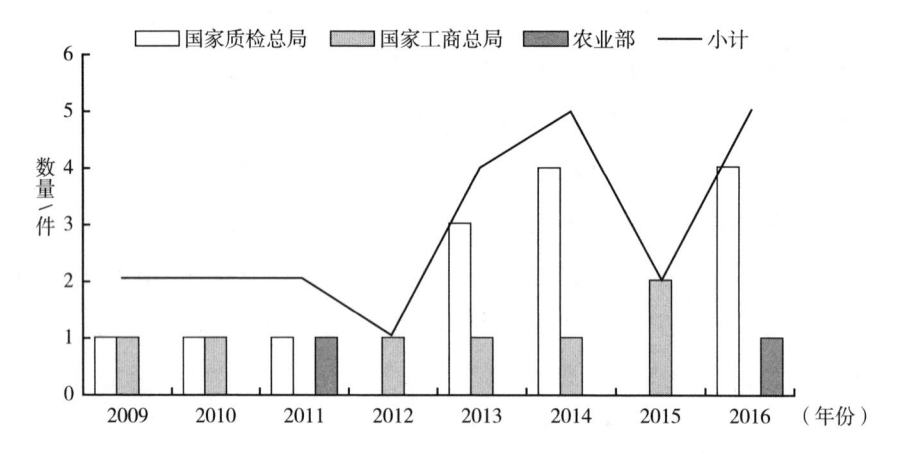

图3　2009～2016年黔东南州地理标志各年度统计

（三）黔东南州地理标志产品分类情况

地理标志产品大致有果蔬类、中药材类、茶叶类、粮油类、养殖类、食品饮料类、酒类、工艺品类等类别。从黔东南州获批的20件地理标志来看，果蔬类有3件，中药材类有6件，茶叶类有1件，粮油类有4件，养殖类有5件，食品饮料类有1件。

表7 黔东南州地理标志分类统计

分类	国家质检总局/件	国家工商总局/件	农业部/件	小计/件
果蔬类	麻江蓝莓,思州柚	从江椪柑	—	3
中药材类	黎平茯苓,雷山乌杆天麻,剑河钩藤,榕江葛根	施秉太子参,施秉头花蓼	—	6
茶叶类	雷山银球茶	—	—	1
粮油类	黎平香禾糯,丹寨硒锌米,锡利贡米,从江香禾糯	—	—	4
养殖类	从江香猪,榕江小香鸡,塔石香羊	三穗鸭、白洗猪	从江香猪	5
食品饮料类	凯里红酸汤	—	—	1
酒 类	—	—	—	
工艺品类	—	—	—	

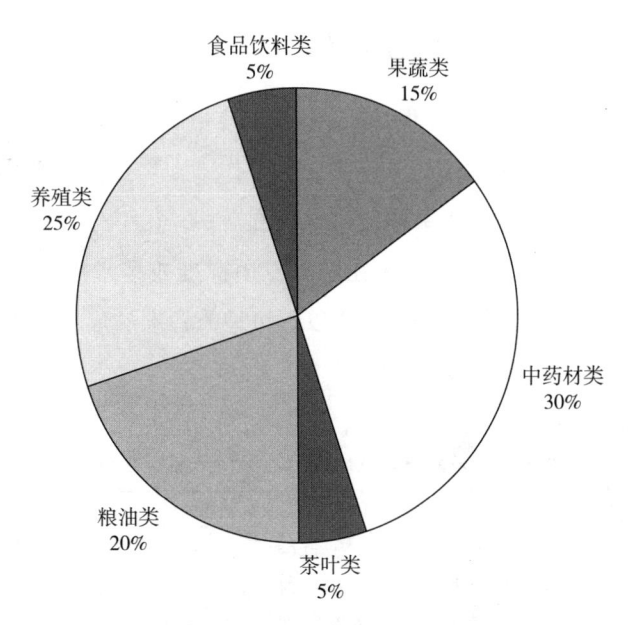

图4 黔东南州地理标志分类

从表7和图4可以看出：

（1）黔东南州地区的优势地理标志产品主要为中药材类、养殖类、粮油类及果蔬类。这与黔东南地区独特的自然环境与人文环境有着密切的关联性。黔东南州境内地势西、北、南三面高而东部低，全州气候属中亚热带季风湿润气候区,冬无严寒,夏无酷暑,雨热同季,无霜期长,年日照时长,降雨量在1000mm~1500mm,气候宜人。优越的自然环境为果树生长、粮食作物、药材种植和动物繁衍提供了得天独厚的自然条件。在这样的生长环境下,黔东南州农产品资源、水果资源及中药材资源十分丰富。

(2)黔东南州酒类、工艺品类较缺乏,茶类和食品类也不多。在黔东南州优越的自然条件下,粮食类产品资源及有关遗传性资源应该是丰富多样的,但目前只申报成功了三件产品;而食品饮料类、工艺品类和酒类产品一件地理标志产品都没有,这与黔东南州独具特色的民族文化与民族工艺并不相符。在以后的工作中,这类产品需要黔东南州进一步地挖掘与培育。

(四)黔东南州地理标志标准情况

1. 黔东南州国家地理标志保护产品标准制定情况

国家质检总局在《地理标志产品保护工作细则》第十八条中要求:"保护申请批准公告发布后,省级质监机构应在3~6个月内,组织申请人按照公告中'质量技术要求'规定,在原有专用标准或技术规范的基础上,完善地理标志产品的标准体系,一般应以省级地方标准的形式发布,并报国家质检总局委托的技术机构审核备案。"

表8 黔东南州国家地理标志保护产品标准制定

序号	产品名称	标准制定
1	从江香猪	a.《从江香猪养殖技术规范》 b. 国家质检总局批准公告中对从江香猪的质量技术要求 c. 贵州省地方标准:DB52/T 987-2015《地理标志产品 从江香猪及其系列肉制品》
2	黎平香禾糯	a. 贵州省地方标准:DB52/541-2008《黎平香禾糯米》 b. 省级地方标准:DB52/T 541-2014《地理标志产品 黎平香禾糯》 c. 国家质检总局批准公告中对黎平香禾糯的质量技术要求
3	丹寨硒锌米	a. 贵州省地方标准:DB52/553-2008《丹寨硒锌米》 b. 省级地方标准:DB52/T 553-2014《地理标志产品 丹寨硒锌米》 c. 国家质检总局批准公告中对丹寨硒锌米的质量技术要求

续表

序号	产品名称	标准制定
4	剑河钩藤	a.《剑河钩藤质量标准》 b. 省级地方标准：DB52/T 751－2012《地理标志产品　剑河钩藤生产技术规程》 c. 国家质检总局批准公告中对剑河钩藤的质量技术要求
5	三穗鸭	a. 贵州省地方标准：DB52/284－1991《三穗鸭》 b. 国家质检总局批准公告中对三穗鸭的质量技术要求
6	锡利贡米	a. 贵州省榕江县地方标准：DB522632/T01－2005《无公害锡利贡米　综合标准体系》 b. 省级地方标准：DB52/T 1054－2015《地理标志产品　锡利贡米》 c. 国家质检总局批准公告中对锡利贡米的质量技术要求
7	黎平茯苓	a. 省级地方标准：DB52/T 1056－2015《地理标志产品　黎平茯苓生产技术规程》 b. 贵州省地方标准：《黎平茯苓生产技术规程（草案）》 c. 国家质检总局批准公告中对黎平茯苓的质量技术要求
8	榕江小香鸡	a. 黔东南州地方标准：《榕江小香鸡养殖技术规程（草案）》 b. 国家质检总局批准公告中对榕江小香鸡的质量技术要求
9	雷山银球茶	a. 省级地方标准：DB52/T 713－2015《地理标志产品　雷山银球茶》 b. 省级地方标准：DB52/T 1015－2015《地理标志产品　雷山银球茶加工技术规程》 c. 国家质检总局批准公告中对雷山银球茶的质量技术要求
10	凯里红酸汤	a. 省级地方标准：DB52/T 986－2015《地理标志产品　凯里红酸汤》 b. 贵州省地方标准：《凯里红酸汤（草案）》 c. 国家质检总局批准公告中对凯里红酸汤的质量技术要求
11	雷山乌杆天麻	a. 贵州省地方标准《雷山乌杆天麻（草案）》 b. 国家质检总局批准公告中对雷山乌杆天麻的质量技术要求
12	榕江葛根	a. 贵州省地方标准：《榕江葛根生产技术规程（草案）》 b. 国家质检总局批准公告中对榕江葛根的质量技术要求
13	麻江蓝莓	a. 贵州省地方标准：《地理标志产品　麻江蓝莓（草案）》 b. 国家质检总局批准公告中对麻江蓝莓的质量技术要求
14	思州柚	a. 贵州省地方标准：《地理标志产品　思州柚（草案）》 b. 国家质检总局批准公告中对思州柚的质量技术要求
15	塔石香羊	a. 贵州省地方标准：《地理标志产品　塔石香羊（草案）》 b. 国家质检总局批准公告中对思州柚的质量技术要求

2. 黔东南州农产品地理标志质量控制技术规范

农业部《农产品地理标志管理办法》第九条第四款规定："符合农产品

地理标志登记条件的申请人，可以向省级人民政府农业行政主管部门提出登记申请，并提交产地环境条件、生产技术规范和产品质量安全技术规范。"可见，农业部对农产品地理标志的登记审核有"质量控制技术规范"的硬性要求。

表9 农产品地理标志质量控制技术规范

序号	产品名称	质量控制技术规范	质量控制技术规范编号
1	从江香猪	《从江香猪质量控制技术规范》	AGI2011-03-00701
2	从江香禾糯	《从江香禾糯质量控制技术规范》	AGI2016-03-1982

四 黔东南州地理标志产品产业发展情况

1. 雷山银球茶

"雷山银球茶"产于雷山县著名的自然保护区雷公山，是雷公山特产，有"贵州十大名茶"之称。目前，该县茶叶种植面积已达6000公顷，进入生产期的有3000多公顷。预计到"十二五"期末，全县茶叶面积发展到10000公顷，产品产量达到4000吨，产值达5.5亿元。

2. 从江香猪

"从江香猪"产于贵州省从江县月亮山区，是我国珍贵的微型地方猪种，被农业部称为"部优产品"，从江县也因此被誉为"中国香猪之乡"。目前，香猪饲养已覆盖全县21个乡镇267个村、2.5万农户，建立了48个香猪养殖示范村，发展香猪养殖示范户545户，生产的香猪火腿、香猪腊肉等系列产品深受消费者的欢迎。随着经济的发展，香猪产业逐渐成为从江西部山区农民增收的经济支柱。到2015年，实现生产目标：年末存栏香猪60万头，出栏香猪60万头，纯种能繁母猪存栏5万头。

3. 三穗鸭

"三穗鸭"中国地方名鸭，是中国优良蛋系麻鸭品种之一，以"肉质鲜美、绒毛丰厚、产蛋率高"而著名。三穗县因鸭养殖业基础好，被誉为

"鸭乡"。目前，有龙头企业3家，合作社2个，养鸭协会1个，孵化场1个，种鸭基地2个。三穗鸭养殖数量953万羽，出栏832万羽，存栏87万羽，其中蛋鸭存栏10万羽，种鸭存栏5万羽。养殖产值达3.728亿元。预计将在2017年成为我国西南地区最大的种鸭养殖基地。

4. 榕江小香鸡

以小、香、乌而闻名，具有极高的滋养价值和药用价值，是贵州省特有的优质肉蛋兼用土鸡品种，被专家评为"国内优质小型鸡种的佼佼者"。目前小香鸡原种3000套，年可产优质商品小香鸡鸡种20万只；建有有机小香鸡生产基地1个，占地100亩，可年出栏有机肉鸡12000只；建有优质鸡养殖示范小区1个，占地200亩，可年出栏优质鸡5万只；建有标准化屠宰加工车间，占地200平方米，年可屠宰小香鸡20多万只，并配有气调冷藏保鲜生产设备。公司计划在未来两年内发展到饲养10000套种鸡的规模，实现年出栏优质鸡80万~100万只。

5. 从江椪柑

"从江椪柑"果形端正，色泽鲜艳，汁多味甜，香味浓，化渣好，素有"桔中之王"的美誉。目前全县共建成以柑橘为主果树商品基地8.37万亩，其中柑橘种植面积为6.2万亩（椪柑面积5.2万亩），占总面积的74%；果园分布全县21个乡镇341个村442个自然寨，种植农户3.4万户16万人。2013年该县抢抓全省"5个100"现代高效农业示范区，启动了大塘生态精品柑橘产业示范园建设，加大招商引资，引进企业参与建设，加快了以椪柑为重点的果树商品基地建设。

6. 施秉太子参

"施秉太子参"色泽好、药效佳、个体饱满，又名孩儿参、童参，是施秉县知名的地方品牌。在政府、企业、协会等部门不断努力和探索下，逐渐形成自己的品牌效应，仅2012年，太子参种植达5.8万亩，成为全国三大主产区之一，产量占全国一半。在市场上，深受消费者的喜爱。被卫生部称为"可用于保健食品的中药材"。目前，贵州、福建、安徽为全国三大主产区。而在施秉经营太子参产业的企业有6家，中药材协会1家，中药材专业合作社 3 家，太子参种植大户 36 户、散户上万。施秉太子参被列为贵州省"十二五"重点发展品种。

7. 施秉头花蓼

"施秉头花蓼"多年生匍匐草本。现施秉头花蓼 GAP 试验示范基地拥有温控育苗大棚、提灌站、蓄水塔、自动喷灌系统、气象监测站、虫害防治设施、基地管理用房、头花蓼药材初加工厂房及库房和质量检测室等基础设施，是施秉县重点发展的产品之一。

8. 黎平香禾糯

"黎平香禾糯"是贵州省黎平县优质的糯稻品牌。有"米粒大、色泽洁白、糯性强、口感好、香味特浓"等特点，是一种纯天然的绿色优质禾稻。2015 年全县推广种植面积 3500 公顷，占全年粮食总播种面积的 12%，总产量逾 2 万吨，总产值超过 8000 万元。目前，黎平香禾糯采取"公司＋农户＋基地"联营模式，引进黔东南州最大的农产品加工龙头企业侗乡米业加工公司，共同开发香禾糯产业，打造黎平香禾糯品牌。

9. 锡利贡米

"锡利贡米"是贵州省榕江县特产。由于清香可口，品质极佳，稻株（苗）、稻穗、米饭均弥漫香气，俗称"香米"、"香稻"。2001 年，获得"中国国际农业博览会名牌产品"称号。2007 年，贵州省农业厅授予"贵州省名牌农产品"称号。现全县生产面积近两万亩，计划发展到 5 万亩，年产量将达 17500 吨。生产经营企业和生产经营协会，建立了精米生产线，产品已形成规模，现已销往省内外市场。

10. 丹寨硒锌米

"丹寨硒锌米"米粒长椭圆形，圆润饱满，色泽光亮、洁白透明，自然清香，柔软可口、糯而不腻，富含人体必需元素，是丹寨县优质的米香稻米品牌。丹寨硒锌米被誉为"中国优质稻米"、"中国优质稻米博览交易会优质产品""黔东南优质稻米品牌"等称号，丹寨县被授予"中国硒米之乡"。"丹寨硒锌米"产品深受广大消费者的青睐。

11. 剑河钩藤

"剑河钩藤"又名鹰爪风、金钩，为茜草科常绿木质藤本植物，以茎枝入药，具有清热平肝，息风定惊功能。是剑河县民间传统常用药种，也是制药企业的主要生产原料。2012年，是剑河钩藤产业发展突飞猛进的一年，产业发展硕果累累。到2013年，剑河县成功举办了首届天然药物钩藤防治高血压国际会议，让全县人民看到种植剑河钩藤的希望和曙光。该县政府与遵义医学院、省农科院院县合作共同发展钩藤产业，进一步提升剑河钩藤附加值。到2014年，钩藤产业种植面积已达9.4万亩，占全国种植钩藤面积的80%以上，产值达上千万元。

12. 黎平茯苓

"黎平茯苓"是一种菌类植物，形状像甘薯，外皮黑褐色，里面白色或粉红色。古人称茯苓为"四时神药"，有着极高的药用价值和营养价值。现有茯苓加工企业1家，茯苓菌种生产厂8个，带动了周边省、县、市10余万人从事茯苓种、加、销产业。全县茯苓种植户达4000余户，年种植茯苓300万窖左右，年产鲜茯苓4000吨左右，成为全国茯苓产量大县。计划到2018年发展茯苓菌种繁育基地3个，茯苓种植稳定在350万窖以上。

13. 凯里红酸汤

"凯里红酸汤"是凯里苗族人民的传统食品，至今已有上千年的历史，它所独具的色（鲜红）、香（清香）、味（醇酸、回甜）等特点具有开胃的作用，深受海内外宾的青睐。凯里经济开发区出品的"玉梦"牌凯里红酸汤荣获了"中国国际专利技术与产品交易会金奖"、"中国重庆名优农产品展销会最受消费者欢迎产品奖"、"2008年度贵州省名牌产品奖"、"2003年度首届贵州名优农产品展销会名牌农产品奖"和"黔东南州消费者最喜爱的产品奖"等荣誉。是一款具有浓厚地方民族特色的健康食品，深受广大消费者的喜爱。

五　黔东南州地理标志产品保护效益

（一）经济效益

"三穗鸭"获地理标志后，养殖规模由原来的250万只增加到800万只。三穗县政府已建设30个养殖小区，养殖户4800户，创产值5000万元以上。该县还成立了三穗县养鸭协会，乡（镇）村共成立了20个养鸭分会；"从江椪柑"目前果树面积5.2万亩，产量3.1万吨；"施秉太子参"目前种植面积达8.35万亩，产量19530吨，产值6.37亿元，种植户达17613户；"施秉头花蓼"按照GAP标准种植的头花蓼面积已达1200亩，该县的中药材发展到今天的3.8万亩，种植户由10余户发展到5000多户，实现产值达3800万元；"黎平香禾糯"目前种植100多公顷，占该镇水稻种植面积的1/4，香糯谷总产量达760吨，单位面积产值超过1520元，比种植普通籼稻单位面积多收入400多元，每千克市场价在23元以上。"丹寨硒锌米"获地理标志后，每千克市场价在30元至60元。2017年全县4个乡（镇）种植2万余亩硒锌米；2014年剑河县新增"剑河钩藤"种植面积2万亩，使全县钩藤面积达9.3万亩，种植户年收入逾亿元。到目前已建成"剑河钩藤"优质种苗繁育基地200亩、钩藤种源保护基地300亩、钩藤GAP示范基地500亩、钩藤高效农业示范园5000亩；"剑河钩藤"产业解决本地就业岗位1000个，带动关联行业间接创造就业岗位2500~3000个。"雷山银球茶"获地理标志后，年生产能力由原来的200吨提高到900吨，加工厂由2000年的11个增加到36个。"从江香猪"产业截至1999年年底，全县香猪存栏数已达5万余头，其中基础香猪3万头，能繁殖的母猪23000头，年产猪仔30万头，育肥猪12000头。到2015年，年末存栏香猪60万头，出栏香猪60万头，纯种能繁母猪存栏5万头。

（二）社会效益

三穗县以鸭产业系列产品为主导，以三穗鸭孵化、屠宰、鸭肉加工、饲料加工、蛋品加工、羽绒加工、羽绒服饰、兽药加工及其配套产业重点发展。引进羽绒加工厂，带动了羽绒服饰业的发展；同时，三穗鸭建立了示范园区，辐射带动周边区域产业化发展，解决了周边人口的就业问题；"麻江蓝莓"种植企业目前55户、合作社14个、种植户800余户，建成加工企业9家、销售企业4家、专卖店11家，蓝莓产业覆盖人口10万人以上。"麻江蓝莓"水果产业发展的同时带动当地旅游业、运输业等各行业的发展，而且蓝莓红酒、白兰地酒、蓝莓果汁等酒产业和饮料业也得到快速发展。"从江香猪"养殖基地建设覆盖从江县西部8个乡镇，118个行政村，288个自然寨。发展从江香猪饲养农户19000户已从香猪养殖中受益。"施秉太子参"获得地理标志后，政府大力发展中药材产业，目前中药材协会1家，中药材专业合作社3家。为了做大剑河钩藤产业，该县成立了剑河县钩藤研究所，为全县钩藤产业的健康发展保驾护航。目前还正在研发太子参扶肤美容、保健酒等产品。施秉县政府依靠科技进步，带动5.42万农户种植23.5万亩太子参，创产值7亿元，农户均年增收1.3万元，解决了农村人口的就业问题。

（三）生态效益

近年来，黔东南州大力发展特色农业，通过发展种植雷山银球茶施秉太子参、从江椪柑、黎平香禾糯、锡利贡米、思州柚等特色产业，有效地促进了植被保护、水土保持与地力上升，实现了当地生态环境的良性循环发展。各种技术规范及生产规程按照生态系统的生态承载量进行合理安排，严格保护了"从江香猪"、"黎平香禾糯"、"三穗鸭"等品种资源与遗传性资源，实现生物多样性保护与生态环境可持续性保护，推进生态文明建设，实现生态效益、经济效益及社会效益的有机结合。

六 黔东南州潜在的地理标志产品保护资源

黔东南州潜在的地理标志产品资源，为推进黔东南州新的地理标志产品的培育提供了重要的资源优势。除已获"地理标志"的20件地理标志产品外，黔东南州潜在的特色产品众多。如：麻江红蒜、镇远大板栗、镇远水蜜桃、天柱圣果（大血藤）、榕江西瓜等果蔬类产品；黎平九潮米、镇远桐油、天柱茶油、剑河红米等粮油类产品；青酒、从酒、凯里米酒等酒类产品；麻江下司犬、黎平黄牛、黔东南香羊、黎平小香鸡、镇远白山羊等养殖

产品；裕河腌鱼、凯里香醋、黄平牛肉干、远口豆腐（干）、榕江羊瘪、三穗灰碱粑、三穗血酱鸭等食品饮料类；雷山淫羊藿、施秉何首乌、黄平厚朴、镇远三七、镇远五倍子等中药材；凯里芦笙、岑巩思州石砚、雷山苗绣、台江银饰、剑河剪纸、黄平蜡染、凯里马尾斗笠、麻江织锦、三穗足器等工艺品；思州绿茶、思州银钩茶、台江苦丁茶、黎平雀舌茶等茶叶类。

表10 黔东南州潜在地理标志产品保护资源名录

类 别	产品名称
果蔬类	麻江红蒜、镇远大板栗、镇远水蜜桃、天柱圣果(大血藤)、榕江西瓜、台江金秋梨、革一枇杷
中药材类	雷山淫羊藿、施秉何首乌、黄平厚朴、镇远三七、镇远五倍子
酒 类	青酒、从酒、凯里米酒
粮油类	麻江锌硒香米、黎平九潮米、镇远桐油、天柱茶油、剑河红米、锦屏茶油、黎平山茶油
养殖类	麻江下司犬、黎平黄牛、黔东南香羊、黎平小香鸡、镇远白山羊、塔石香羊
食品饮料类	锦屏野桂花蜜、裕河腌鱼、凯里香醋、黄平牛肉干、远口豆腐(干)、镇远道菜、凯里苗家狗肉、榕江羊瘪、三穗灰碱粑、三穗血酱鸭
茶叶类	思州绿茶、思州银钩茶、台江苦丁茶、黎平雀舌茶
工艺品类	凯里芦笙、岑巩思州石砚、雷山苗绣、黔东南苗绣、台江银饰、剑河剪纸、黄平银饰、黄平蜡染、凯里马尾斗笠、麻江织锦、三穗足器

专题篇

Special Subjects

B.11 贵州地理标志公共政策研究

黄其松 李发耀*

摘　要： 从公共管理的角度来看，地理标志与公共管理主要有四个方面的内容：公共政策制定、公共技术支撑、公共服务提供、公共宣传体系。地理标志公共政策作为地理标志公共管理中的重要内容，是对地理标志进行公共管理的重要保障。地理标志公共政策是针对地理标志保护所涉及的一系列问题所制定的规章与制度、政策与措施、意见与建议、规划与方案。地理标志公共政策为推进贵州地理标志工作，促进贵州地理标志产品保护与产业发展起到政策指导、规划及导向的作用。

关键词： 地理标志　公共政策　保护与发展

---

* 黄其松，贵州大学公共管理学院院长、教授；李发耀，贵州省社科院地理标志研究中心主任、研究员。

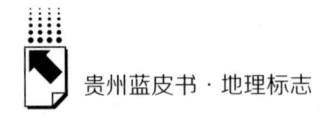

一　地理标志公共管理主体混合多元形式

在公共管理领域中，公共管理是公共部门针对社会公共事务所进行的管理。这里所指的公共事务包括公共资源、公共政策具体化的公共项目、引起社会关注并纳入政策议程的社会问题等。地理标志是一种用以表示产自某一地理来源的产品，且产品所具有的质量、声誉或其他确定的特性取决于该地理来源。从这一层面上来看，地理标志产品来自某一特定的地域范围内，它与特定地域下的自然因素与历史人文因素具有巨大的关联性。因此，地理标志产品反映了某一特定地域的环境特征，它是特定地域范围下自然环境与历史人文环境共同造就的产物。所以从这个角度来说，这种地域环境特征所赋予的产品质量与声誉不能由某一个体或某个企业或生产者所独占，它应由该地域范围内符合条件的一些企业或某些集体组织所共用。因此，从地理标志产品作为一种集体权益的角度来看，地理标志产品属于一种公共资源，它具有公权力的属性，因此它可纳入公共管理的范畴内。

在我国当前的地理标志保护制度中，由于申报渠道与保护主体的不同，形成了三个部门差异化的不同保护方式。在对地理标志产品的保护过程中，因三个部门差异性所形成的不同保护制度，形成与构成了各自差异化的公共管理主体。从宏观层面上看，国家质检总局依据《地理标志产品保护规定》对地理标志产品保护工作进行管理，以产品质量法和标准化法进行制度推进，各省质量技术监督局依照职能开展相关地理标志产品保护工作。在国家工商系统，工商总局依据《商标法》中的证明商标管理规定，根据申请人提交材料进行证明商标注册登记管理，主要进行商品流通领域的管理。在农业部地理标志系统，依据《农产品地理标志管理办法》对农产品地理标志进行统一管理，并负责其登记保护工作。

在地方层面上看，在质检系统中，各省质量技术监督局、各地方政府及各地市场监督管理局，或具有市场监管能力的政府机关或单位（如专门成立的特色产业办公室、产业发展中心等)、有关行业协会和合作社等都可以作为地理标志公共管理的主体。根据《地理标志产品保护规定》中的明确规定:"各地质检机构对地理标志产品的产地范围,产品名称,原材料,生产技术工艺,质量特色、质量等级、数量、包装、标识,产品专用标志的印刷、发放、数量、使用情况,产品生产环境、生产设备,产品的标准符合性等方面进行日常监督管理。"[①] 同时,各具有市场监管能力的政府机关及单位可依照相关的地理标志产品管理办法对所获批的地理标志产品进行监督与管理,各作为申报主体的协会、合作社等将依据有关的行业标准或章程制度对具体获保护的地理标志产品进行相应的监督与保护。在工商系统中,各地方政府、工商部门及行业协会等具有对所申请的地理标志具有公共管理的权力。在农业部系统中,省级人民政府农业行政主管部门与各县级人民政府农业行政主管部门,政府出具正式文件确认的协会、合作社等都可作为农产品地理标志的公共管理主体。经确认的农民专业合作经济组织、行业协会等组织"具有监督和管理农产品地理标志及其产品的能力,具有为地理标志农产品生产、加工、营销提供指导服务的能力"。[②] "县级以上地方人民政府农业行政主管部门应当将农产品地理标志保护和利用纳入本地区的农业和农村经济发展规划,并在政策、资金等方面予以支持"。[③]

对省级地理标志保护工作,对地理标志产品保护具有公共管理权力的主体也是混合多样的。既有省级人民政府及其直属行政管理机构(如省知识产权局、省科技厅、省质监局、省农委、省工商),各地方人民政府、各地市场监督管理局、各地农业行政主管部门,或具有市场监督与管理能力的政府机关及单位(如专门成立的特色产业办公室、产业发展中心等),也有相应的合作社、协会等第三方形式的存在。但每一主体的层级与具有的权力是具有差异性的,因此它们各自的所具体执行的公共管理内容是不同的。也就是说,每一种形式的公共管理主体因其层级与权力内容的差异性其所将承担

---

① 国家质检总局第78号令《地理标志产品保护规定》中,"保护和监督"第二十二条。
② 农业部《农产品地理标志管理办法》第二章"登记"中,第八条规定。
③ 农业部《农产品地理标志管理办法》第一章"总则"中,第六条规定。

与履行不同的具体公共管理职能。但是，该公共管理主体混合的多元形式，在地理标志产品具体的权利实施与监督过程中，存在着权利主体与监督管理的冲突。根据现行有关的法律规定与法律理论，在针对某一权利保护的过程中，权利主体与权利对象是严格区分的，其内容是不同的，其所具有的权利与义务也是不相等的。但是，在这种公共管理主体混合多元的形式中，一些作为地理标志申报主体的机关或组织，其在地理标志产品保护的过程中，既是保护的主体同时又作为监管的主体，也就是说，它既是运动员同时也是裁判员。在该管理保护过程中，易于造成公共管理权利主体与权利对象的混淆，不利于地理标志产品的保护与监管。

二 地理标志公共政策主体与权利对象

从公共管理的角度来看，公共政策是经由具有公共权力的机关为解决公共问题，实现公共利益所制定或实施相应的规章、制度、措施或规划等。因此，公共政策的主体是具有公共权力的公共部门。在地理标志公共管理领域中，其公共管理主体中的一部分具有公共权力的政府组织形式的公共部门作为公共政策的主体，如政府或具有公共权力的行政机关及主管单位等。并不是所有的公共管理主体构成地理标志公共政策的主体，如协会、合作社等非政府组织形式的存在。协会、合作社等第三方形式的存在可作为地理标志公共管理的主体，但因其不具有公共权力因此不构成地理标志公共政策的主体，它们只是以相应的方面影响着地理标志公共政策的制定。而实现公共利益则是公共政策的价值取向与实现目的。从公共政策主体的角度来看，在贵州地理标志保护工作中，其公共政策的主体形式是混合多样且多元一体的。

从省级层面来说，省人民政府、省知识产权局、省科技厅、省质量技术监督局、省农委、省工商都是地理标志公共政策的推动主体。在具体的职能部门系统中，地理标志公共政策的主体形式设置也是不同的。在质检系统中，省质量技术监督局、各地方人民政府及各地市场监督管理局（现三家合一，统称为市场监督管理局），或各地具有市场监管能力的政府机关或单位（如专门成立的特色产业办公室、产业发展中心等），它们都可以作为地理标志公共政策制定的主体。每一主体由于层级与权力设置的不同，其具体履行不同的公共政策的制定、管理与服务职能。省质量技术监督局负责统一管理全省地理标志的申请、审核与监督管理工作，针对地理标志保护工作的一系列问题，制定并出台相应的关于全省地理标志保护的有关政策、措施或管理办法。如：制定促进全省地理标志申报与保护工作方面的政策与工作意见、推进地理标志产品标准化所制定的地方标准立项等措施，如贵州省质监局关于印发《贵州省地理标志产品保护示范区创建工作指导意见（试行）》的通知（黔质技监科〔2015〕80号）、省质监局关于印发《"十三五"期间重点培育的地理标志产品和示范区遴选名录》的通知、省质检局关于《贵州省质量品牌提升行动计划（2016）》等，都是地理标志公共政策。对促进地理标志保护工作的发展而言，政府可制定相应的促进地理标志产业发展及公共区域品牌建设的公共政策与发展措施，或制定有关地理标志发展方面的一些优惠政策等；各地市场监督管理局主要统一负责各市（州）或各县的地理标志产品申报与管理工作。为有效挖掘辖区内的地理标志产品资源，制定有关地理标志产品资源调查的工作方案。或制定有关地理标志保护方面的相关政策或措施，如《地理标志产品保护管理办法》的出台与制定；而各地具有市场监管能力的政府机关或单位，如专门成立的特色产业办公室、产业发展中心等，将依据所制定与出台的公共政策对地理标志保护履行相关的监督与管理职能。在工商系统中，省工商及各地工商部门作为地理标志证明商标或集体商标注册申报的公共管理主体与政策主体。但是，由于现阶段各地大部门地区已经将工商局、质检局与食药监局三家合一，统一为市场监督管理局。所以各地区中的工商部门已并入市场监管局中。因此，省工商负责统筹和推动全省的地理标志证明商标注册登记工作。为有效促进全省地理标志商标的注册管理保护，省工商履行其公共管理职能，制定并推行有关的地理标志方面的保护措施与工作方案。在农业部系统中，省农委与各县级人民政府农业行政主管部门，政府出具正式文件确认的协会、合作社等都可作为省农产品地理标志的公共管理主体。省农委负责组织农产品地理标志的申报与管理工作。

地理标志申报主体以其作为地理标志公共政策的权利对象，在地理标志公共政策的制定中，影响着公共政策的制定。作为地理标志公共政策的主体，政府及有关行政部门及机关等公共部门负责制定相应的公共政策。而作为地理标志公共政策的权利对象，协会或合作社及公司与企业，它们作为地理标志的申报主体，虽不是公共政策的主体制定者，但是却共同参与到公共政策的制定中，并影响着地理标志公共政策的制定与实施。在质检系统中，贵州国家地理标志保护产品的申报主体既有合作社、协会，各地市场监督管理局或具有市场监管能力的政府机关或主管单位（如专门成立的特色产业办公室、产业发展中心等），或具体的企业与公司也都可作为申报的主体。以协会为主体的申请形式，如盘县火腿在申请国家地理标志产品保护的过程中，即是以盘县畜牧兽医学会作为申报主体；在六枝龙胆草国家地理标志产品的申请中，将六枝特区科学技术协会为申报主体；赤水晒醋国家地理标志产品保护的申请，是以赤水市醋业协会为申报主体申请的。以市质量技术监督局或各地市场监督管理局的申请主体形式，如遵义杜仲在申请国家地理标志产品保护的过程中，即是以遵义市质量技术监督局为申报主体的；威宁荞麦、大方冬荪国家地理标志产品保护的申请，是以威宁县市场监督管理局为申请主体的；普安四球茶与普安红茶国家地理标志产品保护的申请，是以普安县市场监督管理局为申报主体的；关岭火龙果、关岭桔梗也是以关岭县市场监督管理局为申报主体的。以具有市场监管能力的政府机关或主管单位为主体的形式，如开阳富硒茶国家地理标志产品保护的申请，即是以开阳县茶叶办公室为主体形式申请的；又如罗甸火龙果与罗甸玉的申请保护，分别是以罗甸县特色产业办公室与罗甸县玉石产业开发领导小组办公室为申请主体的；而落别樱桃是以六枝特区落别乡林业站为申报主体的；织金头花蓼与织金续断则是以织金县科技办作为其申报主体；水城黑山羊是以六盘水市畜牧技术推广站为申报主体的；赫章半夏是以赫章县中药材办公室为申报主体的。以公司与企业为申请主体的形式，如在南盘江黄牛申请国家地理标志产品保护中，是以贵州省八环实业有限公司为申报主体的；贵定益肝草凉茶国家地理标志产品保护的申请，是以贵州苗姑娘食品有限责任公司为申报主体的。

在工商系统中，地理标志证明商标主要是以行业协会或其他组织的形式为其申报主体的。以协会为主体的形式，如遵义红（茶）地理标志证明商标的申请主体是贵州省湄潭县茶业协会；威宁洋芋地理标志商标的申请主体是威宁县马铃薯协会；威宁荞酥的申请主体是威宁县荞酥协会；玉屏箫笛的申请主体是玉屏侗族自治县箫笛行业协会；余庆苦丁茶的申请主体是余庆县茶叶行业商会；郎岱酱的申请主体是六枝特区郎岱酱业协会。其他组织形式的申报主体形式，如遵义朝天椒的申请主体是遵义县辣椒产业办公室；思南黄牛的申请主体是思南县畜禽品种改良站；沿河沙子空心李的申请主体是沿河土家族自治县经济作物工作站；荔波蜜柚的申请主体是荔波县果蔬蔬菜管理站；施秉太子参的申请主体是施秉县农业科学研究所；平坝灰鹅的申请主体是平坝县畜禽改良站。

在农业部系统中，贵州农产品地理标志的申请登记主要是以各地农业行政主管部门或协会为申报主体。以各地农业行政主管部门为申报主体的形式，如罗甸脐橙的申报主体是罗甸县果茶产业发展办公室；铜仁珍珠花生的申报主体是铜仁市农业技术推广站；黔北麻羊的申报主体是遵义市畜禽品种改良站；牛场辣椒的申报主体是六枝特区经济作物站；花溪辣椒的申报主体是贵阳市花溪区生产力促进中心；永乐艳红桃的申报主体是贵阳生产力促进中心南明分中心；安顺山药的申报主体是安顺市西秀区蔬菜果树技术推广站；安顺金刺梨的申报主体是安顺市农业技术推广站；关岭牛的申报主体是关岭布依族苗族自治县草地畜牧业发展中心。以协会为申报主体的形式，如凤冈锌硒茶的申报主体是凤冈县茶叶协会；湄潭翠芽的申报主体是贵州省湄潭县茶业协会；从江香猪的申报主体是从江县畜牧兽医协会；贵定盘江酥李的申报主体是贵定县酥李协会；盘县核桃的申报主体是盘县康之源核桃种植农民专业合作社；大方皱椒的申报主体是贵州举利现代农业专业合作社；金沙贡茶的申报主体是金沙县农业技术推广站。

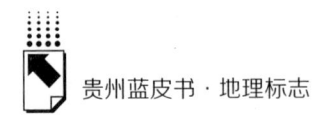

三 从地理标志的属性分析地理标志公共政策的制定

地理标志产品保护是对产品名称许可与品质特色进行保护的一种有效方式。首先，地理标志产品是一种地域形成，它是地域关联性下的优质产品。地理标志产品与产地地域环境之间具有重要的关联性，而此种关联性塑造了地理标志产品独特的品质特点。如都匀毛尖茶和湄潭翠芽，人们看到此种产品名称的同时，首先想到的是在都匀或遵义湄潭这个地域下生产的产品，它们与都匀或湄潭这个地理特征下的独特的生态环境条件具有密切的关联性。而此种关联性造就了都匀毛尖茶或湄潭翠芽独特的品质特点。其次，地理标志产品是一种历史形成。它是经过长期历史不断发展与沉淀下来的产物，是人民在长期历史时间中不断传承下来的一种历史性产品。如清真黄粑、兴义饵块粑、凯里红酸汤，这些地理标志产品是在长期的历史发展过程中，经过历史沉淀逐渐保留下来一些独特的加工工艺和制作方法。其独特而具悠久历史的制作方式，塑造了清真黄粑、兴义饵块粑、凯里红酸汤独特的品质特色。

地理标志作为一定区域范围下的原产地产品，通过"地名+产品名"的表达方式，对地理标志产品的名称进行了规范性的表达。而此种规范性的表达形式在描述产品名称的同时，强调了地理标志产品的原产地。以生产地命名的地理标志产品更容易获得市场的识别与认可，能够凸显地理标志产品的产地优势，从而体现地理标志产品的品质特点。因此，贵州省人民政府及贵州各地方人民政府与各地的市场监督管理局等公共部门应制定专门的有关产地环境保护方面的政策与措施，实施保护范围产地环境的保护工作。通过制定有关产地环境保护方面的政策与措施，对地理标志产品的地域范围、立地条件、原材料获取方式、种植采收及生产加工等涉及产地环境保护的相关内容进行严格的控制与保护。通过对地理标志产品与地域环境下的海拔、日照、气温、降雨量、水质条件、土壤类型、pH值、有机值含量、土层厚度等因素的综合分析，有效制定出保护产地环境方面的公共政策。既能通过所制定的公共政策有效地促进地理标志产品产地环境的保护，又能有效地通过产地环境的保护来有效保障地理标志产品的独特性。实现"产地环境保护—生态恢复—地力上升—产品品质保障与突出—按照产地环境要求生产—实现生态环境保护"的有效绿色发展循环。

地理标志产品作为一种文化产品，应加大有关文化方面的公共政策的制定与完善。作为一种文化产品，其独特品质与该地域下的历史人文因素具有巨大的关联性，它是经过长期历史过程沉淀的产物，具有丰富的文化内涵，是一种具有悠久历史文化的产品。因此，为有效保证地理标志产品与该种地域环境下文化因素的关联性，政府及有关公共部门应制定有关涉及产品内涵文化方面的公共政策，以保护此种文化的独特性。同时，为弘扬与宣传地理标志产品背后所蕴含的独特的历史文化，应通过有关文化宣传的公共政策以促进此种历史文化的保护与宣传。地理标志产品作为一种绿色产品和生态产品，应专门地对有关产地的污染控制、重金属控制及农药残留控制等方面出台相应的专门的公共管理政策与措施。地理标志产品还是一种生态产品。通过相关标准或管理措施，对产地环境、生产加工、污染控制等方面严格按照生态系统的承载量进行合理的控制与监管，能够有效保护遗传性资源与生物多样性，实现生态效益。在地理标志产地范围内，对涉及污染产地环境的，且对地力上升造成严重破坏的，可根据制定相应的公共管理政策进行严格的管理与惩处，并进行污染治理。对重金属控制，农药残留控制等方面做出相应的规定与要求。以通过产地污染控制、重金属控制及农药残留控制等方面的公共管理政策与措施，促进产地生态环境的保护。

地理标志产品作为一种品牌产品，地方政府应制定《地理标志产品产业发展规划》及《公共区域品牌建立及激励机制与办法》等方面促进产业发展及公共区域品牌建设的公共政策与发展措施。通过《地理标志产品产业发展规划》整合资源，调整产业结构，实现产业优化升级，促进地理标志产品产业规模化、产业化发展。并在此基础上推动产业集群，实现产业发展的规模效应。而通过《公共区域品牌建立及激励机制与办法》则可以有效地促进区域内公共区域品牌的形成，推动区域内公共区域品牌建设的积极性。可以针对区域内获保护的地理标志产品，省质量技术监督局或各地市场监督管理局应制定并出台省级的《地理标志产品保护管理办法》或各地方具体的《×××地区地理标志产品保护管理办法》。

《地理标志产品保护管理办法》涉及已获批保护的地理标志产品的名称保护、产地范围划定、种植技术或生产技术要求、监管主体的明确及主体职能、专用标志的使用等方面的内容，而获保护的地理标志产品的生产者或合作社、协会、企业等应严格遵守该管理办法。《地理标志产品保护管理办法》的出台，对全省地理标志产品后续的一系列监督与管理起到重要的作用。对保障地理标志产品的品质与特色，促进地理标志产品专用标志的申请、使用和管理，规范地理标志产品的生产经营与市场秩序，推动地理标志产品与产业及地域经济的发展具有重要的意义。

四　地理标志公共政策助推地理标志保护与发展

指导、统筹与政策导向的作用。通过省人民政府办公厅《关于加强农特产品地理标志工作　大力促进贵州省农特经济发展的意见》（黔府办发〔2009〕2号）、省知识产权局、省农委、省工商局、省质量技术监督局等5部门出台的《贵州省农特产品地理标志管理工作指导意见》（黔知发〔2009〕42号）及各地方公共部门所制定并出台的《地理标志产品保护管理办法》等公共政策。依据所制定的地理标志公共政策对贵州地理标志的申请与保护起到重要的指导、统筹与导向作用，有利于指导并有效统筹贵州地理标志的申请与保护工作，有效指导地理标志的监督与管理，促进贵州地理标志工作持续、有效与健康地发展。

促进贵州地理标志产品质量的保证与提高。通过贵州地理标志产品省级地方标准的制定或其他相关标准体系的建立等公共政策，以标准化手段对地理标志产品的有关标准进行了相关规定，有利于保障贵州地理标志产品资源的质量品质，维护与提升贵州地理标志产品的品质特色。

推进贵州地理标志产品公共区域品牌的建设。在地理标志产品质量保护的背后，产品依据一系列的地理标志公共政策，通过标准、技术规程及质量控制来保障产品的质量，从而更好地促进贵州地理标志产品品牌的保护。在质量保障的前提下，有利于增加贵州地理标志产品的知名度、认可度与美誉度，促进贵州公共区域品牌的形成。同时，通过公共政策中规定的禁止使用与专用标志相近、易产生误解的名称、标示内容以及可能误导消费者的文字或图案标志。通过地理标志产品专用标志公共政策的管理，可以有效促进地理标志产品公共区域品牌的保护。此外，通过贵州有关公共部门出台的《公共区域品牌建立及激励机制与办法》则可以有效地促进贵州区域内公共区域品牌的形成，推动区域内公共区域品牌建设的积极性。

有效带动贵州地理标志产业的发展。根据省知识产权局的《贵州省地理标志产品产业化促进工程项目管理暂行办法》与各地政府等公共部门制定的《地理标志产品产业发展规划》及相关的促进地理标志产业发展的优惠政策，有利于推动地理标志产业的发展。推动贵州区域经济与社会的快速发展，贵州拥有丰富而极具价值的地理标志资源群，地理标志产品蕴含巨大的经济价值与社会价值。通过贵州地理标志公共政策的制定、指导与规划，能够有效统筹全省地理标志资源，在贵州省众多的地理标志产品中脱颖而出一批具有国内竞争力与国际竞争力的地理标志品牌产品，促进贵州省特色产品及特色产业标准化、规模化与产业化发展，有效带动区域经济快速发展，振兴贵州省农业经济。同时，通过加大对贵州地理标志的文化方面公共政策的制定与完善，可以有效让这些地理标志产品带着贵州丰富而灿烂的民族文化与传统文化走出贵州，增强贵州文化影响力，推动贵州区域经济与社会的快速发展。

促进贵州转型发展，有利于贵州生态环境的改善，实现生态效益。通过有关产地环境保护方面的公共政策与措施，对贵州所获地理标志产品保护的地域范围、立地条件、原材料获取方式、种植采收及生产加工、产地污染控制、重金属控制及农药残留控制等涉及产地环境保护的相关内容进行严格的控制与保护。通过这些保护产地环境的公共政策制定，有利于促进贵州地理标志产品产地环境的保护，有效改善贵州生态环境，实现生态效益。在生态文明建设的今天，通过地理标志公共政策让贵州地理标志做到"守住发展和生态两条底线"，做到在发展中保护，在保护中发展。通过产地环境等方面的公共政策制定，严格守住生态红线，实现"既要金山银山，又要绿水青山，让绿水青山带来金山银山"，有效推动贵州转型发展，实现经济效益、社会效益与生态效益的可持续性发展。

B.12
贵州地理标志公共技术研究

许鹿[*]

摘　要： 贵州地理标志公共技术是贵州地理标志公共管理的重要内容，主要包括公共检测技术、公共技术标准和公共技术创新等方面。其中，公共检测技术为贵州地理标志产品的质量特色提供科学而合理的数据支撑；公共技术标准为产品标准化、产业化、规范化生产提供具体标准与指标规定；公共检测技术和公共技术标准在地理标志公共技术的应用实践过程中，促进公共技术的创新运用。贵州地理标志公共检测技术、公共技术标准与公共技术创新的不断完善和发展有利于实现对贵州地理标志产品最大限度的保护，是推进贵州地理标志事业发展的实践动力。

关键词： 地理标志　公共技术　技术标准

一　贵州地理标志公共技术体系

贵州地理标志公共技术体系主要包括公共检测技术、公共技术标准、公共技术创新三个主要方面的内容。近几年来，通过地理标志工作的不断推进，贵州地理标志事业实现了飞速发展。但贵州地理标志事业不能只停留在对新资源的挖掘与申报阶段，若对已获批的地理标志产品不加以科学有效的管理，会造成一个个民族精品与特色资源逐渐消失，地理标志产品的价值也

---

[*] 许鹿，贵州大学公共管理学院副院长、教授。

没有发挥其更大效应。通过地理标志公共检测技术、公共技术标准、公共技术创新三个主要方面内容的构建，能有效完善贵州的地理标志公共技术平台，保障地理标志产品的质量与声誉，推动贵州地理标志保护与发展。

在地理标志公共技术体系中，公共检测技术、公共技术标准、公共技术创新三者之间存在着密切的联系。首先，公共检测技术是贵州地理标志公共技术的数据依据，是贵州地理标志事业的科技支撑，一个地理标志产品的某些感官特征可通过公共检测技术所得数据向外界做出科学解释，是对产品品质的科学验证。其次，公共技术标准是贵州地理标志公共技术的核心内容，其通过产品地方标准或相应标准体系的制定，规范和控制了产品的各项特征指标，是评判一个地理标志产品优质与否的依据。再次，公共技术的创新是在公共技术实践应用中，针对存在于阻碍保护贵州地理标志发展而做出的某些解决方案或变更等情况而逐渐产生的。公共技术的创新是为了公共技术更好的应用，更是在保护贵州地理标志产品的前提下，适当融入市场所需元素来让更多消费者接受和认可。最后，公共检测技术提供检测结果，产品检测数据通过与公共技术标准的规定数值来做出产品品质高低的科学判断，公共检测技术和公共技术标准是对贵州地理标志公共技术的应用；在公共检测技术平台中，检测方法朝着更简捷、更高效的方向发展等新情况的出现；公共技术标准在执行中与产品发展出现冲突时，出现对标准的更改等新问题的产生，都涉及公共技术的创新。因此，不论是公共检测技术还是公共技术标准的发展，都是公共技术不断的应用和创新，是为了保护贵州地理标志产品的优良品质，推动民族特色产品及产业发展的不断壮大。

二 贵州地理标志公共技术对贵州地理标志保护的重要性

（一）地理标志公共检测技术依据提供地理标志保护的数据支撑

贵州地理标志公共检测技术对地理标志保护起着重要的作用。一是，贵州地理标志保护事业的发展离不开公共检测技术。目前，我国地理标志产品可通过国家质检总局批准的国家地理标志产品、工商总局批准的地理标志证明商标和农业部批准的农产品地理标志三种途径获得。三种途径获得的地理标志产品在申报过程中都必须提供具有检测资质证明或经指定检测机构所出示的检测报告，如：国家质检总局申报的地理标志产品，需要用经检测机构检测的理化指标数据对申报产品的感官特色描述进行验证；工商总局申报的证明商标在申报过程中，申报主体需要出示具有检测资质的检测部门证明材料；农业部地理标志产品在申报过程中需要提供指定检测机构的内在品质指标数据支撑外在感官特征。二是，在科技社会发展的今天，只有通过科技检测的数据来检验一个产品的品质或特色，才能鉴定产品的品质。换句话说，一个产品，虽然拥有较为特殊的生长环境和悠久的人文历史，具有很高的知名度，但是想要被外界认可，只有通过检测指标来说话，产品品质或特色好坏只要通过检测数据值的大小便可直观判断。三是，产品品牌建设、地理标志示范区建设等地理标志工作的长远发展都需要长期提供公共检测技术支持。在产品生产加工过程中，需要公共检测技术提供检测数据支撑其生产或加工。如：产品销售前需要对产品进行出厂检验；制定产品相关标准时需要对产品检测指标进行批次指标验证；产品若为加工类产品，则需要对原材料进行检验，判断是否符合生产标准等。

（二）地理标志公共技术标准根据标准制定与实施是地理标志保护的质量保障

近年来，为响应农业部发布的《特色农产品区域布局规划（2006~2015）》，结合贵州省发展农产品所具有的得天独厚的优势，贵州省政府大力发展特色农产品。一些政府通过将当地特色农产品申报获批为地理标志产品的途径实现产品及产业发展，进而达到发展当地经济的目的。而伴随着产品产业的扩大发展，则会出现一些滥竽充数的次品冒充真正的地理标志产品，造成地理标志产品品质的整体下滑。一个优质产品自获得地理标志产品保护后，当地政府将更加重视地理标志产品产业规范化生产、规模化发展、产品品牌逐步形成等产业发展的后续工作，而这一切工作的展开将以产品省级地方标准的建立为基准。贵州地理标志公共技术标准是通过建立产品的地方标准和其相关的标准体系的方式来对产品品质特色进行了指标确定，实现硬性规定，具有法律执行、约束能力，是打击假冒伪劣产品的依据。贵州地理标志公共技术标准中的各标准间应相辅相成，具有科学合理性、可操作性强等特点，是对产品从种植、养殖技术、原料要求到出厂前包装、运输和贮存的整个循环中各环节的技术把握和专业控制，严格把控着产品的品质特色和质量保障。标准体系建立意义在于为地理标志产品的生产、销售、检验和质量保证提供了技术支撑，以规范化的地方标准进一步有效地促进了地理标志产品的保护与开发，促进优质产品朝着标准化、规范化生产；推进产品品牌建立、示范区建立，实现贵州地理标志可持续发展。因此，贵州地理标志公共技术标准工作的开展和不断完善对贵州地理标志事业发展具有重要的作用。

（三）地理标志公共技术创新通过技术的不断创新、变更与完善推动地理标志保护与发展

众所周知，贵州地处云贵高原，是喀斯特地貌代表地，素有"八山一水一分田"之称，具有得天独厚的自然资源；同时贵州是一个"多彩的贵州"，贵州是一个多民族聚集之地，具有丰富的人文历史。因此，贵州发掘的地理标志产品可以说是民族传统精品的代表。贵州地理标志开发的目的不是"靠山吃山，靠水吃水"的一成不变、按部就班，最后造成产业发展逐渐衰落直至消失，贵州地理标志公共技术创新就在这样的背景下产生了。茅台酒地理标志产品的国家标准的制定及更新过程就是一个贵州地理标志公共技术创新的代表性案例。2001年3月19日，茅台酒经国家质检总局批准为地理标志产品，2001年4月19日，国家质检总局批准《茅台酒（贵州茅台酒）》（标准标号为GB 18356-2001），国家标准的制定和实施，对茅台酒从原料要求、酿造环境、传统工艺要求等方面对茅台酒的整个酿造过程进行了规定，而随着茅台酒产品产业的发展现状不能适应所制定的国家级标准。因此，2007年9

月19日，茅台酒在原有标准基础上进行了产品标准的更新——《地理标志产品贵州茅台酒》（标准标号为 GB/T 18356 - 2007），该标准的更新对茅台酒产品产业今后的发展有着重要的作用。贵州地理标志公共技术的创新是贵州地理标志公共技术应用实践中，产品与当今社会需求相结合的产物，存在有利于产品种类扩展、更容易被消费者接纳等优势，是贵州地理标志公共技术的再次应用，是贵州地理标志长远发展中不可或缺的一个步骤。

三 贵州地理标志公共技术的发展现状

（一）贵州地理标志公共检测技术现状

在地理标志产品公共检测技术中，目前贵州对产品理化指标具有检测能力的部门有：贵州省产品质量监督检验院、贵州省农产品质量安全监督检验测试中心、贵阳中医学院、贵州医科大学、贵州师范大学等机构，根据申报产品类别、所检测指标差异不同而选择合适的检测机构，这几类检测机构具有较为先进的检测仪器，可对产品的指标进行比较完善的检测。但是，由于较为垄断的检测机构现象，造成检测费用较高、排队时间较长等问题。同时，贵州地理标志产品申报途径中，需要申报主体提供具有检测资质的检测部门证明材料，一般申报主体多为合作社、乡或镇级政府、镇或县级事业单位，对于发展较为落后的贵州来说，需要合作社、乡或镇级政府提供检测机构较为困难，镇或县级事业单位可具备检测资格，如县级农产品质监站、龙头企业具备少量检测设备，但受行政级别限制，其所具备的检测仪器设备可能屈指可数。除此之外，受检测条件限制，有些指标需要送到外省指定检测机构进行检测。总体来看，贵州地理标志发展中公共检测技术仍存在一些问题。不管是公共检测部门的仪器投入比例、覆盖面积还是公共检测技术人才配用等方面都存在着一定的缺陷与不足。这些问题需要政府及相关单位加以重视，通过出台一些政策等手段达到提升贵州省公共检测技术水平。

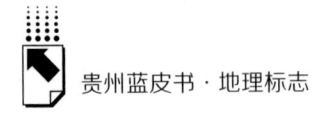

（二）贵州地理标公共技术标准现状

贵州地理标志公共技术标准主要分为产品地方标准的制定和以产品地方标准为制定基础的产品标准体系。在国家地理标志产品保护中，地理标志公共技术标准是一个不断转化、规范的过程。贵州国家地理标志产品地方标准制定需要经过申请人在原有专用标准或技术规范的基础上，以国家质检总局发布的批准公告中的"质量技术要求"为契机，根据不同地点抽样批量检测数据进行合理分析，最终完成制定，主要包括产品的术语和定义、地理标志产品保护范围、自然环境、要求、试验方法、检验规则、标识、包装、运输和贮存要求等几个方面进行规定，实现产品品质、特色的保护。为积极建立和完善地理标志产品标准体系，以种植类产品为例，以已制定的地理标志产品省级地方标准为依据，逐步建立产品种植技术标准、采收标准、产地环境标准、包装标准、运输标准、贮藏标准等在内的标准体系。在标准体系建立和完善过程中，考虑到标准的制定成本和周期，各标准的表现形式可以出现多样化，可以以行业标准、企业标准、县级地方标准等形式出现，并不拘泥于省级地方标准一种形式，有效控制标准体系建立成本及周期。现今，贵州已制定发布的地理标志公共技术标准有：《地理标志产品　正安白茶》、《地理标志产品　盘县火腿》、《地理标准产品　岩脚面》、《地理标志产品　惠水黑糯米酒》、《地理标志产品　习酒》、《地理标志产品　罗甸火龙果》、《地理标志产品　红岩葡萄》、《地理标志产品　兴仁薏（苡）仁米》、《地理标志产品　朵贝茶》、《地理标志产品　水城春茶》、《地理标志产品　六盘水苦荞茶》等多个地理标志产品省级地方标准。

目前，大多数贵州地理标志产品在获得保护后，都会相继展开地方标准制定的手段来保护产品，已形成了较成熟的制定地方标准保护产品的意识，体现了贵州地理标志公共技术标准工作的实践能力。而对于以产品地方标准为基础建立的产品标准体系的建立方面的工作，进展得比较缓慢。造成原因可能是：一方面是由于地方政府缺乏制定产品标准体系的意识；另一方面是由于地方政府有制定产品标准体系的意识，但是由于产品地方标准的制定过程较严谨、复杂，导致制定周期较长，延后了产品标准体系的制定。

（三）贵州地理标公共技术创新现状

贵州地理标志公共技术的创新工作主要分为两个方面：其一是产品本身的创新；其二是公共技术的创新。对于产品本身的创新是一种产业针对市场进行的创新行为，在这个日新月异、快速发展的社会里，随着当代人们生活水平的提高，对物质的要求也越来越高，一个优质产品若想要长久发展，应找到社会发展趋势与产品特色之间的平衡点，在承受更多考验和适当创新后，以更多面的形势呈现在消费者面前，被更多消费者喜爱及认可。对于公共技术的创新的形成是受多方面的因素影响，如：公共检测技术中检测方法、检测仪器的变化；所制作的公共技术标准不再适应产品产业发展而做出的适当改变等。就贵州地理标志事业发展现状来说，公共技术创新意识还未全面形成，相关工作也开展得较少，其创新渠道也是多方面的，但最终要得到如专利等具有法律效益的保护，才能使公共技术创新实现其价值。贵州地理标志公共技术创新的目的是使产品获得最大限度保护的同时适当扩大产业发展。因此，贵州地理标志公共技术创新是一个需要长期磨合的过程。

四　贵州地理标志公共技术发展对策建议

（一）完善贵州地理标志公共检测技术与检测平台

由于公共检测技术的具备对贵州地理标志发展有很大作用，而根据贵州地理标志发展中公共检测技术的现状来看，贵州省地理标志发展中公共检测技术仍需要进一步发展。主要通过以下方面来加以推进：一是政府方面。政府出台政策加大对公共检测技术的投入来购买一些必要仪器，实现公共检测能力的提升；支持并鼓励第三方检测机构的构建并发展，提供多种公共检测渠道，也就是说，只要第三方检测机构具备相同检测条件便可获得与检测部门相同的竞争检测机会；对于省级一些检测单位加大大型仪器的购买力度，实现一些较有特色的地理标志产品特定指标检测的有求必应。二是企业方面。企业需要加强公共检测意识，企业能够逐步理解公共检测技术对于产品品质或特色的公正判断的重要性，使公共检测技术能够真正深入企业的生产加工过程；对一些龙头企业，做好思想工作，提升其在购买能力范围内，购买一些检测设备，实行自我检测，有效提升产品送外单位检测的效率并降低检测成本。三是政府和企业双方共同协调。政府和企业分别引进相关检测专业人才，提升公共检测技术的操作实力；加强公共检测技术人才培训力度和福利保障制度；这样有效提高公共技术人员整体操作水平，同时通过良好的福利保障制度能够促使更多人才走向基层的美好景象。希望通过政府和企业两方面的共同努力，公共检测部门的仪器投入比例在原有的基数上有所加重；所涉及检测仪器应更全面；检测仪器和人才覆盖面积更广，提升并完善公共检测技术的发展，公共检测技术成为公共技术标准的有力执行者，为产品标准化生产提供硬件服务。

（二）推动贵州地理标志公共技术标准体系的建立

产品省级地方标准作为一把衡量产品合格与否的尺子，关系产品产业发展整体质量、品质高低，而产品地方标准基础上制定的产品相关标准体系，是产品从生产到出厂的质量上的严格把控，是对地理标志产品产业发展更全面、更规范的管理。因此，贵州地理标志公共技术标准工作具有重要作用，应得到政府高度重视。为更快实现贵州地理标志产品及产业标准化生产和规模化发展，政府应该加大对公共技术标准的管理强度。目前，一个地理标志产品省级地方标准的制定，需要经过标准立项、挂网征求专家意见等好几个步骤，前后花费至少大半年的时间，而各地理标志产品均有各自的特色存在着，制定团体标准并不能突出其产品的特点。因此，解决方案主要从地方标准申报方和政府及相关机构等两个版块，针对产品地方标准申报方来说，应提高产品地方标准编制效率，可以通过增加标准相关专业高校毕业生人才引进政策，或是加大产品地方标准制定专家人员相关培训的投入等方式；政府及相关机构可以出台一些在保证标准制定法律地位的同时相应简化程序的政策，有效提高产品地方标准及相应标准体系的制定效率。

（三）促进贵州地理标志公共技术的不断创新与运用

贵州地理标志产品代表着当地优势资源，其品质特色是毋庸置疑的。当前，贵州地理标志产品数量正实现快速增长，但却面临着在市场竞争中处于不利地位的现实问题，因此，贵州地理标志公共技术创新工作的开展刻不容缓。贵州地理标志公共技术创新以最大限度保护产品品质为原则，以适应市场需求为出发点，达到产品种类合理增加，得到更多消费者认可，最终实现提升产品市场竞争力的目的。为有效推进贵州地理标志公共技术创新该工作的顺利进展，其一是政府出台相应政策以支持该项工作，定向培养一定设计类等创新意识强的专业人才参与到该项工作中；其二是作为产品所在地的人民、企业间发散思维，结合市场需求进行产品品种增多等合理改善；其三是加强创新方案保护意识，特别是专利申请创新保护意识，在我国专利申请意识较薄弱，对于创新需要用法律途径进行保护，可通过组织专利申请知识培训等方法，增强专利申请意识。

B.13
贵州地理标志公共服务研究

段忠贤[*]

摘　要： 地理标志作为一种集体权益表现形式，它具有公权力的属性。根据公共服务与地理标志的自身特性，它们二者之间具有紧密联系，公共服务与地理标志的有机融合有利于推动地理标志的发展。地理标志公共服务主要通过监督管理、职能协调、检测体系建设、技术人才培训、信息化服务管理等内容以促进地理标志产品保护及产业的发展。公共服务体系的建立与完善，对贵州地理标志产品与产业及地域经济的发展起着重要的推动作用，更有利于发挥出地理标志品牌的溢出效应。

关键词： 贵州省　地理标志　公共服务

一　地理标志公共管理

地理标志是产于某一特定地理区域内的产品，该产品质量相对其他产区的同类产品具有特有的品质，其特有的品质与当地的地理环境及人文因素具有很强的关联性，因该产品特有的品质使其在市场具有较高的辨识度及知名度。所以从这个角度来说，这种地域环境特征所赋予的产品质量与声誉不能由某一个体或某个企业或生产者所独占，它应由该地域范围内符合条件的一些企业或某些集体组织所共用。因此，从地理标志产品作为一种集体权益的

---

[*] 段忠贤，贵州大学公共管理学院副教授。

角度来看，地理标志产品属于一种公共资源，它具有公权力的属性。根据公共服务及地理标志的自身特性，它们具有一定的共同点，公共服务与地理标志的有机融合有利于公共服务领域的拓展及推动地理标志的发展。地理标志产品的保护对象虽然最终形态为产品，但其特有品质的形成与多种因素有关，例如产品的生产地理环境、栽培技术、养殖技术、加工技术、产品检测等，且地理标志产品的品牌打造也需要项目的支撑、品牌宣传、标识管理等。故地理标志产业的建立与发展也是一个标准化、体系化的过程。同时，地理标志产品的保护本身就是一种公权力的保护，其在公共生产过程中具有维护市场秩序、提供公共就业岗位、加快公共基础设施建设、加强公共环境保护等作用。通过地理标志产品的成果转化对改善民生、缩小地区间和群体间的发展差距，让发展的成果惠及全民具有重要的作用。而这些效益与作用的实现都需要地理标志公共服务的大量参与及协作。

二 地理标志公共服务主体与职能

以贵州为例，全省于2000年开始进行地理标志申报工作，截至2016年已成功申报地理标志产品160件，随着地理标志产品的增多，贵州省的地理标志产业逐渐扩大，当地各级政府也越来越重视对该产业的引导、扶持、管理及服务，加之我国提出着力打造服务型政府的方针，对于地理标志产业的管理及服务也急需提升及转变工作模式，以适应新形势下地理标志的发展。在我国当前的地理标志保护制度中，由于申报渠道与保护主体的不同，主要有国家质量监督检验检疫总局批准的国家地理标志产品，农业部批准的农产品地理标志产品，国家工商行政管理总局批准的地理标志证明商标，形成了三个部门差异化的不同保护方式。在对地理标志产品的保护过程中，因三个部门差异性所形成的不同保护制度形成与构成了各自差异性的公共服务主体。现对贵州省地理标志公共服务各部门机构及工作职能作如下介绍。

1. 人民政府

当地人民政府结合实际情况出台相应地理标志管理办法及申报地理标志

奖励机制；科学指导、分配、协调政府各部门履行各自职能与责任，推进区域内地理标志产品的保护与管理，促进地域范围内公共区域品牌的打造与建立。

2. 市场监督管理部门

负责组织地方地理标志产品及地理标志证明商标申报相关工作；配合当地政府编制地理标志管理办法；组织相关部门、企业、合作社等制定地理标志产品省级地方标准，包括标准立项申请、标准编制、标准评审及标准发布，对标准使用者进行监督管理；组织对已申报为国家地理标志产品的进行地理标志产品标示申请使用工作，包括产地认证、企业认证、标准确立、检验报告等，对标示使用进行监督管理；培育当地地理标志产品潜在资源；组织当地企业、合作社等机构进行地理标志相关知识及法律法规的培训工作；组织协调相关部门进行示范区建设工作。

3. 农业部门

负责组织当地农产品地理标志申报工作；配合当地政府编制地理标志管理办法；配合相关部门制定地理标志产品标准编制工作，包括省级、市级（州级）、县级及企业标准的编制；对当地企业、合作社、协会等机构的地理标志产品养殖、种植、加工的技术指导，组织相关机构进行技术培训；监督管理农产品地理标志标示使用；培育当地地理标志产品潜在资源。

4. 环保部门

负责地理标志产品生产环境监理和环境保护行政稽查；负责生态环境保护；负责环境监测、统计、信息工作；推动地理标志产品生产者参与环境保护。

5. 宣传部门

负责地理标志产品宣传工作，通过纸质媒体、电视媒体、互联网、新媒体等多种形式对当地地理标志产品进行宣传推广，增强当地地理标志产品知名度，促进地理标志产业发展。

6. 财政部门

严格把好地理标志相关资金的分配使用关，保证地理标志产业发展。

三 完善贵州地理标志公共服务内容

（一）监督管理

地理标志产品保护的最终形态作为产品，其必然要进入市场流通，进入市场流通需遵守市场准入机制。有关负责进行地理标志产品市场监督管理的机构，第一方面，需要对地理标志产品名称许可使用进行监督与管理。若发现使用者未规范使用或冒用地理标志产品许可名称的，将予以严格惩治与制止。第二方面，要严格规范地理标志产品生产过程中农用化学物质和添加剂等的使用，保证地理标志产品食品源头的卫生安全。严厉打击市场上的假种子、假化肥，以保证投入品的安全性。第三方面，要组织实施地理标志产品质量跟踪抽检工作，对地理标志产品的质量进行相关的检测抽样工作，对以次充好、以劣充优的不法行为将严厉查处整治。为有效保障地理标志产品的质量安全问题，对一些抽查不合格的产品及其生产企业做出相应惩处。第四方面，对产品的检验、包装、运输等方面进行严格的监管。第五方面。当在市场上发现或有人检举并经查实有使用与地理标志产品专用标志相似的，或使用容易导致消费者误认为地理标志产品名称的，或使用类似于地理标志产品且易造成消费者混淆的文字或图案及内容的，将针对这些情况进行严格的禁止。同时，对于地理标志产品专用标志的使用权，须经过有关部门的审核通过，才可获其使用权。否则，即使是在其产地保护范围内但未经获得批准的，也将不能使用该专用标志。通过监管部门实施的质量保护，严格规范了生产经营者的职责和行为规范，有力地保障了地理标志产品的生产与产品质量。

（二）职能协调

对于地理标志产品的管理服务与公共区域品牌的建设，需要各地政府、市场监管、农业、扶贫、发改委等部门及第三方机构检测、宣传、广告、技术培训等协调配合。地理标志产品的管理服务与公共区域品牌的建设需要在各地区政府及有关部门的领导下进行科学指导，各部门履行各自职能与责任相互配合，共同推进区域内地理标志产品的保护与管理，促进地域范围内公共区域品牌的打造与建立。

（三）检测体系建设

对地理标志产品质量特色的控制与保护，需要相应检测体系的建立。为保护地理标志产品独特的品质特点，必须通过检测体系，全面开展对地理标志产品品种和品质的普查与检测工作，通过对各地区生态条件和资源优势的监测分析，对地理标志产品的感官特性、理化指标中的一些重要指标进行检测、细化与规定，并制定与规定具体的检测指标，以在生产地理标志产品的过程中保障地理标志产品的质量。

（四）技术人才培训

通过组织地理标志产品保护方面的或指导农民生产技术方面的一些技术人员，进行加强培训，指导农民标准化生产。通过生产技术的培训，提高生产者及农民的生产技术，增强其技术的可操作性、科学性与合理性。通过地理标志保护方面的培训，转变人们发展观念与意识，增强地理标志保护的意识，促进地理标志产品的保护及品牌的建设。

（五）信息化服务管理

为有效促进地理标志产品的保护与公共区域品牌的建设，需要加强信息化服务管理。一方面，建立地理标志产品信息网，通过网站建设，对地理标志产品及产业、政府及有关部门的动态以新闻与信息的方式，为地理标志产品保护的有关内容提供信息服务。另一方面，建立地理标志产品质量安全可追溯系统。通过追溯系统的建立，让地理标志产品从农田到餐桌的整个过程信息透明，保障地理标志产品的质量，从而利于公共区域品牌的打造与建立。

四 结语

地理标志事业在近十几年的发展中取得了长足的进步，越来越向规范化、产业化及市场化靠拢，此过程中不乏公共服务对地理标志产业做出的巨大贡献。地理标志认证作为公共区域性品牌打造的载体，众多公共服务组织及机构的参与更有利于增强地理标志产业市场的活力，最大限度地发挥出地理标志品牌的溢出效应，我们也必须清楚地认识到地理标志产业的发展不是一朝一夕，配套的公共服务及设施也需要不断地完善及提升。

B.14
贵州地理标志产品保护示范区建设研究

钟 蕾[*]

摘　要： 地理标志产品保护示范区的形成是地理标志保护工作逐步发展成熟的产物。地理标志产品保护示范区的建设内容主要是通过完成示范区内服务保障体系、标准体系、检测体系、管理体系、宣传体系等的建立，达到示范区标准化、规模化、产业化生产，推动公共区域品牌的形成及建立，促进资源优势转化为发展优势，实现经济效益、社会效益与生态效益等示范效果。2015年9月，都匀毛尖茶国家级地理标志产品保护示范区的获批，开启了贵州省地理标志产品保护示范区事业的大门。"十三五"规划中，规定通过对十多个潜在示范区大力发展，将有效推动贵州省地理标志产品保护示范区事业走向新的高度。

关键词： 贵州省　地理标志产品保护示范区　公共区域品牌

根据国家质检总局发布的《国家地理标志产品示范区管理办法（试行稿）》，地理标志产品保护示范区是指"由国家质量监督检验检疫总局批准，在特定的产地范围内，政府牵头、各级质检部门和产地有关部门、生产企业

---

[*] 钟蕾，贵州省社科院地理标志研究中心助理研究员。

参与,共同对已批准实施保护的地理标志产品,推行标准体系建设,完善质量保证体系和检测体系,形成地理标志产品特有的发展模式,且对周边和其他地理标志产品的生产起示范带动作用的地理标志产品生产区域"。

为有效统筹地理标志保护工作,促进地理标志产品及产业发挥更好的效应,地理标志产品保护示范区是在某保护域范围内,以某一个、两个或多个获国家质检总局批准的国家地理标志产品为示范区保护产品,并经国家质检总局或产品所在省级质监局审批并验收,且通过示范区规划和建设以达到一定示范效果,最终对其他地理标志产品申报地理标志产品示范区起到一定的示范作用的地理标志产品生产区域。根据示范区保护审核单位级别的不同,可分为国家级地理标志产品保护示范区和省级地理标志产品保护示范区。根据示范区内产品保护个数的不同,可分为单个地理标志产品保护示范区和一定保护范围内的多个地理标志产品的区域保护示范区。

地理标志产品保护示范区的建设,将依据一定的示范区创建原则与有关的保障机制,通过服务保障体系、管理体系、标准体系及检测体系等主要工作内容的建设与完善,并在此基础上进行具体的任务与目标分解,将实现一定的示范区预期示范效果。地理标志产品保护示范区的建设,对保障产品质量品质,促进保护示范区内质量体系和标准体系及检测体系的建设,有效促进产业发展与公共区域品牌的打造具有重要的作用,有利于进一步推动区域经济快速发展,更好地实现经济效益、社会效益与生态效益。

一 国内地理标志产品保护示范区建设现状

2010年12月,国家质检总局发布《质检总局关于组织开展地理标志产品保护示范区试点工作的通知》(国质检科函〔2010〕1005号),此文的发布意味着示范区建设开启了新的航程,是示范区建设的重要依据;接着,国家质检总局出台了《国家地理标志产品示范区管理办法(试行稿)》。在《国家地理标志产品示范区管理办法(试行稿)》规定中,详细规定了地理标志产品保护示范区的内涵,示范区建立的原则和基本条件,目标和工作任务、管理及审批流程等内容。地理标志产品保护示范区的建设申报是一种自愿与自主行为，没有行政约束力，其申报与否取决于地理标志产品保护范围所在区域政府对地理标志工作的领悟程度和重视度。地理标志产品保护示范区的建立标志着我国地理标志事业的创新与发展，有利于产品产业链的做大做强、产品品牌的创建与打造，是农民拓宽增收渠道的实质之举，是推动当地经济、文化、旅游等产业发展的重要措施。

2011年6月，平谷大桃（北京）国家级地理标志产品保护示范区成功获得国家质检总局批准建设，成为国内首个国家级地理标志产品保护示范区。地理标志产品保护示范区工作受到质检总局的高度重视，截至2016年7月31日，国家质检总局批准了北京平谷、四川双流县、山东平度、辽宁辽中、浙江衢州、广西横县、广东新会、贵州都匀、四川郫县、四川蒲江县、湖南新晃等17个国家级地理标志产品保护示范区。

2013年，四川省率先在全国开展省级地理标志产品保护示范区工作，在省级地理标志产品保护示范区工作走在其他省份的前面。四川省质量技术监督局先后出台并制定了示范区申报、审批、考核、验收等规程，形成和完善示范区建设流程，完成示范区内地理标志产品特色、质量、安全三大指标专项监督、抽查工作。2015年11月，自四川省中江县省级地标产品保护示范区通过验收并批复成立以来，四川省初步形成中江县、资中县、广安市等13个省级地理标志保护示范区，逐步形成了示范区辐射引领全省地标产品保护工作的良好格局。

二 贵州省地理标志产品保护示范区建设情况

近年来，贵州省质量技术监督局认真学习国家质检总局发布的《质检总局关于组织开展地理标志产品保护示范区试点工作的通知》（国质检科函〔2010〕1005号）和《国家地理标志产品示范区管理办法（试行稿）》，并于2015年6月，出台了《贵州省地理标志产品保护示范区创建工作指导意见（试行）》文件。为不断推动贵州省的地理标志保护工作，省质监局领导及相关工作主管部门未雨绸缪，大力推动贵州省示范区建设工作，不断挖掘省内地理标志产品潜在资源，鼓励各市、县大力发展已有的地理标志产品及产业，合理部署示范区建设工作，省质监局及相关职能部门共同推进贵州省地理标志产品保护示范区创建工作。

2015年9月，都匀毛尖茶地理标志产品为申报产品的都匀市成功获得国家质检总局批准建设的都匀毛尖茶国家级地理标志产品保护示范区，成为贵州省首个国家级地理标志产品保护示范区。目前正安县市场监督管理局牵头的国家级地理标志产品保护示范区和六枝特区市场监督管理局牵头的国家级地理标志产品保护示范区正在收集、组织资料进行相关申报工作。《贵州省地理标志产品保护示范区创建工作指导意见（试行）》文件的出台，给水城猕猴桃地理标志产品保护示范区等省内潜在示范区的建设逐步明确了申报流程、工作目标等相关工作方向，相信经过省级示范区推进工作的不断进步与发展，贵州省省级地理标志产品保护示范区将实现从无到有的突破，并开启新的发展篇章。总体来说，贵州省内地理标志产品保护示范区建设情况在国家层面推动的基础上不断进步和发展，示范区个数在不断增加，贵州省质监局及各地方政府在不断地努力与推动。

（一）贵州省已申报成功的地理标志产品保护示范区建设情况

2015年9月，经国家质检总局同意，都匀毛尖茶获批筹建国家级地理标志产品保护示范区，是贵州省内第一个国家级地理标志产品保护示范区，该示范区一经获批便开展相关工作。作为贵州绿茶领军品牌，2010年11月，经国家质检总局批准都匀毛尖茶成为国家地理标志保护产品（批准公告号为：国家质检总局2010年第133号）。保护范围为都匀毛尖茶地理标志产品保护产地范围，为贵州省黔南布依族苗族自治州都匀市、福泉市、瓮安县、龙里县、惠水县、长顺县、独山县、三都县、荔波县、平塘县、罗甸县、都匀经济开发区等12个现辖行政区域。

截至2016年7月31日，经国家质检总局核准，黔南州都匀毛尖茶有限责任公司、黔南苗岭工贸有限责任公司、都匀市匀城春茶叶有限公司等29

家茶叶生产企业获得都匀毛尖茶地理标志保护专用标志使用权。各企业通过专用标志的使用，所生产的都匀毛尖茶平均价格迅速从230元/千克上涨到320元/千克，产品品牌价值也提升了33%。据统计，2015年，都匀毛尖茶总产量为4310吨，总产值12.5亿元，截至2016年6月30日，都匀毛尖茶总产量已超2800吨，总产值10.0亿元，因此，被评为中国"最具品牌发展力品牌"。

示范区建设以习近平总书记"把都匀毛尖茶品牌打出去"的重要指示精神为指导思想，进一步做大做强都匀茶产业，发挥资源优势，引领行业大发展，提升都匀毛尖茶品牌价值。筹建目标为到2016年9月，完善都匀毛尖茶产品质量技术规范或技术标准、质量保证和检测体系，都匀市都匀毛尖茶国家地理标志产品种植面积达到131万亩，示范区地理标志产品保护专用标志规范使用率达到80%以上，着力将品牌优势转化为经济优势，推动现代农业加快发展，促进示范区农户增收10%以上，顺利通过质检总局验收。在示范区筹建阶段，都匀市采取职责分工、部门联动等切实有效的工作措施确保此项工作顺利完成。目前，示范区筹建工作在示范区工作领导小组的统筹安排下，进入冲刺阶段。

（二）贵州省拟申报的地理标志产品保护示范区建设情况

1. 正安国家级理标志产品保护示范区

2015年9月，正安县市场监督管理局以正安野木瓜、正安白茶、正安娃娃鱼、正安白及等4件国家级地理标志产品（正安野木瓜和正安白茶批准公告号为：2011年第69号；正安娃娃鱼和正安白及批准公告号为：2013年第167号）为示范区申报产品，并进行有关资料搜集、整理，积极筹备正安县国家级地理标志产品保护示范区申报工作。在申报中，建立了示范区建设目标。一方面，通过示范区建设达到促进农产品提质增效，助推农民脱贫致富；另一方面，是通过广泛宣传创建工作，引导企业、农民积极参与。

2. 六枝特区国家级理标志产品保护示范区

六枝特区人民政府对地理标志工作重视度较高，不断发掘产地资源以拓宽地理标志产品数量，更是根据区域内地理标志产品所涉及各企业发展现状及发展前景，自发搜集、组织并论证相关材料，进行六枝特区国家级地理标志产品保护示范区的筹建申报工作。六枝特区国家级理标志产品保护示范区筹建区域范围为六枝特区现辖行政区域，示范产品为岩脚面、落别樱桃、六枝龙胆草三件地理标志产品（岩脚面批准公告文件号为质检总局2013年第167号；落别樱桃和六枝龙胆草批准公告文件号均为质检总局2015年第96号）。建设目标是通过六枝特区国家级示范区的筹建工作的执行，达到增强地理标志产品保护意识；提升公共区域品牌化效应；逐步建立和完善岩脚面、落别樱桃、六枝龙胆草等地理标志产品检测体系、标准体系、管理体系、质量监管体系等体系；专用标识使用率达到60%以上；增加农民实际收入；促进特区绿色经济、生态旅游、精准扶贫等工作综合发展。六枝特区凭借优质的产品特色，正在壮大发展的产业及政府部门积极、严谨的工作态度，申报工作不断推进，目前，该示范区筹建已进入批复阶段，岩脚面、落别樱桃、六枝龙胆草三个地理标志产品标准体系、管理办法已开始制定，检测体系正在逐步建立，相关工作正有条不紊地推进中。

3. **贵州省潜在地理标志产品保护示范区**

2016年7月27日至29日，贵州省质量技术监督局组织召开了重点培育地理标志产品和示范区遴选审查会。此次会议召开目的是为精准挖掘贵州地理标志资源，遴选50个地理标志产品和5个产品保护示范区作为"十三五"期间重点培育对象。经会议统计，道真绿茶（道真硒锶茶）产品示范区（道真绿茶批准公告号为：质检总局2015年第44号）；凤冈县地理标志产品保护示范区（凤冈富锌富硒茶批准公告号为：质检总局2006年第10号）；梵净山翠峰茶地理标志产品保护示范区（梵净山翠峰茶批准公告号为：质检总局2005年第175号）；岩脚面地理标志产品保护示范区（已更名为六枝特区地理标志产品保护示范区并开展工作）；水城猕猴桃地理标志产品保护示范区（批准公告号为：质检总局2014年第96号）；盘县刺梨果脯地理标志产品保护示范区（批准公告号为：质检总局2014年第96号）；朵贝茶地理标志产品保护示范区（批准公告号为：质检总局2013年第26

号）；镇宁波波糖地理标志产品保护示范区（批准公告号为：质检总局2010年第110号）；麻江蓝莓地理标志产品保护示范区（批准公告号为：质检总局2016年第63号）；兴仁薏（苡）仁米地理标志产品保护示范区（批准公告号为：质检总局2013年第167号）共有10个地理标志产品保护示范区参与遴选。省质监局召开的此次遴选会，一方面展示"十三五"期间，贵州省质监局在对地理标志的总体规划中，体现了省质监局对地理标志工作的高度重视。地理标志产品保护示范区作为新的地理标志保护工作逐步进入筹建阶段，证明了贵州省地理标志事业正逐步走向成熟、稳定的发展阶段；另一方面，展示了贵州省丰富的优质地理标志产品资源，对贵州省已有的国家地理标志产品进行示范区申报，促进资源的有效整合，推动区域经济高效、快速、健康、持续地发展。

三 贵州省地理标志产品保护示范区建设研究

建设地理标志产品保护示范区有助于促进地理标志产品的品牌推广，提升农产品的品牌附加值，优化农业产业结构，探索现代农业、精品农业发展新模式，带动广大农民增收致富。为进一步促进地理标志产品及产业发展，推进地理标志保护工作，更好地实现经济效益、社会效益与生态效益，需不断大力加强地理标志产品保护示范区的建设。

（一）地理标志产品保护示范区的创建原则

根据《质检总局关于组织开展地理标志产品保护示范区试点工作的通知》（国质检科函〔2010〕1005号）和《省质监局贵州省地理标志产品保护示范区创建工作指导意见（试行）的通知》（黔质技监科〔2015〕80号）文件精神，贵州省地理标志产品保护示范区应符合以下几点创建原则。

1. 示范区内产品要求

示范区内产品首先是经质检总局批准的中华人民共和国地理标志产品，这是示范区创建的必要条件，此外，示范区所涉及地理标志产品个数不设上限，但应蕴含品质特色，秉承注重传承的基础。

2. 示范区内企业要求

（1）示范区内涉及企业具有相应凭证。示范区内企业属于规定实行质量安全凭证管理的企业，如QS、卫生注册、认证、备案等。

（2）企业经营规模。示范区内产品生产企业应具有一定的经贸规模，如年销售额不低于100万元人民币等。

（3）企业加工、生产符合标准的产品。示范区内企业，根据相关地理标志产品标准生产符合规定的产品，具有一定专用标识使用意识，根据程序向相关部门递交专用标识使用申请。接受县级及以上检测单位定期检查或不定期抽查，只生产符合标准的产品，只允许符合标准的产品流入市场，回馈消费者。

（4）企业做好产品宣传工作。示范区内地理标志产品加工、生产企业应该做好相应产品宣传工作，定期投入一定资金以达到某种宣传效果，如：举办"落别樱桃节"等活动。

3. 政府政策支持与扶持

（1）成立示范区筹建领导小组。领导小组各设职能及管理制度，做到专职专位，合理利用每一个职员，共同协调及解决示范区筹建过程中相关问题，如：标准体系建立、管理体系建立、检测体系建立等问题，为示范区顺利筹建提供机制保障。

（2）设有指定检测机构。为保障示范区内生产产品质量，区域内政府设立指定检测机构，对示范区内企业所生产产品进行定期检查及抽查，达到预防和防治示范区域内假冒伪劣事件发生。

（3）建有与保护规定相适应的生产者保护合作组织。该合作社具有完善的工作章程，合作组织成员占示范区内生产者总数的50%以上。

（二）地理标志产品保护示范区建设的保障机制

1. 领导小组的建立

示范区领导小组的建立是由政府职能部门、重点企业、农民专业协会、

合作社等多方参与的示范区建设组织体系的过程。该小组的建立是示范区工作的基本保障；是对示范区整个任务的资源合理分配及实施；直接贯穿着整个示范区的建设及验收过程，不可忽视。

2. 政府宣传工作

政府出台政策首先统一示范区产品专用标识及形成品牌，其次是鼓励不同企业以多元化形势对产品进行品牌宣传，此保障的目的一方面是通过品牌效应有效保护地理标志产品，另一方面是通过报刊、网络、广播、电视等渠道，提高示范区产品知名度及名誉度，总体来说对产品的品牌规划和扩大销售具有积极推动作用。

3. 人才引进

遵循产业吸引人才、人才引领产业的发展规律，建立并完善适应示范区发展的人才引进、培养保障机制，推动人才链与产业创业链、社会管理链、政策服务链融合，不断壮大优势产业，为示范区科学发展提供人才保障和智力支持。

4. 经费保障

经费保障是示范区建设的经济支柱，足够的经费支撑，保障示范区工作有序推进。

5. 完善法制建设

示范区建设高度重视法制建设工作，进一步加快产品质量、服务质量、监管力度及环境保护的地方性法规建设，制定与地理标志示范区相关的规范性指导文件。落实质量标准的行政执法责任与执法监督。

（三）地理标志产品保护示范区建设的工作内容

1. 建立服务保障体系

服务体系的建立即保障机构的建立，是示范区建设工作开展的前提。其主要工作内容是确立领导机构并各执其能。领导机构由示范区相关申报区域范围内的政府成立，组成成员包括政府职能部门、合作社、企业代表等，合理安排相关任务，确保经费保障。领导机构各成员相互协调配合示范区建设工作。

2. 建立并健全管理体系

示范区管理体系的建立主要内容包括以下几个方面：a）示范区建设中做好岗位保障工作，各环节工作人员需进行岗位培训，并有相应培训记录；b）制定相应的工作制度和管理办法；c）总体规划并分解示范区主要工作内容、工作目标；d）制定专用标志使用管理办法；e）对示范区内各合作社进行组织和管理，保证其应具有完善的工作章程；f）建立打击假冒伪劣工作机制；g）统计和管理地理标志产品信息。

示范区管理体系主要通过建立健全的制度章程、监管保障体系确保示范区建设中每个环节都有据可依、有条不紊地进行。对示范区建设来说，管理体系的建立相当于一个大网将示范区建设系统中的每个部门，每个环节都紧密联系在一起，共同推进整个示范区建设工作，是整个建设过程中不可或缺的角色。

3. 建立健全的标准体系

示范区内地理标志产品以国家质检总局发布的对应质量技术要求为依据，以产品种类不同为区分建立符合产品的标准体系。如：养殖类产品则需制定产品养殖技术标准、产品饲养环境标准、产品加工标准、产品标准、产品包装标准、产品运输标准、产品储存标准、产品饲料标准等标准体系；种植类产品则需制定包括产品种植技术标准、产品采收标准、产品产地环境标准、产品包装标准、产品运输标准、产品贮藏标准等在内的标准体系；其他类别产品根据需要自行制定符合要求的标准体系。

标准体系的建立是对示范区内产品从种植技术、养殖技术、原料要求到产品销售前的出厂包装、运输和贮存的一个循环中各个环节的技术把握和专业控制。各个标准相辅相成，具有固化栽培管理、养殖管理、原料管理，完善产品生产技术体系功能，共同完成对产品品质特征、规格、质量和检验方法的技术规定。标准体系具有科学合理性、可操作性强等特点，为生产出的产品提供品质特色和质量保障。

4. 建立并健全检测体系

检测体系主要包括两个检测机构设置和检测管理两个方面的内容。首先，检测机构的设置以其具有法定检验资质机构为原则，检测机构具有实施企业产品出厂检验和抽查等职能，并做好相关记录；落实好产品巡视、抽查、定检计划等工作。其次是做好检测管理工作包括组织和管理示范区内产品生产企业能够积极接受并参与上级单位抽查；做好提高企业检测觉悟的工作，对具有一定规模的企业，适当购买部分检测仪器，对产品进行出厂前检验，为产品质量提供部分技术支撑。检测体系的建立是产品标准体系建立的有力执行者，目的是为产品标准化生产提供硬件服务。

（四）地理标志产品保护示范区建设的任务实施与分解

地理标志产品保护示范区建设的实施和任务分解是完成示范区建设的重要阶段，贯穿于整个建设过程。任务分解的目的是将整个示范区的工作进行细分和具体规划，最终明确到具体的部门实施和负责，整体提高示范区建设的工作效率，避免示范区建设过程中出现问题无人管理、无人负责的情况；任务分解目的也体现了每一项工作都需要各有关部门的相互协调，才能共同推进示范区工作顺利进行和完成。

具体任务实施与分解见表1。

四 贵州省地理标志产品保护示范区建设的预期示范效果

地理标志产品保护示范区的建设是区域内地理标志产品发展的阶段性成果展示，希望通过对区域内已有的某个或多个地理标志产品进行产业或产业链发展规划，对其他区域起到示范带动效果，以提高区域内农民收入，带动经济快速稳步发展，促进农业可持续发展。

示范区建设的示范效果是示范区目标的体现和示范区建设意义的验证。都匀毛尖茶国家级地理标志产品保护示范区、正在申报的六枝特区地理标志

表 1 地理标志产品保护示范区建设的任务实施分解

任务项	主要任务	负责单位	配合部门	具体措施
机构及保障	成立领导小组	申报主体所在行政区域人民政府办公室	申报主体所在行政区域发改、农业、人事、经贸、科技、税务、国土、商务、市监、宣传、文化、企业代表等	成立"×××国家级（或省级）地理标志保护示范区"领导小组，协调相关产业发展；有明确的成员安排及任务分配，定期召集并出席会议并有详细的会议纪要
机构及保障	创建工作机构	申报主体所在行政区域质监局（或市监局）	申报主体所在行政区域农业局、林业局、人事局、科技局、工信局、各企业代表等	创建示范区工作机构并明确分配工作职责；建立申报主体所在行政区域内各相关单位、合作社、企业代表参与的组织体系
机构及保障	保障工作经费	申报主体所在行政区域发改委	申报主体所在行政区域财政局	向申报单位提供必需的筹建工作经费保障
机构及保障	人才引进	申报主体所在行政区域人民政府办公室	申报主体所在行政区域人事局、质监局（或市监局）	建立和完善适应示范区发展的人才培养计划；组织实施具有示范区特色的引才育才计划；为示范区科学发展提供人才保障和智力支持
管理体系建设	制定工作制度	申报主体所在行政区域质监局（或市监局）	申报主体所在行政区域质监局（或市监局）	根据示范区筹建工作需要，建立健全的工作制度和管理办法，顺利推展示范区建工作
管理体系建设	制定工作目标	申报主体所在行政区域人民政府办公室	申报主体所在行政区域人民政府办公室、发改、财政、农业、乡企、科技、商务、税务、林业、文化、宣传部等	制定总体目标：示范区基本完成×××国家级示范区建设，基本形成地理标志产品公共区域品牌，达到社会事业全面提升，各项任务圆满完成，顺利通过验收
管理体系建设	细化工作目标	申报主体所在行政区域质监局（或市监局）	申报主体所在行政区域人民政府办公室、发改、财政、农业、乡企、科技、商务、税务、林业、宣传局等	对示范区总体目标进行分解，细化成分阶段目标完成，有助于总体目标完成
管理体系建设	制定工作方案	申报主体所在行政区域质监局（或市监局）	申报主体所在行政区域人民办公室、各合作社及企业	遵循目标明确、思路清晰、措施可行的原则制定示范区总体规划；将示范区筹建工作纳入政府工作方案中

续表

任务项	主要任务	负责单位	配合部门	具体措施
	细化工作方案	申报主体所在行政区域质监局(或市监局)	申报主体所在行政区域人民政府办公室、农业、各乡企、各科技、商务、市监、税务、国土、林业、文化和各合作社等	将制定的示范区工作方案细化,指导思想明确的前提下,细化实施步骤,明确保障措施,并落实至各个相关部门
	制定专用标识监管管理办法	申报主体所在行政区域质监局(或市监局)	申报主体所在行政区域人民政府办公室、科技、各合作社、企业	制定并发布《××地理标志产品管理办法》;确立母子品牌架构,健全组织体系,规范管理机构,确保验收期间,国家级示范区专业标识使用率达到70%(省级达到60%)
	建立假冒伪劣工作机制	申报主体所在行政区域质监局(或市监局)	申报主体所在行政区域人民政府办公室、科技、农业局	完善并实施《××市、县(或区)地标产品保护示范区监督管理规范》《国家级(或省级)地理标志产品保护示范区打击假冒伪劣工作意见》
	专职人员负责示范区各环节建设	申报主体所在行政区域人民政府办公室	申报主体所在行政区域质监局(或市监局)、人事局	推进示范区建设过程中,保障各个岗位有专职人员负责,并对其进行岗前培训,做好相关记录
	完成地理标志保护信息收集、统计并实行动态管理	申报主体所在行政区域质监局(或市监局)	申报主体所在行政区域工信委、农业局	建立产品公共品牌(或区域品牌)的全信息化管理体系:企业信息、基地种植信息、生产加工信息、技术创新信息、质量安全可追溯信息、产品市场销售信息、地理标志宣传设计及实施一体化信息管理
	制定标准体系	申报主体所在行政区域质监局(或市监局)	申报主体所在行政区域质监局(或市监局)农业局、科技局	以产品的"质量技术要求"为契机,建立产品产业发展的综合标准体系,包括:产地环境标准、种植技术规程、病虫害防治、采收、加工技术规范、产品质量标准等
标准体系建设	建设地理标志保护示范区管理规范并执行到位	申报主体所在行政区域质监局(或市监局)	申报主体所在行政区域人民政府办公室、规划局	建立示范区筹建管理规范实施守则,守则中对相关部门进行职能规定,并要求各部门严格执行,共同推进示范区规范建设

续表

任务项	主要任务	负责单位	配合部门	具体措施
检测体系建设	检测设置。示范区产品接受具有法定检验资质机构的抽查、定检	申报主体所在行政区域质监局(或市监局)	申报主体所在行政区域人民政府办公室,各相关合作社,科技局,企业	保障示范区产品出厂合格率,产品生产商应具有一定的出厂检测能力,并接受具有法定检验资质机构的抽查、定检,做好相关记录
	检测管理。做好上级质量监督抽查工作,做好记录	申报主体所在行政区域质监局(或市监局)	申报主体所在行政区域人民政府办公室,各相关合作社,企业	示范区各产品积极接受抽查,对被抽查企业所生产产品检测结果及过程进行记录,做好督促、管理工作
	针对产品分别做具体的宣传工作	申报主体所在行政区域质监局(或市监局)	申报主体所在行政区域宣传部,文化局	形式上覆盖纸质媒体、电子媒体、网络、广告等;具体实施内容:政府公告宣传广告、城市灯箱广告、公交车广告、企业运输车广告、网络广告、地理标志LOGO、信封、信笺、信盒、信纸、纪念品、礼袋、宣传袋、系列新闻设置与报道等
产品品牌效益推广	对从事示范区产品的相关基层技术人员进行相关培训	申报主体所在行政区域质监局(或市监局)	申报主体所在行政区域农业局,人事局,人民政府办公室	采用"请进来和走出去"的方式,邀请省内外相关专家,对产品产业基层技术人员进行指导培训;增强职业操作和能力专业素养,提高产品品质,改善产品品牌效益
	创建全要素驱动的国家地理标志产品示范企业	申报主体所在行政区域人民政府办公室	申报主体所在行政区域市场监管局,发展规划局,农业局	推动《地理标志设计》、《地理标志产品包装体系设计》、《地理标志宣传招商方案及画册设计》、《地理标志技术平台设计》等各项工作的完成
经济、社会及生态效益考核	经济效益考核	申报主体所在行政区域人民政府办公室	申报主体所在行政区域质监局(或市监局),农业局	出台相关政策,促进示范区保护产品销售,提高对当地经济贡献率,带动产业链不断发展,规模不断扩大,企业、农户带来效益,经济收入增加
	社会及生态效益考核	申报主体所在行政区域人民政府办公室	申报主体所在行政区域质监局(或市监局),农业局,科技局	通过加大各产品栽种面积,引进新型、高端加工技术,达到减少当地土壤石漠化程度,保护当地生态环境,带动当地旅游发展,扩大就业等好处

283

产品示范区及2016年贵州地理标志产品遴选会上宣布的地理标志产品保护示范区，通过示范区建设将有利于带动产业链的发展，实现产品价格的提升，收入水平的提高等经济效益；示范区建设将有利于改善产地的生态环境，促进旅游业等相关产业及行业的发展，实现社会效益与生态效益。

（一）有利于产品标准化生产，形成产品（或区域）品牌效益

示范区标准体系、检测体系两大体系的建立具有重要意义，标准体系的建立是从数据上规定了合格的示范区产品规格，而检测体系则是通过实践操作检验产品品质，并结合标准体系判断产品是否符合标准。两个体系的建立实现了对产品品质特色和质量上的严格把关，逐步实现标准化生产，共同维护消费者合法权益。各企业按各标准执行，使产品从生产到出厂完成标准化生产。示范区产品因具有地理标志产品的基础，本身具有一定的知名度和品质特色，因此在标准体系与检测体系两大体系保障的基础上，生产的产品质量和品质特色得到更好的保障与提升。独特的品质特点与质量特色有利于形成独具风格的产品品牌，促进区域公共品牌的打造。

（二）示范区产业规模化生产，逐步形成并适当延伸产业链

示范区产品标准化和规范化生产给示范区产品产业规模化发展奠定了良好的基础；越来越多消费者的青睐促使示范区产品产量的不断扩大，是产品产业规模化发展的前进动力；消费者对产品呈现状态等要求的不断提高则是产品产业规模化发展的创新源泉。产业标准化生产则是形成并适当延伸产业链的基石，通过产品品牌宣传及建设，示范区产品的大规模生产提升了农产品的品牌附加值，优化产业结构，延伸产品产业链。比如：正在申报六枝特区国家级地理标志产品保护示范区中的一个产品——岩脚面，面粉作为岩脚面的制作原料，全是由当地农户种植小麦收获后提供给岩脚面生产企业，推动了当地种植业发展，当地农户在种植之余，到附近的岩脚面生产企业参与岩脚面的加工、生产，提高了农民生活水平，岩脚面产业从原来的自给自足

扩展到现在远销至贵阳、昆明等地各大超市，有的企业更是在贵阳设置专门销售办事处，形成了一条以岩脚面产业为中心的小型生产链。

（三）有利于促进实现将资源优势转化为经济发展优势

"十二五"以来，贵州省不断加强财政支农、惠农力度，加大农业产业投入，坚持走突出特色、集聚集约、绿色生态、增效增收的现代山地特色高效农业发展新路，农业生产稳中向好，特色农业发展较快的乐观趋势。2016年，作为"十三五"规划的开局之年，继续保持粮食产量稳定增长的同时大力发挥特色农产品的种植及生产作用，达到进一步抓住特色农业发展的优势。地理标志产品保护示范区的建设则是通过政府手段来扩大特色农业发展的有力渠道：示范区建设之前，农民大多数收入是靠种植水稻等传统粮食作物来获得，获取收入方式比较单一，而示范区建设以来，农民可在固有收入之余（保持粮食产量稳定增长），通过种植、养殖、加工示范区产品以获得额外收入，实现了农民收入的增加，拓宽了当地农业发展面，有助于探索现代农业发展新模式，实现产业、经济突破新增长，对产地资源优势转化为经济发展优势起到积极推进作用。比如：正在申报六枝特区国家级地理标志产品保护示范区中的六枝龙胆草地理标志产品，早在民国时期就有关于种植六枝龙胆草的记载，目前，六枝龙胆草的种植方式主要是"公司＋基地＋农户"的模式，每年当地农户都会在春秋采挖季节上山采摘六种龙胆草，同时也会有企业来收购，一方面农民的收入增加了，另一方面当地通过扩大中草药的种植实现了经济的增长。

（四）有利于就业率增加、企业效益增长等社会效益的实现

示范区建设注重人才引进是整个示范区建设过程中的一项基本保障。通过人才引进，降低了高校毕业生的就业压力，高校毕业生能更好地体现自身价值，做到活学活用，也能提高示范区建设工作效率。特色农业发展与壮大离不开农民，无论是种植类、养殖类初级产品还是加工类产品，增加了农民就业机会，农民生活水平更上一层楼，文化水平也会有一定提

高。各合作社、企业的产品生产规模不断扩大，所带来的经济增长能够带动当地经济发展。

（五）示范区产品坚持绿色、生态特色，促进优化产地生态环境

绿色、原生态是地理标志产品的一大基本属性，也是地理标志产品的一大特色，示范区产品产业发展是地理标志产品需求扩大的必要结果。贵州省由于拥有独特的自然资源和地貌特征，因此，较少、较晚出现加工业、重工业、轻工业等产业落地开发并发展，使贵州省整体污染情况较轻，是我国一大生态省。贵州省示范区产品产业发展以生态发展为基调，遵循保护与发展相统一原则，边发展边保护，积极科学、合理发展示范区产品产业，发展的同时注重环境的保护，达到优化省内生态环境的良好生态效益。例如：六枝龙胆草的需求不断增大，使得当地农户不断扩大六枝龙胆草种植面积，有效治理当地山体石漠化。

（六）政府政策支持产品宣传，推进产品文化、旅游共同发展

地理标志产品是具有一定知名度和人文历史累积的载物，因此可以说地理标志产品是一个文化产品，示范区建设目标是通过新闻媒体、报纸、网络等方式报道达到产品宣传目的是让更多人了解、熟知示范区产品文化；使更多消费者接受、喜爱示范区产品；推进对示范区产品文化产业发展；带动旅游产业发展。宣传政策是示范区建设中一项基本保障，政府可以通过"互联网+地理标志"等网络方式，既响应"大数据"应用工作又达到宣传目的，使示范区产品带上"地理标志产品"名片，实现"产品走出去，游客走进来"。例如：以正在申报的六枝特区国家级地理标志产品保护示范区的产品为例，20世纪80年代以来，就形成了樱桃种植连片和专业种植的局面，每年的"落别樱桃节"时期，从贵阳、安顺、昆明等地的外来游客采摘落别樱桃景象十分壮观。

（七）推动现代农业发展，实现精准扶贫

示范区产品产业发展以拓宽种植业品种、养殖业种类方式，既成为现代农业发展的突破点,又实现精准扶贫的落脚点。贵州地貌以高原山地为主,是一个高海拔、低纬度、地形较破碎、喀斯特地貌典型发育的山区。一直以来,贵州的地貌特点限制着贵州农业的发展,同时,贵州省作为我国贫困人口数最多、贫困面积最多、贫困程度最高的省份之一。近年来,伴随着贵州省内不同地理标志产品的不断申报和批准,农户们对产品进行扩大种植及养殖,具体实践到"大扶贫"理念中的专项、行业、社会扶贫的"三位一体"格局,实现精准扶贫,加大农业的扶持力度,为全面实现小康社会而努力。例如:六枝特区国家级地理标志产品保护示范区的建设与《六枝特区"十三五"脱贫攻坚专项规划(2016~2020年)》(以下简称《规划》)紧密联系。《规划》中具体规定了到2020年前巩固和建成20万亩精品水果基地(主要包括猕猴桃、樱桃等)、20万亩中药材基地、20万亩茶叶基地、20万亩蔬菜基地、20万亩饲草和30万亩核桃基地等任务,其中蔬菜和中草药面积规划两项任务与六枝特区示范区中的落别樱桃、六枝龙胆草两件产品产业发展相关联。

B.15
贵州地理标志保护模式比较研究

曾仁俊*

摘　要： 地理标志保护制已有一百多年的历史，是一种专门针对具有明显地域特色的产品进行名称保护和质量特色保护的知识产权保护制度。地理标志保护制度对产品保护和产业发展及地域经济起着重要的推动作用，具有巨大的经济效益、社会效益与生态效益。当前地理标志产品保护的模式主要有三种：专门法保护模式、商标法保护模式、反不正当竞争法保护模式。三种保护模式自成体系且各具特色。

关键词： 地理标志　保护模式　地域特色　贵州省

一　国际化的地理标志制度

地理标志是国际通行的一种制度，在国际上亦称原产地保护制度。地理标志保护制度最早起源于法国，现已有百余年历史。地理标志有关的第一个国际条约是于1883年缔结的《保护工业产权巴黎公约》。该公约强调"货源标记"的保护，严格规定了地理标志的原产地，对地理标志的产地来源通过公约对其进行明确的保护，对直接或间接使用虚伪的货源标记、生产者、制造者或商人标记的情况作了强制性与禁止性规定。《巴黎公约》开启了国际上保护地理标志的开端。但是，公约只是从产地来源的角度进行货源

---

* 曾仁俊，贵州省地理标志研究中心助理研究员。

地或原产地保护，并未对地理标志提供系统性的保护。之后，以美国为代表的国家签订了《制止商品来源虚假或欺骗性标记马德里协定》。协定规定："如果发现任何商品上标示着涉及某成员国或成员国国内企业或地方的虚假或欺骗性标志，无论是直接或间接，都必须禁止该商品进口或者在进口时予以扣押，或采取其他制裁措施。"[①] 此项规定是《马德里协定》中地理标志保护的核心条款。在此之后，《里斯本协定》中对地理标志的规定，在地理标志的国际保护方面迈出了重要的一步，对地理标志保护具有里程碑的意义。

为能够解决各国地理标志保护差异性所带来的一系列贸易问题，以及已有的国际公约所存在的局限性问题，《与贸易有关的知识产权协定》（即"TRIPS 协议"）应运而生。TRIPS 协议中对"知识产权"作了定义，包括：1. 著作权与邻接权；2. 商标权；3. 地理标志权；4. 工业品外观设计权；5. 专利权；6. 集成电路布线图设计权；7. 未披露的信息专有权。在 TRIPS 协议中对"知识产权"的界定，新增并明确了地理标志权。同时明确了对地理标志定义的界定："地理标志是指识别某一商品来源于某一成员的地域或该地域中的地区或地点的标识，而该商品的特定质量、声誉或其他特征主要产生于该地理来源。"[②] TRIPS 协议是继《里斯本协定》后对地理标志进行的最为明确而准确的界定。同时，TRIPS 协议通过知识产权保护制度将之前的《巴黎公约》、《马德里协定》及《里斯本协定》中对地理标志的规定，从知识产权的角度对地理标志保护进行更为系统的统筹与规定。针对原产地保护、商标法保护与反不正当竞争法三者之间的差异性，TRIPS 协议中作了明确的规定，针对各国地理标志产品保护的差异性情况，规定具体方式、通过具体的途径来进行保护。可以说，《与贸易有关的知识产权协定》（即"TRIPS 协议"）其涉及面更广、保护水平更高、保护力度更大、制约力更强。

---

① 《制止商品来源虚假或欺骗性标记马德里协定》第一条。
② 《与贸易有关的知识产权协定》第 22 条第一款：地理标记的保护。

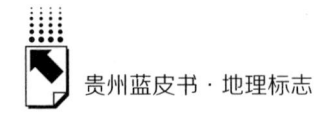

二 不同的地理标志保护模式

(一)三种法律保护模式比较

1. 专门法保护模式

为有效促进地理标志实现更好的保护,以法国为代表的欧洲各国采用专门法保护方式,以制定专门立法的形式来促进与推动地方特色产品资源保护。1919年5月6日,法国颁布了《原产地名称保护法》,确立了专门立法的保护模式。该法以专门立法的形式确定了原产地名称的司法保护,规定了原产地名称的符合条件及原产地名称保护的相关法律诉讼程序。1966年和1990年对1919年颁布的《原产地名称保护法》进行修正,建立了新的原产地保护注册程序,并将"经检测原产地名称"的概念取代"原产地名称"概念。修正后的立法中,对葡萄酒和烈酒的原产地名称作了专门的规定。在欧盟层面上,对于葡萄酒和烈酒,欧洲联盟理事会专门制定了相关的《特质条例》,但此条例仅仅只是涉及某些方面的具体产品。1992年,欧盟建立了一套完备的关于原产地名称和地理标志保护的法规——《关于保护农产品和食品的地理标志和原产地名称》的第2081/92号指令。此项法规将"地理标志保护"的新概念引入,并明确规定了原产地名称与地理标志的定义。"原产地名称是指用一个地区、一个特殊的地点或在极特殊的情况下用一个国家的名称来说明一种农产品或食品源于该地区、地点或国家"。[①] 而地理标志是一种用原产地地域名称来描述某一农产品或食品的直接来源标志,且该产品具有特定的质量、声誉或其他特色,此些品质特色取决于来源地以及在规定范围内的生产、加工与制造。该专门法对欧盟各成员国保护地理标志具有重要的约束力与保护性。同时,在该专门法的基础上,欧盟还设置了专门机构负责原产地保护和地理标志管理。

[①] 1992年欧盟《关于保护农产品和食品的地理标志和原产地名称》的第2081/92号指令。

鉴于专门法对地理标志保护的重要性，一部分发展中国家为有效统筹本国地理标志产品资源，促进产品及产业保护，以实现经济发展，也不断制定出有关地理标志保护的相应专门法。如印度针对保护本国的茶叶，专门制定《茶叶法》和《茶叶管理条例》，通过强制性的认证制度，对所出口的茶叶进行法定认证。根据《茶叶法》和《茶叶管理条例》，所经营的茶叶只有在得到茶叶委员会的认可并经审核，且与茶叶委员会签订许可协议的前提下，所有的茶叶经销商方可生产销售。同时，严格要求经销商对大吉岭茶生产、加工、销售的各个环节进行详细的信息说明。而对符合许可协议与规定的经销商，茶叶委员会经审核通过，依据《茶叶法》和《茶叶管理条例》的有关规定向申请登记并审批合格的被许可人签发原产地证书。在印度所有茶叶的出口中，凡是没有原产地证书并经查实的，一律不予出口。

专门法在地理标志保护中作用巨大，效果明显。在当前国际上，除法国外，还有意大利、葡萄牙、突尼斯、捷克共和国、阿尔及利亚、爱沙尼亚、哥斯达黎加、南斯拉夫、墨西哥、古巴、斯洛伐克、保加利亚、匈牙利、以色列等20多个国家采用专门法来保护地理标志。

2. 商标法保护模式

在当前国际上实行商标法保护模式的国家主要以英、美为代表。从地理标志作为一种特殊的商业标记的属性来看，英、美等国认为可以将地理标志纳入商标法的保护制度与保护模式中，可依据《商标法》所规定的一系列强制性或限制性条款用证明商标的方式对地理标志进行保护。

地理标志所具有的商业标志属性，决定了通过商标法对地理标志进行保护的重要前提及可行性。在国际上，通过商标法保护模式对地理标志进行保护的国家，有些采用集体注册的形式来进行地理标志保护，而一些则采用地理标志证明商标的形式以保护地理标志。1993年12月20日，欧盟议会通过了《欧洲共同体商标条例》（第40/94号令）。在条例第64条中规定，可以通过集体商标的注册形式实现地理标志保护。1994年《德国商标法》规定，因地理标志与产地特殊的关联性，地理标志并不能作为个体商标进行注册，但可以通过集体商标申请注册的方式获批地理标志保护。针对某些商标注册与地理标志所产生的冲突性，新西兰在2002年制定的《商标法》中规定，若商标注册或使用侵犯群落的，则不对该商标整体或部分进行受理或注册。一言以蔽之，即当有个人或实体申请注册商标的，且该商标中的信息与某一群落的图形、文字相冲突的，且在未经授权的情况下，该受侵犯的群落可以依据商标法对所注册的商标提出异议或者将某一注册商标进行申请撤销。为保护本国土著群落的有关标识，2001年美国商标局建立了美国土著部落的官方徽章数据库。当有某一商标或专利申请注册时，商标局可以通过数据库，对所申请注册的商标或专利进行有效审查，当审查其商标或专利对部落及部落信念有错误的暗示及侵犯时，将严格进行审核并不予注册受理。据不完全数据统计，通过商标法保护模式来对地理标志实施保护的国家和地区数量有35个国家和地区，至少有61个国家和地区以集体商标的形式来保护地理标志，通过证明商标来进行地理标志保护的国家和地区大概有21个。

3. 反不正当竞争法保护模式

在某一产品获地理标志保护后，之后就涉及地理标志的使用问题。但是，在市场上由于不规范或不正当使用地理标志，严重影响了地理标志的质量与声誉。反不正当竞争法保护，是针对市场上不正当使用地理标志的行为，以反不正当竞争法的形式加以规范的一种保护模式。它利用反不正当竞争法中的强制性规定，将有意侵害地理标志产品的行为，故意冒用地理标志标识以造成令人误认为原产地商品的不法行为及使用假冒商品原产地标志的行为通过法的形式加以禁止。严格规范市场上的不法行为，维护地理标志或原产地商品的质量与声誉，保障市场秩序的稳定。

在《巴黎公约》第1条第2款中，将反不正当竞争保护明确列为工业产权的保护对象。《巴黎公约》对成员国做出明确要求，要求其参与成员国必须对各成员国及国民保证，将严厉取缔和制止不正当竞争行为。同时在公约中明确提出："对在经营商业中使用会使公众对商品的性质、制造方法、特点、使用目的或数量发生混乱的表示或说法"[①]，将特别禁止。同时也作

---

① 《巴黎公约》第六条规定之四第二款。

为各缔结条约成员国所必须履行的条约义务。

反不正当竞争法保护作为一种规范市场环境的切实有效的保护方式与手段，在无设立专门法保护与建立商标法保护的一些国家和地区，或在有关专门法或商标法未正式生效并实施的情况下，反不正当竞争法保护是一种有效促进地理标志保护的重要依据。如德国在本国地理标志保护中，由于1995年1月1日实施的新《商标法》未正式生效，所以仅能依据本国之前所制定的《反不正当竞争法》中的第三条规定对本国地理标志实施保护。而此项条款明确规定，对货物或服务的错误或虚假标示，被视为一种误导性广告而应受到处罚。

（二）三种地理标志保护模式比较

专门法保护模式是保护水平最高的一种保护方式，对地理标志的名称保护与产地来源进行了明确的规定，并对产地保护范围进行了明确的划定，且规定了在产地范围内特定经营者对地理标志的专用使用权与禁止权。而在这所有保护的背后，又依据制定相关的标准与生产加工规程及质量技术规范以通过标准固化的形式来对其产品与质量进行控制与管理。这一种保护模式充分考虑并强调了地理标志的地位与作用，其通过专门立法的单项法规，对地理标志所包含的相关内容进行了系统而清晰的规定，且该一系列规定对地理标志保护的具体执行具有很强的可操作性。但是，由于地理标志与商标在本质上都是一种识别性的标记，其目的是用来区别商品的来源。区别在于，商标是对某一商品来源的单个生产经营者的区别，而地理标志则是对不同地区的生产者群体的区别。因此，在通过专门立法来对地理标志进行保护的过程中，会涉及商品类别与在先权权利的冲突。而冲突的结果会造成重复工作与资源浪费，另外将因权利在先使用问题严重影响地理标志获得更好的保护。

在商标法保护模式中，针对地理标志的商业标记属性，如果发现任何商品上标示着涉及某商品来源地的虚假或欺骗性标志，无论是直接或间接，都必须禁止该商品出售，或采取相关制裁措施。同时对不得作为或限制作为商标的标记也做出明确的规定，以有效保护商品的来源地，而对造成误导公众商标的标记进行严厉制止。在商标法保护模式中，依据现有的较为完善的商标法法律保护体系，能有效兼顾商标与地理标志之间的差异性与关联性，对地理标志保护比较有利。而若在此之外另建立相关的国家机器与另外的一套地理标志法律体系，则需要更多的社会资源。因此，在商标法保护模式中，由于地理标志区别于普通商标，与一般商标存在着差异性，地理标志并不能作为个体商标进行注册，但可以通过集体商标或证明商标申请注册的方式为地理标志提供保护。

反不正当竞争法保护，是针对市场上不正当使用地理标志的行为，以反不正当竞争法的形式加以规范的一种保护模式，它是用于所有的竞争行为与经营行为。它利用反不正当竞争法中的强制性规定，将有意侵害地理标志产品的行为，故意冒用地理标志标识以造成令人误认为原产地商品的不法行为及使用假冒商品原产地标志的行为通过法的形式加以禁止。严格规范市场上的不法行为，维护地理标志或原产地商品的质量与声誉，保障市场秩序的稳定。但是，反不正当竞争法只是从禁止他人假冒、仿冒和抢注等方面来维护合法使用人的权利，而在权利许可使用和管理方面却无相关法律为其提供充分的依据。因此，虽然在地理标志保护中反不正当竞争法是有效的，但是这种保护方式比较消极，仍存在局限性。

在上述地理标志保护的三种模式中，每一种保护模式都各自拥有自己的特点且自成体系。专门法保护模式是地理标志保护强度与保护水平最高的一种方式；商标法保护模式则可以以集体商标或证明商标的形式来对地理标志进行保护；反不正当竞争法保护模式则是规范整个市场竞争关系最基本的法律行为。三种地理标志保护模式在对地理标志的保护过程中，都发挥了重要的作用。但在现实中，大多数国家则是通过几种或多种保护方式相结合共同以促进地理标志的保护，即是一种混合型地理标志保护模式。

三 我国地理标志保护模式研究与选择

1985年3月我国加入《巴黎公约》以来，大致经历了几个阶段性发展历程的演变：原产地域保护（1999）——地理标志商标注册管理（2003）——地理标志产品保护规定（2005）——农产品地理标志登记（2007）——地理标志立法（2016提出国家知识产权强国战略）。

1999年7月30日，《原产地域产品保护规定》经原国家质量技术监督局局务会议通过，作为我国保护地理标志的一部重要法律依据。2001年《商标法》修改，地理标志被纳入证明商标管理。同年，主要以证明商标注册的形式对地理标志提供保护。2005年5月16日，国家质检总局发布第78号令，出台《地理标志产品保护规定》并自2005年7月15日起施行。且规定："本规定自2005年7月15日起施行。原国家质量技术监督局公布的《原产地域产品保护规定》同时废止。"[①] 在《地理标志产品保护规定》中，该规定对地理标志产品定义的界定、产地保护范围的划定、申请条件与程序及专用标识使用等问题进行了有关的说明与规定，并对相关质量技术要求与地理标志产品地方标准的制定做出了有关明确的要求与规定。2007年12月6日，农业部发布《农产品地理标志管理办法》并自2008年2月1日起施行。该管理办法规定，农业部对地理标志产品实行农产品地理标志登记保护制度，经申请登记并经审核批准的农产品地理标志获法律保护。如今，随着我国地理标志保护制度的发展与完善，为有效规范地理标志使用，促进我国地理标志产品获得更有效的保护，现已经逐步进入我国地理标志立法的进程中（《2016国家知识产权强国战略》）。期望通过《地理标志法》的出台，更好地促进我国地理标志保护制度的完善和地理标志产品的保护。

[①] 中华人民共和国国家质量监督检验检疫总局令第78号：《地理标志产品保护规定》第28条。

表1 地理标志保护参数比较

保护内容	保护渠道	国家质检总局	国家工商总局	国家农业部	备注
地理标志依据及法律内涵	标识名称	中华人民共和国地理标志保护产品（简称"国家地理标志保护产品"）	国家工商行政管理总局商标局中国地理标志（简称"中国地理标志"）	农业部农产品地理标志（简称"农产品地理标志"）	名称
	标识图样				标识使用
	保护依据	《地理标志产品保护规定》自2005年7月15日起实施	《商标法》第三条、第十六条关于证明商标、地理标志的规定；《集体商标、证明商标注册和管理办法》，自2003年6月1日起施行。	《农产品地理标志管理办法》自2008年2月1日起实施	专门法与商标法
	保护模式	专门法保护模式（欧盟模式）	商标法保护模式（美国模式）	专门法保护模式（欧盟模式）	保护模式选择
	权利性质	专门法（公权）	商标法（私权）	专门法（公权）	私权可更改；公权不可更改
	所有权归属	国家（授权协会、公司、合作社等使用）	协会	国家（让渡协会）	国家权利永久
	在先权保护	专用名称与通用名称严格区分，须协调在先权并承诺	无	无	承诺书需公正
地理标志申报	申报主体	政府出具正式文件确认的协会、合作社等	行业协会及相关证明材料	政府出具正式文件确认的协会、合作社等	主体能力需重要
	申报时间	8个月至10个月	12个月至18个月	12个月左右	视具体情况确定

296

续表

保护内容	保护渠道	国家质检总局	国家工商总局	国家农业部	备注
	申报流程	市级质监局推荐→省级质监局审查报送→国家质检总局受理公示→国家质检总局组织专家评审（地方政府主管领导带队答辩）→专家会议纪要确认	准备申请书件→商标注册大厅受理窗口提交申请书件→打码窗口打收文条形码→交费窗口缴纳申请规费	材料报送省农委→现场核查→农产品检测→省农委组织品质鉴评会→报批农业部确认→核准公示	质检由专家组成专家评审会；工商可由中介商标事务所代理；农业部由农业技术人员组成专家评审
	申报成功	国家质检总局批准公告	国家工商行政管理总局商标局核准	农业部批准公告	以公告形式发布
	保护管理	质量技术要求管理；地方标准制定要求	证明商标管理	控制技术规范管理	技术或标准要求
	产品名称	地名+产品名称，或者含有地名信息的习惯性商品名称	地名+产品名称	地名+产品名称	习惯名称保护
	保护范围划定	县级以上人民政府规定。省质监局、国家质检总局公示。一般划到乡镇，特殊可划到村	行业协会划定。省工商部门证明，国家工商总局确认	县级以上农业局划定。省农委核查，农业部确认	确定易；更改难
	保护种源	针对种植、养殖产品，严格规定，国家定种并附拉丁名	无	不作专门规定	—
地理标志实施内容	立地条件	海拔、土壤类型、pH值、有机质含量、日照、气温、降雨等产品地理环境的控制因子	无	一般性规定	—
	原料来源	针对加工产品：主料、辅料及用水等控制	协会自定	无	基础
	产地控制	种植、养殖产品：环境、定苗、移栽、水肥；养殖产品：环境、投料、生长控制	协会自定	一般性规定	核心
	采收加工	时间、工艺、操作要点	无	无	—
	加工工艺	严格制定	无	一般性规定	操作要点
	感官指标	严格控制	无	一般性控制	感官特点描述
	理化指标	严格控制	无	一般性控制	控制因子

续表

保护内容		保护渠道	国家质检总局	国家工商总局	国家农业部	备注
地理标志管理监督		标准制定	地理标志产品省级地方标准和相关配套规范及企业标准	无	无	省质监局发布
		标识使用	申请书,产品产地证明,国家质检总局核准公示,符合标准证明	协会自定	协会订立协议使用	印制粘贴或者挂件
		标识监管	市场监督管理局与申报主体签订契约监管;社会监督;自我监管	协会监管,工商局监管	协会监管,农业局监管	监管方式
		处罚依据	产品质量法;省级地方标准;地理标志产品地方管理办法	《商标法》	农产品质量安全法;农产品地理标志管理办法	以规定为准
		保护配套	政府出台《地理标志产品地方管理办法》	无	无	有相关保护配套措施效果较好
地理标志保护效果		行政干预	强(政府控制)	一般(行业控制)	较强(农业部门控制)	—
		质量保护	强(标准体系控制,大质量保护)	一般(仅名称来源地证明,商标保护)	较强(控制技术规范,小质量保护)	是否有标准支撑
		品牌提升	强(品质特点带动品牌效应,培育快)	一般(产地商标证明)	一般(初级农产品产地控制)	—
		产业推进	好(有利于好项目推进和招商引资)	一般	一般	—
		区域经济	强(产业集群发展;公共区域品牌推动区域经济等)	一般(流通管理)	一般(农业推进)	—
		生态影响	明显(产地环境控制等方面)	一般	较明显	—
		国际互认	支持面宽,力度强,依据:《里斯本协定》	支持面窄,力度弱,依据:《马德里协定》	力度弱	—

B.16
贵州地理标志产品与中欧地理标志产品互认研究

李发耀 黄其松*

摘 要： 中欧地理标志互认制度是中方与欧盟方双方为地理标志长远发展做出的一项正确决定，是双方深入合作的典型成功案例，是地理标志国际化的必然产物。中欧地理标志互认保护工作第一批认证始于2007年，2013年完成第一批中欧互认名单认证；2014年开始了第二批中欧互认，此次中方提交的10件地理标志产品中，贵州有茅台酒、朵贝茶、惠水黑糯米酒三件产品入选。中欧地理标志互认制度的实施，为产品及产业发展提供了一个高端的国际化平台，有利于推动产品走向国际化舞台，促进民族品牌的建设，推动地方经济快速发展。

关键词： 贵州 地理标志 产品 中欧互认

一 中欧地理标志互认背景

地理标志对各国特色产业、经济增长与社会发展具有巨大的经济效益、社会效益与生态效益。为推进中国与欧盟经济体的多边深入合作，中国与欧盟决定建立地理标志互认制度。国家质检总局与欧盟就地理标志产品保护的

---

* 李发耀，贵州省社科院地理标志研究中心主任，研究员；黄其松，贵州大学公共管理学院院长，教授。

合作始于2003年，通过在北京召开研讨会研究地理标志法律体系、注册程序等地理标志合作方面进行了前期的准备工作。2004年6月，中国与意大利签署了《中意地理标志保护合作备忘录》；次年5月同法国签署了《中法地理标志合作会谈纪要》。2005年9月，国家质检总局与欧盟农业委员会共同签署的《中欧地理标志互认谅解备忘录》标志着中欧地理标志互认的开端，是中欧地理标志互认实质性的一步。2006年，北京研讨会上，国家质检总局与欧盟农业委员会签订的中欧地理标志"10+10"互认协议，标志着中欧地理标志产品互认保护的正式开始。

2013年，中国与欧盟已成功认证第一批"10+10"产品。双方各有10个产品履行完成各自规定的程序而获得批准保护，为促进我国地理标志产品出口提供了新的国际化渠道。2007~2013年，经过五年的时间完成了第一批"10+10"中欧地理标志产品的互认保护。

通过中欧地理标志互认第一批产品的互认保护，其具有显著的试点效果。一方面，扩大了产品的市场品牌影响。第一批互认结束后，中欧双方互认的地理标志产品的质量和声誉普遍在市场得到提升，产业得到快速发展。另一方面，地理标志保护水平得到大幅提升。可以说，中欧地理标志互认是中国地理标志国际化必经的一个阶段。

空间进一步扩大，按照传统的欧盟地理标志保护互认，每个中国的地理标志产品审查时间将在4~5年，新的欧盟地理标志保护，缩短了审查程序。一般在2.5年。以后中欧互认产品也将加快速度。另外，中国互认成功的地理标志产品在出口贸易方面大幅增加。"一带一路"战略的提出，地理标志产品更是在各省区纷纷以各种产业形式规划战略蓝图。

在第一批地理标志产品互认保护成功的案例下，中欧双方均加快了第二批地理标志产品互认的启动工作。2014年中欧双方启动第二批中欧地理标志产品清单互认保护程序。目前，第二批中欧双方认证正在进行中。2014年4月开启了第二批中欧互认工作，同年6月中方上报的10个地理标志产品通过国家质检总局的第一轮审查，同年8月开始第二轮认证审查，随后，中方向欧盟方提交10个产品的中英文相关资料，预计在2016年完成第二批

"10＋10"中欧互认。此次中方向欧盟方提交的中欧互认的10个地理标志产品保护清单分别为：茅台酒、朵贝茶、惠水黑糯米酒、郫县豆瓣、剑南春酒、蒲江舌尖、峨眉山茶、南溪豆腐干、安化黑茶、安溪铁观音。

二 贵州地理标志产品与中欧互认情况

贵州已获三件地理标志产品正在进行中欧互认。第一批地理标志产品的互认成功，加快了第二批地理标志产品的启动，中欧地理标志互认给互认的产品带来了巨大的社会、经济效益。在第二批中欧"10＋10"地理标志互认产品中，贵州省入围了三件地理标志产品：茅台酒、惠水黑糯米酒、朵贝茶。在第二批中欧"10＋10"地理标志互认保护中，贵州能够以三个产品入选保护，且在中方提交的10个地理标志保护产品中占到一定比例的数量，这在中方所提交的10个产品中是不可多见的三件产品同时来自一省（贵州省）省内。贵州地理标志产品参与到中欧地理标志产品互认保护中，这种国际化的保护方式给边远的落后山区带来了很大的发展动力和发展机遇。

贵州省优质地理标志产品茅台酒、朵贝茶及惠水黑糯米酒三件地理标志产品能够在全国上报的各个地理标志产品之间，经过层层筛选，最终入选第二批中欧互认名单之列，无疑是对贵州地理标志产品的最佳肯定方式。贵州入选的三件地理标志产品也会在质检总局发布的质量技术要求的基础上制定更完善的标准体系来以更高的要求约束其质量与品质，维护其产品声誉，建立更严格的管理办法杜绝假冒伪劣产品现象的出现。贵州三件地理标志产品的入围，不仅在国内，更是在国际舞台上大放光彩，最大限度地在提高产品质量和品质的同时实现销售量的稳步上涨、知名度与美誉度的不断增加。茅台酒、朵贝茶及惠水黑糯米酒三件产品都是贵州人文历史悠久且具有较高产地环境要求的地理标志产品，是这片高海拔、低纬度的云贵高原下特定产物，具有独特的品质特色。也期望贵州入选的三件产品能够通过国际舞台达到增加出口贸易、拓宽销售市场等目的。

中欧地理标志产品互认需要经过国家质检总局的不同程序审核，才能递交到欧盟方进行中欧互认欧盟方认证审查阶段。中欧互认工作的开始是由国家质检总局牵头实施的，首先，国家质检总局要完成对上报的国家地理标志产品进行筛选，筛选出10个产品进行第一轮审查、接着进行第二轮认证审查，完成审查后递交至欧盟方等流程。而入选的产品在递交欧盟方前，需要提供一份具有中英文介绍的产品资料说明，该资料说明中需要呈现地理标志产品名称、受保护地理标志名称名录、申请者、中国/欧盟国原产地的保护、感官描述、地理区域的简单定义、与地理区域的关系、标签和使用的具体规划、负责审查产品规划方面的管理机构等信息。茅台酒进入中欧地理标志互认第二批"10+10"名单，在中方向欧盟方提交的中欧地理标志互认第二批"10+10"的10件地理标志产品名单中，"茅台酒"名列其中。

三 中欧地理标志互认对贵州地理标志产业发展的影响

为贵州地理标志产品提供国际平台，提供"一带一路"舞台的契机。入选的中欧互认地理标志产品，在国内本身已具有较高的市场知名度和销售基础，对国内消费者来说已获得高度认可。然而，各国之间区域文化、传播差异等因素造成各国优质地理标志产品不能得到其他国家消费者所认知。中欧互认制度的实行，无疑是为我国部分优质地理标志产品贴上了国际高质量、高信誉的标签。通过中欧地理标志互认保护，将有利于贵州省的地理标志产品销售到欧盟各成员国，逐步被欧盟各国消费者所了解、熟知并认可，大大提高了少数入选产品国际知名度和国际销售量的突飞猛增。虽然从2007年至今，只成功认证了两批"10+10"产品，但随着中欧互认工作的不断推进，第三批、第四批等产品都会逐渐被认证，中欧互认制度为中方和欧盟方提供了均等的机会，使中方优质产品逐渐走上国际化舞台。在第二批中欧"10+10"地理标志互认保护中，贵州能够以茅台酒、朵贝茶、惠水黑糯米酒三件地理标志产品入选保护，这在中方所提交的10个地理标志保护产品中，作为不可多见的三件产品同时来自贵州省内。中欧地理标志互认保护为贵州省地理标志产品的发展提供了一个高端平台，使产品获得欧盟通行证，大力推进了贵州省地理标志产品的国际化。同时，所获保护的产品，欧盟将按照27个成员国语言习惯，将产品翻译成27种语言，利于在各国进行保护。欧盟将按照中欧地理标志互认保护制度严格追究一切假冒和侵权行为。中方和欧盟方均按双方的承诺执行，对双方地理标志产品实现最大限度的保护和产业支持。

有利于贵州优质特色产品"走出去"，助推民族品牌建设。以正在认证的第二批名单中贵州入选的茅台酒、朵贝茶、惠水黑糯米酒三件优质地理标志产品来说，三件产品在当地甚至全国具有较高的知名度，其发展历史较为悠久，是当地特定的自然环境因素和丰富的人文历史因素共同孕育的产物。茅台酒、朵贝茶、惠水黑糯米三件地理标志产品不仅是贵州特色产品资源的代表，更是一种民族精品的代表。通过中欧互认制度的认可，实现了贵州茅台酒、朵贝茶、惠水黑糯米等独特产品"走出去"，走向国际市场。"走出去"的好处在于拓展了产品知名度的范围，对产品品牌的建设起着重要作用。在中欧互认保护制度的统筹下，有利于促进民族品牌的培育与建设。在"多彩贵州"的丰富内涵下，打造"多彩贵州·多彩地理标志"民族品牌。在我国优质的地理标志产品资源的基础上，促进民族品牌的建设。

通过中欧互认保护有利于贵州更好地融入"一带一路"，让贵州地理标志"从无为变有为"。"一带一路"，是国家应对全球形势深刻变化，统筹国内国际两个大局做出的重大战略决策，对促进资源优化配置，加快区域经济发展和开创全方位对外开放新格局具有重大意义。"一带一路"战略自提出以来，全国许多省份各自寻找自身定位，主动发挥区位优势、资源优势或技术优势，积极融入这一大战略。贵州地理环境优越，特色产品量大、质优，有着丰富的地理标志资源群。通过地理标志制度进行名称品牌与质量技术控制，一个优质的地理标志产品可以引导一个特色产业发展。

有助于全力提升地理标志产品质量，助推地方经济快速发展。已认证、正在认证的产品都是经过中方和欧盟方重重审查后的认证结果，对产品质量也是一遍遍抽查的，因此，产品质量是中欧互认的一个前提。同时，获得互认保护的产品也会制定相关标准用以确保产品质量。对已获认证或入选中欧互认的产品来说，中欧互认不单是一个名单，更是一个全面提升产品质量并

对其品质特色进行控制约束的一把利剑。另外，产品通过中欧互认制度提升了自身市场竞争力，有利于经济效益的实现，助推地方经济发展。

四 小结

中欧地理标志产品互认是我国地理标志保护国际化的重要契机，也为反思我国地理标志制度提供了新的视角。中欧地理标志"10+10"清单式的互认机制是以少数地理标志的互认为开始所进行的清单式互认保护。但该清单式的互认保护制度是不断发展并逐渐优化的，在目前中欧第一批与第二批"10+10"地理标志产品获互认保护的基础上，还将进行第三批、第四批等更多的地理标志互认保护，这些互认将促进中方和欧盟方在制定地理标志相关法律法规、注册程序、质量监管、法律保护等方面，对双方地理标志立法相互借鉴提供了良好的契机。

目前，中欧地理标志产品保护互认工作已扩大到农业部门、工商部门、质检部门的共同参与。已经从"10+10"扩大到"100+100"，第十四轮谈判已经结束，即将开始第十五论谈判，针对美国对中欧地理标志产品保护提出的新意见，谈判工作将进一步往前推进，贵州入围的惠水黑糯米酒、茅台酒、朵贝茶必将定格在贵州地理标志国际化的历程上面。

B.17
基于地理标志分析贵州省地理标志产品标准化目标与任务研究

曾仁俊 李发耀 姚 鹏*

摘 要： 地理标志产品标准化是地理标志产品保护的技术基础和核心，是有效保障特色产品质量，培育产品品牌，促进特色产业结构升级与转变发展方式的重要手段。以标准化为尺度，根据产品生产的各环节制定相应的要求、指标与标准，对产品生产管理的一系列过程进行有效的控制管理与监督管理，能够有效保证产品的质量特色。从而在保护特色产品质量与品牌的基础上，能有效做到保护和发展相统一，促进贵州优势地理标志产品特色产业的可持续性发展，更好地实现经济效益、社会效益与生态效益。

关键词： 地理标志 标准化 目标与任务

贵州具有得天独厚的自然环境条件与丰富的历史人文因素，优越的环境条件孕育了贵州丰富而极具价值的优势地理标志产品资源群。酒、茶、道地药材、果蔬、畜禽产品、小杂粮等特色资源丰富。这些特色的地理标志产品具有比较优势，但由于贵州地理标志产品大多数产于较为边远的少数民族聚集地区，受到长期以来较为滞后的生产与管理方式影响，不少生产加工企业

---

* 曾仁俊，贵州省地理标志研究中心助理研究员；李发耀，贵州省地理标志研究中心执行主任；姚鹏，贵州省社科院历史所。

及农户只是凭借传统经验进行生产和加工，缺乏合理而规范的标准化技术支撑，这样不仅产品质量上不去，品牌形象也无法得到保障，潜在的资源优势尚未有效转化成经济发展优势。因此，为促进优势地理标志产品的发展，需要制定并发布一系列的标准、要求和准则，实施地理标志产品标准化，使产品的生产销售从原材料、生产加工技术到产品的质量保证、检验检疫、安全卫生、包装运输等一系列环节实现标准化的生产和管理。

地理标志产品标准化是通过制定标准和实施标准，对产品产前、产中、产后的全过程进行标准化的生产和标准化管理。地理标志产品标准化对产品的原料、工艺、分类分级、检验方法、商品的包装、标志，以及运输条件、安全、卫生、环境条件等做出了严格的规定。对产地环境的要求与限制，保护了地理标志产品品质特色与产地环境的关联性；对生产加工的严格规范与工艺要求，从技术与工艺上保障了地理标志产品独特的品质；对感官特性、理化指标的严格控制、细化与规定，保证了地理标志产品独特的质量特色；对检验方法、检验规则、包装、采收、运输、贮存等环节进行严格的规范，从安全环境条件等层面进一步保障了地理标志产品的质量。地理标志产品标准化将地理标志产品生产管理过程中对质量的要求用标准形式固定下来，将质量管理纳入了规范化、科学化的轨道。

一　贵州省地理标志产品标准化存在的问题及分析

（一）贵州省地理标志产品标准化存在的问题

1. 标准制定不健全，缺乏完善的产品质量标准体系

由于长期以来较为滞后的管理方式与生产方式，大多数企业缺乏相关的产品生产标准、生产技术与标准化管理。在地理标志产品生产过程中，不少企业往往只是凭借传统经验进行生产和加工，生产分散、粗放经营、分散管理，使得地理标志保护的农产品没有发挥特殊性和差异化的独特优势。由于缺乏合理而规范的标准化技术支撑，农产品生产大部分没有形成标准，产品质量标准体系不完善，地理标志产品标准化体系尚不健全。

2. 标准制定对保护产品特色不明显，许多标准没能很好地突出品质优势

从已经制定发布的大多数地理标志产品的标准内容来看，不少产品标准没有特色指标，也不懂如何通过标准的强制性规定来体现与保护自身的自主核心技术。在地理标志产品标准制定中，需要针对产品独特的品质特色用标准的形式来保护自身产品优势。如果所制定的标准对保护产品特色不明显，没能很好地突出产品某一品质的优势，很容易造成地理标志产品混同于普通同类产品，从而一方面将导致降低地理标志产品在市场上的竞争力，另一方面也将不利于打击市场上的假冒伪劣产品，影响地理标志产品声誉与产业发展。

3. 地理标志产品标准化意识缺乏

在地理标志产业化过程中，大多数企业仍然沿用以往传统粗放的生产经营方式，对地理标志产品标准化体系的内涵和功效缺乏了解，受自身思想与知识的限制，标准化意识薄弱。而许多农户对地理标志产品标准化的有关基本知识也并不了解，而知晓的也知之甚少，因此广大农户并不能将标准化生产的具体规定和要求转化为自身的自觉行动。同时，一些地方政府和有关部门往往只是将地理标志产品标准化停留在口头上，缺乏具体措施和有效行为，没有真正把地理标志产品标准化工作列入议事日程。

4. 一些标准制定不从实际情况出发，缺乏实际

在一些地理标志产品标准的制定中，对某些具体标准的规定与要求却与现实生产中的很多实际情况存在着较大的差距，如某些工艺、设备和技术服务等有关内容达不到所定标准的规定。此种情况将不利于地理标志产品的保护及产业的发展。因此，地理标志产品标准的制定一方面应与产品实际、产业发展紧密地结合，制定出具有科学性、合理性和可操作性的具体规程与准则；另一方面要有效对地理标志产品标准化实施所带来的影响与后果进行充分的研究，制定更为合理而科学的地理标志产品标准。

5. 重标准制定而轻运用的现象还比较普遍

地理标志产品标准是经过一系列复杂而严谨的论证所制定的。但是，很多标准制定以后，企业在生产中、农户在使用中并没有严格按照所指定的标

准来进行。也就是说，标准已制定但是却没有得到很好的应用。因此，在以后的生产管理中，需要相关的权力部门对其进行监督管理，督促产品标准化的运用。

6. 产品标准化在实施过程中情况并不理想

由于企业内部各部门之间缺乏较为有效的沟通和协调，再加之受到技术水平与市场组织能力的限制，地理标志产品标准实施的情况并不理想。而大多数农户，由于缺少相关的标准方面的技术培训与知识培训，严重影响实际产品在标准化生产过程中的实施情况。

（二）地理标志产品标准化存在问题的原因分析

针对上述地理标志产品在标准化制定与实施中所存在的问题，其主要成因在于：一是没有统一而具体的相关规划，对于大部分标准的制定与实施来说，大多数尚处在一个自发和分散的状态，标准制定重点不突出，标准实施针对性不强，难以满足并适用于现代农业标准化、产业化、规模化发展的需要；二是在标准的具体实施过程中，缺乏有效的监督管理。由于监督和管理的缺位与缺失，使得标准并没有发挥出本身的作用与效益，如农药残留控制、畜药残留控制及种子和化肥等投入品的使用，若缺乏有效的监督与管理，就很难从源头上保障产品的安全性；三是在某些标准的制定中，对生产过程中的技术规范要求较多，但具体针对生产后的相关标准及系列标准较少，容易造成产品标准与市场及流通领域的断裂；四是在产品检测方面，由于有关地理标志产品检测方面的方式较为欠缺，检测设备较为滞后，使得某些产品的质量检测仅仅只是停留在感官指标的评定方面；五是针对标准化方面的知识宣传普及与知识培训力度还不够。大部分企业及农户标准化意识较为淡薄，对产品标准化实施的具体行动缺乏自觉性与主动性。

二 贵州省地理标志产品标准化机制分析

地理标志产品标准化是针对标准化的目的、任务与作用，通过制定、修订和实施地理标志产品标准所进行的一系列动态行为的总和。地理标志产品标准化因在不同层次和不同具体内容上进行,以形成纵向标准和横向标准内容丰富的标准体系。从纵向方面来看,根据国家、地方、企业、行业协会等标准制定主体的不同,相应形成不同的国家标准、地方标准、行业标准和企业标准。从横向方面来看,针对产品从源头、生产加工到销售的一系列环节,地理标志产品横向标准体系包括地理标志产品的产地环境标准、产品质量标准、生产技术标准以及包装、储运、标签等相关标准。

(一)地理标志制度推进中的地方标准制定与实施

国家质检总局在《地理标志产品保护规定》中,明确规定了地理标志产品标准制定的要求和程序。《地理标志产品保护规定》第十七条规定:"拟保护的地理标志产品,应根据产品的类别、范围、知名度、产品的生产销售等方面的因素,分别制定相应的国家标准、地方标准或管理规范。"[1]并在《地理标志产品保护工作细则》第十八条中要求:"保护申请批准公告发布后,省级质监机构应在3~6个月内,组织申请人按照公告中'质量技术要求'规定,在原有专用标准或技术规范的基础上,完善地理标志产品的标准体系,一般应以省级地方标准的形式发布,并报国家质检总局委托的技术机构审核备案。"[2] 由此可见,在地理标志的保护过程中,省级地方标准的制定是一个不断转化的过程。申请人在原有专用标准或技术规范的基础上,依据国家质检总局公告中的"质量技术要求"规定,以制定省级地方标准。

在地理标志保护制度中,通过地方标准(省级、县级)的制定,以标准化手段对地理标志产品的有关标准进行了相关规定,包括原材料要求(包括产品品种及类别、与产地环境气候土壤水质等方面的关联性、地域保护范围等)、工艺要求(包括固定工艺、关键工艺与关键设备、工艺中的安

---

[1] 2005年7月15日国家质检总局第78号令:《地理标志产品保护规定》第十七条规定。
[2] 2009年5月21日国家质检总局发布实施的《地理标志产品保护工作细则》第十八条。

全卫生和环保要求等）、产品质量要求（包括感官特色与理化指标、卫生指标，或产品的差异化与特异性指标规定等）、产品标识使用要求（包括地理标志产品专用标识使用方面的细节性规定等）、产品检测要求（包括产品取样、检测形式及判定规则等），通过地方标准的制定，对地理标志产品的产地环境、保护范围、生产加工技术及工艺、产品质量特色要求、检验方法、检验规则、包装、标签、运输、贮存等环节进行严格的规范，形成一个完整的地理标志产品从生产、销售到管理的规范体系，为地理标志产品的生产、销售、检验和质量保证提供了技术支撑，进一步有效地促进了地理标志产品的保护与开发，推动地方特色产业的发展。

（二）地理标志产品保护中的企业标准制定与实施

地理标志企业标准是指企业经营者在生产经营过程中所制定的地理标志产品技术要求与生产规范。地理标志企业标准是指导企业生产、经营和保护地理标志产品的依据。标准化法第6条规定："企业生产的产品没有国家标准和行业标准的，应当制定企业标准，作为组织生产的依据。企业产品标准须报当地政府标准化行政主管部门和有关行政主管部门备案。已有国家标准或者行业标准的，国家鼓励企业制定严于国家标准或者行业标准的企业标准，在企业内部适用。"[①]

由于我国大部分生产企业的规模不同、生产经营与管理方式不同，因此不同企业所提供的企业标准其质量也是参差不齐。在企业发展过程中，可以根据自身需要及产品特色选择制定具有不同要求的地理标志产品企业标准。在激烈的市场竞争中，产品质量起着重要性的作用。为了在激烈的竞争中发展产业，扩大规模，企业可以根据自身的实际情况，制定高于上级标准的企业标准。一方面对地理标志产品的名称和质量特色可以进行很好的保护，另一方面可以与同类竞争产品进行区分，保障地理标志产品品牌，增强市场竞

---

① 《中华人民共和国标准化法》于1988年12月29日修订通过，自1989年4月1日起施行；本处引用其第六条规定。

争力，促进产业发展。在对地理标志产品的销售过程中，针对有差异性的地理标志产品，企业可以进行分级，按照一定级差将地理标志产品遴选档次并以不同的价格售出，以满足消费者的多元化需求。

（三）地理标志产品质量技术要求与特色产业目标与任务

国家质检总局对地理标志保护的产品以批准公告的形式发布确认。在所发布的批准公告中，明确发布了所获保护的地理标志产品的质量技术要求。地理标志产品的质量技术要求，对地理标志产品的名称、种植技术、生产加工工艺、感官特色、理化指标、安全生产指标等方面做出了明确的规定和要求。地理标志产品的质量技术要求就是将这些产品的原材料、特色质量和技术、工艺及生产环境加以明确和固化，进而便于监管部门实施质量监控、产地政府实施质量保护，促进生产者更好地进行自我管理。

通过质量技术要求，种植产品规定种植、管理、采收，养殖产品规定养殖条件、养殖方式、育成管理，加工产品规定原料、加工工艺、操作技术要点，规范化的技术和要求，极大地促进了产地环境保护，及相关技术指标的规定，对地理标志产品的质量控制及安全指标控制起着重要的作用。

三 地理标志产品标准化情况分析

地理标志产品标准化，对保障地理标志产品质量，合理利用地理标志资源，培育地理标志品牌具有重要意义。

（一）贵州省地理标志产品标准化情况调查

表1 贵州省国家地理标志产品地方标准清单（2016年3月底贵州省质监局发布）

序号	标准名称	标准编号
1	地理标志产品 正安白茶	DB52/T 835 – 2013
2	地理标志产品 剑河钩藤产品标准	DB52/T 751 – 2012
3	地理标志产品 威宁党参	DB52/T 850 – 2013

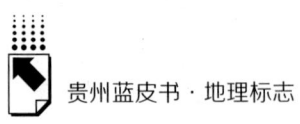

续表

序号	标准名称		标准编号
4	地理标志产品	沙子空心李	DB52/T 914－2014
5	地理标志产品	丹寨硒锌米	DB52/T 553－2014
6	地理标志产品	盘县火腿	DB52/T 863－2013
7	地理标准产品	岩脚面	DB52/T 889－2014
8	地理标志产品	赫章半夏	DB52/T 933－2014
9	地理标志产品	赫章核桃	DB52/T 934－2014
10	地理标志产品	龙里刺梨	DB52/T 936－2014
11	地理标志产品	罗甸艾纳香	DB52/T 937－2014
12	地理标志产品	茅贡米	DB52/T 938－2014
13	地理标志产品	铜仁红薯粉丝	DB52/T 939－2014
14	地理标志产品	惠水黑糯米酒	DB52/T 935－2014
15	地理标志产品	红心猕猴桃	DB52/T 985－2015
16	地理标志产品	锡利贡米	DB52/T 1054－2015
17	地理标志产品	罗甸火龙果	DB52/T 1059－2015
18	地理标志产品	大方漆器	DB52/T 946－2014
19	地理标志产品	习酒	DB52/T 1029－2015
20	地理标志产品	凯里红酸汤	DB52/T 986－2015
21	地理标志产品	鸭溪窖酒	DB52/T 738－2013 代替 DB52/T 738－2011
22	地理标志产品	黎平香禾糯	DB52/T 541－2014
23	地理标志产品	凤冈锌硒茶	DB52/T 489－2015
24	地理标志产品	石阡苔茶	DB52/T 532－2015 代替 DB52/T 532－2007
25	地理标志产品	雷山银球茶	DB52/T 713－2015 代替 DB52/T 713－2011
26	地理标志产品	正安白茶	DB52/T 835－2015 代替 DB52/T 835－2013
27	地理标志产品	修文猕猴桃	DB52/T 985－2015
28	地理标志产品	凯里红酸汤	DB52/T 986－2015
29	地理标志产品	从江香猪及其系列肉制品	DB52/T 987－2015
30	地理标志产品	施秉太子参	DB52/T 991－2015
31	地理标志产品	凤冈锌硒茶加工技术规程	DB52/T 1003－2015
32	地理标志产品	石阡苔茶加工技术规程	DB52/T 1014－2015
33	地理标志产品	雷山银球茶加工技术规程	DB52/T 1015－2015
34	地理标志产品	正安白茶加工技术规程	DB52/T 1016－2015

续表

序号	标准名称	标准编号
35	地理标志产品 黎平茯苓种植技术规程	DB52/T 1056－2015
36	地理标志产品 绥阳金银花	DB52/T 1060－2015
37	地理标志产品 红岩葡萄	DB52/T 1061－2015
38	地理标志产品 织金头花蓼	DB52/T 1062－2015
39	地理标志产品 织金续断	DB52/T 1063－2015
40	地理标志产品 白旗韭黄	DB52/T 1064－2015
41	地理标志产品 道真玄参	DB52/T 1065－2015
42	地理标志产品 洛党参	DB52/T 1066－2015
43	地理标志产品 兴仁薏（苡）仁米	DB52/T 1067－2015
44	地理标志产品 朵贝茶	DB52/T 1070－2015
45	地理标志产品 水城春茶	DB52/T 1076－2016
46	地理标志产品 水城小黄姜	DB52/T 1075－2016
47	地理标志产品 盘县刺梨果脯	DB52/T 1079－2016
48	地理标志产品 六盘水苦荞米	DB52/T 1077－2016
49	地理标志产品 六盘水苦荞茶	DB52/T 1078－2016
50	地理标志产品 四格乌洋芋	DB52/T 1080－2016

（二）优势地理标志产品标准化个案分析

1. 酒类地理标志产品标准化个案分析

以习酒为例。为保障与提高习酒品质特色与促进习酒产业发展，2010年11月25日，贵州习酒有限责任公司发布 Q/XJ 0001S—2010《酱香型白酒》企业标准，自2010年12月1日起实施。本标准适用于本公司生产的以高粱为原料、小麦制曲、两次投料、多次发酵、多次蒸馏，经贮存勾兑而成的酱香型白酒。2013年，贵州茅台酒厂（集团）习酒有限责任公司发布新的企业标准 Q/XJJ1—13《习酒技术标准》，其中包括 Q/XJJ1.1《原材料进厂验收办法》、Q/XJJ2《中温曲技术条件》、Q/XJJ3《浓香型糟醅技术条件》、Q/XJJ4《新酒入库质量分级标准》、Q/XJJ5《待装酒质量要求》、Q/XJJ8《成品酒包装质量检验办法》、Q/XJJ9《酱香型待装酒生产过程控制》、Q/XJJ12《产品包装文字标识规范》、Q/XJJ13《新酒入库验收办法》等企业标准。此外，《习酒生产加工技术规范》也极大地完善与丰富了地理标志产品习酒的标准化体系。2015年3月15日，贵州省质量技术监督局发布公告，批准DB 52/1029—2015《地理标志产品习酒》省级地方标准，自2015年9月15日起实施。

2. 道地药材地理标志产品标准化个案分析

以赫章半夏为例。赫章半夏为贵州省道地药材，在贵州中药市场有"赫章半夏，三分天下"的说法。2011年8月11日，赫章县质量技术监督局发布县级地方标准DB522428/T011—2011《赫章半夏栽培技术规范》。本规范按我国中药材GAP规范化生产的综合技术要求，对赫章半夏生产中的选地、种子处理、播种育苗、田间管理、病虫害防治、良种繁育、采收等作了规范化研究制定。2014年9月28日，贵州省质量技术监督局发布公告，批准DB 52/T 933—2014《地理标志产品赫章半夏》贵州省地方标准，自2014年10月28日起实施。同时，为保证赫章半夏的产品质量，制定了《赫章半夏GAP规范化种植标准操作规程（SOP）》，探索出一套适于在生产实践推广的半夏稳产高产、品质优良的种植技术。其规程对半夏生产中的选地、种植、田间管理、病虫害防治，采收加工及包装贮运等技术制定了相应规程。本规程适用于贵州省毕节地区赫章县海拔在1800~2300米乡镇等地区及条件相似的半夏产地种植区域。

3. 小杂粮类地理标志产品标准化个案分析

以兴仁薏（苡）仁米为例。2012年7月15日，兴仁县质量技术监督局发布县级地方标准DB522322/T01—2012《兴仁薏仁米栽培技术规程》。本标准规定了兴仁薏（苡）仁米的种植环境要求、种苗繁育、栽培管理、病虫害防治、采收贮藏等技术要求。本标准适用于黔西南州境内薏（苡）仁米栽培种植与采收管理。2015年9月16日，贵州省质量技术监督局发布公告，批准DB52/T 1067 - 2015《地理标志产品兴仁薏（苡）仁米》贵州省地方标准，自2016年3月16日起实施。该标准规定了兴仁薏（苡）仁米的术语和定义、保护范围、环境要求、检验规则、感官指标、理化指标等方面的内容。2015年9月16日，贵州省质量技术监督局发布公告，批准DB52/T 1068 -

2015《贵州薏苡栽培技术规程》省级地方标准，自2016年3月16日起实施。本标准规定了薏苡的环境要求、种子处理、田间管理、病虫害防治、采收贮藏等技术要求。本标准适用于贵州省境内薏苡栽培种植与采收管理。

四 地理标志产品标准化目标与任务实施建议

（一）推进地理标志产品标准化体系建设的建议

1.加快制定优势地理标志产品相关质量标准，完善地理标志产品质量标准体系

针对不同地区各具特色的地理标志产品，各地区应根据自身实际制定适合本地区特色农产品发展需要的质量标准。首先，地理标志产品质量标准体系的建立，需要政府及相关部门、有关技术专家及技术人才的协调配合。政府发挥职能优势负责组织人员参与，有关部门进行配合帮助，相关的技术方面专家进行指导，在已有的地理标志产品国内外标准的基础上，制定出与本地区地理标志产品及产业发展相符的质量标准。其次，从不同层面上完善地理标志产品的质量标准体系。加快制定地理标志产品相关质量标准，应不断建立和完善以国家标准、地方标准为主，企业标准与农业规范为辅的较为完整的农产品质量标准体系。最后，从标准内容来看，应不断完善地理标志产品有关的系列标准，完善产品质量标准体系。通过产地环境标准、种子种苗标准、种植技术规程、养殖技术规程、生产加工技术规程、产品环境要求、卫生条件标准等系列标准的制定与完善，不断丰富地理标志产品从原材料、生产加工到销售管理等每个环节的标准规范。通过对每个环节实行统一标准，使地理标志产品生产的每一个环节都纳入标准化管理的轨道，严格控制与规范地理标志产品生产加工。

2.建立地理标志产品标准化示范基地

实施地理标志产品标准化，基础在建立标准体系，重点在示范带动。地理标志产品标准化示范基地的建设和推广是地理标志产品标准化的重要内容，对此需要政府加大协调与推动力度，重点建立示范区，大力培育示范户，典型引路，以点带面扩大推广范围，加快与推进标准化示范基地建设；并严格执行标准、梯次推进，挑选一批农业科技示范户进行示范引导，形成标准化示范体系，起到良好的示范引导作用，推动地理标志产品标准化不断完善和向前发展。

3. 加强地理标志产品标准化公共服务平台建设

为有效推动地理标志产品标准化体系的建立，需要政府及相关职能部门推动，构建地理标志产品标准化公共服务平台。一方面，建立地理标志产品标准化信息服务平台。针对地理标志产品标准化建设方面的一系列问题，信息服务平台能够通过大量的有关标准化方面的信息与数据为其提供较为完善的服务信息，为标准化建设方面的一些问题提供信息咨询服务，进行答疑解惑。另一方面，需要构建地理标志产品标准化的综合服务体系。对企业及农户在进行标准化建设过程中所遇到的一些困难，可以对其提供专项服务。通过具体生产过程中的专业性服务解决农业标准化生产中的一些技术障碍问题，促进地理标志产品标准化的建设。此外，充分发挥政府的规划、管理、服务、监督功能与公共服务职能，为地理标志产品标准化发展创造宽松的环境。

（二）地理标志产品标准化推进实施的建议

地理标志产品标准化的实施过程即是技术产出和技术推广相结合的过程。地理标志产品标准的制定及标准体系的建立，是产品标准化的第一步，地理标志产品标准需要推广和实施，才能变成现实的效益和成果。

1. 生产者按产品标准化体系进行标准化生产与管理

生产者需按照标准化体系进行种植加工，按照标准化统一品种，统一种植，统一加工，统一管理，统一采收，统一分级，统一包装，统一品牌，统一定价，统一销售。生产者按照国家标准、行业标准、地方标准及企业标准等标准，运用科学的种养技术和方法组织进行生产，使产出的地理标志产品能够达到绿色、无公害要求，有效推进地理标志产品标准化实施。

2. 发挥政府主导作用，推进地理标志产品标准化实施

（1）发挥政府在保障地理标志产品标准化生产中的主导作用，出台有关保障地理标志产品标准化实施的相关政策，如产业保护条例的出台、招商引资、土地出让、财政扶持与投入、税收减免、特色农产品价格补贴、农业灾害补偿等，为推进地理标志产品标准化提供政策保障与支撑。

（2）发挥政府主导作用，引导与支持建立标准化实施的组织载体。标准化的具体实施需要有一定的载体来执行，在政府的政策与支持下，通过农产品企业和农业生产协会或合作社来推动标准化具体标准的执行与实施。

（3）加大标准化宣传，强化地理标志产品标准化意识。要充分利用广播、电台、报刊等新闻媒体，广泛宣传政府已出台的地理标志产品标准化生产政策及相关已制定的标准，不断增强生产者、经营者的地理标志产品标准化生产意识，引导他们在生产中科学使用化肥、农药、兽药、饲料添加剂等农业生产资料，并严格按照规定标准生产和加工地理标志产品。

（4）加强培训，指导地理标志产品产地农民进行标准化生产。

附 录
Appendix

B.18
贵州省地理标志大事件

张 燕[*]

2017年

1月,国家质检总局发布上一年度贵州参评的地理标志品牌价值评估结果,贵州茅台酒2755.90亿元,都匀毛尖茶211.49亿元,德江天麻18.09亿元,朵贝茶15.83亿元,盘县火腿10.23亿元,修文猕猴桃6.42亿元。

3月,国家质检总局在贵阳召开习水麻羊、习水红茶、核桃箐核桃、花秋土鸡、桐梓蜂蜜、湄潭翠芽、遵义红茶、普定高脚鸡地理标志产品保护技术审查,贵州新增8个地理标志保护产品。

5月,农业部在北京召开威宁苹果、威宁黄梨、毕节椪柑、沿河白山羊、琊川锌硒米、兴义黄草坝石斛、清镇酥李、镇宁蜂糖李、镇宁樱桃地理

---

[*] 张燕,贵州省社会科学院图书信息中心副主任/副研究馆员。

标志保护技术审查，贵州新增8个农产品地理标志保护。

6月，黔南州申报筹建的贵州省第一个国家地理标志产品保护示范区（都匀毛尖茶）获国家质检总局批准成立。

7月，贵州地理标志产业化促进工程再掀高潮，省科技厅（省知识产权局）下发了《关于申报2017年度贵州省地理标志产品产业化项目的通知》（黔知发〔2017〕15号），启动2017年度我省地理标志产品产业化项目实施工作。本年度项目以助力精准扶贫，助推"黔货出山"，培育农特产品品牌为目标，首次以地理标志产品申请人或注册人为申报和实施主体，首次在试点项目的基础上启动示范项目，增加"有机、绿色、无公害"认证、产品技术创新、质量追溯体系建立。

7月，贵州省质量技术监督局标准化处组织安顺蜡染、白果贡米、金沙回沙酒、六枝龙胆草、落别樱桃等17个地理标志产品省级地方标准评审，贵州新增17个地理标志产品省级地方标准，助推贵州地理标志产品保护及产业化工程实施。

7月，贵州省工商局推动非物质文化遗产地理标志保护工作。

7月，贵州省质量技术监督局在都匀召开地理标志示范区观摩与推进会议。

2016年

1月，国家质检总局发布核准109家企业使用地理标志保护产品专用标志公告，其中，贵州省大方县贵宝漆器工艺品有限责任公司等11家公司经过系列申请流程，获得第一批大方漆器地理标志产品专用标识；贵州六枝特区岩脚大畅面业有限公司等2家公司经过系列申请流程，获得第一批岩脚面地理标志产品专用标识。

2月，六盘水市人民政府办公室发布《六盘水市地理标志产品保护示范区创建工作实施方案（2016~2020年）》六盘（水府办函〔2016〕9号），该实施方案建设目的是为认真贯彻落实国家质检总局和省委、省政府关于做好地理标志产品保护工作的安排部署，强化地理标志保护产品集聚效应，加强地理标志保护与"资源变资产、资金变股金、农民变股东"有机融合，促进农民增收和农业转型升级，加快地理标志产品保护规范化建设进程，促进地理标志产品保护与经济、社会、贸易、文化、旅游、生态建设协调发展。

3月，贵州省质监局发布了地理标志产品地方标准清单。截至2016年3月底，在贵州质监局发布的地理标志产品地方标准清单中，贵州现共有56个国家地理标志产品已制定地理标志产品的省级地方标准。

4月，贵州省国家地理标志保护产品助推贵州大扶贫战略行动培训会在贵阳召开。会上，国家质检总局科技司副巡视员裴晓颖、省质监局分管领导出席会议并讲话，四川省地理标志保护专家何功义作了经验性交流发言，黔南州人民政府副州长杨从明受邀作了地理标志保护助推扶贫战略的工作交流发言。会上，省质监局分管领导强调，要充分认识地理标志保护工作的重要性，并对"十三五"时期地理标志保护工作作了部署和安排，要求各级质监部门要主动作为，积极组织地理标志产品培育、申报、宣传引导及推广应用，努力挖掘地理标志保护产品在贵州精准扶贫工作中的潜能，为贫困地区脱贫致富全面建成小康社会发挥最大效用。

5月，国家质检总局发布核准235家企业使用地理标志保护产品专用标志公告，其中，贵州省正安县乐茗香生态有机茶叶有限公司等5家公司经过系列申请流程，获得第一批正安白茶地理标志产品专用标识；贵州修文猕香苑生态农业科技发展有限公司等7家公司经过系列申请流程，获得第一批修文猕猴桃地理标志产品专用标识。

6月，2016年第二次农产品地理标志登记专家评审会在北京举行。贵州省有安顺金刺梨、关岭火龙果、关岭牛、平坝灰鹅、龙里豌豆尖、保田生姜、梵净山茶、从江香禾糯等8个农业部地理标志产品参与评审。

7月，农业部发布中华人民共和国农产品地理标志登记公示2016年第二批，此次公示中共有全国41个农业部地理标志产品，其中安顺金刺梨、关岭火龙果、关岭牛、平坝灰鹅、龙里豌豆尖、保田生姜、梵净山茶等7个农业部地理标志产品在名单之列。

7月8日，国家质检总局发布批准麻江蓝莓等37个产品实施地理标志产品保护公告（2016年第63号），麻江蓝莓、普安四球茶、普安红茶、盘州红米、关岭桔梗、关岭火龙果、保基茶叶等7个产品在名单之列。

7月19日，遵义市质监局开展2016年地理标志保护产品专项监督检查工作，主要目的是为加强地理标志保护产品监督管理，对遵义市2015年12月之前获得保护的19个国家地理标志保护产品进行普查及产品抽查。

7月27日，贵州省质监局从全省各地申报的78个产品和10个示范区中，遴选50个地理标志产品和5个产品保护示范区作为"十三五"期间重点培育对象。

8月，贵州省铜仁市沿河县《沙子空心李生产技术综合标准体系》（TB52/SZKXL 001.–2016）发布实施，该标准体系是贵州省首个国家地理标志保护产品团体标准。该标准体系包括《沙子空心李栽培生产技术规程》、《沙子空心李苗木生产技术规程》、《沙子空心李病虫害防治技术规程》、《沙子空心李商品化处理技术规程》4个技术标准。

9月，贵州省质监局发布《贵州省质监局"十三五"期间重点培育的地理标志产品遴选目录》和《贵州省质监局"十三五"期间重点培育的地理标志产品保护示范区遴选目录》。两个目录的出台，是省质监局为深入推进省委、省政府大扶贫战略行动，精准挖掘本省地理标志资源，夯实"十三五"期间贵州地理标志保护精准扶贫基础，促进资源优势尽快转化为经济优势而实施的重要举措之一。该两个目录是在各市（州）、县政府积极自主申报，经省质监局组织专家遴选审查确定，包含全省61个具备一定的地理标志产品保护属性的产品和8个地方政府地理标志产品保护工作推进良好、产品对周边和其他相关产业发展能起到示范带动作用的区域。纳入目录的产品和示范区，将获得省质监局在国家地理标志保护产品培育申报和国家地理标志产品保护示范区申报创建方面的重点帮助和支持。

10月，贵州省社科院贵州地理标志研究中心准备地理标志产品奖励申报材料，组织全省29个地理标志产品申报省科技厅（省知识产权局）2016年奖励资助，经过审查，29个地理标志产品全部获奖励资助共58万元，奖励对象为各地理标志产品地方申报方（2016年度科技厅共奖励资助地理标志产品35个）。

11月，贵州省科技厅（知识产权局）第七批地理标志产品产业化促进工程启动，兴仁薏仁米（质检）、盘县刺梨果脯（质检）、长顺绿壳鸡蛋（农业）、沙子空心李（工商）、松桃苗绣（工商）等五个产品推进产业化工程，每个产品获40万元经费。

12月，"贵州绿茶"获得农业部农产品地理标志保护。

2015年

1月1日，由国家质检总局主编，中国质检出版社、中国标准出版社出版的《中国地理标志产品大典（贵州卷一）》正式发行。本书以宣传普及地理标志产品、弘扬民族传统文化为立足点，主要从地理环境、文化背景、文化积淀、品牌建设、知识链接等版块对地理标志产品进行了详细的介绍。《中国地理标志产品大典（贵州卷一）》的正式发行，在贵州省不少市、县引起了非常好的反响。"贵州卷地理标志产品大典"丰富而具内涵地描绘了贵州茅台酒、惠水黑糯米酒、凯里红酸汤、三穗鸭、剑河钩藤、黎平香禾糯、黎平茯苓、锡利贡米、榕江小香鸡、从江香猪、雷山银球茶味、锡利贡米、镇宁波波糖等多个地理标志产品，给读者展现了一个具有独特而别样魅力的多彩贵州。

5月27日，省农委印发《关于开展2015年农产品地理标志综合检查的通知》（黔农办发〔2015〕175号）。为深入贯彻落实全国"三品一标"工作会议精神，进一步强化农产品地理标志证后监管和知识产权保护意识，按照农业部通知要求，省农委决定开展2015年农产品地理标志综合检查。

6月30日，为贯彻落实省委、省政府主基调主战略，主动适应经济发展新常态，以实施质量兴省为主线，加强国家地理标志产品保护对贵州经济贸易发展促进作用，激励保护积极性，推广保护经验，培育国家级示范区，扎实推动贵州地理标志保护工作科学发展，省质监局发布了《贵州省地理标志产品保护示范区创建工作指导意见（试行）的通知》（黔质技监科

〔2015〕80号）。

8月4日，贵州省政府新闻办组织召开2015年贵州省中药民族药产业统计公报新闻发布会，省科技厅和省统计局公布了2015年度贵州省中药民族药产业发展状况及主要数据，贵州省已有29个中药材品种获得国家地理标志产品保护。六枝龙胆草和水城小黄姜两个品种分别于2015年4月、8月获得国家地理标志产品保护。

9月7日，从贵州省黔南州政府获悉，经国家质检总局同意，贵州首个国家级地理标志保护产品示范区获批筹建。2015年，贵州省正式向国家质检总局申报创建都匀毛尖茶国家地理标志产品保护示范区，日前获得国家质检总局同意筹建批复。

9月22日，贵州、四川两省质监局加强国家地理标志保护工作合作会议在贵阳召开。为加强对中西部地区地理标志保护工作力度，结合四川、贵州地理标志保护工作推进实际，贵州省、四川省两地质监局在贵州省贵阳市国检中心园召开地理标志保护工作合作专题会议，并经共同协商达成四方面协议：一是政府支持政策共享。双方就近年来当地政府推进地理标志产品保护工作方面出台的政策、工作措施、经费支持情况等进行共享、交流、借鉴；二是示范区创建经验共享。双方进行创建国家地理标志产品保护示范区试点工作的成功做法和经验交流，落实双流县和正安县结对开展工作；三是提高地理标志人才队伍素质。双方开展地理标志人才队伍的业务交叉培训和心得交流工作；四是开展地理标志保护工作专题研讨。针对地标产品保护工作中双方共同存在的困难和问题，采取适当的方式开展专题研讨，共同研究讨论解决问题的方案，交流工作经验，扎实推进川黔地理标志保护工作。

10月30日，据省质监局获悉，贵州省国家地理标志产品保护工作再上新台阶。现贵州省共获批国家地理标志保护产品82个，产品保护数位居全国第4位。

2014年

1月3日，贵州省目前已有7种茶叶产品获国家地理标志保护。日前，国家质检总局正式批准"开阳富硒茶"为国家地理标志保护产品。这是开阳县首次获得国家地理标志保护产品，也是贵州省第7种茶叶产品。此前，贵州省梵净山翠峰茶、余庆苦丁茶、凤冈富锌、富硒茶、石阡苔茶、都匀毛尖茶、正安白茶已经被国家质检总局批准为国家地理标志保护产品。

12月26日，贵州地理标志保护产品增速位居全国第二。全年有23个产品获质检总局地理标志公告保护，较2013年增长64%。截至目前，全省共有67个地理标志保护产品，产品类别涉及酒、茶叶、中药材、水果、粮油、蔬菜、加工食品、养殖等八大类产品，21个产品83家企业获准注册使用地理标志产品专用标志。从地域分布上看，67个产品分布全省9个市（州）的48个县，累计获公告保护产品最多的是遵义市，达到14个；2014年获公告保护产品数量最多的是六盘水市，达到5个；专用标志使用率最高的是铜仁市，达到71%。2015年全省地理标志产品申报工作的重点有五项：一是组织专门力量，开展摸底调查，建立全省地理标志产品资源库；二是推动至今未成功申报地理标志保护产品的区、县实现零的突破；三是探索建立首个国家地理标志示范区，发挥示范区的示范和辐射带动作用；四是挖掘文化内涵，加大地理标志产品的宣传力度；五是健全质量管理体系，综合提升地理标志品牌价值。

2013年

1月9日，贵州省地理标志研究中心首次工作会议召开。贵州省地理标志研究中心召开首次工作会议，会议由贵州省社科院院长吴大华主持，会议内容总结中心成立以来开展的成绩和对今后工作的打算。

6月，从贵州省知识产权局获悉，安顺山药被列入全省第三批地理标志产业化促进工程项目，项目实施周期为2年。

12月，从贵州省知识产权局获悉，在政策激励下，2013年全省各地积极开展地理标志保护申请工作，全省新增申请和获批的地理标志共计22个。另外，对贵阳折耳根、永乐艳红桃、花溪辣椒、晴隆绿茶、惠水黑糯米酒、龙里刺梨、盘县火腿、盘县核桃等8个2013年新获得保护地理标志产品实行地理标志奖励政策，兑现共计16万元奖金。

2012年

2月，威宁荞酥、上关六月李成功申报地理标志证明商标。

3月，黄果树毛峰、罗甸艾纳香获国家质检总局国家地理标志产品保护。

7月，龙里刺梨、鸭溪窖酒、大方圆珠半夏获国家质检总局国家地理标志产品保护。

8月，铜仁红薯粉丝、惠水黑糯米酒、盘县火腿获国家地理标志产品保护。

针对贵州省丰富的特色产品资源，为深入落实科学发展观，全面贯彻党的十八大和"国发2号文件"精神，贵州省社科院决定围绕省委省政府中心工作，助力"两加一推"战略，在院内以精兵强将组建贵州省地理标志研究中心，推进贵州省特色产品地理标志保护和特色产业发展。中心由院长吴大华兼任主任，院内地理标志专家李发耀任执行主任。贵州省地理标志研究中心的成立为今后科研工作打造了更好的平台，地理标志研究专业团队的组建，将进一步增强贵州省地理标志研究工作的科研实力。中心从不同专业领域的视角对地理标志深入研究，让科研成果融入地方党委和政府的决策，充分发挥贵州省社科院的智库作用，更好地为贵州地方经济社会发展做贡献。

2011年

3月，贵州省质监局下发了《关于进一步加强地理标志产品保护监管工作的通知》，要求各市（州、地）质监部门强化地理标志的宣传推广和管理工作，规范地理标志保护管理工作，保证地理标志保护产品的质量和特色。清镇市刘姨妈风味食品厂、镇宁功达波波糖食品有限公司和黔南州都匀毛尖茶有限责任公司等23家企业相继申报并获准地理标志产品专用标志的使用，企业使用专用标志总数达到48家。

3月28日，坡贡小黄姜成功申报地理标志证明商标。

5月12日，正安白茶、正安野木瓜、剑河钩藤获国家质检总局国家地理标志产品保护。

7月28日，紫云花猪、紫云红芯红薯成功申报地理标志证明商标。

8月18日，威宁党参获国家质检总局国家地理标志产品保护。

2010年

1月，贵州"都匀毛尖茶"等17件地理标志产品及287件农特产品相关信息已全部录入贵州地理标志信息网。

2010年，为了促进地理标志的利用工作，推动产业化发展，省知识产权局在全省开展了地理标志产业化推进工程，出台了《贵州省地理标志产品产业化促进工程项目管理暂行办法》，对地理标志产品进行产业化实施资助。

9月30日，织金竹荪、镇宁波波糖、大方漆器获国家质检总局国家地理标志产品保护。

11月，织金竹荪获工商总局地理标志证明商标；11月23日，都匀毛尖茶获国家质检总局国家地理标志产品保护。

12月24日，2010年第九批国家农产品地理标志登记公示（中华人民共和国农业部公告第1517号），贵州省安顺山药经过初审、专家评审和公示，审核通过并准予登记。

2009年

1月14日，省人民政府办公厅下发了《关于加强农特产品地理标志工作 大力促进贵州省农特经济发展的意见》（以下简称《意见》）（黔府办发〔2009〕2号）。《意见》共分四部分，在强调了地理标志制度促进现代农业发展的重要意义和明确了推进农特产品地理标志工作的指导思想和主要目标后，

《意见》提出了推进农特产品地理标志工作的相关措施，设定了全省农特产品地理标志保护的目标，决定全省经过五年至十年的时间，建立起对全省农特产品实行有效管理和保护的地理标志保护体系。

2月，省知识产权局、省农委、省工商局、省质量技术监督局、贵州出入境检验检疫局等5部门联合发布了《贵州省地理标志产品保护建议目录》。该《建议目录》覆盖了全省9个市（州、地）和90%以上的县（市、区、特区）。《建议目录》分三个层次编制：全省重点推进的地理标志农特产品、各市（州、地）重点推进的地理标志农特产品和各地可择机推进的地理标志农特产品；其中，省级重点30个，市（州、地）重点136，择机推进的有121个。

2009年，省知识产权局、省农委、省工商局、省质量技术监督局、贵州出入境检验检疫局等5部门联合制定出台《贵州省农特产品地理标志管理工作指导意见》（黔知发〔2009〕42号）。《贵州省农特产品地理标志管理工作指导意见》进一步明确了全省地理标志工作统筹协调机制，明确了跨行政区域分布情况下的地理标志申请和管理机构确定制度。

2009年，省知识产权局已先后对石阡苔茶、顶坛花椒、连环砂仁、玉屏箫笛、平坝灰鹅、黎平香禾糯、清镇黄粑、从江椪柑、安顺山药等9个获得了地理标志产品保护的农特产品给予每个2万元奖励资助。

2009年12月，贵州省地理标志信息平台——"贵州地理标志信息网"建成开通。设立贵州地理标志信息网主要目的是推介贵州省地理标志产品，宣传普及地理标志基础知识和发布地理标志工作政策措施、新闻动态及贵州省地理标志保护建议名录。贵州地理标志信息网使得全省地理标志工作统筹协调机制有了具体的电子信息平台，使得多口管理的地理标志工作有了统一的对外宣传网络平台。

B.19
2016年贵州省地理标志产品数量统计

张 燕*

　　截至2016年12月31日,通过对国家工商总局、国家质检总局、农业部公布的地理标志数据进行收集、整理,目前贵州省共有169件地理标志产品。其中,经国家质检总局获批的国家地理标志产品有109件,经国家工商总局注册的地理标志证明商标为54件,经农业部登记的农产品地理标志为35件。因有25件产品获两个部门或三个部门同时保护,故重复不计,实际贵州九个地州市地理标志产品数量总计为169件。

　　在贵州省九个地州市中,贵阳市地理标志产品有10件、遵义市地理标志产品有33件、安顺市地理标志产品有18件、毕节市地理标志产品有22件、铜仁市地理标志产品有14件、六盘水市地理标志产品有20件、黔西南布依族苗族自治州地理标志产品有14件、黔南布依族苗族自治州地理标志产品有18件、黔东南苗族侗族自治州地理标志产品有20件。其中,遵义市为目前贵州省地理标志产品数量最多的地区,毕节市次之,贵阳市地理标志产品最少。

表1　2016年贵州省地理标志产品保护情况统计

序号	地区	国家质检总局	农业部	国家工商总局	小计
1	贵阳市	清镇黄粑、清镇酥李、开阳富硒茶、红岩葡萄、开阳富硒枇杷、修文猕猴桃(6件)	花溪辣椒、永乐艳红桃、息烽西山贡米(3件)	贵阳折耳根、修文猕猴桃(2件)	10件(1件产品获多部门同时保护)

---

* 张燕,贵州省社会科学院图书信息中心副主任,副研究员。

2016年贵州省地理标志产品数量统计

续表

序号	地区	国家质检总局	农业部	国家工商总局	小计
2	遵义市	茅台酒、余庆苦丁茶、凤冈富锌富硒茶、赤水金钗石斛、虾子辣椒、茅贡米、绥阳金银花、鸭溪窖酒、正安娃娃鱼、正安白及、正安野木瓜、正安白茶、习酒、道真玄参、道真洛党参、桐梓方竹笋、道真灰豆腐果、道真绿茶（道真硒锶茶）、务川白山羊、赤水晒醋、习水红稗、白果贡米、遵义杜仲（23件）	赤水竹乡乌骨鸡、凤冈锌硒茶、湄潭翠芽、黔北黑猪、黔北麻羊、遵义烤烟（6件）	余庆苦丁茶、仁化酱香酒、湄潭翠芽、遵义红（茶）、遵义朝天椒（腌制）、遵义朝天椒（蔬菜）、正安白茶、绥阳金银花、绥阳土鸡、凤冈锌硒茶、道真玄参（11件）	33件（6件产品获多部门同时保护）
3	毕节市	织金竹荪、大方天麻、大方漆器、威宁党参、大方圆珠半夏、赫章半夏、赫章核桃、织金续断、织金头花蓼、金沙回沙酒、禹谟醋、威宁荞麦、大方冬荪（13件）	大方皱椒、金沙贡茶、湾子辣椒、毕节可乐猪、赫章黑马羊（5件）	威宁洋芋、威宁荞酥、织金竹荪、毕节白萝卜、毕节白蒜（5件）	22件（1件产品获多部门同时保护）
4	安顺市	镇宁波波糖、黄果树毛峰、朵贝茶、白旗韭黄、黄果树窖酒、黄果树矿泉水、安顺蜡染、梭筛桃、关岭火龙果、关岭桔梗（10件）	安顺山药、紫云花猪、安顺金刺梨、关岭牛、关岭火龙果、平坝灰鹅（6件）	平坝灰鹅、坡贡小黄姜、紫云花猪、紫云红芯红薯、上关六月李（5件）	18件（3件产品获多部门同时保护）
5	六盘水市	盘县火腿、岩脚面、四格乌洋芋、水城猕猴桃、盘县刺梨果脯、六盘水苦荞米、六盘水苦荞茶、水城春茶、水城小黄姜、六枝龙胆草、落别樱桃、水城黑山羊、保基茶叶、盘州红米、妥乐白果（15件）	水城猕猴桃、盘县核桃、牛场辣椒、六枝月亮河鸭蛋、保田生姜（5件）	郎岱酱（1件）	20件（1件产品获多部门同时保护）
6	铜仁市	梵净山翠峰茶、德江天麻、铜仁红薯粉丝、石阡苔茶、沙子空心李、玉屏茶油、江口萝卜猪（7件）	铜仁珍珠花生、石阡苔茶、梵净山茶（3件）	玉屏箫笛、思南黄牛、德江天麻、石阡苔茶、江口萝卜猪、沿河山羊、梵净山翠峰茶、沿河沙子空心李、松桃苗绣、印江苕粉（10件）	14件（5件产品获多部门同时保护）

329

续表

序号	地区	国家质检总局	农业部	国家工商总局	小计
7	黔西南布依族苗族自治州	连环砂仁、顶坛花椒、兴义饵块粑、兴仁薏（苡）仁米、册亨茶油、南盘江黄牛、普安四球茶、普安红茶(8件)	—	顶坛花椒、仓更板栗、望谟黑山羊、安龙金银花、晴隆绿茶、兴仁薏仁米、晴隆糯薏仁(8件)	14件（2件产品获多部门同时保护）
8	黔南布依族苗族自治州	都匀毛尖茶、罗甸艾纳香、长顺绿壳鸡蛋、龙里刺梨、罗甸火龙果、独山盐酸菜、惠水黑糯米酒、惠水黑糯米、贵定益肝草凉茶、罗甸玉、龙里刺梨干、三都水族马尾绣(12件)	贵定云雾贡茶、长顺绿壳鸡蛋、罗甸脐橙、贵定盘江酥李、龙里豌豆尖(5件)	都匀毛尖茶、贵定云雾贡茶、荔波蜜柚、长顺绿壳鸡蛋、牙舟陶(5件)	18件（3件产品获多部门同时保护）
9	黔东南苗族侗族自治州	从江香猪、黎平香禾糯、丹寨硒锌米、剑河钩藤、三穗鸭、锡利贡米、黎平茯苓、榕江小香鸡、雷山银球茶、凯里红酸汤、雷山乌杆天麻、榕江葛根、麻江蓝莓、思州柚、塔石香羊(15件)	从江香猪、从江香禾糯(2件)	从江香猪、三穗鸭、从江椪柑、施秉太子参、施洞头花蓼、白洗猪、麻江蓝莓(7件)	20件（3件产品获多部门同时保护）

注：统计数据截至2016年12月31日。

B.20
地理标志保护法律法规

张 燕[*]

一 国际公约

(一)《保护工业产权巴黎公约》

1883年3月20日签订；1900年12月14日在布鲁塞尔修订；1911年6月2日在华盛顿修订；1925年11月6日在海牙修订；1934年6月2日在伦敦修订；1958年10月31日在里斯本修订；1967年7月14日在斯德哥尔摩修订；1979年10月2日修正；我国于1984年11月14日加入。

1. 第一条（2） 工业产权的保护对象有专利、实用新型、外观设计、商标、服务标记、厂商名称、货源标记或原产地名称和制止不正当竞争。

2. 第六条之三（9） 本联盟各国承诺，如未经批准而在商业中使用本联盟其他国家的国徽，具有使人对商品的原产地产生误解的性质时，应禁止其使用。

3. 第六条之四（2） 如果受让人使用受让的商标事实上会具有使公众对使用该商标的商品的原产地、性质或重要品质发生误解的性质，上述规定并不使本联盟国家负有承认该项商标转让为有效的义务。

4. 第十条 （1）前条各款规定应适用于直接或间接使用虚伪的货源标记、生产者、制造者或商人标记的情况。

（2）凡从事此项商品的生产、制造或销售的生产者，制造者或商人，无论为自然人或法人，其营业所设在被虚伪标为商品原产的地方、该地所在

---

[*] 张燕，贵州省社会科学院图书信息中心副主任，副研究员。

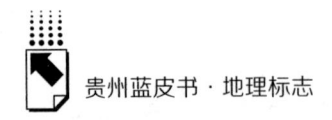

的地区，或在虚伪标为原产的国家，或在使用该虚伪原产地标记的国家者，无论如何均应视为有关当事人。

（二）《制止商品来源虚假或欺骗性标记马德里协定》

本文于1911年6月2日在华盛顿，1925年11月6日在海牙，1934年6月2日在伦敦及1958年10月31日在里斯本修订。

1. 第一条 （1）凡带有虚假或欺骗性标志的商品，其标志系将本协定所适用的国家之一或其中一国的某地直接或间接地标作原产国或原产地的，上述各国应在进口时予以扣押。

（2）在使用虚假或欺骗性产地标志的国家或者在已进口带有虚假或欺骗性产地标志的商品的国家也应实行扣押。

（3）如果某国法律不允许进口时扣押，应代之以禁止进口。

（4）如果某国法律既不允许进口时扣押，也不禁止进口，也不允许在国内扣押，则在法律做出相应修改之前，代之以该国法律在相同情况下给予其国民的诉讼权利和补救手续。

（5）如果对制止虚假或欺骗性产地标志未设专门的制裁，则应适用有关商标或厂商名称的法律条款规定的制裁。

2. 第三条 上述规定不应妨碍销售商在来自销售国之外的国家的商品上标明其名称或地址。在此种情况下，地址或名称应附有字体清晰的制造或生产国家或者地区的确切标志，或附有可以避免误认商品真实产地的其他标志。

3. 第三条之二 适用本协定的国家也承诺，在销售、陈列和推销商品时，禁止在招牌、广告、发票、葡萄酒单、商业信函或票据以及其他任何商业信息传递中使用具有广告性质并且可能使公众误认商品来源的任何标志。

4. 第四条 各国法院应确定由于其通用性质而不适用本协定条款的名称。葡萄产品的地区性产地名称不在本条款特别保留之限。

（三）《保护原产地名称及其国际注册里斯本协定》

1958年10月31日签订；1967年7月14日在斯德哥尔摩修订；于1979

年 10 月 2 日修改。

1. 第一条（2） 本联盟各国承诺，依照本协定的规定，在其领土内保护本联盟其他国家产品的原产地名称，该原属国承认并保护的并在建立世界知识产权组织（以下简称"组织"）公约所指的保护知识产权国际局（以下简称"国际局"或"局"）注册的名称。

2. 第二条 （1）在本协定中，原产地名称系指一个国家、地区或地方的地理名称，用于指示一项产品来源于该地，其质量或特征完全或主要取决于地理环境，包括自然和人为因素。

（2）原属国系指其名称构成原产地名称而赋予产品以声誉的国家或者地区或地方所在的国家。

3. 第三条 保护旨在防止任何假冒和仿冒，即使标明的系产品真实来源或者使用翻译形式或附加"类"、"式"、"样"、"仿"字样或类似的名称。

4. 第四条 本协定各条款不排除特别联盟各国，依照其他国际条约已经给予原产地名称的保护，如 1883 年 3 月 20 日《保护工业产权巴黎公约》及其后的修订本，1891 年 4 月 14 日制止使用商品产地虚假或欺骗性标志马德里协定及其后的修订本或者根据国家法律或法庭判例所给予者。

5. 第五条 （1）原产地名称的国际注册，应经特别联盟国家主管机关请求，以按照所在国法律已取得此种名称使用权的自然人或法人（国有或私营业企业）的名义，在国际局办理注册。

（2）国际局应立即将该项注册通知特别联盟其他国家的主管机关并在期刊上公告。

（3）各国主管机关可以声明对通知注册的某个原产地名称不予保护。但是，该声明应说明理由，在收到注册通知之日起 1 年之内做出，并不得影响该名称所有人在有关国家依据第四条要求对原产地名称的其他形式的保护。

（4）在前款规定的 1 年期限期满后，本联盟成员国的主管机关不得提出此种声明。

(5)国际局应及时将另一国家主管机关根据第三款提出的任何声明通知原属国。有关当事人本国主管机关将其他国家的声明通知当事人后,他可以在其他国家采取其国民享有的任何法律或行政补救手段。

(6)根据国际注册通知,一个原产地名称已在一国家取得保护,如果该名称在通知前已为第三方当事人在该国使用,这个国家的主管部门有权给予该当事人在不超过两年的期限,结束其使用,条件是须在上述第三款规定的1年期限届满后3个月内通知国际局。

6. 第六条 根据第五条规定的程序,一个在特别联盟国家受到保护的原产地名称,只要在原属国作为原产地名称受到保护,就不能在该国视为已成为普通名称。

7. 第七条 (1)根据第五条在国际局办理的注册,不经续展,在前条所指的整个期间受到保护。

(2)每个原产地名称注册应交纳统一的费用。

8. 第八条 为保护原产地名称的必要诉讼可以在特别联盟各国根据国家法律进行:

(1)应主管机关的请求或应检察院的公诉;

(2)由任何有关方面,自然人或法人,国营企业或私人企业提出。

(四)《与贸易有关的知识产权协定》

1. 第22条 地理标记的保护

(1)在本协议中,地理标记是指示出一种商品是在一缔约国的领土内或者在上述领土的一个地区或地点所生产的原产产品的标记。而该产品的某种质量、声誉或者其他特性在本质上取决于其产地。

(2)关于地理标记,缔约方应该对利益方提供制止上述行为的法律手段:

(a)在产品的名称或表述上采用任何方式指示或者暗示该产品是由不同于真实原产地的地域产生的,但是其指示方式会使公众对该产品的产地产生误解;

(b)任何根据《巴黎公约》(1967)第10条之二的规定构成不正当竞

争的使用行为。

（3）当一个商标包含地理标记或者由这样的地理标记组成，但是使用该商标的产品却不是在所指示的领土上生产的时候，如果在一个缔约方使用具有这样标记的商标将使公众对该产品的真实原产地产生误解，则该缔约方应在其立法允许的情况下依职权或者在一个利益方提出请求的情况下拒绝该商标的注册或宣告该商标的注册无效。

（4）本条上述诸款的规定应适用于这样的地理标记，即该标记虽在文字上真实地指明了产品原产地的国名、地区或特点，但是却让公众错误地认为该产品是在另一个地方生产的。

2. 第23条　对葡萄酒和烈性酒地理标记的特殊保护

（1）每一个缔约方应该提供法律途径，使利益方能够禁止使用地理标记来指示并非是在如所用地理标记所指示的地方原产的葡萄酒，或者使用地理标记来指示并非是在如所用地理标记所指示的地方原产的烈酒，即使是指出了产品的真实产地或者该地理标记采用的是译文或伴有诸如"……类"、"……型"、"……式"，"仿制品"之类的字样也不允许。

（2）如果一个葡萄酒或烈酒的商标包含用于识别该葡萄酒或烈酒的地理标记，或者是由这样的标记组成，那么对于不是在所指示原产地生产的葡萄酒或烈酒来说，在国内立法允许的情况下，应依职权或在一个利益方提出请求的情况下拒绝该商标的注册或宣告其注册无效。

（3）按照上述第22条第4款的规定，在对葡萄酒采用同音异义或同形异义的地理标记时，应对每一种标记都提供保护。每一缔约方应考虑到确保对所涉及的制造者的平等待遇和不至于错误引导消费者的需要，确定关于这样的地理标记相互应有所区别的具体条件。

（4）为了便于对葡萄酒地理标记提供保护，应在与贸易有关的知识产权理事会进行旨在建立有关葡萄酒地理标记的公告和注册的多边系统的谈判，以便为参加该系统的缔约方提供适当的保护。

3. 第24条　国际谈判；例外

（1）缔约方同意参加旨在根据第23条的规定加强对单独地理标记的保

护的谈判。缔约方不得以下述第4—8款的规定为理由拒绝进行谈判或拒绝缔结双边或多边协议。在这样的谈判中，缔约方愿意考虑这些规定对单独的地理标记的持续可适用性，而这样的地理标记的使用是该谈判的主题。

（2）与贸易有关的知识产权理事会将对本节规定的实行情况进行检查，第一次这样的检查将在本协议建立的WTO生效之日起的两年之内进行。任何影响履行这些规定义务的事宜可以提请该理事会的注意，对于这样的事宜，如果不可能通过有关缔约方之间的双边或多边协商获得解决，该理事会应一缔约方的请求将这样的事宜与任何缔约方进行协商。该理事会将采取适当的措施来促进运作并实现本节的目标。

（3）在实施本节规定过程中，缔约方不得降低紧邻本协议建立WTO生效之日之前已经存在于该缔约方的对地理标记的保护。

（4）本节的任何规定都不要求一个缔约方阻止任何国民或居民连续地或类似地使用另一缔约方与商品或服务相关联地指示葡萄酒或烈酒的地理标记，其条件是该国民或居民已经以连续的方式在该缔约方的领土上对相同或相关的产品或服务使用该地理标记，而且：

（a）在该缔约方于包括多边贸易谈判的乌拉圭回合的部长级会谈之日之前已使用了至少10年；

（b）在该缔约方于上款之日之前真实地予以使用。

（5）在满足下列条件的情况下，即

（a）在一个缔约方适用下述第六部分的规定之前；或者

（b）地理标记在其原产国获得保护之前；

已经真实地申请或注册了一个商标，或者已经真实地通过使用获得了一个商标，本节所规定的措施应不得因为该商标和一个地理标记相同或相似而影响该商标注册的合格性或有效性，或者影响使用该商标的权利。

（6）本节的任何规定没有要求任何一缔约方，在其领土上，对其商品或服务采用常用语言的习惯名称与其他缔约方的一种地理标记相同时，而适用本节的规定。本节的任何规定也没有要求任何一纺约方，从本协议建立的WTO生效时起，对其一种葡萄产品采用了在其领土上已有的一种葡萄品种日常惯用名称与其他缔约方某一地理标记相同时，而适用本节的规定。

（7）在并非是恶意地使用或注册地理标记的情况下，缔约方可以规定，任何根据本节规定做出的有关一个商标的使用或注册的请求，必须在对受到保护标记的滥用已在该缔约方为人们所熟知之日起的 5 年之内提出，或者是该商标在该缔约方的注册日之后提出，其条件是该商标的注册日已公布，而且该注册日早于上述滥用已在该缔约方为人们所熟知的日期。

（8）本节的任何规定都不应影响任何人在贸易往来中使用其商业名称或被继承的商业名称，除非是以一种错误引导公众的方式来使用该名称。

二　法律

（一）《中华人民共和国商标法》

1982 年 8 月 23 日第五届全国人民代表大会常务委员会第二十四次会议通过；根据 1993 年 2 月 22 日第七届全国人民代表大会常务委员会第三十次会议《关于修改〈中华人民共和国商标法〉的决定》第一次修正；根据 2001 年 10 月 27 日第九届全国人民代表大会常务委员会第二十四次会议《关于修改〈中华人民共和国商标法〉的决定》第二次修正；根据 2013 年 8 月 30 日第十二届全国人民代表大会常务委员会第四次会议《关于修改〈中华人民共和国商标法〉的决定》第三次修正。

第十六条　商标中有商品的地理标志，而该商品并非来源于该标志所标示的地区，误导公众的，不予注册并禁止使用；但是，已经善意取得注册的继续有效。

前款所称地理标志，是指标示某商品来源于某地区，该商品的特定质量、信誉或者其他特征，主要由该地区的自然因素或者人文因素所决定的标志。

（二）《中华人民共和国农业法》

1993 年 7 月 2 日第八届全国人民代表大会常务委员会第二次会议通过；

2002年12月28日第九届全国人民代表大会常务委员会第三十一次会议修订；2012年12月28日第十一届全国人民代表大会常务委员会第三十次会议修改。

1. 第二十三条 国家支持依法建立健全优质农产品认证和标志制度。

国家鼓励和扶持发展优质农产品生产。县级以上地方人民政府应当结合本地情况，按照国家有关规定采取措施，发展优质农产品生产。

符合国家规定标准的优质农产品可以依照法律或者行政法规的规定申请使用有关的标志。符合规定产地及生产规范要求的农产品可以依照有关法律或者行政法规的规定申请使用农产品地理标志。

2. 第四十九条 国家保护植物新品种、农产品地理标志等知识产权，鼓励和引导农业科研、教育单位加强农业科学技术的基础研究和应用研究，传播和普及农业科学技术知识，加速科技成果转化与产业化，促进农业科学技术进步。

国务院有关部门应当组织农业重大关键技术的科技攻关。国家采取措施促进国际农业科技、教育合作与交流，鼓励引进国外先进技术。

三 行政法规

《中华人民共和国商标法实施条例》

中华人民共和国国务院令

第651号

现公布修订后的《中华人民共和国商标法实施条例》，自2014年5月1日起施行。

总理 李克强

2014年4月29日

（2002年8月3日中华人民共和国国务院令第358号公布，2014年4月29日中华人民共和国国务院令第651号修订）

第四条 商标法第十六条规定的地理标志，可以依照商标法和本条例的规定，作为证明商标或者集体商标申请注册。

以地理标志作为证明商标注册的，其商品符合使用该地理标志条件的自然人、法人或者其他组织可以要求使用该证明商标，控制该证明商标的组织应当允许。以地理标志作为集体商标注册的，其商品符合使用该地理标志条件的自然人、法人或者其他组织，可以要求参加以该地理标志作为集体商标注册的团体、协会或者其他组织，该团体、协会或者其他组织应当依据其章程接纳为会员；不要求参加以该地理标志作为集体商标注册的团体、协会或者其他组织的，也可以正当使用该地理标志，该团体、协会或者其他组织无权禁止。

四　部门规章

（一）《集体商标、证明商标注册和管理办法》

中华人民共和国国家工商行政管理总局令
第6号

《集体商标、证明商标的注册和管理办法》已经中华人民共和国国家工商行政管理总局局务会议审议通过，现予发布，自2003年6月1日起施行。

局长　王众孚
二〇〇三年四月十七日

第一条　根据《中华人民共和国商标法》（以下简称《商标法》）第三条规定，制定本办法。

第二条　集体商标、证明商标的注册和管理，依照《商标法》、《中华人民共和国商标法实施条例》（以下简称《实施条例》）和本办法的有关规定进行。

第三条　本办法有关商品的规定，适用于服务。

第四条 申请集体商标注册的，应当附送主体资格证明文件并应当详细说明该集体组织成员的名称和地址；以地理标志作为集体商标申请注册的，应当附送主体资格证明文件并应当详细说明其所具有的或者其委托的机构具有的专业技术人员、专业检测设备等情况，以表明其具有监督使用该地理标志商品的特定品质的能力。

申请以地理标志作为集体商标注册的团体、协会或者其他组织，应当由来自该地理标志标示的地区范围内的成员组成。

第五条 申请证明商标注册的，应当附送主体资格证明文件并应当详细说明其所具有的或者其委托的机构具有的专业技术人员、专业检测设备等情况，以表明其具有监督该证明商标所证明的特定商品品质的能力。

第六条 申请以地理标志作为集体商标、证明商标注册的，还应当附送管辖该地理标志所标示地区的人民政府或者行业主管部门的批准文件。

外国人或者外国企业申请以地理标志作为集体商标、证明商标注册的，申请人应当提供该地理标志以其名义在其原属国受法律保护的证明。

第七条 以地理标志作为集体商标、证明商标注册的，应当在申请书件中说明下列内容：

（一）该地理标志所标示的商品的特定质量、信誉或者其他特征；

（二）该商品的特定质量、信誉或者其他特征与该地理标志所标示的地区的自然因素和人文因素的关系；

（三）该地理标志所标示的地区的范围。

第八条 作为集体商标、证明商标申请注册的地理标志，可以是该地理标志标示地区的名称，也可以是能够标示某商品来源于该地区的其他可视性标志。

前款所称地区无须与该地区的现行行政区划名称、范围完全一致。

第九条 多个葡萄酒地理标志构成同音字或者同形字的，在这些地理标志能够彼此区分且不误导公众的情况下，每个地理标志都可以作为集体商标或者证明商标申请注册。

第十条 集体商标的使用管理规则应当包括：

（一）使用集体商标的宗旨；

（二）使用该集体商标的商品的品质；

（三）使用该集体商标的手续；

（四）使用该集体商标的权利、义务；

（五）成员违反其使用管理规则应当承担的责任；

（六）注册人对使用该集体商标商品的检验监督制度。

第十一条 证明商标的使用管理规则应当包括：

（一）使用证明商标的宗旨；

（二）该证明商标证明的商品的特定品质；

（三）使用该证明商标的条件；

（四）使用该证明商标的手续；

（五）使用该证明商标的权利、义务；

（六）使用人违反该使用管理规则应当承担的责任；

（七）注册人对使用该证明商标商品的检验监督制度。

第十二条 使用他人作为集体商标、证明商标注册的葡萄酒、烈性酒地理标志标示并非来源于该地理标志所标示地区的葡萄酒、烈性酒，即使同时标出了商品的真正来源地，或者使用的是翻译文字，或者伴有诸如某某"种"、某某"型"、某某"式"、某某"类"等表述的，适用《商标法》第十六条的规定。

第十三条 集体商标、证明商标的初步审定公告的内容，应当包括该商标的使用管理规则的全文或者摘要。

集体商标、证明商标注册人对使用管理规则的任何修改，应报经商标局审查核准，并自公告之日起生效。

第十四条 集体商标注册人的成员发生变化的，注册人应当向商标局申请变更注册事项，由商标局公告。

第十五条 证明商标注册人准许他人使用其商标的，注册人应当在一年内报商标局备案，由商标局公告。

第十六条　申请转让集体商标、证明商标的，受让人应当具备相应的主体资格，并符合《商标法》、《实施条例》和本办法的规定。

集体商标、证明商标发生移转的，权利继受人应当具备相应的主体资格，并符合《商标法》、《实施条例》和本办法的规定。

第十七条　集体商标注册人的集体成员，在履行该集体商标使用管理规则规定的手续后，可以使用该集体商标。

集体商标不得许可非集体成员使用。

第十八条　凡符合证明商标使用管理规则规定条件的，在履行该证明商标使用管理规则规定的手续后，可以使用该证明商标，注册人不得拒绝办理手续。

实施条例第六条第二款中的正当使用该地理标志是指正当使用该地理标志中的地名。

第十九条　使用集体商标的，注册人应发给使用人《集体商标使用证》；使用证明商标的，注册人应发给使用人《证明商标使用证》。

第二十条　证明商标的注册人不得在自己提供的商品上使用该证明商标。

第二十一条　集体商标、证明商标注册人没有对该商标的使用进行有效管理或者控制，致使该商标使用的商品达不到其使用管理规则的要求，对消费者造成损害的，由工商行政管理部门责令限期改正；拒不改正的，处以违法所得三倍以下的罚款，但最高不超过三万元；没有违法所得的，处以一万元以下的罚款。

第二十二条　违反实施条例第六条、本办法第十四条、第十五条、第十七条、第十八条、第二十条规定的，由工商行政管理部门责令限期改正；拒不改正的，处以违法所得三倍以下的罚款，但最高不超过三万元；没有违法所得的，处以一万元以下的罚款。

第二十三条　本办法自2003年6月1日起施行。国家工商行政管理局1994年12月30日发布的《集体商标、证明商标注册和管理办法》同时废止。

（二）《地理标志产品专用标志管理办法》

第一条 为了加强对地理标志的保护，维护地理标志注册人的合法权益，规范地理标志产品专用标志（以下简称"专用标志"）的使用，促进地理标志产品的发展，根据《中华人民共和国商标法》、《中华人民共和国商标法实施条例》的有关规定，制定本办法。

第二条 本办法所指的专用标志，是国家工商行政管理总局商标局为地理标志产品设立的专用标志，用以表明使用该专用标志的产品的地理标志已经国家工商行政管理总局商标局核准注册。

第三条 专用标志的基本图案由中华人民共和国国家工商行政管理总局商标局中英文字样、中国地理标志字样、GI 的变形字体、小麦和天坛图形构成，绿色（C：70 M：0 Y：100 K：15；C：100 M：0 Y：100 K：75）和黄色（C：0 M：20 Y：100 K：0）为专用标志的基本组成色。

第四条 已注册地理标志的合法使用人可以同时在其地理标志产品上使用该专用标志，并可以标明该地理标志注册号。

第五条 专用标志使用人可以将专用标志用于商品、商品包装或者容器上，或者用于广告宣传、展览以及其他商业活动中。

第六条 使用专用标志无须缴纳任何费用。

第七条 专用标志应与地理标志一同使用，不得单独使用。

第八条 地理标志注册人应对专用标志使用人的使用行为进行监督。专用标志应严格按照国家工商行政管理总局商标局颁布的专用标志样式使用，不得随意变化。

第九条 专用标志属于《中华人民共和国商标法》第十条规定保护的官方标志，各级工商行政管理部门负责对专用标志实施管理。对于擅自使用专用标志，或者使用与专用标志近似的标记的，各级工商行政管理部门可依照《中华人民共和国商标法》、《中华人民共和国商标法实施条例》的有关规定予以查处。

第十条 本办法由国家工商行政管理总局解释。

第十一条 本办法自 2007 年 1 月 30 日起施行。

（三）《地理标志产品保护规定》

国家质量监督检验检疫总局令

第 78 号

《地理标志产品保护规定》经 2005 年 5 月 16 日国家质量监督检验检疫总局局务会议审议通过，现予公布，自 2005 年 7 月 15 日起施行。

局长：李长江
二〇〇五年六月七日

第一章 总 则

第一条 为了有效保护我国的地理标志产品，规范地理标志产品名称和专用标志的使用，保证地理标志产品的质量和特色，根据《中华人民共和国产品质量法》、《中华人民共和国标准化法》、《中华人民共和国进出口商品检验法》等有关规定，制定本规定。

第二条 本规定所称地理标志产品，是指产自特定地域，所具有的质量、声誉或其他特性本质上取决于该产地的自然因素和人文因素，经审核批准以地理名称进行命名的产品。地理标志产品包括：

（一）来自本地区的种植、养殖产品。

（二）原材料全部来自本地区或部分来自其他地区，并在本地区按照特定工艺生产和加工的产品。

第三条 本规定适用于对地理标志产品的申请受理、审核批准、地理标志专用标志注册登记和监督管理工作。

第四条 国家质量监督检验检疫总局（以下简称"国家质检总局"）统一管理全国的地理标志产品保护工作。各地出入境检验检疫局和质量技术监督局（以下简称"各地质检机构"）依照职能开展地理标志产品保护工作。

第五条 申请地理标志产品保护，应依照本规定经审核批准。使用地理标志产品专用标志，必须依照本规定经注册登记，并接受监督管理。

第六条 地理标志产品保护遵循申请自愿，受理及批准公开的原则。

第七条 申请地理标志保护的产品应当符合安全、卫生、环保的要求,对环境、生态、资源可能产生危害的产品,不予受理和保护。

第二章　申请及受理

第八条 地理标志产品保护申请,由当地县级以上人民政府指定的地理标志产品保护申请机构或人民政府认定的协会和企业(以下简称"申请人")提出,并征求相关部门意见。

第九条 申请保护的产品在县域范围内的,由县级人民政府提出产地范围的建议;跨县域范围的,由地市级人民政府提出产地范围的建议;跨地市范围的,由省级人民政府提出产地范围的建议。

第十条 申请人应提交以下资料:

(一)有关地方政府关于划定地理标志产品产地范围的建议。

(二)有关地方政府成立申请机构或认定协会、企业作为申请人的文件。

(三)地理标志产品的证明材料,包括:

1. 地理标志产品保护申请书;

2. 产品名称、类别、产地范围及地理特征的说明;

3. 产品的理化、感官等质量特色及其与产地的自然因素和人文因素之间关系的说明;

4. 产品生产技术规范(包括产品加工工艺、安全卫生要求、加工设备的技术要求等);

5. 产品的知名度,产品生产、销售情况及历史渊源的说明。

(四)拟申请的地理标志产品的技术标准。

第十一条 出口企业的地理标志产品的保护申请向本辖区内出入境检验检疫部门提出;按地域提出的地理标志产品的保护申请和其他地理标志产品的保护申请向当地(县级或县级以上)质量技术监督部门提出。

第十二条 省级质量技术监督局和直属出入境检验检疫局,按照分工,分别负责对拟申报的地理标志产品的保护申请提出初审意见,并将相关文件、资料上报国家质检总局。

第三章 审核及批准

第十三条 国家质检总局对收到的申请进行形式审查。审查合格的，由国家质检总局在国家质检总局公报、政府网站等媒体上向社会发布受理公告；审查不合格的，应书面告知申请人。

第十四条 有关单位和个人对申请有异议的，可在公告后的2个月内向国家质检总局提出。

第十五条 国家质检总局按照地理标志产品的特点设立相应的专家审查委员会，负责地理标志产品保护申请的技术审查工作。

第十六条 国家质检总局组织专家审查委员会对没有异议或者有异议但被驳回的申请进行技术审查，审查合格的，由国家质检总局发布批准该产品获得地理标志产品保护的公告。

第四章 标准制定及专用标志使用

第十七条 拟保护的地理标志产品，应根据产品的类别、范围、知名度、产品的生产销售等方面的因素，分别制定相应的国家标准、地方标准或管理规范。

第十八条 国家标准化行政主管部门组织草拟并发布地理标志保护产品的国家标准；省级地方人民政府标准化行政主管部门组织草拟并发布地理标志保护产品的地方标准。

第十九条 地理标志保护产品的质量检验由省级质量技术监督部门、直属出入境检验检疫部门指定的检验机构承担。必要时，国家质检总局将组织予以复检。

第二十条 地理标志产品产地范围内的生产者使用地理标志产品专用标志，应向当地质量技术监督局或出入境检验检疫局提出申请，并提交以下资料：

（一）地理标志产品专用标志使用申请书。

（二）由当地政府主管部门出具的产品产自特定地域的证明。

（三）有关产品质量检验机构出具的检验报告。

上述申请经省级质量技术监督局或直属出入境检验检疫局审核，并经国家质检总局审查合格注册登记后，发布公告，生产者即可在其产品上使用地理标志产品专用标志，获得地理标志产品保护。

第五章　保护和监督

第二十一条　各地质检机构依法对地理标志保护产品实施保护。对于擅自使用或伪造地理标志名称及专用标志的；不符合地理标志产品标准和管理规范要求而使用该地理标志产品的名称的；或者使用与专用标志相近、易产生误解的名称或标识及可能误导消费者的文字或图案标志，使消费者将该产品误认为地理标志保护产品的行为，质量技术监督部门和出入境检验检疫部门将依法进行查处。社会团体、企业和个人可监督、举报。

第二十二条　各地质检机构对地理标志产品的产地范围，产品名称，原材料，生产技术工艺，质量特色、质量等级、数量、包装、标识，产品专用标志的印刷、发放、数量、使用情况，产品生产环境、生产设备，产品的标准符合性等方面进行日常监督管理。

第二十三条　获准使用地理标志产品专用标志资格的生产者，未按相应标准和管理规范组织生产的，或者在2年内未在受保护的地理标志产品上使用专用标志的，国家质检总局将注销其地理标志产品专用标志使用注册登记，停止其使用地理标志产品专用标志并对外公告。

第二十四条　违反本规定的，由质量技术监督行政部门和出入境检验检疫部门依据《中华人民共和国产品质量法》、《中华人民共和国标准化法》、《中华人民共和国进出口商品检验法》等有关法律予以行政处罚。

第二十五条　从事地理标志产品保护工作的人员应忠于职守，秉公办事，不得滥用职权、以权谋私，不得泄露技术秘密。违反以上规定的，予以行政纪律处分；构成犯罪的依法追究刑事责任。

第六章　附　则

第二十六条　国家质检总局接受国外地理标志产品在中华人民共和国的注册并实施保护。具体办法另外规定。

第二十七条　本规定由国家质检总局负责解释。

第二十八条　本规定自2005年7月15日起施行。原国家质量技术监督局公布的《原产地域产品保护规定》同时废止。原国家出入境检验检疫局公布的《原产地标记管理规定》、《原产地标记管理规定实施办法》中关于地理标志的内容与本规定不一致的，以本规定为准。

（四）《地理标志产品保护规定实施细则》

第一章 总则

第一条 根据《地理标志产品保护规定》，制定本细则。

第二条 国家质量监督检验检疫总局（以下简称"国家质检总局"）负责全国地理标志产品保护管理工作的主要职责是：

（一）负责起草地理标志产品保护法规；

（二）制定、发布地理标志产品保护规章；

（三）统一管理地理标志产品保护工作；

（四）组织协调指导地理标志保护产品的行政执法活动；

（五）代表国家参加WTO地理标志产品保护谈判及地理标志产品保护的多边和双边合作活动；

（六）组织开展地理标志产品保护国际交流。

第三条 国家质检总局地理标志产品保护管理机构（以下简称"总局管理机构"）的主要职责是：

（一）承担地理标志产品保护法规规章的调研和起草等任务；

（二）负责地理标志产品保护申请的形式审查；

（三）负责办理地理标志产品保护申请的受理事项；

（四）组织对地理标志产品保护申请的异议协调和技术审查；

（五）负责办理地理标志产品保护的批准公告；

（六）负责核准地理标志产品保护专用标志的使用申请；

（七）组织开展地理标志产品保护的宣传和培训；

（八）负责办理境外地理标志产品保护申请，组织开展对等保护；

（九）代表总局参与地理标志产品保护的合作与国际谈判。

第四条 各直属出入境检验检疫局和省级质量技术监督局（以下简称

"省级质检机构")的主要职责是：

（一）按照分工负责本辖区内地理标志产品保护的初审；

（二）负责对受理申请的地理标志保护产品指定检验机构；

（三）负责审核产品所在地质检机构报送的生产者使用地理标志产品专用标志的申请；

（四）负责指导、协调地理标志产品保护技术文件的制定；

（五）按照分工指导、协调本辖区的地理标志产品保护工作；

（六）负责查处本辖区发生的地理标志产品的侵权行为。

第五条　地理标志产品所在地质量技术监督机构和辖区内出入境检验检疫机构（以下简称"产品所在地质检机构"）负责：

（一）接受产品所在地地理标志产品保护的申请；

（二）受理企业申请使用专用标志的初审，专用标志印制、发放、使用的监督管理等；

（三）负责地理标志产品的日常监督管理工作；

（四）负责组织起草地理标志产品省级地方标准，组织制定地理标志产品生产过程的技术规范或技术标准；

（五）负责查处产品所在地发生的地理标志产品的侵权行为。

第六条　地理标志产品名称由地理名称和反映产品真实属性的通用产品名称构成。产品名称必须真实存在。

第七条　地理标志产品包括：

（一）在特定地域种植、养殖的产品，其特殊品质、特色和声誉主要取决于当地的自然因素。

（二）原材料全部来自该地区，其产品的特殊品质、特色和声誉主要取决于当地的自然因素和人文因素，并在该地采用特定工艺生产。

（三）原材料部分或全部来自其他地区，其产品的特殊品质、特色和声誉主要取决于产品产地的自然因素和人文因素，并在该地采用特定工艺生产和加工。

第八条　地理标志产品类别一般包括：种植、养殖类产品及初加工产品、加工食品、酒类、茶叶、中药材、工艺品及传统产品等。

第九条 申请保护的地理标志产品出现下列情况之一的，其申请不予受理：

1. 产品知名度不高；

2. 申请保护对象不明确、不具体；

3. 对环境、生态、资源、健康可能产生破坏或危害的；

4. 产品地理名称已经在特定地域之外广泛使用的；

5. 拟保护的产地范围与实际产地范围不符的。

第二章　申请及受理

第十条 产品所在地县级以上人民政府指定的地理标志产品保护申请机构。职责是：

（一）组织地方有关部门组成拟申报产品地理标志产品保护工作领导小组；

（二）负责准备拟申报产品的有关材料；

（三）申请机构在拟申报产品获批后应当转换为管理机构。

第十一条 申请机构申请地理标志产品保护应当填写《地理标志产品保护申请书》，并提供以下资料：

（一）县级及以上地方政府成立申请机构或认定协会、企业作为申请人的证明材料；

（二）县级及以上地方政府关于划定拟申报产品产地范围的正式公函；

（三）该申报产品现行有效的专用标准或技术规范。在总局批准公告发布前不制定地理标志产品的地方标准；

（四）地理标志产品的证明材料包括：

1. 产品名称、产地范围及地理特征的说明；

2. 产品的知名度，产品生产、销售情况及历史渊源的说明，如地方志等；

3. 产品的理化、感官指标等质量特色及与产地的自然因素和人文因素之间关联性的说明；

4. 产品生产技术资料，包括生产或形成时所用原材料、生产工艺、流程、安全卫生要求、主要质量特性、加工设备的技术要求等；

5. 其他旁证资料。

第十二条 省级质检机构负责对申请进行初审，重点审查形式要件，不组织召开专家审查会，不进行公示。初审合格的，向质检总局出具关于初审意见的函，并将相关文件、资料上报总局管理机构。

第三章 审核和批准

第十三条 总局管理机构负责对初审合格的申请进行形式审查。对同类别初次受理的产品或地域范围较大的产品等，总局管理机构可组织专家进行审议。形式审查合格的，在质检总局公报、政府网站上向社会发布受理公告；形式审查不合格的，由总局管理机构向省级质检机构下发形式审查意见反馈通知。

第十四条 一般遵循属地原则调解异议。在发布受理公告后规定的异议期内如收到异议，（一）责成有关省级质检机构对异议进行处理，并将处理结果上报国家质检总局；（二）特殊情况由总局管理机构组织有关专家进行论证，借鉴专家论证意见进行调研；（三）跨省的异议由国家质检总局负责协调。

第十五条 对异议期满无异议或有异议但已调解完毕的申请，总局管理机构负责组织专家审查委员会进行技术审查。

第十六条 评审准备。总局发布受理公告后，做如下准备工作：

（一）申报机构准备专家审查会的相关文件，包括：该产品的陈述报告、质量技术要求等；

（二）省级质检机构以文件的形式向总局管理机构提交关于拟制定的地理标志产品技术标准体系层级（省级地方标准、技术规范等）的建议函；

（三）申报机构准备就绪后，由省级质检机构以公函形式向总局管理机构提出召开专家审查会的申请，并提出评审地点及时间的建议；

（四）总局管理机构可组织有关专家进行实地核查。

第十七条 总局管理机构负责建立地理标志产品保护专家库。

第十八条 专家审查会专家从专家库中选取，一般由法律、专业技术、标准化、检测、地理标志等方面的人员组成。组成人数为奇数，一般7人以上，但不超过11人。

第十九条 技术审查遵循如下原则进行审核：

（一）产品名称应当符合《地理标志产品保护规定》第二条的规定；

（二）产品的品质、特色和声誉能够体现该地区的自然环境和人文因素，有一定知名度，并具有稳定的质量，生产历史较长；

（三）加工的产品采用特定工艺；

（四）其产地保护范围是公认的或协商一致的，并经所在地方政府确认的；

（五）涉及安全、卫生、环保的产品应当符合国家同类产品的强制性规范的要求。

种植、养殖的产品须满足上述（一）、（二）、（四）、（五）项的要求；其他产品须满足上述全部项目要求。

第二十条 专家审查会按照上述原则对申报方的陈述和产品质量技术要求等进行审查，并形成会议纪要。

第二十一条 技术审查合格的，由国家质检总局发布该产品获得地理标志产品保护的公告，并函告申请人。颁发《地理标志保护产品批准证书》。

第四章 标准制定及专用标志使用

第二十二条 产品获得批准后，申报方按照总局批准公告的要求，完善地理标志保护产品的技术文件，并报总局管理机构审核备案。技术文件包括生产过程规范和产品标准两部分，地理标志保护的产品标准应制定为省级地方标准，地理标志保护产品的生产过程规范可制定为技术规范或省级地方标准。

第二十三条 获得批准的地理标志产品所在地的生产者应向批准公告中确定的机构提出使用地理标志产品专用标志的申请，并提交以下材料：

（一）地理标志产品专用标志使用申请书；

（二）由地理标志产品管理机构出具产品产自特定地域的证明；

（三）有关产品质量检验机构出具的检验报告。

第二十四条 省级质检机构对专用标志的使用申请进行审核后，将相关信息以书面及电子方式上报总局管理机构，由总局发布核准企业使用地理标志保护产品专用标志的公告，核发《地理标志保护产品专用标志使用证书》。

第二十五条 按照国家质检总局2006年第109号公告的要求印制专用标志。

第二十六条 专用标志的使用及监督管理

（一）可直接加贴或吊挂在产品或包装物上；

（二）可直接印刷在产品标签或包装物上；直接印刷在产品标签或包装物上的，由当地质检机构指定印刷企业、派专人监印，并将印刷数量登记备案。

（三）对特殊产品，应申请人的要求或根据实际情况，采用相应的标示方法。

总局批准公告明确的地理标志产品管理机构必须控制专用标志的使用数量，建立产品的溯源体系。

第五章 保护和监督

第二十七条 地理标志产品的质量检验由经直属出入境检验检疫部门或省级质量技术监督部门指定的法定检验机构承担。必要时，国家质检总局将组织予以复检。

第二十八条 各地质检机构依法对地理标志保护产品实施保护。对于擅自使用或伪造地理标志名称及专用标志的；不符合地理标志产品标准和管理规范要求而使用该地理标志产品的名称的；或者使用与专用标志相近、易产生误解的名称或标识及可能误导消费者的文字或图案标志，使消费者将该产品误认为地理标志保护产品的行为，质量技术监督部门和出入境检验检疫部门将依法进行查处。消费者、社会团体、企业、个人可监督、举报。

第二十九条　各地质检机构对地理标志产品的产地范围、产品名称、原材料、生产技术工艺、质量特色、质量等级、数量、包装、标识、产品专用标志的印刷、发放、数量、使用情况，产品生产环境、生产设备，产品的标准符合性等方面进行日常监督管理。

第三十条　获得使用专用标志资格的生产者，应在产品包装标识上标明"国家地理标志保护产品"字样以及地理标志产品名称、总局批准公告号等，并施加专用标志。

第三十一条　总局每年安排一定数量的地理标志保护产品列入监督抽查的目录；各省级质量技术监督局每年须将本省一定数量的地理标志保护产品列入地方监督抽查目录。各直属检验检疫局每年须对辖区内一定数量的出口的地理标志保护产品进行检查。各级质检部门依照职能，对假冒地理标志保护产品的行为进行查处。

第三十二条　省级质检机构须在每年3月底前将上一年度本辖区地理标志产品保护的情况及专用标志的使用情况报总局管理机构。

第三十三条　从事地理标志产品保护工作的人员应忠于职守，秉公办事，不得滥用职权，以权谋私，不得泄露技术秘密。违反以上规定的，予以行政纪律处分；构成犯罪的依法追究刑事责任。

第六章　附则

第三十四条　地理标志产品专用标志使用的有效期为五年，有效期满前6个月，使用者可向产品所在地质检机构提出申请，经省级质检机构报总局管理机构审核备案；审核不合格的，取消专用标志使用资格；到期不申请的，有效期至届满为止。

第三十五条　地理标志保护工作应本着公平、公正、公开的原则进行，申报工作应节约、高效，杜绝不必要的开支。

第三十六条　本细则要求上报的文字材料一式两份，印刷装订，同时将申报材料及申请表格的电子版发送至总局管理机构。

第三十七条　本细则所规定的表格式样由质检总局统一制定，各地质检机构可在总局网站上自行下载、印刷。

（五）《农产品地理标志管理办法》

中华人民共和国农业部令

第 11 号

《农产品地理标志管理办法》业经 2007 年 12 月 6 日农业部第 15 次常务会议审议通过，现予发布，自 2008 年 2 月 1 日起施行。

部长　孙政才

二〇〇七年十二月二十五日

第一章　总　则

第一条　为规范农产品地理标志的使用，保证地理标志农产品的品质和特色，提升农产品市场竞争力，依据《中华人民共和国农业法》、《中华人民共和国农产品质量安全法》相关规定，制定本办法。

第二条　本办法所称农产品是指来源于农业的初级产品，即在农业活动中获得的植物、动物、微生物及其产品。

本办法所称农产品地理标志，是指标示农产品来源于特定地域，产品品质和相关特征主要取决于自然生态环境和历史人文因素，并以地域名称冠名的特有农产品标志。

第三条　国家对农产品地理标志实行登记制度。经登记的农产品地理标志受法律保护。

第四条　农业部负责全国农产品地理标志的登记工作，农业部农产品质量安全中心负责农产品地理标志登记的审查和专家评审工作。

省级人民政府农业行政主管部门负责本行政区域内农产品地理标志登记申请的受理和初审工作。

农业部设立的农产品地理标志登记专家评审委员会，负责专家评审。农产品地理标志登记专家评审委员会由种植业、畜牧业、渔业和农产品质量安全等方面的专家组成。

第五条　农产品地理标志登记不收取费用。县级以上人民政府农业行政主管部门应当将农产品地理标志管理经费编入本部门年度预算。

第六条 县级以上地方人民政府农业行政主管部门应当将农产品地理标志保护和利用纳入本地区的农业和农村经济发展规划，并在政策、资金等方面予以支持。

国家鼓励社会力量参与推动地理标志农产品发展。

第二章 登 记

第七条 申请地理标志登记的农产品，应当符合下列条件：

（一）称谓由地理区域名称和农产品通用名称构成；

（二）产品有独特的品质特性或者特定的生产方式；

（三）产品品质和特色主要取决于独特的自然生态环境和人文历史因素；

（四）产品有限定的生产区域范围；

（五）产地环境、产品质量符合国家强制性技术规范要求。

第八条 农产品地理标志登记申请人为县级以上地方人民政府根据下列条件择优确定的农民专业合作经济组织、行业协会等组织。

（一）具有监督和管理农产品地理标志及其产品的能力；

（二）具有为地理标志农产品生产、加工、营销提供指导服务的能力；

（三）具有独立承担民事责任的能力。

第九条 符合农产品地理标志登记条件的申请人，可以向省级人民政府农业行政主管部门提出登记申请，并提交下列申请材料：

（一）登记申请书；

（二）申请人资质证明；

（三）产品典型特征特性描述和相应产品品质鉴定报告；

（四）产地环境条件、生产技术规范和产品质量安全技术规范；

（五）地域范围确定性文件和生产地域分布图；

（六）产品实物样品或者样品图片；

（七）其他必要的说明性或者证明性材料。

第十条 省级人民政府农业行政主管部门自受理农产品地理标志登记申

请之日起，应当在 45 个工作日内完成申请材料的初审和现场核查，并提出初审意见。符合条件的，将申请材料和初审意见报送农业部农产品质量安全中心；不符合条件的，应当在提出初审意见之日起 10 个工作日内将相关意见和建议通知申请人。

第十一条 农业部农产品质量安全中心应当自收到申请材料和初审意见之日起 20 个工作日内，对申请材料进行审查，提出审查意见，并组织专家评审。

专家评审工作由农产品地理标志登记评审委员会承担。农产品地理标志登记专家评审委员会应当独立做出评审结论，并对评审结论负责。

第十二条 经专家评审通过的，由农业部农产品质量安全中心代表农业部对社会公示。

有关单位和个人有异议的，应当自公示截止日起 20 日内向农业部农产品质量安全中心提出。公示无异议的，由农业部做出登记决定并公告，颁发《中华人民共和国农产品地理标志登记证书》，公布登记产品相关技术规范和标准。

专家评审没有通过的，由农业部做出不予登记的决定，书面通知申请人，并说明理由。

第十三条 农产品地理标志登记证书长期有效。

有下列情形之一的，登记证书持有人应当按照规定程序提出变更申请：

（一）登记证书持有人或者法定代表人发生变化的；

（二）地域范围或者相应自然生态环境发生变化的。

第十四条 农产品地理标志实行公共标识与地域产品名称相结合的标注制度。公共标识基本图案见附图。农产品地理标志使用规范由农业部另行制定公布。

第三章 标志使用

第十五条 符合下列条件的单位和个人，可以向登记证书持有人申请使用农产品地理标志：

（一）生产经营的农产品产自登记确定的地域范围；

（二）已取得登记农产品相关的生产经营资质；

（三）能够严格按照规定的质量技术规范组织开展生产经营活动；

（四）具有地理标志农产品市场开发经营能力。

使用农产品地理标志，应当按照生产经营年度与登记证书持有人签订农产品地理标志使用协议，在协议中载明使用的数量、范围及相关的责任义务。

农产品地理标志登记证书持有人不得向农产品地理标志使用人收取使用费。

第十六条　农产品地理标志使用人享有以下权利：

（一）可以在产品及其包装上使用农产品地理标志；

（二）可以使用登记的农产品地理标志进行宣传和参加展览、展示及展销。

第十七条　农产品地理标志使用人应当履行以下义务：

（一）自觉接受登记证书持有人的监督检查；

（二）保证地理标志农产品的品质和信誉；

（三）正确规范地使用农产品地理标志。

第四章　监督管理

第十八条　县级以上人民政府农业行政主管部门应当加强农产品地理标志监督管理工作，定期对登记的地理标志农产品的地域范围、标志使用等进行监督检查。

登记的地理标志农产品或登记证书持有人不符合本办法第七条、第八条规定的，由农业部注销其地理标志登记证书并对外公告。

第十九条　地理标志农产品的生产经营者，应当建立质量控制追溯体系。农产品地理标志登记证书持有人和标志使用人，对地理标志农产品的质量和信誉负责。

第二十条　任何单位和个人不得伪造、冒用农产品地理标志和登记证书。

第二十一条　国家鼓励单位和个人对农产品地理标志进行社会监督。

第二十二条 从事农产品地理标志登记管理和监督检查的工作人员滥用职权、玩忽职守、徇私舞弊的，依法给予处分；涉嫌犯罪的，依法移送司法机关追究刑事责任。

第二十三条 违反本办法规定的，由县级以上人民政府农业行政主管部门依照《中华人民共和国农产品质量安全法》有关规定处罚。

第五章 附 则

第二十四条 农业部接受国外农产品地理标志在中华人民共和国的登记并给予保护，具体办法另行规定。

第二十五条 本办法自 2008 年 2 月 1 日起施行。

附图：公共标识基本图案

农产品地理标志

B.21 后　记

感谢贵州省社科院与贵州大学提供各方面的支持。

感谢参与地理标志蓝皮书编写的各位专家，尤其是地理标志研究中心的各位同事，年轻、活力、梦想，共同为地理标志艰难而复杂的工作不辞辛劳。

特别感谢社会科学院金安江书记与吴大华院长，正是2012年年初社科院做出成立地理标志研究中心的决定，催生了为贵州地理标志研究与服务的一个专业团队，并且成长为名副其实的国内三个地理标志研究中心之一。

李发耀

2017年6月

社会科学文献出版社　　　　　　　　　　　　　　皮书系列

❖ 皮书起源 ❖

"皮书"起源于十七、十八世纪的英国，主要指官方或社会组织正式发表的重要文件或报告，多以"白皮书"命名。在中国，"皮书"这一概念被社会广泛接受，并被成功运作、发展成为一种全新的出版形态，则源于中国社会科学院社会科学文献出版社。

❖ 皮书定义 ❖

皮书是对中国与世界发展状况和热点问题进行年度监测，以专业的角度、专家的视野和实证研究方法，针对某一领域或区域现状与发展态势展开分析和预测，具备原创性、实证性、专业性、连续性、前沿性、时效性等特点的公开出版物，由一系列权威研究报告组成。

❖ 皮书作者 ❖

皮书系列的作者以中国社会科学院、著名高校、地方社会科学院的研究人员为主，多为国内一流研究机构的权威专家学者，他们的看法和观点代表了学界对中国与世界的现实和未来最高水平的解读与分析。

❖ 皮书荣誉 ❖

皮书系列已成为社会科学文献出版社的著名图书品牌和中国社会科学院的知名学术品牌。2016年，皮书系列正式列入"十三五"国家重点出版规划项目；2012~2016年，重点皮书列入中国社会科学院承担的国家哲学社会科学创新工程项目；2017年，55种院外皮书使用"中国社会科学院创新工程学术出版项目"标识。

权威报告·热点资讯·特色资源

皮书数据库
ANNUAL REPORT(YEARBOOK) DATABASE

当代中国与世界发展高端智库平台

所获荣誉

- 2016年，入选"国家'十三五'电子出版物出版规划骨干工程"
- 2015年，荣获"搜索中国正能量 点赞2015""创新中国科技创新奖"
- 2013年，荣获"中国出版政府奖·网络出版物奖"提名奖
- 连续多年荣获中国数字出版博览会"数字出版·优秀品牌"奖

成为会员

通过网址www.pishu.com.cn或使用手机扫描二维码进入皮书数据库网站，进行手机号码验证或邮箱验证即可成为皮书数据库会员（建议通过手机号码快速验证注册）。

会员福利

- 使用手机号码首次注册会员可直接获得100元体验金，不需充值即可购买和查看数据库内容（仅限使用手机号码快速注册）。
- 已注册用户购书后可免费获赠100元皮书数据库充值卡。刮开充值卡涂层获取充值密码，登录并进入"会员中心"—"在线充值"—"充值卡充值"，充值成功后即可购买和查看数据库内容。

社会科学文献出版社 皮书系列
SOCIAL SCIENCES ACADEMIC PRESS (CHINA)

卡号：214169592584
密码：

数据库服务热线：400-008-6695
数据库服务QQ：2475522410
数据库服务邮箱：database@ssap.cn
图书销售热线：010-59367070/7028
图书服务QQ：1265056568
图书服务邮箱：duzhe@ssap.cn

子库介绍
Sub-Database Introduction

中国经济发展数据库

涵盖宏观经济、农业经济、工业经济、产业经济、财政金融、交通旅游、商业贸易、劳动经济、企业经济、房地产经济、城市经济、区域经济等领域，为用户实时了解经济运行态势、把握经济发展规律、洞察经济形势、做出经济决策提供参考和依据。

中国社会发展数据库

全面整合国内外有关中国社会发展的统计数据、深度分析报告、专家解读和热点资讯构建而成的专业学术数据库。涉及宗教、社会、人口、政治、外交、法律、文化、教育、体育、文学艺术、医药卫生、资源环境等多个领域。

中国行业发展数据库

以中国国民经济行业分类为依据，跟踪分析国民经济各行业市场运行状况和政策导向，提供行业发展最前沿的资讯，为用户投资、从业及各种经济决策提供理论基础和实践指导。内容涵盖农业，能源与矿产业，交通运输业，制造业，金融业，房地产业，租赁和商务服务业，科学研究，环境和公共设施管理，居民服务业，教育，卫生和社会保障，文化、体育和娱乐业等100余个行业。

中国区域发展数据库

对特定区域内的经济、社会、文化、法治、资源环境等领域的现状与发展情况进行分析和预测。涵盖中部、西部、东北、西北等地区，长三角、珠三角、黄三角、京津冀、环渤海、合肥经济圈、长株潭城市群、关中—天水经济区、海峡经济区等区域经济体和城市圈，北京、上海、浙江、河南、陕西等34个省份及中国台湾地区。

中国文化传媒数据库

包括文化事业、文化产业、宗教、群众文化、图书馆事业、博物馆事业、档案事业、语言文字、文学、历史地理、新闻传播、广播电视、出版事业、艺术、电影、娱乐等多个子库。

世界经济与国际关系数据库

以皮书系列中涉及世界经济与国际关系的研究成果为基础，全面整合国内外有关世界经济与国际关系的统计数据、深度分析报告、专家解读和热点资讯构建而成的专业学术数据库。包括世界经济、国际政治、世界文化与科技、全球性问题、国际组织与国际法、区域研究等多个子库。

法 律 声 明

"皮书系列"(含蓝皮书、绿皮书、黄皮书)之品牌由社会科学文献出版社最早使用并持续至今,现已被中国图书市场所熟知。"皮书系列"的LOGO( )与"经济蓝皮书""社会蓝皮书"均已在中华人民共和国国家工商行政管理总局商标局登记注册。"皮书系列"图书的注册商标专用权及封面设计、版式设计的著作权均为社会科学文献出版社所有。未经社会科学文献出版社书面授权许可,任何使用与"皮书系列"图书注册商标、封面设计、版式设计相同或者近似的文字、图形或其组合的行为均系侵权行为。

经作者授权,本书的专有出版权及信息网络传播权为社会科学文献出版社享有。未经社会科学文献出版社书面授权许可,任何就本书内容的复制、发行或以数字形式进行网络传播的行为均系侵权行为。

社会科学文献出版社将通过法律途径追究上述侵权行为的法律责任,维护自身合法权益。

欢迎社会各界人士对侵犯社会科学文献出版社上述权利的侵权行为进行举报。电话:010-59367121,电子邮箱:fawubu@ssap.cn。

社会科学文献出版社

1997~2017
皮书品牌20年
YEAR BOOKS

皮书系列

2017年

智库成果出版与传播平台

社会科学文献出版社
SOCIAL SCIENCES ACADEMIC PRESS (CHINA)

社长致辞

伴随着今冬的第一场雪，2017年很快就要到了。世界每天都在发生着让人眼花缭乱的变化，而唯一不变的，是面向未来无数的可能性。作为个体，如何获取专业信息以备不时之需？作为行政主体或企事业主体，如何提高决策的科学性让这个世界变得更好而不是更糟？原创、实证、专业、前沿、及时、持续，这是1997年"皮书系列"品牌创立的初衷。

1997～2017，从最初一个出版社的学术产品名称到媒体和公众使用频率极高的热点词语，从专业术语到大众话语，从官方文件到独特的出版型态，作为重要的智库成果，"皮书"始终致力于成为海量信息时代的信息过滤器，成为经济社会发展的记录仪，成为政策制定、评估、调整的智力源，社会科学研究的资料集成库。"皮书"的概念不断延展，"皮书"的种类更加丰富，"皮书"的功能日渐完善。

1997～2017，皮书及皮书数据库已成为中国新型智库建设不可或缺的抓手与平台，成为政府、企业和各类社会组织决策的利器，成为人文社科研究最基本的资料库，成为世界系统完整及时认知当代中国的窗口和通道！"皮书"所具有的凝聚力正在形成一种无形的力量，吸引着社会各界关注中国的发展，参与中国的发展。

二十年的"皮书"正值青春，愿每一位皮书人付出的年华与智慧不辜负这个时代！

社会科学文献出版社社长
中国社会学会秘书长

2016年11月

社会科学文献出版社简介

社会科学文献出版社成立于1985年,是直属于中国社会科学院的人文社会科学专业学术出版机构。

成立以来,社科文献依托于中国社会科学院丰厚的学术出版和专家学者资源,坚持"创社科经典,出传世文献"的出版理念和"权威、前沿、原创"的产品定位,逐步走上了智库产品与专业学术成果系列化、规模化、数字化、国际化、市场化发展的经营道路,取得了令人瞩目的成绩。

学术出版 社科文献先后策划出版了"皮书"系列、"列国志"、"社科文献精品译库"、"全球化译丛"、"全面深化改革研究书系"、"近世中国"、"甲骨文"、"中国史话"等一大批既有学术影响又有市场价值的图书品牌和学术品牌,形成了较强的学术出版能力和资源整合能力。2016年社科文献发稿5.5亿字,出版图书2000余种,承印发行中国社会科学院院属期刊72种。

数字出版 凭借着雄厚的出版资源整合能力,社科文献长期以来一直致力于从内容资源和数字平台两个方面实现传统出版的再造,并先后推出了皮书数据库、列国志数据库、中国田野调查数据库等一系列数字产品。2016年数字化加工图书近4000种,文字处理量达10亿字。数字出版已经初步形成了产品设计、内容开发、编辑标引、产品运营、技术支持、营销推广等全流程体系。

国际出版 社科文献通过学术交流和国际书展等方式积极参与国际学术和国际出版的交流合作,努力将中国优秀的人文社会科学研究成果推向世界,从构建国际话语体系的角度推动学术出版国际化。目前已与英、荷、法、德、美、日、韩等国及港澳台地区近40家出版和学术文化机构建立了长期稳定的合作关系。

融合发展 紧紧围绕融合发展战略,社科文献全面布局融合发展和数字化转型升级,成效显著。以核心资源和重点项目为主的社科文献数据库产品群和数字出版体系日臻成熟,"一带一路"系列研究成果与专题数据库、阿拉伯问题研究国别基础库及中阿文化交流数据库平台等项目开启了社科文献向专业知识服务商转型的新篇章,成为行业领先。

此外,社科文献充分利用网络媒体平台,积极与各类媒体合作,并联合大型书店、学术书店、机场书店、网络书店、图书馆,构建起强大的学术图书内容传播平台,学术图书的媒体曝光率居全国之首,图书馆藏率居于全国出版机构前十位。

有温度,有情怀,有视野,更有梦想。未来社科文献将继续坚持专业化学术出版之路不动摇,着力搭建最具影响力的智库产品整合及传播平台、学术资源共享平台,为实现"社科文献梦"奠定坚实基础。

经 济 类

经济类皮书涵盖宏观经济、城市经济、大区域经济，提供权威、前沿的分析与预测

经济蓝皮书
2017年中国经济形势分析与预测

李扬/主编　2016年12月出版　定价：89.00元

◆ 本书为总理基金项目，由著名经济学家李扬领衔，联合中国社会科学院等数十家科研机构、国家部委和高等院校的专家共同撰写，系统分析了2016年的中国经济形势并预测2017年我国经济运行情况。

中国省域竞争力蓝皮书
中国省域经济综合竞争力发展报告（2015~2016）

李建平　李闽榕　高燕京/主编　2017年2月出版　估价：198.00元

◆ 本书融多学科的理论为一体，深入追踪研究了省域经济发展与中国国家竞争力的内在关系，为提升中国省域经济综合竞争力提供有价值的决策依据。

城市蓝皮书
中国城市发展报告 No.10

潘家华　单菁菁/主编　2017年9月出版　估价：89.00元

◆ 本书是由中国社会科学院城市发展与环境研究中心编著的，多角度、全方位地立体展示了中国城市的发展状况，并对中国城市的未来发展提出了许多建议。该书有强烈的时代感，对中国城市发展实践有重要的参考价值。

皮书系列重点推荐 经济类

人口与劳动绿皮书
中国人口与劳动问题报告 No.18

蔡昉 张车伟/主编 2017年10月出版 估价：89.00元

◆ 本书为中国社科院人口与劳动经济研究所主编的年度报告，对当前中国人口与劳动形势做了比较全面和系统的深入讨论，为研究我国人口与劳动问题提供了一个专业性的视角。

世界经济黄皮书
2017年世界经济形势分析与预测

张宇燕/主编 2016年12月出版 定价：89.00元

◆ 本书由中国社会科学院世界经济与政治研究所的研究团队撰写，2016年世界经济增速进一步放缓，就业增长放慢。世界经济面临许多重大挑战同时，地缘政治风险、难民危机、大国政治周期、恐怖主义等问题也仍然在影响世界经济的稳定与发展。预计2017年按PPP计算的世界GDP增长率约为3.0%。

国际城市蓝皮书
国际城市发展报告（2017）

屠启宇/主编 2017年2月出版 估价：89.00元

◆ 本书作者以上海社会科学院从事国际城市研究的学者团队为核心，汇集同济大学、华东师范大学、复旦大学、上海交通大学、南京大学、浙江大学相关城市研究专业学者。立足动态跟踪介绍国际城市发展时间中，最新出现的重大战略、重大理念、重大项目、重大报告和最佳案例。

金融蓝皮书
中国金融发展报告（2017）

李扬 王国刚/主编 2017年1月出版 估价：89.00元

◆ 本书由中国社会科学院金融研究所组织编写，概括和分析了2016年中国金融发展和运行中的各方面情况，研讨和评论了2016年发生的主要金融事件，有利于读者了解掌握2016年中国的金融状况，把握2017年中国金融的走势。

经济类　皮书系列 重点推荐

农村绿皮书
中国农村经济形势分析与预测（2016～2017）

魏后凯　杜志雄　黄秉信 / 著　　2017年4月出版　　估价：89.00元

◆ 本书描述了2016年中国农业农村经济发展的一些主要指标和变化，并对2017年中国农业农村经济形势的一些展望和预测，提出相应的政策建议。

西部蓝皮书
中国西部发展报告（2017）

姚慧琴　徐璋勇 / 主编　　2017年9月出版　　估价：89.00元

◆ 本书由西北大学中国西部经济发展研究中心主编，汇集了源自西部本土以及国内研究西部问题的权威专家的第一手资料，对国家实施西部大开发战略进行年度动态跟踪，并对2017年西部经济、社会发展态势进行预测和展望。

经济蓝皮书·夏季号
中国经济增长报告（2016～2017）

李扬 / 主编　　2017年9月出版　　估价：98.00元

◆ 中国经济增长报告主要探讨2016~2017年中国经济增长问题，以专业视角解读中国经济增长，力求将其打造成一个研究中国经济增长、服务宏微观各级决策的周期性、权威性读物。

就业蓝皮书
2017年中国本科生就业报告

麦可思研究院 / 编著　　2017年6月出版　　估价：98.00元

◆ 本书基于大量的数据和调研，内容翔实，调查独到，分析到位，用数据说话，对我国大学生教育与发展起到了很好的建言献策作用。

皮书系列 重点推荐　社会政法类

社会政法类

社会政法类皮书聚焦社会发展领域的热点、难点问题，提供权威、原创的资讯与视点

社会蓝皮书
2017年中国社会形势分析与预测

李培林　陈光金　张翼 / 主编　2016年12月出版　定价：89.00元

◆ 本书由中国社会科学院社会学研究所组织研究机构专家、高校学者和政府研究人员撰写，聚焦当下社会热点，对2016年中国社会发展的各个方面内容进行了权威解读，同时对2017年社会形势发展趋势进行了预测。

法治蓝皮书
中国法治发展报告No.15（2017）

李林　田禾 / 主编　2017年3月出版　估价：118.00元

◆ 本年度法治蓝皮书回顾总结了2016年度中国法治发展取得的成就和存在的不足，并对2017年中国法治发展形势进行了预测和展望。

社会体制蓝皮书
中国社会体制改革报告No.5（2017）

龚维斌 / 主编　2017年4月出版　估价：89.00元

◆ 本书由国家行政学院社会治理研究中心和北京师范大学中国社会管理研究院共同组织编写，主要对2016年社会体制改革情况进行回顾和总结，对2017年的改革走向进行分析，提出相关政策建议。

社会政法类 | 皮书系列 重点推荐

社会心态蓝皮书
中国社会心态研究报告（2017）
王俊秀　杨宜音/主编　2017年12月出版　估价：89.00元

◆ 本书是中国社会科学院社会学研究所社会心理研究中心"社会心态蓝皮书课题组"的年度研究成果，运用社会心理学、社会学、经济学、传播学等多种学科的方法进行了调查和研究，对于目前我国社会心态状况有较广泛和深入的揭示。

生态城市绿皮书
中国生态城市建设发展报告（2017）
刘举科　孙伟平　胡文臻/主编　2017年7月出版　估价：118.00元

◆ 报告以绿色发展、循环经济、低碳生活、民生宜居为理念，以更新民众观念、提供决策咨询、指导工程实践、引领绿色发展为宗旨，试图探索一条具有中国特色的城市生态文明建设新路。

城市生活质量蓝皮书
中国城市生活质量报告（2017）
中国经济实验研究院/主编　2017年7月出版　估价：89.00元

◆ 本书对全国35个城市居民的生活质量主观满意度进行了电话调查，同时对35个城市居民的客观生活质量指数进行了计算，为我国城市居民生活质量的提升，提出了针对性的政策建议。

公共服务蓝皮书
中国城市基本公共服务力评价（2017）
钟君　吴正杲/主编　2017年12月出版　估价：89.00元

◆ 中国社会科学院经济与社会建设研究室与华图政信调查组成联合课题组，从2010年开始对基本公共服务力进行研究，研创了基本公共服务力评价指标体系，为政府考核公共服务与社会管理工作提供了理论工具。

皮书系列
重点推荐

行业报告类

行业报告类

行业报告类皮书立足重点行业、新兴行业领域，提供及时、前瞻的数据与信息

企业社会责任蓝皮书
中国企业社会责任研究报告（2017）

黄群慧 钟宏武 张蒽 翟利峰／著　2017年10月出版　估价：89.00元

◆ 本书剖析了中国企业社会责任在2016～2017年度的最新发展特征，详细解读了省域国有企业在社会责任方面的阶段性特征，生动呈现了国内外优秀企业的社会责任实践。对了解中国企业社会责任履行现状、未来发展，以及推动社会责任建设有重要的参考价值。

新能源汽车蓝皮书
中国新能源汽车产业发展报告（2017）

黄中国汽车技术研究中心　日产（中国）投资有限公司
东风汽车有限公司／编著　2017年7月出版　估价：98.00元

◆ 本书对我国2016年新能源汽车产业发展进行了全面系统的分析，并介绍了国外的发展经验。有助于相关机构、行业和社会公众等了解中国新能源汽车产业发展的最新动态，为政府部门出台新能源汽车产业相关政策法规、企业制定相关战略规划，提供必要的借鉴和参考。

杜仲产业绿皮书
中国杜仲橡胶资源与产业发展报告（2016～2017）

杜红岩 胡文臻 俞锐／主编　2017年1月出版　估价：85.00元

◆ 本书对2016年来的杜仲产业的发展情况、研究团队在杜仲研究方面取得的重要成果、部分地区杜仲产业发展的具体情况、杜仲新标准的制定情况等进行了较为详细的分析与介绍，使广大关心杜仲产业发展的读者能够及时跟踪产业最新进展。

权威·前沿·原创

行业报告类　皮书系列 重点推荐

企业蓝皮书
中国企业绿色发展报告 No.2（2017）

李红玉　朱光辉 / 主编　　2017年8月出版　　估价：89.00元

◆ 本书深入分析中国企业能源消费、资源利用、绿色金融、绿色产品、绿色管理、信息化、绿色发展政策及绿色文化方面的现状，并对目前存在的问题进行研究，剖析因果，谋划对策。为企业绿色发展提供借鉴，为我国生态文明建设提供支撑。

中国上市公司蓝皮书
中国上市公司发展报告（2017）

张平　王宏淼 / 主编　　2017年10月出版　　估价：98.00元

◆ 本书由中国社会科学院上市公司研究中心组织编写的，着力于全面、真实、客观反映当前中国上市公司财务状况和价值评估的综合性年度报告。本书详尽分析了2016年中国上市公司情况，特别是现实中暴露出的制度性、基础性问题，并对资本市场改革进行了探讨。

资产管理蓝皮书
中国资产管理行业发展报告（2017）

智信资产管理研究院 / 编著　　2017年6月出版　　估价：89.00元

◆ 中国资产管理行业刚刚兴起，未来将中国金融市场最有看点的行业。本书主要分析了2016年度资产管理行业的发展情况，同时对资产管理行业的未来发展做出科学的预测。

体育蓝皮书
中国体育产业发展报告（2017）

阮伟　钟秉枢 / 主编　　2017年12月出版　　估价：89.00元

◆ 本书运用多种研究方法，在对于体育竞赛业、体育用品业、体育场馆业、体育传媒业等传统产业研究的基础上，紧紧围绕2016年体育领域内的各种热点事件进行研究和梳理，进一步拓宽了研究的广度、提升了研究的高度、挖掘了研究的深度。

国别与地区类

国别与地区类皮书关注全球重点国家与地区，提供全面、独特的解读与研究

美国蓝皮书
美国研究报告（2017）

郑秉文 黄平/主编　2017年6月出版　估价：89.00元

◆ 本书是由中国社会科学院美国所主持完成的研究成果，它回顾了美国2016年的经济、政治形势与外交战略，对2017年以来美国内政外交发生的重大事件及重要政策进行了较为全面的回顾和梳理。

日本蓝皮书
日本研究报告（2017）

杨伯江/主编　2017年5月出版　估价：89.00元

◆ 本书对2016年拉丁美洲和加勒比地区诸国的政治、经济、社会、外交等方面的发展情况做了系统介绍，对该地区相关国家的热点及焦点问题进行了总结和分析，并在此基础上对该地区各国2017年的发展前景做出预测。

亚太蓝皮书
亚太地区发展报告（2017）

李向阳/主编　2017年3月出版　估价：89.00元

◆ 本书是中国社会科学院亚太与全球战略研究院的集体研究成果。2016年的"亚太蓝皮书"继续关注中国周边环境的变化。该书盘点了2016年亚太地区的焦点和热点问题，为深入了解2016年及未来中国与周边环境的复杂形势提供了重要参考。

国别与地区类 | **皮书系列 重点推荐**

德国蓝皮书

德国发展报告（2017）

郑春荣 / 主编　2017 年 6 月出版　估价：89.00 元

◆ 本报告由同济大学德国研究所组织编撰，由该领域的专家学者对德国的政治、经济、社会文化、外交等方面的形势发展情况，进行全面的阐述与分析。

日本经济蓝皮书

日本经济与中日经贸关系研究报告（2017）

王洛林　张季风 / 编著　　2017 年 5 月出版　　估价：89.00 元

◆ 本书系统、详细地介绍了 2016 年日本经济以及中日经贸关系发展情况，在进行了大量数据分析的基础上，对 2017 年日本经济以及中日经贸关系的大致发展趋势进行了分析与预测。

俄罗斯黄皮书

俄罗斯发展报告（2017）

李永全 / 编著　2017 年 7 月出版　估价：89.00 元

◆ 本书系统介绍了 2016 年俄罗斯经济政治情况，并对 2016 年该地区发生的焦点、热点问题进行了分析与回顾；在此基础上，对该地区 2017 年的发展前景进行了预测。

非洲黄皮书

非洲发展报告 No.19（2016～2017）

张宏明 / 主编　2017 年 8 月出版　估价：89.00 元

◆ 本书是由中国社会科学院西亚非洲研究所组织编撰的非洲形势年度报告，比较全面、系统地分析了 2016 年非洲政治形势和热点问题，探讨了非洲经济形势和市场走向，剖析了大国对非洲关系的新动向；此外，还介绍了国内非洲研究的新成果。

皮书系列
重点推荐

地方发展类

地方发展类

地方发展类皮书关注中国各省份、经济区域，提供科学、多元的预判与资政信息

北京蓝皮书

北京公共服务发展报告（2016~2017）

施昌奎 / 主编　2017年2月出版　估价：89.00元

◆ 本书是由北京市政府职能部门的领导、首都著名高校的教授、知名研究机构的专家共同完成的关于北京市公共服务发展与创新的研究成果。

河南蓝皮书

河南经济发展报告（2017）

张占仓 / 编著　2017年3月出版　估价：89.00元

◆ 本书以国内外经济发展环境和走向为背景，主要分析当前河南经济形势，预测未来发展趋势，全面反映河南经济发展的最新动态、热点和问题，为地方经济发展和领导决策提供参考。

广州蓝皮书

2017年中国广州经济形势分析与预测

庾建设　陈浩钿　谢博能 / 主编　2017年7月出版　估价：85.00元

◆ 本书由广州大学与广州市委政策研究室、广州市统计局联合主编，汇集了广州科研团体、高等院校和政府部门诸多经济问题研究专家、学者和实际部门工作者的最新研究成果，是关于广州经济运行情况和相关专题分析、预测的重要参考资料。

文化传媒类

皮书系列重点推荐

文化传媒类皮书透视文化领域、文化产业，探索文化大繁荣、大发展的路径

新媒体蓝皮书

中国新媒体发展报告 No.8（2017）

唐绪军 / 主编　2017 年 6 月出版　估价：89.00 元

◆ 本书是由中国社会科学院新闻与传播研究所组织编写的关于新媒体发展的最新年度报告，旨在全面分析中国新媒体的发展现状，解读新媒体的发展趋势，探析新媒体的深刻影响。

移动互联网蓝皮书

中国移动互联网发展报告（2017）

官建文 / 编著　2017 年 6 月出版　估价：89.00 元

◆ 本书着眼于对中国移动互联网 2016 年度的发展情况做深入解析，对未来发展趋势进行预测，力求从不同视角、不同层面全面剖析中国移动互联网发展的现状、年度突破及热点趋势等。

传媒蓝皮书

中国传媒产业发展报告（2017）

崔保国 / 主编　2017 年 5 月出版　估价：98.00 元

◆ "传媒蓝皮书"连续十多年跟踪观察和系统研究中国传媒产业发展。本报告在对传媒产业总体以及各细分行业发展状况与趋势进行深入分析基础上，对年度发展热点进行跟踪，剖析新技术引领下的商业模式，对传媒各领域发展趋势、内体经营、传媒投资进行解析，为中国传媒产业正在发生的变革提供前瞻性参考。

皮书系列 2017全品种 经济类

经济类

"三农"互联网金融蓝皮书
中国"三农"互联网金融发展报告（2017）
著(编)者：李勇坚 王弢　2017年8月出版 / 估价：98.00元
PSN B-2016-561-1/1

G20国家创新竞争力黄皮书
二十国集团（G20）国家创新竞争力发展报告（2016~2017）
著(编)者：李建平 李闽榕 赵新力　周天勇
2017年8月出版 / 估价：158.00元
PSN Y-2011-229-1/1

产业蓝皮书
中国产业竞争力报告（2017）No.7
著(编)者：张其仔　2017年12月出版 / 估价：98.00元
PSN B-2010-175-1/1

城市创新蓝皮书
中国城市创新报告（2017）
著(编)者：周天勇 旷建伟　2017年11月出版 / 估价：89.00元
PSN B-2013-340-1/1

城市蓝皮书
中国城市发展报告 No.10
著(编)者：潘家华 单菁菁　2017年9月出版 / 估价：89.00元
PSN B-2007-091-1/1

城乡一体化蓝皮书
中国城乡一体化发展报告（2016～2017）
著(编)者：汝信 付崇兰　2017年7月出版 / 估价：85.00元
PSN B-2011-226-1/2

城镇化蓝皮书
中国新型城镇化健康发展报告（2017）
著(编)者：张占斌　2017年8月出版 / 估价：89.00元
PSN B-2014-396-1/1

创新蓝皮书
创新型国家建设报告（2016～2017）
著(编)者：詹正茂　2017年12月出版 / 估价：89.00元
PSN B-2009-140-1/1

创业蓝皮书
中国创业发展报告（2016～2017）
著(编)者：黄群慧 赵卫星 钟宏武等
2017年11月出版 / 估价：89.00元
PSN B-2016-578-1/1

低碳发展蓝皮书
中国低碳发展报告（2016~2017）
著(编)者：齐晔 张希良　2017年3月出版 / 估价：98.00元
PSN B-2011-223-1/1

低碳经济蓝皮书
中国低碳经济发展报告（2017）
著(编)者：薛进军 赵忠秀　2017年6月出版 / 估价：85.00元
PSN B-2011-194-1/1

东北蓝皮书
中国东北地区发展报告（2017）
著(编)者：朱宇 张新颖　2017年12月出版 / 估价：89.00元
PSN B-2006-067-1/1

发展与改革蓝皮书
中国经济发展和体制改革报告No.8
著(编)者：邹东涛 王再文　2017年1月出版 / 估价：98.00元
PSN B-2008-122-1/1

工业化蓝皮书
中国工业化进程报告（2017）
著(编)者：黄群慧　2017年12月出版 / 估价：158.00元
PSN B-2007-095-1/1

管理蓝皮书
中国管理发展报告（2017）
著(编)者：张晓东　2017年10月出版 / 估价：98.00元
PSN B-2014-416-1/1

国际城市蓝皮书
国际城市发展报告（2017）
著(编)者：屠启宇　2017年2月出版 / 估价：89.00元
PSN B-2012-260-1/1

国家创新蓝皮书
中国创新发展报告（2017）
著(编)者：陈劲　2017年12月出版 / 估价：89.00元
PSN B-2014-370-1/1

金融蓝皮书
中国金融发展报告（2017）
著(编)者：李扬 王国刚　2017年12月出版 / 估价：89.00元
PSN B-2004-031-1/6

京津冀金融蓝皮书
京津冀金融发展报告（2017）
著(编)者：王爱俭 李向前
2017年3月出版 / 估价：89.00元
PSN B-2016-528-1/1

京津冀蓝皮书
京津冀发展报告（2017）
著(编)者：文魁 祝尔娟　2017年4月出版 / 估价：89.00元
PSN B-2012-262-1/1

经济蓝皮书
2017年中国经济形势分析与预测
著(编)者：李扬　2016年12月出版 / 定价：89.00元
PSN B-1996-001-1/1

经济蓝皮书·春季号
2017年中国经济前景分析
著(编)者：李扬　2017年6月出版 / 估价：89.00元
PSN B-1999-008-1/1

经济蓝皮书·夏季号
中国经济增长报告（2016～2017）
著(编)者：李扬　2017年9月出版 / 估价：98.00元
PSN B-2010-176-1/1

经济信息绿皮书
中国与世界经济发展报告（2017）
著(编)者：杜平　2017年12月出版 / 估价：89.00元
PSN G-2003-023-1/1

就业蓝皮书
2017年中国本科生就业报告
著(编)者：麦可思研究院　2017年6月出版 / 估价：98.00元
PSN B-2009-146-1/2

经济类 皮书系列 2017全品种

就业蓝皮书
2017年中国高职高专生就业报告
著(编)者：麦可思研究院　2017年6月出版 / 估价：98.00元
PSN B-2015-472-2/2

科普能力蓝皮书
中国科普能力评价报告（2017）
著(编)者：李富 强李群　2017年8月出版 / 估价：89.00元
PSN B-2016-556-1/1

临空经济蓝皮书
中国临空经济发展报告（2017）
著(编)者：连玉明　2017年9月出版 / 估价：89.00元
PSN B-2014-421-1/1

农村绿皮书
中国农村经济形势分析与预测（2016～2017）
著(编)者：魏后凯 杜志雄 黄秉信
2017年4月出版 / 估价：89.00元
PSN G-1998-003-1/1

农业应对气候变化蓝皮书
气候变化对中国农业影响评估报告 No.3
著(编)者：矫梅燕　2017年8月出版 / 估价：98.00元
PSN B-2014-413-1/1

气候变化绿皮书
应对气候变化报告（2017）
著(编)者：王伟光 郑国光　2017年6月出版 / 估价：89.00元
PSN G-2009-144-1/1

区域蓝皮书
中国区域经济发展报告（2016～2017）
著(编)者：赵弘　2017年6月出版 / 估价：89.00元
PSN B-2004-034-1/1

全球环境竞争力绿皮书
全球环境竞争力报告（2017）
著(编)者：李建平 李闽榕 王金南
2017年12月出版 / 估价：198.00元
PSN G-2013-363-1/1

人口与劳动绿皮书
中国人口与劳动问题报告 No.18
著(编)者：蔡昉 张车伟　2017年11月出版 / 估价：89.00元
PSN G-2000-012-1/1

商务中心区蓝皮书
中国商务中心区发展报告 No.3（2016）
著(编)者：李国红 单菁菁　2017年1月出版 / 估价：89.00元
PSN B-2015-444-1/1

世界经济黄皮书
2017年世界经济形势分析与预测
著(编)者：张宇燕　2016年12月出版 / 定价：89.00元
PSN Y-1999-006-1/1

世界旅游城市绿皮书
世界旅游城市发展报告（2017）
著(编)者：宋宇　2017年1月出版 / 估价：128.00元
PSN G-2014-400-1/1

土地市场蓝皮书
中国农村土地市场发展报告（2016～2017）
著(编)者：李光荣　2017年3月出版 / 估价：89.00元
PSN B-2016-527-1/1

西北蓝皮书
中国西北发展报告（2017）
著(编)者：高建龙　2017年3月出版 / 估价：89.00元
PSN B-2012-261-1/1

西部蓝皮书
中国西部发展报告（2017）
著(编)者：姚慧琴 徐璋勇　2017年9月出版 / 估价：89.00元
PSN B-2005-039-1/1

新型城镇化蓝皮书
新型城镇化发展报告（2017）
著(编)者：李伟 宋敏 沈体雁　2017年3月出版 / 估价：98.00元
PSN B-2014-431-1/1

新兴经济体蓝皮书
金砖国家发展报告（2017）
著(编)者：林跃勤 周文　2017年12月出版 / 估价：89.00元
PSN B-2011-195-1/1

长三角蓝皮书
2017年新常态下深化一体化的长三角
著(编)者：王庆五　2017年12月出版 / 估价：88.00元
PSN B-2005-038-1/1

中部竞争力蓝皮书
中国中部经济社会竞争力报告（2017）
著(编)者：教育部人文社会科学重点研究基地
　　　　　南昌大学中国中部经济社会发展研究中心
2017年12月出版 / 估价：89.00元
PSN B-2012-276-1/1

中部蓝皮书
中国中部地区发展报告（2017）
著(编)者：宋亚平　2017年12月出版 / 估价：88.00元
PSN B-2007-089-1/1

中国省域竞争力蓝皮书
中国省域经济综合竞争力发展报告（2017）
著(编)者：李建平 李闽榕 高燕京
2017年2月出版 / 估价：198.00元
PSN B-2007-088-1/1

中三角蓝皮书
长江中游城市群发展报告（2017）
著(编)者：秦尊文　2017年9月出版 / 估价：89.00元
PSN B-2014-417-1/1

中小城市绿皮书
中国中小城市发展报告（2017）
著(编)者：中国城市经济学会中小城市经济发展委员会
　　　　　中国城镇化促进会中小城市发展委员会
　　　　　《中国中小城市发展报告》编纂委员会
　　　　　中小城市发展战略研究院
2017年11月出版 / 估价：128.00元
PSN G-2010-161-1/1

中原蓝皮书
中原经济区发展报告（2017）
著(编)者：李英杰　2017年6月出版 / 估价：88.00元
PSN B-2011-192-1/1

自贸区蓝皮书
中国自贸区发展报告（2017）
著(编)者：王力　2017年7月出版 / 估价：89.00元
PSN B-2016-559-1/1

社会政法类

北京蓝皮书
中国社区发展报告（2017）
著(编)者：于燕燕　　　2017年2月出版 / 估价：89.00元
PSN B-2007-083-5/8

殡葬绿皮书
中国殡葬事业发展报告（2017）
著(编)者：李伯森　　　2017年4月出版 / 估价：158.00元
PSN G-2010-180-1/1

城市管理蓝皮书
中国城市管理报告（2016~2017）
著(编)者：刘林　刘承水　2017年5月出版 / 估价：158.00元
PSN B-2013-336-1/1

城市生活质量蓝皮书
中国城市生活质量报告（2017）
著(编)者：中国经济实验研究院
2017年7月出版 / 估价：89.00元
PSN B-2013-326-1/1

城市政府能力蓝皮书
中国城市政府公共服务能力评估报告（2017）
著(编)者：何艳玲　　　2017年4月出版 / 估价：89.00元
PSN B-2013-338-1/1

慈善蓝皮书
中国慈善发展报告（2017）
著(编)者：杨团　　　　2017年6月出版 / 估价：89.00元
PSN B-2009-142-1/1

党建蓝皮书
党的建设研究报告 No.2（2017）
著(编)者：崔建民　陈东平　2017年2月出版 / 估价：89.00元
PSN B-2016-524-1/1

地方法治蓝皮书
中国地方法治发展报告 No.3（2017）
著(编)者：李林　田禾　2017年3月出版 / 估价：108.00元
PSN B-2015-442-1/1

法治蓝皮书
中国法治发展报告 No.15（2017）
著(编)者：李林　田禾　2017年3月出版 / 估价：118.00元
PSN B-2004-027-1/1

法治政府蓝皮书
中国法治政府发展报告（2017）
著(编)者：中国政法大学法治政府研究院
2017年2月出版 / 估价：98.00元
PSN B-2015-502-1/2

法治政府蓝皮书
中国法治政府评估报告（2017）
著(编)者：中国政法大学法治政府研究院
2016年11月出版 / 估价：98.00元
PSN B-2016-577-2/2

反腐倡廉蓝皮书
中国反腐倡廉建设报告 No.7
著(编)者：张英伟　　　2017年12月出版 / 估价：89.00元
PSN B-2012-259-1/1

非传统安全蓝皮书
中国非传统安全研究报告（2016~2017）
著(编)者：余潇枫　魏志江　2017年6月出版 / 估价：89.00元
PSN B-2012-273-1/1

妇女发展蓝皮书
中国妇女发展报告 No.7
著(编)者：王金玲　　　2017年9月出版 / 估价：148.00元
PSN B-2006-069-1/1

妇女教育蓝皮书
中国妇女教育发展报告 No.4
著(编)者：张李玺　　　2017年10月出版 / 估价：78.00元
PSN B-2008-121-1/1

妇女绿皮书
中国性别平等与妇女发展报告（2017）
著(编)者：谭琳　　　　2017年12月出版 / 估价：99.00元
PSN G-2006-073-1/1

公共服务蓝皮书
中国城市基本公共服务力评价（2017）
著(编)者：钟君　吴正杲　2017年12月出版 / 估价：89.00元
PSN B-2011-214-1/1

公民科学素质蓝皮书
中国公民科学素质报告（2016~2017）
著(编)者：李群　陈雄　马宗文
2017年1月出版 / 估价：89.00元
PSN B-2014-379-1/1

公共关系蓝皮书
中国公共关系发展报告（2017）
著(编)者：柳斌杰　　　2017年11月出版 / 估价：89.00元
PSN B-2016-580-1/1

公益蓝皮书
中国公益慈善发展报告（2017）
著(编)者：朱健刚　　　2017年4月出版 / 估价：118.00元
PSN B-2012-283-1/1

国际人才蓝皮书
海外华侨华人专业人士报告（2017）
著(编)者：王辉耀　苗绿　2017年8月出版 / 估价：89.00元
PSN B-2014-409-4/4

国际人才蓝皮书
中国国际移民报告（2017）
著(编)者：王辉耀　　　2017年2月出版 / 估价：89.00元
PSN B-2012-304-3/4

国际人才蓝皮书
中国留学发展报告（2017）No.5
著(编)者：王辉耀　苗绿　2017年10月出版 / 估价：89.00元
PSN B-2012-244-2/4

海洋社会蓝皮书
中国海洋社会发展报告（2017）
著(编)者：崔凤　宋宁而　2017年7月出版 / 估价：89.00元
PSN B-2015-478-1/1

社会政法类 | **皮书系列 2017全品种**

行政改革蓝皮书
中国行政体制改革报告（2017）No.6
著(编)者：魏礼群　2017年5月出版／估价：98.00元
PSN B-2011-231-1/1

华侨华人蓝皮书
华侨华人研究报告（2017）
著(编)者：贾益民　2017年12月出版／估价：128.00元
PSN B-2011-204-1/1

环境竞争力绿皮书
中国省域环境竞争力发展报告（2017）
著(编)者：李建平　李闽榕　王金南
2017年11月出版／估价：198.00元
PSN G-2010-165-1/1

环境绿皮书
中国环境发展报告（2017）
著(编)者：刘鉴强　2017年11月出版／估价：89.00元
PSN G-2006-048-1/1

基金会蓝皮书
中国基金会发展报告（2016~2017）
著(编)者：中国基金会发展报告课题组
2017年4月出版／估价：85.00元
PSN B-2013-368-1/1

基金会绿皮书
中国基金会发展独立研究报告（2017）
著(编)者：基金会中心网　中央民族大学基金会研究中心
2017年6月出版／估价：88.00元
PSN G-2011-213-1/1

基金会透明度蓝皮书
中国基金会透明度发展研究报告（2017）
著(编)者：基金会中心网　清华大学廉政与治理研究中心
2017年12月出版／估价：89.00元
PSN B-2015-509-1/1

家庭蓝皮书
中国"创建幸福家庭活动"评估报告（2017）
国务院发展研究中心"创建幸福家庭活动评估"课题组著
2017年8月出版／估价：89.00元
PSN B-2012-261-1/1

健康城市蓝皮书
中国健康城市建设研究报告（2017）
著(编)者：王鸿春　解树江　盛继洪
2017年9月出版／估价：89.00元
PSN B-2016-565-2/2

教师蓝皮书
中国中小学教师发展报告（2017）
著(编)者：曾晓东　鱼霞　2017年6月出版／估价：89.00元
PSN B-2012-289-1/1

教育蓝皮书
中国教育发展报告（2017）
著(编)者：杨东平　2017年4月出版／估价：89.00元
PSN B-2006-047-1/1

科普蓝皮书
中国基层科普发展报告（2016~2017）
著(编)者：赵立　新陈玲　2017年9月出版／估价：89.00元
PSN B-2016-569-3/3

科普蓝皮书
中国科普基础设施发展报告（2017）
著(编)者：任福君　2017年6月出版／估价：89.00元
PSN B-2010-174-1/3

科普蓝皮书
中国科普人才发展报告（2017）
著(编)者：郑念　任嵘嵘　2017年4月出版／估价：98.00元
PSN B-2015-513-2/3

科学教育蓝皮书
中国科学教育发展报告（2017）
著(编)者：罗晖　王康友　2017年10月出版／估价：89.00元
PSN B-2015-487-1/1

劳动保障蓝皮书
中国劳动保障发展报告（2017）
著(编)者：刘燕斌　2017年9月出版／估价：188.00元
PSN B-2014-415-1/1

老龄蓝皮书
中国老年宜居环境发展报告（2017）
著(编)者：党俊武　周燕珉　2017年1月出版／估价：89.00元
PSN B-2013-320-1/1

连片特困区蓝皮书
中国连片特困区发展报告（2017）
著(编)者：游俊　冷志明　丁建军
2017年3月出版／估价：98.00元
PSN B-2013-321-1/1

民间组织蓝皮书
中国民间组织报告（2017）
著(编)者：黄晓勇　2017年12月出版／估价：89.00元
PSN B-2008-118-1/1

民调蓝皮书
中国民生调查报告（2017）
著(编)者：谢耘耕　2017年12月出版／估价：98.00元
PSN B-2014-398-1/1

民族发展蓝皮书
中国民族发展报告（2017）
著(编)者：郝时远　王延中　王希恩
2017年4月出版／估价：98.00元
PSN B-2006-070-1/1

女性生活蓝皮书
中国女性生活状况报告No.11（2017）
著(编)者：韩湘景　2017年10月出版／估价：98.00元
PSN B-2006-071-1/1

汽车社会蓝皮书
中国汽车社会发展报告（2017）
著(编)者：王俊秀　2017年1月出版／估价：89.00元
PSN B-2011-224-1/1

皮书系列 2017全品种 社会政法类

青年蓝皮书
中国青年发展报告（2017）No.3
著(编)者：廉思 等　2017年4月出版 / 估价：89.00元
PSN B-2013-333-1/1

青少年蓝皮书
中国未成年人互联网运用报告（2017）
著(编)者：李文革 沈杰 季为民
2017年11月出版 / 估价：89.00元
PSN B-2010-156-1/1

青少年体育蓝皮书
中国青少年体育发展报告（2017）
著(编)者：郭建军 杨桦　2017年9月出版 / 估价：89.00元
PSN B-2015-482-1/1

群众体育蓝皮书
中国群众体育发展报告（2017）
著(编)者：刘国永 杨桦　2017年12月出版 / 估价：89.00元
PSN B-2016-519-2/3

人权蓝皮书
中国人权事业发展报告 No.7（2017）
著(编)者：李君如　2017年9月出版 / 估价：98.00元
PSN B-2011-215-1/1

社会保障绿皮书
中国社会保障发展报告（2017）No.9
著(编)者：王延中　2017年4月出版 / 估价：89.00元
PSN G-2001-014-1/1

社会风险评估蓝皮书
风险评估与危机预警评估报告（2017）
著(编)者：唐钧　2017年8月出版 / 估价：85.00元
PSN B-2016-521-1/1

社会工作蓝皮书
中国社会工作发展报告（2017）
著(编)者：民政部社会工作研究中心
2017年8月出版 / 估价：89.00元
PSN B-2009-141-1/1

社会管理蓝皮书
中国社会管理创新报告 No.5
著(编)者：连玉明　2017年11月出版 / 估价：89.00元
PSN B-2012-300-1/1

社会蓝皮书
2017年中国社会形势分析与预测
著(编)者：李培林 陈光金 张翼
2016年12月出版 / 定价：89.00元
PSN B-1998-002-1/1

社会体制蓝皮书
中国社会体制改革报告No.5（2017）
著(编)者：龚维斌　2017年4月出版 / 估价：89.00元
PSN B-2013-330-1/1

社会心态蓝皮书
中国社会心态研究报告（2017）
著(编)者：王俊秀 杨宜音　2017年12月出版 / 估价：89.00元
PSN B-2011-199-1/1

社会组织蓝皮书
中国社会组织评估发展报告（2017）
著(编)者：徐家良 廖鸿　2017年12月出版 / 估价：89.00元
PSN B-2013-366-1/1

生态城市绿皮书
中国生态城市建设发展报告（2017）
著(编)者：刘举科 孙伟平 胡文臻
2017年9月出版 / 估价：118.00元
PSN G-2012-269-1/1

生态文明绿皮书
中国省域生态文明建设评价报告（ECI 2017）
著(编)者：严耕　2017年12月出版 / 估价：98.00元
PSN G-2010-170-1/1

体育蓝皮书
中国公共体育服务发展报告（2017）
著(编)者：戴健　2017年12月出版 / 估价：89.00元
PSN B-2013-367-2/4

土地整治蓝皮书
中国土地整治发展研究报告 No.4
著(编)者：国土资源部土地整治中心
2017年7月出版 / 估价：89.00元
PSN B-2014-401-1/1

土地政策蓝皮书
中国土地政策研究报告（2017）
著(编)者：高延利 李宪文
2017年12月出版 / 估价：89.00元
PSN B-2015-506-1/1

医改蓝皮书
中国医药卫生体制改革报告（2017）
著(编)者：文学国 房志武　2017年11月出版 / 估价：98.00元
PSN B-2014-432-1/1

医疗卫生绿皮书
中国医疗卫生发展报告 No.7（2017）
著(编)者：申宝忠 韩玉珍　2017年4月出版 / 估价：85.00元
PSN G-2004-033-1/1

应急管理蓝皮书
中国应急管理报告（2017）
著(编)者：宋英华　2017年9月出版 / 估价：98.00元
PSN B-2016-563-1/1

政治参与蓝皮书
中国政治参与报告（2017）
著(编)者：房宁　2017年9月出版 / 估价：118.00元
PSN B-2011-200-1/1

中国农村妇女发展蓝皮书
农村流动女性城市生活发展报告（2017）
著(编)者：谢丽华　2017年12月出版 / 估价：89.00元
PSN B-2014-434-1/1

宗教蓝皮书
中国宗教报告（2017）
著(编)者：邱永辉　2017年4月出版 / 估价：89.00元
PSN B-2008-117-1/1

行业报告类

SUV蓝皮书
中国SUV市场发展报告（2016~2017）
著（编）者：靳军　2017年9月出版／估价：89.00元
PSN B-2016-572-1/1

保健蓝皮书
中国保健服务产业发展报告 No.2
著（编）者：中国保健协会　中共中央党校
2017年7月出版／估价：198.00元
PSN B-2012-272-3/3

保健蓝皮书
中国保健食品产业发展报告 No.2
著（编）者：中国保健协会
中国社会科学院食品药品产业发展与监管研究中心
2017年7月出版／估价：198.00元
PSN B-2012-271-2/3

保健蓝皮书
中国保健用品产业发展报告 No.2
著（编）者：中国保健协会
国务院国有资产监督管理委员会研究中心
2017年3月出版／估价：198.00元
PSN B-2012-270-1/3

保险蓝皮书
中国保险业竞争力报告（2017）
著（编）者：项俊波　2017年12月出版／估价：99.00元
PSN B-2013-311-1/1

冰雪蓝皮书
中国滑雪产业发展报告（2017）
著（编）者：孙承华　伍斌　魏庆华　张鸿俊
2017年8月出版／估价：89.00元
PSN B-2016-560-1/1

彩票蓝皮书
中国彩票发展报告（2017）
著（编）者：益彩基金　2017年4月出版／估价：98.00元
PSN B-2015-462-1/1

餐饮产业蓝皮书
中国餐饮产业发展报告（2017）
著（编）者：邢颖　2017年6月出版／估价：98.00元
PSN B-2009-151-1/1

测绘地理信息蓝皮书
新常态下的测绘地理信息研究报告（2017）
著（编）者：库热西·买合苏提
2017年12月出版／估价：118.00元
PSN B-2009-145-1/1

茶业蓝皮书
中国茶产业发展报告（2017）
著（编）者：杨江帆　李闽榕　2017年10月出版／估价：88.00元
PSN B-2010-164-1/1

产权市场蓝皮书
中国产权市场发展报告（2016～2017）
著（编）者：曹和平　2017年5月出版／估价：89.00元
PSN B-2009-147-1/1

产业安全蓝皮书
中国出版传媒产业安全报告（2016~2017）
著（编）者：北京印刷学院文化产业安全研究院
2017年3月出版／估价：89.00元
PSN B-2014-384-13/14

产业安全蓝皮书
中国文化产业安全报告（2017）
著（编）者：北京印刷学院文化产业安全研究院
2017年12月出版／估价：89.00元
PSN B-2014-378-12/14

产业安全蓝皮书
中国新媒体产业安全报告（2017）
著（编）者：北京印刷学院文化产业安全研究院
2017年12月出版／估价：89.00元
PSN B-2015-500-14/14

城投蓝皮书
中国城投行业发展报告（2017）
著（编）者：王晨兆　丁伯康　2017年11月出版／估价：300.00元
PSN B-2016-514-1/1

电子政务蓝皮书
中国电子政务发展报告（2016~2017）
著（编）者：李季　杜平　2017年7月出版／估价：89.00元
PSN B-2003-022-1/1

杜仲产业绿皮书
中国杜仲橡胶资源与产业发展报告（2016～2017）
著（编）者：杜红岩　胡文臻　俞锐
2017年1月出版／估价：85.00元
PSN G-2013-350-1/1

房地产蓝皮书
中国房地产发展报告 No.14（2017）
著（编）者：李春华　王业强　2017年5月出版／估价：89.00元
PSN B-2004-028-1/1

服务外包蓝皮书
中国服务外包产业发展报告（2017）
著（编）者：王晓红　刘德军
2017年6月出版／估价：89.00元
PSN B-2013-331-2/2

服务外包蓝皮书
中国服务外包竞争力报告（2017）
著（编）者：王力　刘春生　黄育华
2017年11月出版／估价：85.00元
PSN B-2011-216-1/2

工业和信息化蓝皮书
世界网络安全发展报告（2016~2017）
著（编）者：洪京一　2017年4月出版／估价：89.00元
PSN B-2015-452-5/5

工业和信息化蓝皮书
世界信息化发展报告（2016~2017）
著（编）者：洪京一　2017年4月出版／估价：89.00元
PSN B-2015-451-4/5

皮书系列 2017全品种 — 行业报告类

工业和信息化蓝皮书
世界信息技术产业发展报告（2016~2017）
著（编）者：洪京一　2017年4月出版　估价：89.00元
PSN B-2015-449-2/5

工业和信息化蓝皮书
移动互联网产业发展报告（2016~2017）
著（编）者：洪京一　2017年4月出版　估价：89.00元
PSN B-2015-448-1/5

工业和信息化蓝皮书
战略性新兴产业发展报告（2016~2017）
著（编）者：洪京一　2017年4月出版　估价：89.00元
PSN B-2015-450-3/5

工业设计蓝皮书
中国工业设计发展报告（2017）
著（编）者：王晓红　于炜　张立群
2017年9月出版　估价：138.00元
PSN B-2014-420-1/1

黄金市场蓝皮书
中国商业银行黄金业务发展报告（2016~2017）
著（编）者：平安银行　2017年3月出版　估价：98.00元
PSN B-2016-525-1/1

互联网金融蓝皮书
中国互联网金融发展报告（2017）
著（编）者：李东荣　2017年9月出版　估价：128.00元
PSN B-2014-374-1/1

互联网医疗蓝皮书
中国互联网医疗发展报告（2017）
著（编）者：宫晓东　2017年9月出版　估价：89.00元
PSN B-2016-568-1/1

会展蓝皮书
中外会展业动态评估年度报告（2017）
著（编）者：张敏　2017年1月出版　估价：88.00元
PSN B-2013-327-1/1

金融监管蓝皮书
中国金融监管报告（2017）
著（编）者：胡滨　2017年6月出版　估价：89.00元
PSN B-2012-281-1/1

金融蓝皮书
中国金融中心发展报告（2017）
著（编）者：王力　黄育华　2017年11月出版　估价：85.00元
PSN B-2011-186-6/6

建筑装饰蓝皮书
中国建筑装饰行业发展报告（2017）
著（编）者：刘晓一　葛顺道　2017年7月出版　估价：198.00元
PSN B-2016-554-1/1

客车蓝皮书
中国客车产业发展报告（2016~2017）
著（编）者：姚蔚　2017年10月出版　估价：85.00元
PSN B-2013-361-1/1

旅游安全蓝皮书
中国旅游安全报告（2017）
著（编）者：郑向敏　谢朝武　2017年5月出版　估价：128.00元
PSN B-2012-280-1/1

旅游绿皮书
2016~2017年中国旅游发展分析与预测
著（编）者：张广瑞　刘德谦　2017年4月出版　估价：89.00元
PSN G-2002-018-1/1

煤炭蓝皮书
中国煤炭工业发展报告（2017）
著（编）者：岳福斌　2017年12月出版　估价：85.00元
PSN B-2008-123-1/1

民营企业社会责任蓝皮书
中国民营企业社会责任报告（2017）
著（编）者：中华全国工商业联合会
2017年12月出版　估价：89.00元
PSN B-2015-511-1/1

民营医院蓝皮书
中国民营医院发展报告（2017）
著（编）者：庄一强　2017年10月出版　估价：85.00元
PSN B-2012-299-1/1

闽商蓝皮书
闽商发展报告（2017）
著（编）者：李闽榕　王日根　林琛
2017年12月出版　估价：89.00元
PSN B-2012-298-1/1

能源蓝皮书
中国能源发展报告（2017）
著（编）者：崔民选　王军生　陈义和
2017年10月出版　估价：98.00元
PSN B-2006-049-1/1

农产品流通蓝皮书
中国农产品流通产业发展报告（2017）
著（编）者：贾敬敦　张东科　张玉玺　张鹏毅　周伟
2017年1月出版　估价：89.00元
PSN B-2012-288-1/1

企业公益蓝皮书
中国企业公益研究报告（2017）
著（编）者：钟宏武　汪杰　顾一　黄晓娟　等
2017年12月出版　估价：89.00元
PSN B-2015-501-1/1

企业国际化蓝皮书
中国企业国际化报告（2017）
著（编）者：王辉耀　2017年11月出版　估价：98.00元
PSN B-2014-427-1/1

企业蓝皮书
中国企业绿色发展报告No.2（2017）
著（编）者：李红玉　朱光辉　2017年8月出版　估价：89.00元
PSN B-2015-481-2/2

企业社会责任蓝皮书
中国企业社会责任研究报告（2017）
著（编）者：黄群慧　钟宏武　张蒽　翟利峰
2017年11月出版　估价：89.00元
PSN B-2009-149-1/1

汽车安全蓝皮书
中国汽车安全发展报告（2017）
著（编）者：中国汽车技术研究中心
2017年7月出版　估价：89.00元
PSN B-2014-385-1/1

皮书系列 2017全品种

行业报告类

汽车电子商务蓝皮书
中国汽车电子商务发展报告（2017）
著(编)者：中华全国工商业联合会汽车经销商商会
　　　　　北京易观智库网络科技有限公司
2017年10月出版 / 估价：128.00元
PSN B-2015-485-1/1

汽车工业蓝皮书
中国汽车工业发展年度报告（2017）
著(编)者：中国汽车工业协会 中国汽车技术研究中心
　　　　　丰田汽车（中国）投资有限公司
2017年4月出版 / 估价：128.00元
PSN B-2015-463-1/2

汽车工业蓝皮书
中国汽车零部件产业发展报告（2017）
著(编)者：中国汽车工业协会 中国汽车工程研究院
2017年10月出版 / 估价：98.00元
PSN B-2016-515-2/2

汽车蓝皮书
中国汽车产业发展报告（2017）
著(编)者：国务院发展研究中心产业经济研究部
　　　　　中国汽车工程学会 大众汽车集团（中国）
2017年8月出版 / 估价：98.00元
PSN B-2008-124-1/1

人力资源蓝皮书
中国人力资源发展报告（2017）
著(编)者：余兴安　2017年11月出版／估价：89.00元
PSN B-2012-287-1/1

融资租赁蓝皮书
中国融资租赁业发展报告（2016~2017）
著(编)者：李光荣 王力　2017年8月出版／估价：89.00元
PSN B-2015-443-1/1

商会蓝皮书
中国商会发展报告No.5（2017）
著(编)者：王钦敏　2017年7月出版／估价：89.00元
PSN B-2008-125-1/1

输血服务蓝皮书
中国输血行业发展报告（2017）
著(编)者：朱永明 耿鸿武　2016年8月出版／估价：89.00元
PSN B-2016-583-1/1

上市公司蓝皮书
中国上市公司社会责任信息披露报告（2017）
著(编)者：张旺 张杨　2017年11月出版／估价：89.00元
PSN B-2011-234-1/2

社会责任管理蓝皮书
中国上市公司社会责任能力成熟度报告（2017）No.2
著(编)者：肖红军 王晓光 李伟阳
2017年12月出版／估价：98.00元
PSN B-2015-507-2/2

社会责任管理蓝皮书
中国企业公众透明度报告(2017)No.3
著(编)者：黄速建 熊梦 王晓光 肖红军
2017年1月出版／估价：98.00元
PSN B-2015-440-1/2

食品药品蓝皮书
食品药品安全与监管政策研究报告（2016~2017）
著(编)者：唐民皓　2017年6月出版／估价：89.00元
PSN B-2009-129-1/1

世界能源蓝皮书
世界能源发展报告（2017）
著(编)者：黄晓勇　2017年6月出版／估价：99.00元
PSN B-2013-349-1/1

水利风景区蓝皮书
中国水利风景区发展报告（2017）
著(编)者：谢婵才 兰思仁　2017年5月出版／估价：89.00元
PSN B-2015-480-1/1

私募市场蓝皮书
中国私募股权市场发展报告（2017）
著(编)者：曹和平　2017年12月出版／估价：89.00元
PSN B-2010-162-1/1

碳市场蓝皮书
中国碳市场报告（2017）
著(编)者：定金彪　2017年11月出版／估价：89.00元
PSN B-2014-430-1/1

体育蓝皮书
中国体育产业发展报告（2017）
著(编)者：阮伟 钟秉枢　2017年12月出版／估价：89.00元
PSN B-2010-179-1/4

网络空间安全蓝皮书
中国网络空间安全发展报告（2017）
著(编)者：惠志斌 唐涛　2017年4月出版／估价：89.00元
PSN B-2015-466-1/1

西部金融蓝皮书
中国西部金融发展报告（2017）
著(编)者：李忠民　2017年8月出版／估价：85.00元
PSN B-2010-160-1/1

协会商会蓝皮书
中国行业协会商会发展报告（2017）
著(编)者：景朝阳 李勇　2017年4月出版／估价：99.00元
PSN B-2015-461-1/1

新能源汽车蓝皮书
中国新能源汽车产业发展报告（2017）
著(编)者：中国汽车技术研究中心
　　　　　日产（中国）投资有限公司 东风汽车有限公司
2017年7月出版／估价：98.00元
PSN B-2013-347-1/1

新三板蓝皮书
中国新三板市场发展报告（2017）
著(编)者：王力　2017年6月出版／估价：89.00元
PSN B-2016-534-1/1

信托市场蓝皮书
中国信托业市场报告（2016~2017）
著(编)者：用益信托工作室
2017年1月出版／估价：198.00元
PSN B-2014-371-1/1

21

皮书系列 2017全品种 — 行业报告类

信息化蓝皮书
中国信息化形势分析与预测（2016~2017）
著(编)者：周宏仁　2017年8月出版 / 估价：98.00元
PSN B-2010-168-1/1

信用蓝皮书
中国信用发展报告（2017）
著(编)者：章政　田侃　2017年4月出版 / 估价：99.00元
PSN B-2013-328-1/1

休闲绿皮书
2017年中国休闲发展报告
著(编)者：宋瑞　2017年10月出版 / 估价：89.00元
PSN G-2010-158-1/1

休闲体育蓝皮书
中国休闲体育发展报告（2016~2017）
著(编)者：李相如　钟炳枢　2017年10月出版 / 估价：89.00元
PSN G-2016-516-1/1

养老金融蓝皮书
中国养老金融发展报告（2017）
著(编)者：董克用　姚余栋
2017年6月出版 / 估价：89.00元
PSN B-2016-584-1/1

药品流通蓝皮书
中国药品流通行业发展报告（2017）
著(编)者：佘鲁林　温再兴　2017年8月出版 / 估价：158.00元
PSN B-2014-429-1/1

医院蓝皮书
中国医院竞争力报告（2017）
著(编)者：庄一强　曾益新　2017年3月出版 / 估价：128.00元
PSN B-2016-529-1/1

医药蓝皮书
中国中医药产业园战略发展报告（2017）
著(编)者：裴长洪　房书亭　吴滌心
2017年8月出版 / 估价：89.00元
PSN B-2012-305-1/1

邮轮绿皮书
中国邮轮产业发展报告（2017）
著(编)者：汪泓　2017年10月出版 / 估价：89.00元
PSN G-2014-419-1/1

智能养老蓝皮书
中国智能养老产业发展报告（2017）
著(编)者：朱勇　2017年10月出版 / 估价：89.00元
PSN B-2015-488-1/1

债券市场蓝皮书
中国债券市场发展报告（2016~2017）
著(编)者：杨农　2017年10月出版 / 估价：89.00元
PSN B-2016-573-1/1

中国节能汽车蓝皮书
中国节能汽车发展报告（2016~2017）
著(编)者：中国汽车工程研究院股份有限公司
2017年9月出版 / 估价：98.00元
PSN B-2016-566-1/1

中国上市公司蓝皮书
中国上市公司发展报告（2017）
著(编)者：张平　王宏淼
2017年10月出版 / 估价：98.00元
PSN B-2014-414-1/1

中国陶瓷产业蓝皮书
中国陶瓷产业发展报告（2017）
著(编)者：左和平　黄速建　2017年10月出版 / 估价：98.00元
PSN B-2016-574-1/1

中国总部经济蓝皮书
中国总部经济发展报告（2016~2017）
著(编)者：赵弘　2017年9月出版 / 估价：89.00元
PSN B-2005-036-1/1

中医文化蓝皮书
中国中医药文化传播发展报告（2017）
著(编)者：毛嘉陵　2017年7月出版 / 估价：89.00元
PSN B-2015-468-1/1

装备制造业蓝皮书
中国装备制造业发展报告（2017）
著(编)者：徐东华　2017年12月出版 / 估价：148.00元
PSN B-2015-505-1/1

资本市场蓝皮书
中国场外交易市场发展报告（2016~2017）
著(编)者：高峦　2017年3月出版 / 估价：89.00元
PSN B-2009-153-1/1

资产管理蓝皮书
中国资产管理行业发展报告（2017）
著(编)者：智信资产管理研究院
2017年6月出版 / 估价：89.00元
PSN B-2014-407-2/2

文化传媒类

传媒竞争力蓝皮书
中国传媒国际竞争力研究报告（2017）
著(编)者：李本乾 刘强
2017年11月出版 / 估价：148.00元
PSN B-2013-356-1/1

传媒蓝皮书
中国传媒产业发展报告（2017）
著(编)者：崔保国 2017年5月出版 / 估价：98.00元
PSN B-2005-035-1/1

传媒投资蓝皮书
中国传媒投资发展报告（2017）
著(编)者：张向东 谭云明
2017年6月出版 / 估价：128.00元
PSN B-2015-474-1/1

动漫蓝皮书
中国动漫产业发展报告（2017）
著(编)者：卢斌 郑玉明 牛兴侦
2017年9月出版 / 估价：89.00元
PSN B-2011-198-1/1

非物质文化遗产蓝皮书
中国非物质文化遗产发展报告（2017）
著(编)者：陈平 2017年5月出版 / 估价：98.00元
PSN B-2015-469-1/1

广电蓝皮书
中国广播电影电视发展报告（2017）
著(编)者：国家新闻出版广电总局发展研究中心
2017年7月出版 / 估价：98.00元
PSN B-2006-072-1/1

广告主蓝皮书
中国广告主营销传播趋势报告 No.9
著(编)者：黄升民 杜国清 邵华冬 等
2017年10月出版 / 估价：148.00元
PSN B-2005-041-1/1

国际传播蓝皮书
中国国际传播发展报告（2017）
著(编)者：胡正荣 李继东 姬德强
2017年11月出版 / 估价：89.00元
PSN B-2014-408-1/1

纪录片蓝皮书
中国纪录片发展报告（2017）
著(编)者：何苏六 2017年9月出版 / 估价：89.00元
PSN B-2011-222-1/1

科学传播蓝皮书
中国科学传播报告（2017）
著(编)者：詹正茂 2017年7月出版 / 估价：89.00元
PSN B-2008-120-1/1

两岸创意经济蓝皮书
两岸创意经济研究报告（2017）
著(编)者：罗昌智 林咏能
2017年10月出版 / 估价：98.00元
PSN B-2014-437-1/1

两岸文化蓝皮书
两岸文化产业合作发展报告（2017）
著(编)者：胡惠林 李保宗 2017年7月出版 / 估价：89.00元
PSN B-2012-285-1/1

媒介与女性蓝皮书
中国媒介与女性发展报告（2016~2017）
著(编)者：刘利群 2017年9月出版 / 估价：118.00元
PSN B-2013-345-1/1

媒体融合蓝皮书
中国媒体融合发展报告（2017）
著(编)者：梅宁华 宋建武 2017年7月出版 / 估价：89.00元
PSN B-2015-479-1/1

全球传媒蓝皮书
全球传媒发展报告（2017）
著(编)者：胡正荣 李继东 唐晓芬
2017年11月出版 / 估价：89.00元
PSN B-2012-237-1/1

少数民族非遗蓝皮书
中国少数民族非物质文化遗产发展报告（2017）
著(编)者：肖远平（彝） 柴立（满）
2017年8月出版 / 估价：98.00元
PSN B-2015-467-1/1

视听新媒体蓝皮书
中国视听新媒体发展报告（2017）
著(编)者：国家新闻出版广电总局发展研究中心
2017年7月出版 / 估价：98.00元
PSN B-2011-184-1/1

文化创新蓝皮书
中国文化创新报告（2017）No.7
著(编)者：于平 傅才武 2017年7月出版 / 估价：98.00元
PSN B-2009-143-1/1

文化建设蓝皮书
中国文化发展报告（2016~2017）
著(编)者：江畅 孙伟平 戴茂堂
2017年6月出版 / 估价：116.00元
PSN B-2014-392-1/1

文化科技蓝皮书
文化科技创新发展报告（2017）
著(编)者：于平 李凤亮 2017年11月出版 / 估价：89.00元
PSN B-2013-342-1/1

文化蓝皮书
中国公共文化服务发展报告（2017）
著(编)者：刘新成 张永新 张旭
2017年12月出版 / 估价：98.00元
PSN B-2007-093-2/10

文化蓝皮书
中国公共文化投入增长测评报告（2017）
著(编)者：王亚南 2017年4月出版 / 估价：89.00元
PSN B-2014-435-10/10

皮书系列 2017全品种

文化传媒类·地方发展类

文化蓝皮书
中国少数民族文化发展报告（2016~2017）
著(编)者：武翠英 张晓明 任乌晶
2017年9月出版 / 估价：89.00元
PSN B-2013-369-9/10

文化蓝皮书
中国文化产业发展报告（2016~2017）
著(编)者：张晓明 王家新 章建刚
2017年2月出版 / 估价：89.00元
PSN B-2002-019-1/10

文化蓝皮书
中国文化产业供需协调检测报告（2017）
著(编)者：王亚南 2017年2月出版 / 估价：89.00元
PSN B-2013-323-8/10

文化蓝皮书
中国文化消费需求景气评价报告（2017）
著(编)者：王亚南 2017年4月出版 / 估价：89.00元
PSN B-2011-236-4/10

文化品牌蓝皮书
中国文化品牌发展报告（2017）
著(编)者：欧阳友权 2017年5月出版 / 估价：98.00元
PSN B-2012-277-1/1

文化遗产蓝皮书
中国文化遗产事业发展报告（2017）
著(编)者：苏杨 张颖岚 王宇飞
2017年8月出版 / 估价：98.00元
PSN B-2008-119-1/1

文学蓝皮书
中国文情报告（2016~2017）
著(编)者：白烨 2017年5月出版 / 估价：49.00元
PSN B-2011-221-1/1

新媒体蓝皮书
中国新媒体发展报告No.8（2017）
著(编)者：唐绪军 2017年6月出版 / 估价：89.00元
PSN B-2010-169-1/1

新媒体社会责任蓝皮书
中国新媒体社会责任研究报告（2017）
著(编)者：钟瑛 2017年11月出版 / 估价：89.00元
PSN B-2014-423-1/1

移动互联网蓝皮书
中国移动互联网发展报告（2017）
著(编)者：官建文 2017年6月出版 / 估价：89.00元
PSN B-2012-282-1/1

舆情蓝皮书
中国社会舆情与危机管理报告（2017）
著(编)者：谢耘耕 2017年9月出版 / 估价：128.00元
PSN B-2011-235-1/1

影视风控蓝皮书
中国影视舆情与风控报告（2017）
著(编)者：司若 2017年4月出版 / 估价：138.00元
PSN B-2016-530-1/1

地方发展类

安徽经济蓝皮书
合芜蚌国家自主创新综合示范区研究报告（2016~2017）
著(编)者：王开玉 2017年11月出版 / 估价：89.00元
PSN B-2014-383-1/1

安徽蓝皮书
安徽社会发展报告（2017）
著(编)者：程桦 2017年4月出版 / 估价：89.00元
PSN B-2013-325-1/1

安徽社会建设蓝皮书
安徽社会建设分析报告（2016~2017）
著(编)者：黄家海 王开玉 蔡宪
2016年4月出版 / 估价：89.00元
PSN B-2013-322-1/1

澳门蓝皮书
澳门经济社会发展报告（2016~2017）
著(编)者：吴志良 郝雨凡 2017年6月出版 / 估价：98.00元
PSN B-2009-138-1/1

北京蓝皮书
北京公共服务发展报告（2016~2017）
著(编)者：施昌奎 2017年2月出版 / 估价：89.00元
PSN B-2008-103-7/8

北京蓝皮书
北京经济发展报告（2016~2017）
著(编)者：杨松 2017年6月出版 / 估价：89.00元
PSN B-2006-054-2/8

北京蓝皮书
北京社会发展报告（2016~2017）
著(编)者：李伟东 2017年6月出版 / 估价：89.00元
PSN B-2006-055-3/8

北京蓝皮书
北京社会治理发展报告（2016~2017）
著(编)者：殷星辰 2017年5月出版 / 估价：89.00元
PSN B-2014-391-8/8

北京蓝皮书
北京文化发展报告（2016~2017）
著(编)者：李建盛 2017年4月出版 / 估价：89.00元
PSN B-2007-082-4/8

北京律师绿皮书
北京律师发展报告No.3（2017）
著(编)者：王隽 2017年7月出版 / 估价：88.00元
PSN G-2012-301-1/1

地方发展类 | 皮书系列 2017全品种

北京旅游蓝皮书
北京旅游发展报告（2017）
著(编)者：北京旅游学会　2017年1月出版／估价：88.00元
PSN B-2011-217-1/1

北京人才蓝皮书
北京人才发展报告（2017）
著(编)者：于淼　2017年12月出版／估价：128.00元
PSN B-2011-201-1/1

北京社会心态蓝皮书
北京社会心态分析报告（2016~2017）
著(编)者：北京社会心理研究所
2017年8月出版／估价：89.00元
PSN B-2014-422-1/1

北京社会组织管理蓝皮书
北京社会组织发展与管理（2016~2017）
著(编)者：黄江松　2017年4月出版／估价：88.00元
PSN B-2015-446-1/1

北京体育蓝皮书
北京体育产业发展报告（2016~2017）
著(编)者：钟秉枢　陈杰　杨铁黎
2017年9月出版／估价：89.00元
PSN B-2015-475-1/1

北京养老产业蓝皮书
北京养老产业发展报告（2017）
著(编)者：周明明　冯喜良　2017年8月出版／估价：89.00元
PSN B-2015-465-1/1

滨海金融蓝皮书
滨海新区金融发展报告（2017）
著(编)者：王爱俭　张锐钢　2017年12月出版／估价：89.00元
PSN B-2014-424-1/1

城乡一体化蓝皮书
中国城乡一体化发展报告·北京卷（2016~2017）
著(编)者：张宝秀　黄序　2017年5月出版／估价：89.00元
PSN B-2012-258-2/2

创意城市蓝皮书
北京文化创意产业发展报告（2017）
著(编)者：张京成　王国华　2017年10月出版／估价：89.00元
PSN B-2012-263-1/7

创意城市蓝皮书
青岛文化创意产业发展报告（2017）
著(编)者：马达　张丹妮　2017年8月出版／估价：89.00元
PSN B-2011-235-1/1

创意城市蓝皮书
天津文化创意产业发展报告（2016~2017）
著(编)者：谢思全　2017年6月出版／估价：89.00元
PSN B-2016-537-7/7

创意城市蓝皮书
无锡文化创意产业发展报告（2017）
著(编)者：谭军　张鸣年　2017年10月出版／估价：89.00元
PSN B-2013-346-3/7

创意城市蓝皮书
武汉文化创意产业发展报告（2017）
著(编)者：黄永林　陈汉桥　2017年9月出版／估价：99.00元
PSN B-2013-354-4/7

创意上海蓝皮书
上海文化创意产业发展报告（2016~2017）
著(编)者：王慧敏　王兴全　2017年8月出版／估价：89.00元
PSN B-2016-562-1/1

福建妇女发展蓝皮书
福建省妇女发展报告（2017）
著(编)者：刘群英　2017年11月出版／估价：88.00元
PSN B-2011-220-1/1

福建自贸区蓝皮书
中国（福建）自由贸易实验区发展报告（2016~2017）
著(编)者：黄茂兴　2017年4月出版／估价：108.00元
PSN B-2017-532-1/1

甘肃蓝皮书
甘肃经济发展分析与预测（2017）
著(编)者：朱智文　罗哲　2017年1月出版／估价：89.00元
PSN B-2013-312-1/6

甘肃蓝皮书
甘肃社会发展分析与预测（2017）
著(编)者：安文华　包晓霞　谢增虎
2017年1月出版／估价：89.00元
PSN B-2013-313-2/6

甘肃蓝皮书
甘肃文化发展分析与预测（2017）
著(编)者：安文华　周小华　2017年1月出版／估价：89.00元
PSN B-2013-314-3/6

甘肃蓝皮书
甘肃县域和农村发展报告（2017）
著(编)者：刘进军　柳民　王建兵
2017年1月出版／估价：89.00元
PSN B-2013-316-5/6

甘肃蓝皮书
甘肃舆情分析与预测（2017）
著(编)者：陈双梅　郝树声　2017年1月出版／估价：89.00元
PSN B-2013-315-4/6

甘肃蓝皮书
甘肃商贸流通发展报告（2017）
著(编)者：杨志武　王福生　王晓芳
2017年1月出版／估价：89.00元
PSN B-2016-523-6/6

广东蓝皮书
广东全面深化改革发展报告（2017）
著(编)者：周林生　涂成林　2017年12月出版／估价：89.00元
PSN B-2015-504-3/3

广东蓝皮书
广东社会工作发展报告（2017）
著(编)者：罗观翠　2017年6月出版／估价：89.00元
PSN B-2014-402-2/3

广东蓝皮书
广东省电子商务发展报告（2017）
著(编)者：程晓　邓顺国　2017年7月出版／估价：89.00元
PSN B-2013-360-1/3

皮书系列 2017全品种 — 地方发展类

广东社会建设蓝皮书
广东省社会建设发展报告（2017）
著（编）者：广东省社会工作委员会
2017年12月出版 / 估价：99.00元
PSN B-2014-436-1/1

广东外经贸蓝皮书
广东对外经济贸易发展研究报告（2016~2017）
著（编）者：陈万灵　2017年8月出版 / 估价：98.00元
PSN B-2012-286-1/1

广西北部湾经济区蓝皮书
广西北部湾经济区开放开发报告（2017）
著（编）者：广西北部湾经济区规划建设管理委员会办公室
　　　　　广西社会科学院 广西北部湾发展研究院
2017年2月出版 / 估价：89.00元
PSN B-2010-181-1/1

巩义蓝皮书
巩义经济社会发展报告（2017）
著（编）者：丁同民 朱军　2017年4月出版 / 估价：58.00元
PSN B-2016-533-1/1

广州蓝皮书
2017年中国广州经济形势分析与预测
著（编）者：庾建设 陈浩钿 谢博能
2017年7月出版 / 估价：85.00元
PSN B-2011-185-9/14

广州蓝皮书
2017年中国广州社会形势分析与预测
著（编）者：张强 陈怡霓 杨秦　2017年6月出版 / 估价：85.00元
PSN B-2008-110-5/14

广州蓝皮书
广州城市国际化发展报告（2017）
著（编）者：朱名宏　2017年8月出版 / 估价：79.00元
PSN B-2012-246-11/14

广州蓝皮书
广州创新型城市发展报告（2017）
著（编）者：尹涛　2017年7月出版 / 估价：79.00元
PSN B-2012-247-12/14

广州蓝皮书
广州经济发展报告（2017）
著（编）者：朱名宏　2017年7月出版 / 估价：79.00元
PSN B-2005-040-1/14

广州蓝皮书
广州农村发展报告（2017）
著（编）者：朱名宏　2017年8月出版 / 估价：79.00元
PSN B-2010-167-8/14

广州蓝皮书
广州汽车产业发展报告（2017）
著（编）者：杨再高 冯兴亚　2017年7月出版 / 估价：79.00元
PSN B-2006-066-3/14

广州蓝皮书
广州青年发展报告（2016~2017）
著（编）者：徐柳 张强　2017年9月出版 / 估价：79.00元
PSN B-2013-352-13/14

广州蓝皮书
广州商贸业发展报告（2017）
著（编）者：李江涛 肖振宇 荀振英
2017年7月出版 / 估价：79.00元
PSN B-2012-245-10/14

广州蓝皮书
广州社会保障发展报告（2017）
著（编）者：蔡国萱　2017年8月出版 / 估价：79.00元
PSN B-2014-425-14/14

广州蓝皮书
广州文化创意产业发展报告（2017）
著（编）者：徐咏虹　2017年7月出版 / 估价：79.00元
PSN B-2008-111-6/14

广州蓝皮书
中国广州城市建设与管理发展报告（2017）
著（编）者：董皞 陈小钢 李江涛
2017年7月出版 / 估价：85.00元
PSN B-2007-087-4/14

广州蓝皮书
中国广州科技创新发展报告（2017）
著（编）者：邹采荣 马正勇 陈爽
2017年7月出版 / 估价：79.00元
PSN B-2006-065-2/14

广州蓝皮书
中国广州文化发展报告（2017）
著（编）者：徐俊忠 陆志强 顾涧清
2017年7月出版 / 估价：79.00元
PSN B-2009-134-7/14

贵阳蓝皮书
贵阳城市创新发展报告No.2（白云篇）
著（编）者：连玉明　2017年10月出版 / 估价：89.00元
PSN B-2015-491-3/10

贵阳蓝皮书
贵阳城市创新发展报告No.2（观山湖篇）
著（编）者：连玉明　2017年10月出版 / 估价：89.00元
PSN B-2011-235-1/1

贵阳蓝皮书
贵阳城市创新发展报告No.2（花溪篇）
著（编）者：连玉明　2017年10月出版 / 估价：89.00元
PSN B-2015-490-2/10

贵阳蓝皮书
贵阳城市创新发展报告No.2（开阳篇）
著（编）者：连玉明　2017年10月出版 / 估价：89.00元
PSN B-2015-492-4/10

贵阳蓝皮书
贵阳城市创新发展报告No.2（南明篇）
著（编）者：连玉明　2017年10月出版 / 估价：89.00元
PSN B-2015-496-8/10

贵阳蓝皮书
贵阳城市创新发展报告No.2（清镇篇）
著（编）者：连玉明　2017年10月出版 / 估价：89.00元
PSN B-2015-489-1/10

地方发展类　皮书系列 2017全品种

贵阳蓝皮书
贵阳城市创新发展报告No.2（乌当篇）
著（编）者：连玉明　2017年10月出版／估价：89.00元
PSN B-2015-495-7/10

贵阳蓝皮书
贵阳城市创新发展报告No.2（息烽篇）
著（编）者：连玉明　2017年10月出版／估价：89.00元
PSN B-2015-493-5/10

贵阳蓝皮书
贵阳城市创新发展报告No.2（修文篇）
著（编）者：连玉明　2017年10月出版／估价：89.00元
PSN B-2015-494-6/10

贵阳蓝皮书
贵阳城市创新发展报告No.2（云岩篇）
著（编）者：连玉明　2017年10月出版／估价：89.00元
PSN B-2015-498-10/10

贵州房地产蓝皮书
贵州房地产发展报告No.4（2017）
著（编）者：武廷方　2017年7月出版／估价：89.00元
PSN B-2014-426-1/1

贵州蓝皮书
贵州册亨经济社会发展报告(2017)
著（编）者：黄德林　2017年3月出版／估价：89.00元
PSN B-2016-526-8/9

贵州蓝皮书
贵安新区发展报告（2016~2017）
著（编）者：马长青　吴大华　2017年6月出版／估价：89.00元
PSN B-2015-459-4/9

贵州蓝皮书
贵州法治发展报告（2017）
著（编）者：吴大华　2017年5月出版／估价：89.00元
PSN B-2012-254-2/9

贵州蓝皮书
贵州国有企业社会责任发展报告（2016~2017）
著（编）者：郭丽　周航　万强
2017年12月出版／估价：89.00元
PSN B-2015-512-6/9

贵州蓝皮书
贵州民航业发展报告（2017）
著（编）者：申振东　吴大华　2017年10月出版／估价：89.00元
PSN B-2015-471-5/9

贵州蓝皮书
贵州民营经济发展报告（2017）
著（编）者：杨静　吴大华　2017年3月出版／估价：89.00元
PSN B-2016-531-9/9

贵州蓝皮书
贵州人才发展报告（2017）
著（编）者：十杰　吴大华　2017年9月出版／估价：89.00元
PSN B-2014-382-3/9

贵州蓝皮书
贵州社会发展报告（2017）
著（编）者：王兴骥　2017年6月出版／估价：89.00元
PSN B-2010-166-1/9

贵州蓝皮书
贵州国家级开放创新平台发展报告（2017）
著（编）者：申晓庆　吴大华　李泓
2017年6月出版／估价：89.00元
PSN B-2016-518-1/9

海淀蓝皮书
海淀区文化和科技融合发展报告（2017）
著（编）者：陈名杰　孟景伟　2017年5月出版／估价：85.00元
PSN B-2013-329-1/1

杭州都市圈蓝皮书
杭州都市圈发展报告（2017）
著（编）者：沈翔　戚建国　2017年5月出版／估价：128.00元
PSN B-2012-302-1/1

杭州蓝皮书
杭州妇女发展报告（2017）
著（编）者：魏颖　2017年6月出版／估价：89.00元
PSN B-2014-403-1/1

河北经济蓝皮书
河北省经济发展报告（2017）
著（编）者：马树强　金浩　张贵
2017年4月出版／估价：89.00元
PSN B-2014-380-1/1

河北蓝皮书
河北经济社会发展报告（2017）
著（编）者：郭金平　2017年1月出版／估价：89.00元
PSN B-2014-372-1/1

河北食品药品安全蓝皮书
河北食品药品安全研究报告（2017）
著（编）者：丁锦霞　2017年6月出版／估价：89.00元
PSN B-2015-473-1/1

河南经济蓝皮书
2017年河南经济形势分析与预测
著（编）者：胡五岳　2017年2月出版／估价：89.00元
PSN B-2007-086-1/1

河南蓝皮书
2017年河南社会形势分析与预测
著（编）者：刘道兴　牛苏林　2017年4月出版／估价89.00元
PSN B-2005-043-1/8

河南蓝皮书
河南城市发展报告（2017）
著（编）者：张占仓　王建国　2017年5月出版／估价：89.00元
PSN B-2009-131-3/8

河南蓝皮书
河南法治发展报告（2017）
著（编）者：丁同民　张林海　2017年5月出版／估价：89.00元
PSN B-2014-376-6/8

河南蓝皮书
河南工业发展报告（2017）
著（编）者：张占仓　丁同民　2017年5月出版／估价：89.00元
PSN B-2013-317-5/8

河南蓝皮书
河南金融发展报告（2017）
著（编）者：河南省社会科学院
2017年6月出版／估价：89.00元
PSN B-2014-390-7/8

27

皮书系列重点推荐 — 地方发展类

河南蓝皮书
河南经济发展报告(2017)
著(编)者: 张占仓　2017年3月出版 / 估价: 89.00元
PSN B-2010-157-4/8

河南蓝皮书
河南农业农村发展报告(2017)
著(编)者: 吴海峰　2017年4月出版 / 估价: 89.00元
PSN B-2015-445-8/8

河南蓝皮书
河南文化发展报告(2017)
著(编)者: 卫绍生　2017年3月出版 / 估价: 88.00元
PSN B-2008-106-2/8

河南商务蓝皮书
河南商务发展报告(2017)
著(编)者: 焦锦淼　穆荣国　2017年6月出版 / 估价: 88.00元
PSN B-2014-399-1/1

黑龙江蓝皮书
黑龙江经济发展报告(2017)
著(编)者: 朱宇　2017年1月出版 / 估价: 89.00元
PSN B-2011-190-2/2

黑龙江蓝皮书
黑龙江社会发展报告(2017)
著(编)者: 谢宝禄　2017年1月出版 / 估价: 89.00元
PSN B-2011-189-1/2

湖北文化蓝皮书
湖北文化发展报告(2017)
著(编)者: 吴成国　2017年10月出版 / 估价: 95.00元
PSN B-2016-567-1/1

湖南城市蓝皮书
区域城市群整合
著(编)者: 童中贤　韩未名
2017年12月出版 / 估价: 89.00元
PSN B-2006-064-1/1

湖南蓝皮书
2017年湖南产业发展报告
著(编)者: 梁志峰　2017年5月出版 / 估价: 128.00元
PSN B-2011-207-2/8

湖南蓝皮书
2017年湖南电子政务发展报告
著(编)者: 梁志峰　2017年5月出版 / 估价: 128.00元
PSN B-2014-394-6/8

湖南蓝皮书
2017年湖南经济展望
著(编)者: 梁志峰　2017年5月出版 / 估价: 128.00元
PSN B-2011-206-1/8

湖南蓝皮书
2017年湖南两型社会与生态文明发展报告
著(编)者: 梁志峰　2017年5月出版 / 估价: 128.00元
PSN B-2011-208-3/8

湖南蓝皮书
2017年湖南社会发展报告
著(编)者: 梁志峰　2017年5月出版 / 估价: 128.00元
PSN B-2014-393-5/8

湖南蓝皮书
2017年湖南县域经济社会发展报告
著(编)者: 梁志峰　2017年5月出版 / 估价: 128.00元
PSN B-2014-395-7/8

湖南蓝皮书
湖南城乡一体化发展报告(2017)
著(编)者: 陈文胜　王文强　陆福兴　邝奕轩
2017年6月出版 / 估价: 89.00元
PSN B-2015-477-8/8

湖南县域绿皮书
湖南县域发展报告 No.3
著(编)者: 袁准　周小毛　2017年9月出版 / 估价: 89.00元
PSN G-2012-274-1/1

沪港蓝皮书
沪港发展报告(2017)
著(编)者: 尤安山　2017年9月出版 / 估价: 89.00元
PSN B-2013-362-1/1

吉林蓝皮书
2017年吉林经济社会形势分析与预测
著(编)者: 马克　2015年12月出版 / 估价: 89.00元
PSN B-2013-319-1/1

吉林省城市竞争力蓝皮书
吉林省城市竞争力报告(2017)
著(编)者: 崔岳春　张磊　2017年3月出版 / 估价: 89.00元
PSN B-2015-508-1/1

济源蓝皮书
济源经济社会发展报告(2017)
著(编)者: 喻新安　2017年4月出版 / 估价: 89.00元
PSN B-2014-387-1/1

健康城市蓝皮书
北京健康城市建设研究报告(2017)
著(编)者: 王鸿春　2017年8月出版 / 估价: 89.00元
PSN B-2015-460-1/2

江苏法治蓝皮书
江苏法治发展报告 No.6(2017)
著(编)者: 蔡道通　龚廷泰　2017年8月出版 / 估价: 98.00元
PSN B-2012-290-1/1

江西蓝皮书
江西经济社会发展报告(2017)
著(编)者: 张勇　姜玮　梁勇　2017年10月出版 / 估价: 89.00元
PSN B-2015-484-1/2

江西蓝皮书
江西设区市发展报告(2017)
著(编)者: 姜玮　梁勇　2017年10月出版 / 估价: 79.00元
PSN B-2016-517-2/2

江西文化蓝皮书
江西文化产业发展报告(2017)
著(编)者: 张圣才　汪春翔
2017年10月出版 / 估价: 128.00元
PSN B-2015-499-1/1

皮书系列重点推荐 — 地方发展类

街道蓝皮书
北京街道发展报告No.2（白纸坊篇）
著(编)者：连玉明　2017年8月出版 / 估价：98.00元
PSN B-2016-544-7/15

街道蓝皮书
北京街道发展报告No.2（椿树篇）
著(编)者：连玉明　2017年8月出版 / 估价：98.00元
PSN B-2016-548-11/15

街道蓝皮书
北京街道发展报告No.2（大栅栏篇）
著(编)者：连玉明　2017年8月出版 / 估价：98.00元
PSN B-2016-552-15/15

街道蓝皮书
北京街道发展报告No.2（德胜篇）
著(编)者：连玉明　2017年8月出版 / 估价：98.00元
PSN B-2016-551-14/15

街道蓝皮书
北京街道发展报告No.2（广安门内篇）
著(编)者：连玉明　2017年8月出版 / 估价：98.00元
PSN B-2016-540-3/15

街道蓝皮书
北京街道发展报告No.2（广安门外篇）
著(编)者：连玉明　2017年8月出版 / 估价：98.00元
PSN B-2016-547-10/15

街道蓝皮书
北京街道发展报告No.2（金融街篇）
著(编)者：连玉明　2017年8月出版 / 估价：98.00元
PSN B-2016-538-1/15

街道蓝皮书
北京街道发展报告No.2（牛街篇）
著(编)者：连玉明　2017年8月出版 / 估价：98.00元
PSN B-2016-545-8/15

街道蓝皮书
北京街道发展报告No.2（什刹海篇）
著(编)者：连玉明　2017年8月出版 / 估价：98.00元
PSN B-2016-546-9/15

街道蓝皮书
北京街道发展报告No.2（陶然亭篇）
著(编)者：连玉明　2017年8月出版 / 估价：98.00元
PSN B-2016-542-5/15

街道蓝皮书
北京街道发展报告No.2（天桥篇）
著(编)者：连玉明　2017年8月出版 / 估价：98.00元
PSN B-2016-549-12/15

街道蓝皮书
北京街道发展报告No.2（西长安街篇）
著(编)者：连玉明　2017年8月出版 / 估价：98.00元
PSN B-2016-543-6/15

街道蓝皮书
北京街道发展报告No.2（新街口篇）
著(编)者：连玉明　2017年8月出版 / 估价：98.00元
PSN B-2016-541-4/15

街道蓝皮书
北京街道发展报告No.2（月坛篇）
著(编)者：连玉明　2017年8月出版 / 估价：98.00元
PSN B-2016-539-2/15

街道蓝皮书
北京街道发展报告No.2（展览路篇）
著(编)者：连玉明　2017年8月出版 / 估价：98.00元
PSN B-2016-550-13/15

经济特区蓝皮书
中国经济特区发展报告（2017）
著(编)者：陶一桃　2017年12月出版 / 估价：98.00元
PSN B-2009-139-1/1

辽宁蓝皮书
2017年辽宁经济社会形势分析与预测
著(编)者：曹晓峰　梁启东
2017年1月出版 / 估价：79.00元
PSN B-2006-053-1/1

洛阳蓝皮书
洛阳文化发展报告（2017）
著(编)者：刘福兴　陈启明　2017年7月出版 / 估价：89.00元
PSN B-2015-476-1/1

南京蓝皮书
南京文化发展报告（2017）
著(编)者：徐宁　2017年10月出版 / 估价：89.00元
PSN B-2014-439-1/1

南宁蓝皮书
南宁经济发展报告（2017）
著(编)者：胡建华　2017年9月出版 / 估价：79.00元
PSN B-2016-570-2/3

南宁蓝皮书
南宁社会发展报告（2017）
著(编)者：胡建华　2017年9月出版 / 估价：79.00元
PSN B-2016-571-3/3

内蒙古蓝皮书
内蒙古反腐倡廉建设报告 No.2
著(编)者：张志华　无极　2017年12月出版 / 估价：79.00元
PSN B-2013-365-1/1

浦东新区蓝皮书
上海浦东经济发展报告（2017）
著(编)者：沈开艳　周奇　2017年1月出版 / 估价：89.00元
PSN B-2011-225-1/1

青海蓝皮书
2017年青海经济社会形势分析与预测
著(编)者：陈玮　2015年12月出版 / 估价：79.00元
PSN B-2012-275-1/1

人口与健康蓝皮书
深圳人口与健康发展报告（2017）
著(编)者：陆杰华　罗乐宣　苏杨
2017年11月出版 / 估价：89.00元
PSN B-2011-228-1/1

皮书系列重点推荐 　地方发展类

山东蓝皮书
山东经济形势分析与预测（2017）
著(编)者：李广杰　2017年7月出版 / 估价：89.00元
PSN B-2014-404-1/4

山东蓝皮书
山东社会形势分析与预测（2017）
著(编)者：张华 唐洲雁　2017年6月出版 / 估价：89.00元
PSN B-2014-405-2/4

山东蓝皮书
山东文化发展报告（2017）
著(编)者：涂可国　2017年11月出版 / 估价：98.00元
PSN B-2014-406-3/4

山西蓝皮书
山西资源型经济转型发展报告（2017）
著(编)者：李志强　2017年7月出版 / 估价：89.00元
PSN B-2011-197-1/1

陕西蓝皮书
陕西经济发展报告（2017）
著(编)者：任宗哲 白宽犁 裴成荣
2015年12月出版 / 估价：89.00元
PSN B-2009-135-1/5

陕西蓝皮书
陕西社会发展报告（2017）
著(编)者：任宗哲 白宽犁 牛昉
2015年12月出版 / 估价：89.00元
PSN B-2009-136-2/5

陕西蓝皮书
陕西文化发展报告（2017）
著(编)者：任宗哲 白宽犁 王长寿
2015年12月出版 / 估价：89.00元
PSN B-2009-137-3/5

上海蓝皮书
上海传媒发展报告（2017）
著(编)者：强荧 焦雨虹　2017年1月出版 / 估价：89.00元
PSN B-2012-295-5/7

上海蓝皮书
上海法治发展报告（2017）
著(编)者：叶青　2017年6月出版 / 估价：89.00元
PSN B-2012-296-6/7

上海蓝皮书
上海经济发展报告（2017）
著(编)者：沈开艳　2017年1月出版 / 估价：89.00元
PSN B-2006-057-1/7

上海蓝皮书
上海社会发展报告（2017）
著(编)者：杨雄 周海旺　2017年1月出版 / 估价：89.00元
PSN B-2006-058-2/7

上海蓝皮书
上海文化发展报告（2017）
著(编)者：荣跃明　2017年1月出版 / 估价：89.00元
PSN B-2006-059-3/7

上海蓝皮书
上海文学发展报告（2017）
著(编)者：陈圣来　2017年6月出版 / 估价：89.00元
PSN B-2012-297-7/7

上海蓝皮书
上海资源环境发展报告（2017）
著(编)者：周冯琦 汤庆合 任文伟
2017年1月出版 / 估价：89.00元
PSN B-2006-060-4/7

社会建设蓝皮书
2017年北京社会建设分析报告
著(编)者：宋贵伦 冯虹　2017年10月出版 / 估价：89.00元
PSN B-2010-173-1/1

深圳蓝皮书
深圳法治发展报告（2017）
著(编)者：张骁儒　2017年6月出版 / 估价：89.00元
PSN B-2015-470-6/7

深圳蓝皮书
深圳经济发展报告（2017）
著(编)者：张骁儒　2017年7月出版 / 估价：89.00元
PSN B-2008-112-3/7

深圳蓝皮书
深圳劳动关系发展报告（2017）
著(编)者：汤庭芬　2017年6月出版 / 估价：89.00元
PSN B-2007-097-2/7

深圳蓝皮书
深圳社会建设与发展报告（2017）
著(编)者：张骁儒 陈东平　2017年7月出版 / 估价：89.00元
PSN B-2008-113-4/7

深圳蓝皮书
深圳文化发展报告(2017)
著(编)者：张骁儒　2017年7月出版 / 估价：89.00元
PSN B-2016-555-7/7

四川法治蓝皮书
丝绸之路经济带发展报告（2016～2017）
著(编)者：任宗哲 白宽犁 谷孟宾
2017年12月出版 / 估价：85.00元
PSN B-2014-410-1/1

四川法治蓝皮书
四川依法治省年度报告 No.3（2017）
著(编)者：李林 杨天宗 田禾
2017年3月出版 / 估价：108.00元
PSN B-2015-447-1/1

四川蓝皮书
2017年四川经济形势分析与预测
著(编)者：杨钢　2017年1月出版 / 估价：98.00元
PSN B-2007-098-2/7

四川蓝皮书
四川城镇化发展报告（2017）
著(编)者：侯水平 陈炜　2017年4月出版 / 估价：85.00元
PSN B-2015-456-7/7

30　权威・前沿・原创

皮书系列重点推荐

地方发展类·国际问题类

四川蓝皮书
四川法治发展报告（2017）
著(编)者：郑泰安　2017年1月出版 / 估价：89.00元
PSN B-2015-441-5/7

四川蓝皮书
四川企业社会责任研究报告（2016~2017）
著(编)者：侯水平　盛毅　翟刚
2017年4月出版 / 估价：89.00元
PSN B-2014-386-4/7

四川蓝皮书
四川社会发展报告（2017）
著(编)者：李羚　2017年5月出版 / 估价：89.00元
PSN B-2008-127-3/7

四川蓝皮书
四川生态建设报告（2017）
著(编)者：李晟之　2017年4月出版 / 估价：85.00元
PSN B-2015-455-6/7

四川蓝皮书
四川文化产业发展报告（2017）
著(编)者：向宝云　张立伟
2017年4月出版 / 估价：89.00元
PSN B-2006-074-1/7

体育蓝皮书
上海体育产业发展报告（2016～2017）
著(编)者：张林　黄海燕
2017年10月出版 / 估价：89.00元
PSN B-2015-454-4/4

体育蓝皮书
长三角地区体育产业发展报告（2016～2017）
著(编)者：张林　2017年4月出版 / 估价：89.00元
PSN B-2015-453-3/4

天津金融蓝皮书
天津金融发展报告（2017）
著(编)者：王爱俭　孔德昌
2017年12月出版 / 估价：98.00元
PSN B-2014-418-1/1

图们江区域合作蓝皮书
图们江区域合作发展报告（2017）
著(编)者：李铁　2017年6月出版 / 估价：98.00元
PSN B-2015-464-1/1

温州蓝皮书
2017年温州经济社会形势分析与预测
著(编)者：潘忠强　王春光　金浩
2017年4月出版 / 估价：89.00元
PSN B-2008-105-1/1

西咸新区蓝皮书
西咸新区发展报告（2016~2017）
著(编)者：李扬　王军　2017年6月出版 / 估价：89.00元
PSN B-2016-535-1/1

扬州蓝皮书
扬州经济社会发展报告（2017）
著(编)者：丁纯　2017年12月出版 / 估价：98.00元
PSN B-2011-191-1/1

长株潭城市群蓝皮书
长株潭城市群发展报告（2017）
著(编)者：张萍　2017年12月出版 / 估价：89.00元
PSN B-2008-109-1/1

中医文化蓝皮书
北京中医文化传播发展报告（2017）
著(编)者：毛嘉陵　2017年5月出版 / 估价：79.00元
PSN B-2015-468-1/2

珠三角流通蓝皮书
珠三角商圈发展研究报告（2017）
著(编)者：王先庆　林至颖
2017年7月出版 / 估价：98.00元
PSN B-2012-292-1/1

遵义蓝皮书
遵义发展报告（2017）
著(编)者：曾征　龚永育　雍思强
2017年12月出版 / 估价：89.00元
PSN B-2014-433-1/1

国际问题类

"一带一路"跨境通道蓝皮书
"一带一路"跨境通道建设研究报告（2017）
著(编)者：郭业洲　2017年8月出版 / 估价：89.00元
PSN B-2016-558-1/1

"一带一路"蓝皮书
"一带一路"建设发展报告（2017）
著(编)者：孔丹　李永全　2017年7月出版 / 估价：89.00元
PSN B-2016-553-1/1

阿拉伯黄皮书
阿拉伯发展报告（2016～2017）
著(编)者：罗林　2017年11月出版 / 估价：89.00元
PSN Y-2014-381-1/1

北部湾蓝皮书
泛北部湾合作发展报告（2017）
著(编)者：吕余生　2017年12月出版 / 估价：85.00元
PSN B-2008-114-1/1

大湄公河次区域蓝皮书
大湄公河次区域合作发展报告（2017）
著(编)者：刘稚　2017年8月出版 / 估价：89.00元
PSN B-2011-196-1/1

大洋洲蓝皮书
大洋洲发展报告（2017）
著(编)者：喻常森　2017年10月出版 / 估价：89.00元
PSN B-2013-341-1/1

皮书系列重点推荐 — 国际问题类

德国蓝皮书
德国发展报告（2017）
著(编)者：郑春荣　　2017年6月出版 / 估价：89.00元
PSN B-2012-278-1/1

东盟黄皮书
东盟发展报告（2017）
著(编)者：杨晓强　庄国土
2017年3月出版 / 估价：89.00元
PSN Y-2012-303-1/1

东南亚蓝皮书
东南亚地区发展报告（2016～2017）
著(编)者：厦门大学东南亚研究中心　王勤
2017年12月出版 / 估价：89.00元
PSN B-2012-240-1/1

俄罗斯黄皮书
俄罗斯发展报告（2017）
著(编)者：李永全　　2017年7月出版 / 估价：89.00元
PSN Y-2006-061-1/1

非洲黄皮书
非洲发展报告 No.19（2016～2017）
著(编)者：张宏明　　2017年8月出版 / 估价：89.00元
PSN Y-2012-239-1/1

公共外交蓝皮书
中国公共外交发展报告（2017）
著(编)者：赵启正　雷蔚真
2017年4月出版 / 估价：89.00元
PSN B-2015-457-1/1

国际安全蓝皮书
中国国际安全研究报告(2017)
著(编)者：刘慧　　2017年7月出版 / 估价：98.00元
PSN B-2016-522-1/1

国际形势黄皮书
全球政治与安全报告（2017）
著(编)者：李慎明　张宇燕
2016年12月出版 / 估价：89.00元
PSN Y-2001-016-1/1

韩国蓝皮书
韩国发展报告（2017）
著(编)者：牛林杰　刘宝全
2017年11月出版 / 估价：89.00元
PSN B-2010-155-1/1

加拿大蓝皮书
加拿大发展报告（2017）
著(编)者：仲伟合　　2017年9月出版 / 估价：89.00元
PSN B-2014-389-1/1

拉美黄皮书
拉丁美洲和加勒比发展报告（2016～2017）
著(编)者：吴白乙　　2017年6月出版 / 估价：89.00元
PSN Y-1999-007-1/1

美国蓝皮书
美国研究报告（2017）
著(编)者：郑秉文　黄平　2017年6月出版 / 估价：89.00元
PSN B-2011-210-1/1

缅甸蓝皮书
缅甸国情报告（2017）
著(编)者：李晨阳　　2017年12月出版 / 估价：86.00元
PSN B-2013-343-1/1

欧洲蓝皮书
欧洲发展报告（2016～2017）
著(编)者：黄平　周弘　江时学
2017年6月出版 / 估价：89.00元
PSN B-1999-009-1/1

葡语国家蓝皮书
葡语国家发展报告（2017）
著(编)者：王成安　张敏　　2017年12月出版 / 估价：89.00元
PSN B-2015-503-1/2

葡语国家蓝皮书
中国与葡语国家关系发展报告·巴西（2017）
著(编)者：张曙光　　2017年8月出版 / 估价：89.00元
PSN B-2016-564-2/2

日本经济蓝皮书
日本经济与中日经贸关系研究报告（2017）
著(编)者：张季风　　2017年5月出版 / 估价：89.00元
PSN B-2008-102-1/1

日本蓝皮书
日本研究报告（2017）
著(编)者：杨伯江　　2017年5月出版 / 估价：89.00元
PSN B-2002-020-1/1

上海合作组织黄皮书
上海合作组织发展报告（2017）
著(编)者：李进峰　吴宏伟　李少捷
2017年6月出版 / 估价：89.00元
PSN Y-2009-130-1/1

世界创新竞争力黄皮书
世界创新竞争力发展报告（2017）
著(编)者：李闽榕　李建平　赵新力
2017年1月出版 / 估价：148.00元
PSN Y-2013-318-1/1

泰国蓝皮书
泰国研究报告（2017）
著(编)者：庄国土　张禹东
2017年8月出版 / 估价：118.00元
PSN B-2016-557-1/1

土耳其蓝皮书
土耳其发展报告（2017）
著(编)者：郭长刚　刘义　　2017年9月出版 / 估价：89.00元
PSN B-2014-412-1/1

亚太蓝皮书
亚太地区发展报告（2017）
著(编)者：李向阳　　2017年3月出版 / 估价：89.00元
PSN B-2001-015-1/1

印度蓝皮书
印度国情报告（2017）
著(编)者：吕昭义　　2017年12月出版 / 估价：89.00元
PSN B-2012-241-1/1

国际问题类 — 皮书系列重点推荐

印度洋地区蓝皮书
印度洋地区发展报告（2017）
著(编)者：汪戎　　2017年6月出版 / 估价：89.00元
PSN B-2013-334-1/1

英国蓝皮书
英国发展报告（2016～2017）
著(编)者：王展鹏　　2017年11月出版 / 估价：89.00元
PSN B-2015-486-1/1

越南蓝皮书
越南国情报告（2017）
著(编)者：广西社会科学院　罗梅　李碧华
2017年12月出版 / 估价：89.00元
PSN B-2006-056-1/1

以色列蓝皮书
以色列发展报告（2017）
著(编)者：张倩红　　2017年8月出版 / 估价：89.00元
PSN B-2015-483-1/1

伊朗蓝皮书
伊朗发展报告（2017）
著(编)者：冀开运　　2017年10月出版 / 估价：89.00元
PSN B-2016-575-1/1

中东黄皮书
中东发展报告 No.19（2016～2017）
著(编)者：杨光　　2017年10月出版 / 估价：89.00元
PSN Y-1998-004-1/1

中亚黄皮书
中亚国家发展报告（2017）
著(编)者：孙力　吴宏伟　　2017年7月出版 / 估价：98.00元
PSN Y-2012-238-1/1

　　皮书序列号是社会科学文献出版社专门为识别皮书、管理皮书而设计的编号。皮书序列号是出版皮书的许可证号，是区别皮书与其他图书的重要标志。

　　它由一个前缀和四部分构成。这四部分之间用连字符"-"连接。前缀和这四部分之间空半个汉字（见示例）。

《国际人才蓝皮书：中国留学发展报告》序列号示例

```
                    该品种皮书首次出版年份
                           │
"皮书序列号"英文简称        │        本书在该丛书名中的排序
        │                  │                │
        └──── PSN B-2012-244-2/4 ────┘
             │                    │
        皮书封面颜色        该丛书名包含的皮书品种数
             │
        本书在所有皮书品种中的序列
```

　　从示例中可以看出，《国际人才蓝皮书：中国留学发展报告》的首次出版年份是2012年，是社科文献出版社出版的第244个皮书品种，是"国际人才蓝皮书"系列的第2个品种（共4个品种）。

33

社会科学文献出版社　　　　　　　　　　皮书系列

❖ 皮书起源 ❖

"皮书"起源于十七、十八世纪的英国,主要指官方或社会组织正式发表的重要文件或报告,多以"白皮书"命名。在中国,"皮书"这一概念被社会广泛接受,并被成功运作、发展成为一种全新的出版形态,则源于中国社会科学院社会科学文献出版社。

❖ 皮书定义 ❖

皮书是对中国与世界发展状况和热点问题进行年度监测,以专业的角度、专家的视野和实证研究方法,针对某一领域或区域现状与发展态势展开分析和预测,具备原创性、实证性、专业性、连续性、前沿性、时效性等特点的公开出版物,由一系列权威研究报告组成。

❖ 皮书作者 ❖

皮书系列的作者以中国社会科学院、著名高校、地方社会科学院的研究人员为主,多为国内一流研究机构的权威专家学者,他们的看法和观点代表了学界对中国与世界的现实和未来最高水平的解读与分析。

❖ 皮书荣誉 ❖

皮书系列已成为社会科学文献出版社的著名图书品牌和中国社会科学院的知名学术品牌。2016年,皮书系列正式列入"十三五"国家重点出版规划项目;2012~2016年,重点皮书列入中国社会科学院承担的国家哲学社会科学创新工程项目;2017年,55种院外皮书使用"中国社会科学院创新工程学术出版项目"标识。

中国皮书网
www.pishu.cn

发布皮书研创资讯，传播皮书精彩内容
引领皮书出版潮流，打造皮书服务平台

栏目设置

关于皮书：何谓皮书、皮书分类、皮书大事记、皮书荣誉、
皮书出版第一人、皮书编辑部

最新资讯：通知公告、新闻动态、媒体聚焦、网站专题、视频直播、下载专区

皮书研创：皮书规范、皮书选题、皮书出版、皮书研究、研创团队

皮书评奖评价：指标体系、皮书评价、皮书评奖

互动专区：皮书说、皮书智库、皮书微博、数据库微博

所获荣誉

2008年、2011年，中国皮书网均在全国新闻出版业网站荣誉评选中获得"最具商业价值网站"称号；

2012年，获得"出版业网站百强"称号。

网库合一

2014年，中国皮书网与皮书数据库端口合一，实现资源共享。更多详情请登录www.pishu.cn。

权威报告·热点资讯·特色资源

皮书数据库
ANNUAL REPORT(YEARBOOK) DATABASE

当代中国与世界发展高端智库平台

所获荣誉

- 2016年，入选"国家'十三五'电子出版物出版规划骨干工程"
- 2015年，荣获"搜索中国正能量 点赞2015""创新中国科技创新奖"
- 2013年，荣获"中国出版政府奖·网络出版物奖"提名奖
- 连续多年荣获中国数字出版博览会"数字出版·优秀品牌"奖

成为会员

通过网址www.pishu.com.cn或使用手机扫描二维码进入皮书数据库网站，进行手机号码验证或邮箱验证即可成为皮书数据库会员（建议通过手机号码快速验证注册）。

会员福利

- 使用手机号码首次注册会员可直接获得100元体验金，不需充值即可购买和查看数据库内容（仅限使用手机号码快速注册）。
- 已注册用户购书后可免费获赠100元皮书数据库充值卡。刮开充值卡涂层获取充值密码，登录并进入"会员中心"—"在线充值"—"充值卡充值"，充值成功后即可购买和查看数据库内容。

数据库服务热线：400-008-6695
数据库服务QQ：2475522410
数据库服务邮箱：database@ssap.cn

图书销售热线：010-59367070/7028
图书服务QQ：1265056568
图书服务邮箱：duzhe@ssap.cn

1997~2017 皮书品牌20年
YEAR BOOKS

更多信息请登录

皮书数据库
http://www.pishu.com.cn

中国皮书网
http://www.pishu.cn

皮书微博
http://weibo.com/pishu

皮书博客
http://blog.sina.com.cn/pishu

皮书微信"皮书说"

请到当当、亚马逊、京东或各地书店购买，也可办理邮购

咨询/邮购电话：010-59367028　59367070
邮　　箱：duzhe@ssap.cn
邮购地址：北京市西城区北三环中路甲29号院3号
　　　　　楼华龙大厦13层读者服务中心
邮　　编：100029
银行户名：社会科学文献出版社
开户银行：中国工商银行北京北太平庄支行
账　　号：0200010019200365434